01

조선시대 궁중회화 1

왕과 국가의 회화

01

조선시대 궁중회화 1

왕과 국가의 회화

—

2011년 5월 9일 초판 1쇄 발행
2022년 8월 10일 초판 3쇄 발행

—

지은이   박정혜·윤진영·황정연·강민기

—

펴낸이   한철희
펴낸곳   돌베개
등록   1979년 8월 25일 제406-2003-000018호
주소   (10881) 경기도 파주시 회동길 77-20 (문발동)
전화   (031) 955-5020
팩스   (031) 955-5050
홈페이지   www.dolbegae.co.kr
전자우편   book@dolbegae.co.kr

—

책임편집   윤미향·좌세훈·이현화
디자인   이은정·박정영
제작·관리   윤국중·이수민
마케팅   심찬식·고운성·조원형
인쇄·제본   상지사 P&B

—

ⓒ 한국학중앙연구원, 2011
이 도서는 2007년도 정부재원(교육인적자원부 학술연구조성사업비)으로
한국학중앙연구원의 지원에 의하여 연구되었음(AKS-2007-BC-2001).

ISBN 978-89-7199-422-1 04900
        978-89-7199-421-4 (세트)

이 도서의 국립중앙도서관 출판시도서목록(CIP)은 e-CIP홈페이지(http://www.nl.go.kr/ecip)와
국가자료공동목록시스템(http://www.nl.go.kr/kolisnet)에서 이용하실 수 있습니다.
(CIP제어번호: CIP2011000608)

01

조선시대 궁중회화 1

왕과 국가의 회화

한국학중앙연구원 | 박정혜 · 윤진영 · 황정연 · 강민기 지음

책머리에

　『조선시대 궁중회화 1: 왕과 국가의 회화』는 한국학중앙연구원
한국학진흥사업단의 왕실문화총서 발행 사업 중 왕실의 미술 분야
에 대한 연구 결과물이다. 왕실문화총서 발행을 위한 제1단계 연구
는 왕실의 행사, 왕실의 일상, 그리고 왕실의 미술 세 분야로 나뉘
어 지난 2008년부터 2010년까지 3년 동안 수행되었다. 왕실의 미
술에 대해서는 궁중회화로 범위를 좁혀 조선시대부터 대한제국기
를 지나 일제강점기 이왕가가 존속하던 시기까지의 궁중회화를 종
합적으로 조망하려는 목적에서 연구가 진행되었다. 이 책은 3권으
로 정리될 궁중회화 연구에 대한 첫번째 결과물이다.

　최근 조선시대 왕실문화에 대한 학계와 대중의 관심은 놀랄 만
큼 증가하였으며 그에 부응하는 연구가 활기를 띠고 있다. 그동안
너무 몰랐기에 무관심했고, 다가가기 어렵게만 생각했던 궁궐 안의
다양한 문화현상들은 이제 하나둘씩 구체화되고 있으며 그 원형의
복원에도 많은 노력이 경주되고 있다. 궁중회화도 예외는 아니어서

궁중회화의 다양한 면모, 격조 높은 회화성, 중국·일본과 다른 독자성을 규명하려는 접근들이 다각적으로 시도되고 있는 중이다.

이 책에 참여한 네 명의 연구자들은 이와 같은 맥락에서 각각 하나의 '부'를 맡아서 집필하였다. 제1부에서는 궁중회화의 범주 설정을 위해 궁중에서 통용되던 그림의 종류와 특징을 개관하였다. 제2부에서는 궁중회화의 중심에 있었던 왕의 회화취미를 통해 궁중회화의 성격을 가늠해 보았으며, 제3부에서는 조선시대 왕실의 회화 수장 역사와 그 보관처에 대해 알아보았다. 제4부에서는 대한제국기와 일제강점기 동안 변화된 궁중회화의 양상에 대해 짚어보았다. 이러한 내용은 궁중회화를 큰 틀에서 이해하기 위한 것이며 궁중회화를 각론적으로 접근하기 위한 준비작업에 해당하는 것이다.

앞으로 간행될 제2권은 궁궐의 각종 장식화와 벽화, 왕실 소용의 감계화와 감상화, 이러한 그림들의 대중적 확산에 대한 내용으로 꾸며질 것이다. 제3권은 궁중회화의 제작자였던 도화서 화원과 도화서 폐지 후 황실에서 활동한 화가들에 대한 연구이며 마지막으로는 중국 궁정회화와의 비교를 통해 조선시대 궁중회화의 보편성과 특수성에 대해 살펴보게 될 것이다.

책을 내기까지 도움을 주신 많은 분들을 이 자리에서 언급하지 않을 수 없다. 연구 기간 동안 번거로운 작품의 실사와 사진 게재를 허락해 주신 여러 국공립박물관, 사립박물관의 관계자 분들, 개인 소장가분들의 배려와 협조에 진심으로 감사드린다. 좋은 연구 결과물을 내주신 공동연구자 윤진영(한국학중앙연구원 장서각 선임연구원), 황정연(국립문화재연구소 학예연구사), 강민기 선생님께도 고마운 마음을 표한다. 그리고 이 책이 나오기까지 뒤에서 많은 애를 쓴 연구보조원—한국학중앙연구원 박사과정의 신선영, 박정애, 제송희, 그리고 석사과정의 유치석의 숨은 공을 잊을 수 없다. 이들은 지난 3년 동안 기초자료의 조사와 정리, 국내외 답사의 준비와 진행, 책의 마지막 교정까지 매순간 헌신적이고 성실하게 자기의 책임을 다해 주었다. 이들의 도움과 동행은 연구 기간을 행복한 추억으로 바꾸어 주었다. 이 자리를 빌려 고마운 마음을 전한다. 사진을 촬영해 주신 유남해 선생님, 지원을 해준 한국학중앙연구원, 책을 예쁘게 만들어 주신 출판사 돌베개 편집실 여러분께도 감사의 말씀을 드리고 싶다.

2011년 5월
연구책임자 박정혜

차 례

책머리에 | 5

제3부 조선왕실의 회화 컬렉션과 궁중미술관 │ 황정연

궁궐 안이라는 뜻의 궁중은 궁궐건축을 연상시키는 공간적 개념이지만 궁중회화라고
할 때에는 궁중 안에서 필요로 하고 생산되는 모든 그림을 포함할 수 있다. 즉 왕과
왕의 가족이 향유하며 신료가 왕과 함께 국가를 위해 필요로 하는 것은 물론 왕의 거
처를 아름답게 장식하기 위한 그림까지 폭넓게 아우른다.

제 1 부

궁 중 회 화 의   세 계

宮中繪畫

1 궁중회화를 이해하는 첫걸음

궁중회화를 한마디로 정의한다면 궁궐 안에서 제작되고 소용된 그림이라고 말할 수 있다.[1] 조선시대 궁중회화는 건국 이후 대한제국을 지나 일제하 이왕가李王家가 존속하던 시기에 이르는 오랜동안 변화·발전하면서 그 성격의 폭을 넓혀 갔기 때문에 사실상 한두 줄로 정의를 내리기에는 그 성격의 저변이 매우 넓다.

왕조국가이며 전제군주국가였던 조선시대에 궁궐은 왕과 왕 가족이 일상생활을 영위하는 거처임과 동시에 왕이 통치권자로서 신료들과 국정을 논하는 공간이었다. 지극히 개인적이고 폐쇄적이면서도 최고의 권위와 공적인 개방성이 공존하는 곳이다. 이렇게 편차가 큰 기능과 다층적인 성격을 지닌 궁궐에서 왕과 왕 가족들이 필요로 했던 그림들은 실로 다양하였다. 일회성으로 실용적인 목적을 충족하기 위한 그림이 있었는가 하면, 영구한 보존을 염두에 두고 그림이 그려지기도 하였다. 왕실의 안위와 국정의 운영을 위해 창출되었던 공리적인 효용성이 큰 그림이 있었는가 하면, 왕과 왕 가족 개인의 예술적 욕구와 심미적 충족을 위해 지극히 사적인 목적으로 그려지기도 하였다. 왕과 왕 가족이 직접 그린 그림들을 제외하면, 그림 대부분은 궁중화가 즉 국가 회화기관인 도화서圖畵署

소속의 화원畵員들에 의해 그려졌다.

사실상 조선시대 회화사에서 거론되는 그림의 거의 모든 종류가 궁궐 안에서 통용되었다고 해도 과언이 아니다. 그렇다고 해도 궁중회화는 수용자나 제작자, 그리고 제작 목적 측면에서 아무래도 제한적이었다. 하지만 그 제약을 통해 궁중회화만이 지닐 수 있는 독특한 조형세계와 미감이 형성될 수 있었다.

왕과 국가라는 고유성을 전제로 하고 궁궐 안에서 필요로 하였던 그림에 대해 지금까지 왕실회화 혹은 궁중회화라는 용어가 혼용되었다. 왕의 집안이라는 의미에서 '왕실'회화라는 용어는 '국가'라는 개념을 배제시키며 상당히 제한적일 수 있다. 이에 비하면 '궁중'회화는 훨씬 포괄적인 용어이다. 궁궐 안이라는 뜻의 '궁중'은 궁궐건축을 연상시키는 공간적 개념이지만, '궁중회화'라고 할 때에는 궁중 안에서 필요로 하고 생산되는 모든 그림을 포함할 수 있다. 즉 왕과 왕 가족이 향유하며 신료가 왕과 함께 국가를 위해 필요로 하는 것은 물론 왕의 거처를 아름답게 장식하기 위한 그림까지 폭넓게 아우른다. 따라서 '궁중회화'라는 용어가 궁중 안팎에서 왕과 국가를 위해 그려진 다양한 그림을 포괄하는 데에 적합하다. 이 책에서는 '궁중회화'라는 용어를 주로 쓰되, '왕실회화'라는 용어도 그 의미가 잘 부합하는 경우에 따라 적절하게 사용할 것이다.

궁중회화는 제작 목적과 용도, 제작자와 향유층을 고려할 때 대략 다음의 일곱 종류로 나눌 수 있다. 궁중의 회화 관련 업무 중 가장 중대사로 여겨졌던 어진御眞, 행정에 필요한 각종의 실용화實用畵, 예치禮治의 실천과 국가 예전禮典의 시각적 보전을 위해 제작된 의궤도儀軌圖, 국가행사의 재현과 기념을 위해 제작된 궁중행사도宮中行事圖, 왕의 덕치와 왕실의 교육을 위한 감계화鑑戒畵, 왕과 왕족이 감상과 취미를 위해 그린 그림, 궁궐건축을 장식했던 궁중장식화宮中裝飾畵가 그것이다.

어진은 당시 사람들이 가장 중요하게 생각하였던 궁중회화이다.

조선시대에는 어진을 제작하여 진전眞殿에 봉안함으로써 왕실 조상에 대한 예를 갖추고 왕실이 편안하게 지속되기를 기원하였다. 이러한 어진의 제작은 국가적으로도 중대사가 아닐 수 없었다. 성종 연간 도화서의 폐지가 군신 간에 거론되었을 때(1478) 그 불가함의 이유는 어진도사御眞圖寫였으며, 갑오개혁(1894)으로 도화서가 폐지되고 업무가 궁내부의 속사屬司인 규장각으로 흡수되었을 때에도 살아남은 기능은 어진도사였고, 법전에 화원의 임무로서 첫번째로 명시되는 것도 늘 어진도사였다.[2] 어진의 제작은 궁중의 가장 큰 회사繪事이며 국가적인 의식이었다.

한편 국가에서는 나라에 공을 세운 공신들의 초상화를 그려 보관함으로써 그들의 공에 보답의 표시를 하였다. 공신상도 국가 차원에서 일괄 제작되었다는 점에서 궁중회화의 범주에 포함된다.

지금처럼 영상매체가 발달하기 전에는 그 기능을 온통 그림이 담당했다. 사실상 국가의 행정을 처리하는 데 수많은 실용화가 시각적 자료로서 제작되고 폐기되었다. 지금 남아 있는 그림은 많지 않지만 문헌기록은 실용화의 다양성을 말해 준다. 그 실용화 중에 국토의 산천형세를 그린 지형도류를 비롯하여 중국에 매를 공물로 바치기 위해 전국에 배포했던 매 그림, 죄인을 심문하는 그림인 고신도拷訊圖, 기상이변을 그린 재이도災異圖, 중국 사신 접대에 필요하였던 그림 등에 대해 살펴보려고 한다.

왕실과 국가의 전례에 대한 실행은 의궤만큼 자세한 기록이 없으며, 그 안에 수록된 그림 즉 의궤도는 이를 뒷받침하는 주요한 시각자료이다. 의궤도는 기록성에 일차적인 제작 목적을 두었으며, 후대의 참고를 위한 보존에 이차적인 목적이 있었다.

국가의례의 시각적 기록이라는 의미에서는 의궤도와 상통하지만 그보다 기념화로서 의미가 컸던 궁중행사도는 의궤도에 비해 훨씬 사실적인 회화적 재현을 추구한 그림이다. 또한 그 제작 경위는 의궤도와 전혀 다르다. 의궤도는 국가 주도의 관찬 기록물로서 사고史庫 등에 영구히 보존되었지만, 궁중행사도는 관료들의 개인 소장을 위해 좀더 사적인 목적에서 제작되었다. 궁중행사도는 국가와 왕실의 행사를 사실적으로 그린 기록사진 같은 그림으로서 궁중회화에서 큰 비중을 차지한다.

궁중회화의 중요한 기능 중 하나는 교육과 감계였다. 어려운 글을 시각적으로 도해하여 보는 사람에게 그림만 보아도 이해가 쉽도록 한 것이다. 성군현비의 사적을 그린 고사도류, 왕에게 농사의 어려움을 깨닫게 하기 위한 무일빈풍도無逸豳風圖류, 효자도, 성적도聖蹟圖 등을 이 범주에 속하는 주요 그림으로 꼽을 수 있겠다. 『조선왕조실록』만 검색해 보아도 이런 종류의 그림과 관련한 많은 기록을 찾을 수 있다.[3]

왕 중에서 유독 그림에 취미가 있고 또 재능을 보였던 인물들은 그림을 남겼다. 궁중회화는 거의 대부분 주문과 명령에 의해 도화서 화원이 제작한 것이며 재도載道적이고 공리적인 효용성이 앞서는 그림이다. 반면에 왕과 왕족의 그림은 수신修身을 위한 교양으로서, 여가 시간에 희필戲筆로서 그린 그림이라는 점에서 다르다. 왕실 인사들은 주로 사군자나 수묵화에 심취하였는데 당시 화단에 대한 이해, 개인적인 그림취향, 회화에 대한 가치관 등을 읽을 수 있다는 점에서 눈길을 끈다.

마지막으로, 궁중회화에서 빼놓을 수 없는 그림이 궁중장식화이다. 의례용이든 순수한 장식용이든 궁중 안팎을 꾸미기 위한 그림들은 상시적으로 필요하였으며 그 양적인 숫자도 상당하였으리라 짐작된다. 『육전조례』(1867)에 명시된 도화서 화원의 임무 가운데 '각 전궁 및 처소의 오봉병장五峯屛幛, 가례에 필요한 병장屛幛, 사신 접대에 칙사를 위한 병풍 제작'이 규정되어 있는 것만 보아도 알 수 있다. 궁중회화 중에 가장 화려하며 위엄에 넘치는 이 장식화들은 제재와 그것이 상징하는 의미에 따라 외전과 내전, 동궁전에 각기 설치되었다. 장식화마저도 용도와 기능이 엄격하게 구별되어 있었던 것이다.

이렇듯 대략 일곱 종류로 구분되는 궁중회화의 세계에 들어갈 준비가 되었다면, 이제 한걸음씩 그 세계를 향해 좀더 가깝게 들어가 보기로 하겠다.

2 왕실의 안위와 계승

어진, 공신상

어진 제작과 봉안 조선시대에 어진은 왕의 존엄과 권위의 상징 그 자체였으며, 어진의 보존은 왕실의 안위와 계승을 의미하였다. 어진에는 치도治道를 위한 정치적 기능은 물론, 왕실 제례의 대상으로서 감계적 기능이 있었다. 어진을 실은 가마[神輦, 御眞輦]와 장대한 호가행렬이 궁 밖을 나와 진전으로 이동하는 봉안 여정에는 백성들에게 미치는 사회적 기능이 있었다. 궁중에서 가장 중요하게 생각하였던 회화업무는 바로 어진의 도사 혹은 모사摸寫였다. 국가의 회화기구로서 도화서가 존재하는 가장 큰 이유도 어진의 도사였으며, 도화서 폐지문제가 군신 간에 불거졌을 때에도 폐지 불가의 명분은 바로 어진도사였다.

기록상 확인되는 왕의 초상 제작은 통일신라시대로 거슬러 올라간다.[4] 당시에는 왕의 초상을 사관寺觀에 벽화로 그리고 여러 곳에 진전을 설립해 보관하였다. 고려시대에도 왕과 왕후의 진영을 제작해 궁궐 부근의 경령전景靈殿과 왕릉 근처에 있는 원찰 부설의 원당願堂에 보관하였다.[도1] 고려시대 왕의 영정으로 전하는 것은 경기도 연천군의 숭의전崇義殿에 있는 태조 왕건상王建像과 서울 종묘의 공민왕 영전에 걸려 있는 〈공민왕과 노국대장공주상〉 등이다. 고려시

대의 영정 제작이 조선시대와 다른 점은, 왕뿐만 아니라 왕후의 영정이 제작되었고 소상塑像이나 주상鑄像으로도 만들어졌다는 것이다. 왕후의 영정을 제작하는 유습은 조선 초기까지 이어졌으며, 고려시대 왕의 영정은 세종 대까지 도화원圖畵院을 비롯해 고려 왕릉과 지방 각처에 남아 있었다. 세종은 1426년(세종 8)에서 1430년까지 여러 차례에 걸쳐 고려 태조 영정을 포함한 왕과 왕후상, 공신상, 밑그림[草圖], 소상 및 주상 등 상당량의 고려시대 영정을 처리하였다. 이들을 소각하거나 해당 능 곁에 매안하도록 지시하였고, 때로는 능 근처의 암자에 이안하라는 명령을 내렸다.[5]

왕후의 영정을 그리는 고려의 유습은 조선 초기까지 지속되어 태조의 비 신덕왕후나 신의왕후의 초상이 새로 그려져 사당에 봉안되었다. 왕후의 영정 제작은 임진왜란 이후 더는 지속되지 않았지만, 1695년(숙종 21) 숙종은 계비인 인현왕후 민씨(1667~1701)의 초상 제작을 김진규金鎭圭(1658~1716: 숙종의 원비 인경왕후의 오빠)에게 명령한 적이 있었다. 그러나 숙종의 이러한 시도는 신하들의 반대에 부딪혀 실현되지 못하였다.[6]

태조의 전신상, 반신상, 승마상, 중종의 기마상 등의 기록을 보면 조선시대 전반기만 해도 상당히 다양한 자세의 어진이 그려진 것 같은데, 어진 제작의 틀이 일정하게 잡힌 조선 후반기부터는 전신상과 반신상 안에서 다양한 복식으로 변화를 주었다. 면복본冕服本, 곤복본衮服本, 강사포본絳紗袍本, 익선관본翼善冠本, 원유관본遠遊冠本, 군복본軍服本, 사모본紗帽本, 복건본幅巾本, 입자본笠子本 등 겉옷과 관모에 따른 명칭을 붙여 어진을 관리했던 것이다.

조선시대 어진 중에는 왕조의 창업주로서 태조의 어진[도2]이 가장

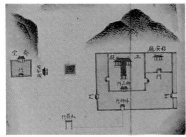
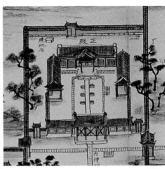

태조의 진전을 여러 곳에 두었던
방식은 중국의 한나라 제도를 모
방한 것이다. 외방에 설치된 다섯
곳의 태조 진전은 태조와 개인적
으로 인연이 깊거나 과거에 도움
이 있던 곳이다. 태조의 탄강誕降
터에 세워진 영흥의 준원전과 경
주부에 세워진 집경전에는 1398년
(태조 7)에, 고려시대의 장락궁 터
에 세워진 평양의 영숭전과 전주
의 경기전에는 1410년에, 태조가
즉위 전에 살았던 개성의 목청전
에는 1418년에 처음 태조 영정이
봉안되었다.

중시되었던 만큼 국초부터 전국적으로 태조의 어진을 모시기 위한
진전이 설립되었다.[7] 경복궁에 건립된 문소전文昭殿, 태조의 아버지
환조의 옛집이 있던 영흥의 준원전濬源殿, 신라의 고도이자 고려의
동경東京이었던 경주의 집경전集慶殿, 고구려의 고도이자 고려의 서
경西京이었던 평양의 영숭전永崇殿, 전주이씨의 선원구향璿源舊鄉인
전주의 경기전慶基殿, 태조가 즉위하기 전 살았던 개성의 목청전穆淸
殿 등을 말한다.도3 이밖에도 진전은 도성 내 여러 곳에 세워졌으며
시대의 흐름에 따라 명칭과 위치, 봉안된 어진의 내용에 변화가 있
었다.[8] 조선 후기가 되면서 영희전永禧殿(지금의 서울 중부경찰서 자리)과
창덕궁의 선원전璿源殿이 대표적인 진전으로 사용되었다.

어진 제작에는 화사畵師의 선발에서 초본草本·상초上綃·설색設色
에 이르는 그림 제작, 후배後褙·장축粧軸·표제標題 등의 장황粧績, 완
성본의 봉심奉審, 초본 및 구본의 사후처리(소각이나 매안), 진전 봉안
까지 전 과정이 엄격한 기준과 의례 절차에 의해 진행되었다.[9] 어진
제작의 업무는 임시 준비기관으로서 도감都監이 설치되기 이전에는
종부시宗簿寺에서 담당하였다. 주자성리학적 제의의 영향으로 영정

을 대신하여 신주를 모시는 관습이 정착된 17세기에는 어진 제작이 소극적으로 이루어졌지만, 1688년(숙종 14) 숙종은 태조 어진을 모사함으로써 어진 제작에 다시 활기를 불어넣었다. 이때 처음으로 어진 제작을 위해 도감이 설치되었으며 그에 따른 의궤儀軌도 처음으로 편찬되었다.

현재 남아 있는 어진은 조선 태조, 영조,도4, 5 익종, 철종, 고종, 순종의 초상이 전부다. 조선시대 어진은 '터럭 하나만 달라도 그 사람이 아니다'(一毫不似便是他人)라는 이론에 근거해 정교하고 치밀한 묘사와 사실적인 표현을 추구했고, 당대 최고의 초상화 실력자를 도화서 안팎에서 폭넓게 선발하였다. 제작과정에서는 배채법背彩法을 전면적으로 사용하였으며, 초본과 완성본을 봉심하는 동안 왕과 신료들은 자신의 의견을 솔직하고 적극적으로 피력하였다. 그 결과, 조선시대의 어진은 어느 나라의 초상화와 비교해도 뒤지지

순종 어진은 현재 국립현대미술관과 고려대학교박물관에 유지초본 형태로 남아 있다. 그중 이 그림에는 계해년인 1923년에 그렸다는 김은호의 관서가 있다. 1909년에 찍은 순종 사진(도7)과 용모 및 복식이 일치하여 이 초본은 사진에 기초한 것임을 알 수 있다.

도7 **순종 사진** 서울역사박물관.

1928년 순종의 어진도사는 1909년에 찍은 사진을 범본으로 삼았다는 문헌기록이 있어서 이 사진은 순종이 36세 때 찍은 것임을 알 수 있다. 사진 아래에는 이왕가의 오얏꽃 문장과 '京城 岩田 鼎謹寫'라는 금박 글씨가 찍혀 있다. 경성 이와타사진관의 이와타 가나에岩田 鼎가 사진을 찍었다는 내용인데, 왕에게 바치는 그림에 사용하던 '근사'謹寫라는 용어를 써 흥미롭다.

않는 예술적 성취를 이룩할 수 있었다.

고종 연간(1863~1907)에는 어진 제작이 여섯 차례나 시행되었다. 고종은 태조를 비롯한 선왕의 어진 모사, 자신과 황태자(순종)의 어진도사를 일련의 황실 추숭사업과 함께 왕권강화에 효과적으로 이용할 줄 알았다. 대한제국기 이후 어진 제작에서 가장 주목할 만한 사실은 어사진御寫眞이 어진의 기능 일부분을 대신하게 되었다는 점이다.[10]

고종은 근대국가에서 사진이 어진을 대신하여 대외적으로 수행할 수 있는 정치적 기능을 인식하고 있었다. 고종과 순종은 외국인 앞에서 모델을 서줄 정도로 사진 촬영에 비교적 호의적인 태도를 보였다. 외국인에 의해 촬영된 어사진은 그들의 여행기에 실리거나 엽서로 인쇄되어 상품화되는 등 조선의 이미지를 외국에 알리는 역할을 하였다. 국내에서도 어사진은 사가私家에 유포되어 국가의식을 고취하거나 새로운 제국의 표상을 창조하는 데 일조하였다. 이

제 어진은 더 이상 진전이라는 제한된 공간에서 허락받은 관계자들만이 배알할 수 있는 대상이 아니었다.

시대가 흐름에 따라 어진에 대한 인식이 변화하고 사진에 의해 어진의 기능이 확대되었지만, 1928년 순종의 부묘祔廟에 맞추어 신선원전新璿源殿에 모실 순종 어진을 새로 그릴 때처럼 일제강점기에도 진전의 봉안을 위한 의례용 어진은 전통적인 방식으로 제작되고 봉안되었다. 이때의 어진 제작은 사후에 그리는 추사追寫에 해당되었는데, 순종이 36세 때 대원수 군복을 입고 찍은 기유사진본己酉寫眞本(1909)을 범본으로 하되 복식만 진전 봉안용에 맞게 바꾸어 그린 것이다.[11] 도6, 7, 8 이 어진을 제작한 마지막 주관화사는 김은호金殷鎬(1892~1979)였으며, 수종 화원은 제자 안명준安明濬(생몰년 미상)과 백윤문白潤文(1906~1979)이었다.

문헌기록에 따르면, 1935년 당시 신선원전 12실에 모셔진 어진만 해도 총 46본에 달했지만 한국전쟁을 지나며 현전하는 어진은 10본을 넘지 못한다. 국초부터 오랜 전통을 지키며 발전해 온 조선시대 어진에서만 느낄 수 있는 한국적 미감과 양식의 변천을 충분히 느끼고 감상할 수 없다는 사실은 정말 안타까운 일이다.

도8 순종 어진 김은호, 1928. 1928년 당시 제작된 순종의 어진은 전하지 않는다. 다만 완성된 어진을 찍은 사진이 남아 있어 전체적인 형식을 가늠할 수 있는 정도이다. 정면관正面觀의 전신교의상傳神交椅像으로 1909년의 사진과 동일한 용모지만, 복식과 형식은 당시 신선원전新璿源殿에 봉안된 전통적인 어진의 예를 따라 바꿔 그렸다. 1909년에 찍은 사진, 이에 기초하여 그린 1923년의 초본과 상통하여 좋은 비교가 된다.

공신상의 제작과 봉안   조선시대에는 국가적으로 큰 공을 세운 신하들을 공신으로 지정하고 그들의 화상을 그려 일정한 장소에 봉안하였다. 이러한 그림은 국가적인 차원에서 진행된 일이며 모두 도화서 화원의 그림이었으므로 궁중회화의 범주에 당연히 포함된다.

공신들에게 전각을 세워 영정을 그려주는 제도는 중국 전한前漢

조선 전기의 문신 유순정柳順汀
(1459~1512)의 정국공신靖國功臣
화상이다. 정국공신은 1506년(중
종 1) 중종반정에 공을 세운 사람
들에게 내린 훈호이다. 사모를 쓰
고 아청색 단령을 입었으며, 두 손
을 소매 안에 모은 공수拱手 자세
로 교의交椅에 앉은 모습이다. 얼
굴은 정면과 측면의 특징이 잘 드
러나도록 오른쪽으로 반우향하였
다. 공작이 그려진 흉배는 초상을
그릴 당시 정1품의 품계였음을 알
려준다. 얼굴의 선묘와 채색, 의자
손잡이 부위의 명암 등으로 볼 때
18세기의 이모본으로 추측된다.

때 기린각麒麟閣을 세워 공신상을 제작했던 데서 비롯하였다. 그후
당나라 때 염립본閻立本(601~673)이 개국공신 24명을 그렸다는 능연
각凌煙閣 공신상이 후대의 문사들에 의해 칭송되고 회자되면서 대표
적인 공신상 제작 사례로 부각되었다. 자연히 공신상 제작은 능연

각 제도에 근거하는 일이 많았다. 조선시대에도 태조 때부터 당나
라의 예를 본받아 공신각功臣閣 설립과 공신상 제작이 이루어졌다.

조선시대에는 태조 원년(1392)의 개국공신부터 1728년(영조 4) 이
인좌의 난을 평정한 분무공신奮武功臣까지 총 28회의 공신이 녹훈되
었다. 국초에는 대개 공신상을 두 본 그려 하나는 공신각에, 다른
하나는 공신의 종손가에 내렸지만 임진왜란 이후 선조 연간부터는
따로 공신각을 세우지 않았을 뿐만 아니라 생존해 있는 공신에게만
한 본을 내렸다. 공신각은 태조 때의 장생전長生殿, 태종 때의 사훈
각思勳閣, 영조 때는 공신 관련 업무를 관장하는 충훈부忠勳府 내의
기공각紀功閣으로 명칭을 달리하며 변화했다.

선조 연간부터는 '화상축'畫像軸 즉 공신상 제작을 포함한 공신
녹훈에 관한 업무를 위해 공신도감이나 녹훈도감을 설치했고 그 전
체 내용을 기록한 의궤를 편찬했다. 현재 국내에는 『호성선무청난
삼공신도감의궤』扈聖宣武淸難三功臣都監儀軌(1604~1605), 『정사진무양공

신도감등록』靖社振武兩功臣都監謄錄(1624~1625), 『소무영사녹훈도감의
궤』昭武寧社錄勳都監儀軌(1627~1628), 『영국녹훈도감의궤』寧國錄勳都監儀
軌(1644), 『분무녹훈도감의궤』奮武錄勳都監儀軌(1728)가, 파리국립도서
관에는 1680년과 1694년의 녹훈도감의궤 2건이 소장되어 있다. 이
의궤들을 통해 공신 화상축의 규모와 재료, 채색, 제작 화원에 대
한 정보를 알 수 있다.

공신상은 사모에 단령을 입고 손을 앞으로 모은 자세로 의자에
앉아 있는 좌안칠분면左顔七分面으로 그려지는 게 보통이다. 단령 외
곽선의 형태, 옆트임 사이로 보이는 내공內工·철릭〔帖裡〕·답호褡護,
사모의 높이, 옷 주름, 흉배의 크기와 문양, 바닥에 깔린 채전彩氈의
높이, 의자에 덮인 호피의 유무, 족좌대의 형태 등에서 시대에 따
른 변화를 읽을 수 있다. 이러한 공신상의 형식은 18세기 영조와
정조 연간에 제작된 일반 사대부상에도 큰 영향을 미쳤다.^{도9,10,11}

3 국정의 운영과 실용

각종 시각적 문서와 실용화

왕이 대신들과 국정을 논의하고 신료들에게 업무보고를 받을 때, 많은 경우 시각적인 자료가 활용되었다. 왕이 직접 행차하여 볼 수 없는 곳의 형세를 도해한 지도류와 어떤 사안을 논의할 때 보조자료로 사용하였던 각종 도설(도식)이 여기에 포함된다. 이런 그림들은 매우 기록적인 성격이 강하며 실용적인 목적으로 만들어져서 일회적으로 사용되고 폐기되는 것들도 많았다. 현재 남아 있는 것은 많지 않지만 회화의 시각매체로서 고유성을 가장 잘 드러내는 종류였다고 보며 조선시대 궁중기록화 전개에서도 매우 중요하다.

국토의 시각화 지도, 산릉도, 산천형세도, 지형도, 건물도   국토의 형세를 시각화하는 일은 국가 차원에서 국방과 행정을 위해 반드시 필요하였다. 국왕은 가깝게는 종묘사직의 친제親祭, 기우제, 진전의 전배展拜를 위해 도성 내에서 행차를 하였고 멀리 도성 밖으로는 능행陵幸과 온행溫幸을 하였다. 왕은 이러한 행차 중에 관심 지역을 일부러 경유하기도 했지만, 유교적 예치국가에서 국왕의 궁 밖 행차는 쉽지 않았고 결과적으로 왕의 발길이 닿았던 곳은 지극히 제한적이었다. 『조선왕조실록』을 보면 팔도지도, 군현

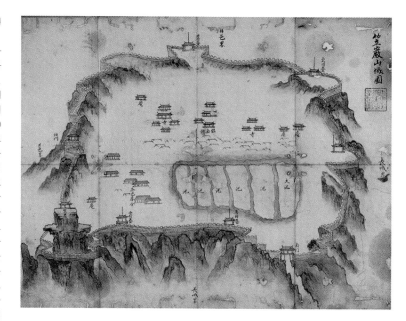

도12 **입암산성도** 한국학중앙연구원 장서각.

입암산성笠嚴山城은 전라도 정읍 현(지금의 전라남도 장성군 북하 면 신성리)에 있는 석성石城이다. 『세종실록지리지』에 따르면 둘레 가 2,920보에 달했다고 한다. 고려 시대 이전에 축성된 성으로 1410 년(태종 10)에 개축한 이후에도 여러 차례 고쳐 쌓았다. 성곽에는 서쪽의 입암을 비롯하여 사방의 장대將臺와 문루門樓가 묘사되고 성안에는 6개의 연못, 사찰과 암 자, 군량을 보관하는 고사庫舍 등 이 표현되었다. 산에는 푸른색으 로 선염한 뒤 흐린 먹으로 준皴을 표시하였다. 굵기가 불규칙한 윤 곽선과 짧게 가해진 질감 표현은 조선 초기 화풍과 연관이 있어 보 이나 기록성이 강한 그림의 화풍 은 매우 보수적인 점을 감안할 때 제작 시기를 분명히 말하기는 쉽 지 않다.

도, 도성도 등의 지도는 말할 것도 없고, 왕이 가보지 못한 특정 지 역을 형상화한 그림들이 산수형세도山水形勢圖, 산천형세도山川形勢 圖, 지형도地形圖, 형지도形止圖, 축성도築城圖, 산릉도山陵圖, 태실산 도胎室山圖 등의 명칭으로 매우 많이 그려졌음을 알 수 있다.도12

왕들은 자신이 가보지 못하고 알지 못하는 곳에 대한 궁금증을 그림을 봉진케 함으로써 해소하였다. 지방관이 업무현황을 보고할 때, 산릉과 태봉胎封을 위한 길지吉地를 정할 때, 변방의 일을 아뢸 때, 궁궐이나 관아 건물을 개보수하기 전후에, 산성이나 행궁을 조 성할 때, 행정구역을 나누고 합칠 때, 특정 지역의 간심看審을 마치 고 복명復命할 때 관원들은 서계書啓와 함께 시각자료로서 현지의 형세를 묘사한 그림을 가지고 입시하였다. 왕은 이 그림을 보면서 신료들의 보고를 받았으며 의견을 나누고 사안을 결정했다.도13 때로 신료들의 보고가 마음에 들지 않거나 결정을 내리기 어려울 경우, 왕은 새로운 지시를 내리며 그 결과를 다시 그림으로 보완해 올리 라고 명령하였다.

제1부 궁중회화의 세계

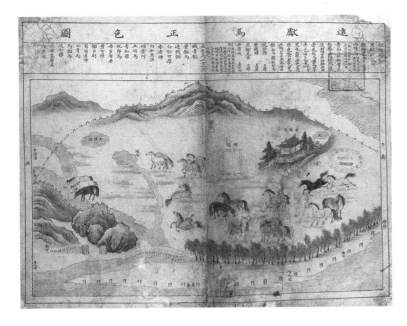

도13 **진헌마정색도** 《목장지도》에 수록, 국립중앙도서관.

〈진헌마정색도〉進獻馬正色圖는 1678년(숙종 4) 당시 138개소에 이르는 전국의 목장 분포를 군현 별로 그린 채색필사본 지도첩 《목장지도》牧場地圖의 첫머리에 그려진 그림이다. 왕에게 진헌할 말을 키웠던 답십리와 중랑천 일대를 그린 것으로 21종에 이르는 진헌마의 종류가 각기 다양한 자세로 그려져 있다. 이어 수록된 34면의 지도 끝에는 1678년 윤3월 15일자로 허목許穆(1595~1682)의 후서後序가 있어서 이 지도첩의 제작 동기와 시기를 알 수 있다. 이 《목장지도》는 사복시와 춘추관에도 한 부씩 보관되었으며, 국가의 주요 정책 중 하나인 마정馬政과 목장 분포의 내용을 알려주는 귀한 자료이다.

이와 같이 국가행정과 관련된 중요한 사안은 물론이고 때로는 매우 개인적인 궁금증이나 사소한 문제에 대해서도 그림을 이용하였다. 중종이 "원각사圓覺寺 땅은 내가 그 지형이 어떻게 되어 있는지 알지 못하니 한성부로 하여금 도형을 그려 올리게 하라"라고 한 일이나, 영조가 여경방餘慶坊에 있는 화경숙빈和敬淑嬪 탄생지〔誕生舊第〕의 도형을 그리게 한 일과 4대가 함께 산다는 관서 지역의 김영준金英俊 집을 그려 올리게 한 일이 그러한 예에 속한다.[12]

또한 아끼는 재신宰臣의 거처를 그리게 한 사례도 있었다. 선조는 이황李滉(1501~1570)이 질병으로 자신의 부름에 응하지 못하자 화공을 은밀히 파견하여 그가 살고 있는 도산陶山의 경치를 그려 오도록 하였다. 나중에 영조는 이 고사를 근거로 이언적李彦迪(1491~1553)을 모신 옥산서원의 승경〔玉山書院圖〕을 해당 도신道臣에게 주문하기도 하였다.[13]

왕은 외교, 국방, 주요 행정과 관련된 지도 제작에는 상지관相地官과 화원을 대동시켜 좀더 정확하고 상세한 지도가 될 수 있도록

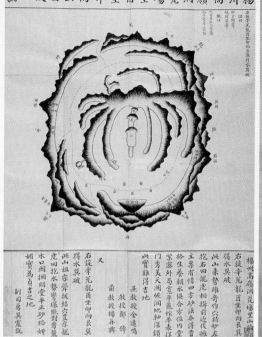

도14 [숙빈최씨]묘소도형여산론 한국학중앙연구원 장서각.

영조의 어머니 숙빈 최씨(1670~1718)가 사망했을 때 묘소 조성을
위한 택지 과정에서 제작된 산도山圖이다. 양주 고령동 옹장리(지
금의 경기도 파주시 광탄면)라는 묘소의 위치 및 향좌를 명시한 제
목, 그림, 풍수학적 설명을 쓴 산론山論으로 구성되어 있다. 왕실
의 묏자리를 선택할 때 상지관과 화원으로 하여금 후보지를 그려
오게 하고 묘소가 완성된 뒤에도 그 형세를 그려 오게 했던 관행을
입증하는 그림이다. 채색 없이 먹으로만 그렸으며 풍수지리적 해
석을 위주로 도해하였다.

도15 소령원도 한국학중앙연구원 장서각.

1753년(영조 29) 영조는 어머니에 대한 추숭사업을 단행하여 '화
경'和敬이라는 시호를 올리고 육상묘를 육상궁毓祥宮으로, 소령묘
를 소령원昭寧園으로 격상시키고 묘역을 '원'園의 위상에 맞게 정
비하였다. 이 내용은 『상시봉원도감의궤』上諡封園都監儀軌에 잘
기록되어 있다. 이 그림은 '昭寧園'이라고 쓴 글씨로 보아 묘역이
궁원宮園으로 승격된 뒤에 제작된 것임을 알 수 있다. 새로 조성된
석물石物, 정자각丁字閣, 신도비각神道碑閣, 제청祭廳 등이 그려져
있다.

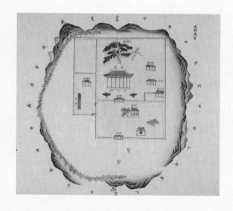

도16 함흥본궁 《북도각릉전도형》에 수록, 국립문화재연구소.

함흥본궁은 태조가 왕이 된 뒤 자신이 살았던 집터에 조성한 사당으로 함경남
도 함흥시 사포구역 소나무동에 있다. 태조 4대조의 신주를 모셨으며 태조가
퇴위한 후에는 본궁이라 이름하고 이곳에 거처하였다. 그림을 보면 푸른색 선
염 위에 미점을 규칙적으로 찍어 표현한 주변의 산세보다는 풍패루豊沛樓와
정전正殿(경흥전慶興殿)을 중심으로 한 본궁 영역에 큰 비중을 둔 구성이다.
정전 뒤에 큼지막하게 그려진 '수식송'手植松은 태조가 손수 심었다는 여섯 그
루의 소나무 중 임진왜란을 이겨낸 두 그루의 소나무이다. 1874년경 조중묵이
그린 〈함흥본궁도〉(3장 도 192 참조)와 비교하면 평면적인 건물도가 전달하기
어려운 공간감을 잘 느낄 수 있다.

요구하였다. 특히 왕실에서 관심을 가졌던 것은 산릉도, 태실도胎室圖, 태봉도胎封圖이다. 왕실의 능지를 택지할 때 여러 후보지의 산천형세를 그려 올려 길지를 결정하고, 수보할 때는 그 형상을 그려 왕의 재가를 받았다.[14]^{도14,15} 『육전조례』에 명시된 화원 임무 중에 사초도형莎草圖形, 간산도형看山圖形이 있을 정도로 형세도는 왕릉의 조성과 유지에 중요한 그림이었다.[15]

왕은 왕실의 정통성을 드러내는 수단으로 왕실의 산릉도를 이용하기도 했다. 특히 조선시대에는 함경도에 소재한 태조의 4대조 능〔德陵, 智陵, 義陵, 定陵〕과 태조와 관련된 사적지를 그린 그림이 중요시되었다. 일찍이 태조의 즉위 초기 이방원李芳遠(태종)은 태조의 4대조 능역을 정비하고 재궁齋宮을 건설하면서 능의 산세를 그린 화본을 그려 바친 바 있다.[16] 이와 관련된 그림으로는 《북도각릉전도형》北道各陵殿圖形이 대표적인 예이다.[도16] 이 지도첩은 왕실의 정통성을 세우려는 특정한 목적으로 왕실 차원에서 제작되어 궁중에 수장되었던 것으로 보인다. 풍수적 시각에 입각하여 각 능소의 향좌와 지세, 혈맥을 외반식外反式 구도 안에 평면적으로 표현한 전통적인 산릉도 형식을 보여준다. 또한 화첩의 제작연대는 〈독서당도〉讀書堂

도17 **조경단비각재실도형** 한국학중앙연구원 장서각(왼쪽).
고종은 1899년 전주 건지산 중턱에 전주이씨의 시조인 사공공 이한司空公 李翰의 묘역을 확정하고 이곳에 단을 쌓아 '대한조경단 大韓肇慶壇'이라 명명하였다. 대한제국기에 전주이씨의 황실 연고지를 재정비하고 황실의 정체성을 확고하게 정립하기 위한 사업의 결과물로 그려진 것이다. 조경단과 비각, 재실의 형세를 그린 이 그림은 일종의 산릉 도형이라고 할 수 있다.

도18 **순조태봉도** 한국학중앙연구원 장서각(오른쪽).
순조(1790~1834)의 태실은 충청도 보은현 속리산에 정해졌고 태실의 석물 가봉은 순조가 즉위한 지 6년이 지난 1806년에 시행되었다. 이 태봉도에는 태실의 석물을 비롯하여 법주사, 문장대, 승려들의 부도탑 등이 실경을 잘 반영하여 묘사되었다. 길과 하천이 표시되었으며 외반식으로 산세를 그린 회화식 지도법을 따랐다.

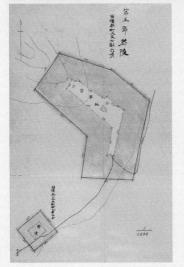

도19 **대조전정원평면도** 한국학중앙연구원 장서각(위 왼쪽).

도20 **동궐도** 고려대학교박물관(위 오른쪽).

한국학중앙연구원 장서각에는 근대 시기에 제작된 궁궐의 건축 및 정원, 의례 등에 대한 도면이 170여 종 소장되어 있다. 그중에서 도19의 〈대조전정원평면도〉大造殿園平面圖는 1912년 대조전을 수리하면서 그 뒤쪽 숲속에 후원을 계획했던 일과 관련된 도면이다. 〈동궐도〉와 비교하면 원래 꽃과 나무가 우거졌던 삼각형의 대지에 인공적으로 물길을 끌어 폭포와 계류溪流를 만들고 길을 내며 초가집과 모정茅亭을 짓고 인공화단을 조성하려 한 것을 알 수 있다.

도21 **공릉도면** 한국학중앙연구원 장서각(아래).

지금의 경기도 파주시에 위치한 예종의 원비 장순왕후章順王后(1445~1461)의 능인 공릉恭陵의 도면이다. 1:1,200의 축적을 적용하여 이왕가의 재산에 해당되는 산릉 및 재실齋室 일대를 축소, 구획하고 그 면적을 기재하였다. 붉은색 담채는 이왕가 소유지를, 초록색 담채는 국유림을 표시한 것이다. 《북도각릉전도형》의 왕릉도(도16)나 〈조경단비각재실도형〉(도17) 등과 비교하면 제작 목적과 주체자에 따라 달라지는 왕릉도의 형식을 알 수 있다.

圖에 정조 어필의 기적비각 紀蹟碑閣이 그려진 것으로 미루어 1808년 5월 이후로 추정된다.[17] 이러한 예를 보더라도 왕실의 조상숭배와 정통성 표출에 산릉도가 매우 중요하게 이용되었음을 알 수 있다. 대한제국기에도 고종은 황실 존숭의 일환으로 국조國祖 묘역을 확립한 뒤 일련의 산릉도와 단묘재실도壇廟齋室圖를 제작하였다. 1900년경 제작된 이 그림들을 《북도각릉전도형》 등 전통적인 산릉도와 비교해 보면 시점과 구도, 건물 묘법 등 사실적인 시각적 실재감을 추구한 점에서 대한제국기의 변모된 산릉도 양식을 볼 수 있다.[18] 도17

태실도 혹은 태실산도는 장태藏胎를 앞두고 택지된 주변의 형세와 입지조건을 그려 올린 그림이다. 태봉胎封이 완료되면 비석의 비문을 탑본한 족자[印本簇子, 碑文簇子]와 함께 가봉加封된 태실 주변의 형세도를 그려 궁중에 내입하는 것이 관례였다. 태봉도는 태의 주인공이 왕으로 등극하여 태실 주위에 석난간을 세운 뒤 그 모습을 그린 것이다. 이 자료들은 대부분 일제강점기에 총독부의 주도 아래 궁내부와 이왕직에서 작성한 것으로 태봉도는 내입內入되어 왕이 열람하고 관련 관아에도 보관되었는데, 창덕궁의 왕실 전적을 보관하였던 봉모당奉模堂 소장의 왕실 수장품으로 장조, 순조, 헌종의 태봉도가 남아 있다.[19] 도18

일제강점기에도 산릉이나 궁궐 관련 그림들이 제작되었으나 이 자료들은 대부분 일제강점기에 총독부의 주도 아래 궁내부와 이왕직에서 작성한 것으로, 이왕가의 재산을 파악하기 위한 것이거나 궁궐의 개조사업에 필요한 그림들이 대부분이었다. 모두 근대적 건축도면에 가까운 형식이며 특히 궁궐 관련 도면들은 일본이 대한제국의 황제 궁궐을 이왕가의 궁궐로 축소하고 개조하는 과정에서 얼마나 왜곡하고 훼손하였는지 적나라하게 보여준다.[20] 도19, 20, 21

이외에도 봉모당의 후고後庫에 소장되었던 《월중도》越中圖도 원래는 동궁에 보관되어 있던 궁중 수장품이었다. 도22 《월중도》는 정조

도22 청령포 《월중도》에 수록, 한국학중앙연구원 장서각(왼쪽).

단종이 1456년(세조 2) 노산군으로 강등되어 유배되었던 영월 지역의 유적을 그린 《월중도》 화첩에 수록된 그림이다. 처음 유배생활을 했던 청령포淸泠浦는 강물이 삼면을 에워싸고 가파른 절벽으로 막혀 있어서 겨우 배 한 척이 닿을 수 있는 지세였다. 단종이 살았던 집터, 어필비각, 단종 유배 시의 고사를 간직한 관음송觀音松이 표현되어 있다. 과장된 강물의 굽이침과 각진 윤곽선 위주의 바위가 대비되어 강한 시각적 효과를 자아낸다.

도23 행궁도 《강화부궁전도》에 수록, 국립중앙도서관(오른쪽).

《강화부궁전도》에 수록된 4폭의 그림 가운데 1631년(인조 9)에 창건된 행궁을 그린 것이다. 강화행궁은 외규장각의 서쪽, 즉 궁전 터의 가장 서쪽에 위치하였다. 행궁의 북쪽에는 계단을 올라 진입할 수 있는 후원이 있는데 그곳에 척천정尺天亭, 세심재洗心齋, 방지方池 등을 조성하였다. 건물의 명암 표현은 매우 소극적이지만, 건물을 투시한 방식, 청색과 녹색을 사용한 색감, 처마의 표현 등에서 19세기의 특징을 보여준다.

연간에 단종과 관련된 사적이 정비될 때 편찬된 『장릉지』壯陵誌, 『장릉사보』壯陵史補 등에 의거해 19세기 전반경에 제작된 것으로 보인다.[21] 경기도 강화부에 있던 궁전과 묘전을 그린 《강화부궁전도》江華府宮殿圖[도23]나 러시아 부근을 그린 회화식 지도인 〈아국여지도〉我國輿地圖도 1884년에 필사된 『내하책자목록』內下冊子目錄에 따르면 궁중 수장품이었음이 확실하다.[22]

이처럼 지도, 지형도류는 매우 다양한 배경과 목적에서 제작되었다. 왕의 지시로, 관행에 따른 제작관습으로, 또는 해당 지방관의 업무 일환으로 시대에 따른 양식적 변천을 보이며 각양의 지형도류가 생산되었다. 이 그림들은 실용적인 목적을 다하고 나서는 일회용으로 폐기되었거나, 후대의 참고용으로 관련 관청으로 보내져 보관되었다.

국가 행정과 시각매체
응도, 고신도, 재이도

국왕이 중앙에서 여러 행정업무를 볼 때 사용된 시각적 자료는 실로 다양하였다. 조선 초기에는 중국에 공물로 보내는 매의 수량을 맞추기 위해 각 도에서 매를 잡아 중앙에 진헌하였다. 고려 말 충렬왕 원년(1274)에 응방鷹坊을 두어 원나라에 세공歲貢할 매를 관리하였는데, 이것이 조선 초기까지 계속된 것이다. 특히 조선에서 잡히는 해청海靑을 중국 황실에서 매우 선호하여 이에 대한 지속적인 요구가 있었다. 세종 연간에는 전국적으로 각종의 매 그림을 100장씩 내려보내 그 그림에 의거하여 매를 잡아 진헌하도록 할 정도였으니,[23] 응방은 매 숫자를 채우기 위해 많은 어려움을 겪었던 것 같다. 때로 명나라 사신은 매를 그린 족자〔畵

도24 응도 작가 미상, 충재박물관.

도25 **가응도** 전 이암, 미국 보스턴 미술관(왼쪽).

고급스럽게 치장한 사냥용 매를 그린 그림으로 왕실 소용을 위해 제작된 것으로 생각된다. 붉은색 비단, 매듭과 술, 금은으로 장식된 횃대, 매의 꽁지털에 달린 방울과 시치미는 고급스럽고 화려하며 당당한 매의 위용과 품격은 예사롭지 않다. 좌측 상단에는 '杜城令印'(두성령인), '完山印'(완산인) 등의 인장 6개가 나란히 찍혀 있으나 후날後捺인 것으로 보인다. 조선시대 작품으로 추정되는 매 그림은 한국보다는 일본에 다수 전하며 여기에는 다양한 자세의 매 그림이 포함되어 있다.

도26 **욱일취도** 전 정홍래, 국립중앙박물관(오른쪽).

조선 후기가 되면 횃대에 위엄 있게 앉아 있는 사냥용 매의 그림은 왕실에서 이전만큼 많이 그려지지 않았던 것 같다. 대신 남실대는 파도 한가운데 솟은 바위 위에 앉아 떠오르는 해를 응시하는 매나, 토끼나 꿩을 잽싸게 낚아채는 매의 모습을 그린 그림들이 많이 그려졌다. 전자는 주로 정홍래(1720~?)의 이름으로 전하는 공필의 채색화이다. 중국어에서 '鷹'(응)과 '英'(영)의 발음이 같아 이와 같은 도상은 영웅독립英雄獨立의 의미로 읽혔으며 궁궐 소용의 세화歲畫였을 가능성이 크다.

鷹簇子)를 요구하였다.[24]

현재 두성령 이암杜城令 李巖(1499~?)의 전칭작傳稱作인 공필工筆 채색의 매 그림[鷹圖]이 여럿 전한다. 머리를 옆으로 돌리고 횃대에 앉은 매의 도상은 멀리는 페르시아에서 중국의 궁정회화에 이르기까지 상통한다. 여기서 한 가지 생각해야 할 점은, 이암의 자字 '정중'靜仲('두성령'은 작호)이 찍힌 인장을 근거로 현전하는 매 그림들을 이암의 작품으로 보아야 할지에 관한 것이다. 성종 대(1473) 폐지된 응방이 연산군 대에 다시 설치되어 매의 봉진이 계속되었기 때문에, 이암의 활동 시기는 왕실에서 매에 대한 관심이 높았던 때였다. 이암은 종친으로서 매사냥을 즐겼을 가능성이 크다. 현전하는 공필 채색의 매 그림은 화풍과 양식 측면에서도 이암의 그림이라기보다는 왕실 수요에 따른 화원의 그림으로 보아야 할 것 같다.[도24~][26] 그러나 분명한 것은 매사냥을 즐기던 왕과 왕족들은 개인용 매

도27 **운룡도** 작가 미상, 충재박물관
(오른쪽).

도28 **운룡도** 전 석경, 국립중앙박
물관(왼쪽).

기우제에 사용하던 용 그림은 대
개 구름을 몰고 출현하는 운룡도
였다. 충재박물관의 〈운룡도〉는
상축上軸에 세 개의 고리가 남아
있고 원래의 장황 상태를 그대로
간직하고 있을 뿐만 아니라 2m에
가까운 대폭으로서 흔치 않은 예
이다. 그림의 규모로 보아 집 안을
장식했던 용도보다는 공공장소에
서 특별한 목적에 사용되었던 그
림이었다고 생각된다. 소용돌이치
는 파도 위 구름 속에서 모습을 드
러낸 용은 여의주를 움켜쥐고 있
는 삼조룡三爪龍이다. 파도치는
바다 위의 운룡이라는 도상, 여의
주를 쥐고 있는 자세, 삼조룡이라
는 점, 청색과 적색 위주의 색감,
친근감 있는 얼굴의 생김새 등이
조선 초 석경石敬의 작품으로 전칭
되는 〈운룡도〉와 매우 흡사하다.

를 소유했을 것이며 매의 초상[鷹圖]을 만들어 감상하거나 소장했다
는 점이다.

　세종조에는 죄인을 심문하는 모습을 그린 고신도拷訊圖를 중외中
外에 반포한 일이 있었다. 형관이 형장을 칠 때 그 정확한 신체 부
위를 알지 못하고 잘못 칠 것을 염려하였기 때문에 중앙에서 형벌
을 사리에 맞게 행사하도록 전국적으로 규격화한 것이다. 이를 위
해 그림을 반사頒賜해 그 방법을 하달하였다.[25] 아울러 옥獄의 형제
形制도 그려서 각 도에 반포함으로써 표준을 제공하였다.

자연의 순조로운 운행이나 기상이변은 왕의 덕치 혹은 실덕과 직결되는 문제로 여겨졌다. 그런 의미에서 각종 재이도災異圖와 용 그림이 궁중 안에서 빈번하게 통용되었다. 관상감은 물론, 지방에서 관찰된 해·달·별의 이상 현상은 곧바로 중앙에 보고되었는데 대부분의 왕들은 그 모습을 그림으로 보기를 원했다. 따라서 재이를 보고하는 서계書啓에는 언제나 시각적 자료로서 그림이 첨부되었다.

또한 농사와 밀접한 관련이 있는 가뭄은 왕에게 최대의 난관 중 하나였다. 기우제 중에서도 화룡기우제畵龍祈雨祭에는 반드시 용 그림이 필요하였다.도27, 28 기우제 이후 3일 만에 비가 오면 보사제報祀祭를 지내고 그림을 물속에 던져 넣었기 때문에 기우제에 사용된 용 그림은 일회용의 실용화였다.

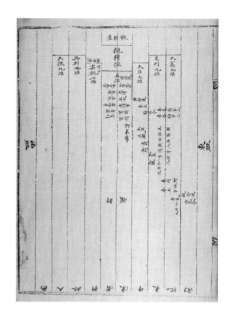

이상 살펴본 응도, 고신도, 재이도와 같이 사실적인 묘사에 의한 그림 외에 사실상 국정에서 시각적 자료로 사용되었던 많은 그림〔圖〕들은 도설圖說이나 도식圖式이었다. 즉, 회화보다는 간략한 그림 설명이나 도표에 더 가까운 그림들이었다. 그림은 문자가 발명되기 전부터 인류의 의사전달 기능을 가지고 있었으며 문자가 생겨난 뒤에는 서로 가지지 못한 기능을 살려 전달하려는 내용을 명료하게 해왔다. 말과 글이 설명해 주지 못하는 부분을 보완해 주는 차원에서 많은 도식들을 사용한 것이다. 전통적인 '도'圖는 현대적 의미의 그림보다 훨씬 포괄적인 개념 안에서 설명될 수 있다. 예를 들어 선농제에서 신위神位의 향배와 배위拜位, 친경례親耕禮에서 소를 끄는 위치와 순서 등을 보고할 때, 한 장의 도식이 복잡한 설명과 수많은 논의를 쉽고 명료하게 이끌었다.도29 이러한 종류의 도사圖寫는 일회용이든 보존용이든, 사실적 묘사이든 도식이든 일정한 형식과 규례에 제한받지 않고 그때그때 사안에 따라 매우 광범위하고도 유도30 **백응도** 전 건륭제, 동아대학교박물관.

중국 황제의 그림으로는 송 휘종이 그렸다는 〈백응도〉白鷹圖와 청 건륭제가 그렸다는 〈백응도〉 등이 전한다. 문헌기록에 의하면 김창업이 연행했을 때 화원에게 모사케 하여 가져온 휘종의 〈백응도〉에 숙종이 어제를 지었고 헌종 연간 창덕궁의 승화루承華樓에는 휘종의 〈백응도〉 두 축이 수장되어 있었다. 낙엽이 진 가을나무를 사이에 두고 까치를 겨냥하는 매의 취세에 자못 긴장감이 넘친다.

연성 있게 적용되었다.

국가 외교와 중국 사신의 수응

중국과의 외교 문화적 교류에서 필요했던 그림들은 대부분 화원에 의해 국가적인 차원으로 제작되었다는 측면에서 궁중회화의 중요한 부분을 차지한다. 조선의 중국 사신에 대한 대응과 회화 교류의 양상은 명나라와 청나라 간에 차이가 있었는데, 명나라 사신의 접대를 위한 회화활동이 훨씬 활발하고 적극적이었다.[26] 이는 조선 조정이 명과 청에 대한 입장과 명분에서 차이를 두었음을 의미하며 시대에 따른 회화적 욕구 또한 달라졌음을 반영한다.

북경에 사행하는 조선의 사절단과 조선에 온 중국 사신들을 통해 오고 간 서화의 내용은 일일이 국왕에게 보고되었으며, 중국 측으로부터 선사받은 그림은 대부분 왕에게 진헌되어 궁중 수장으로 들어갔다. 명 영락제가 하사한 기린·사자·복록 등을 그린 서상도瑞祥圖, 성인도聖人圖, 선덕제의 용기도龍騎圖, 성화제의 패하노안도敗荷蘆雁圖 등이 내탕고에 수장되었다.[27] 도30 참고 또한 연행사절단을 수행한 화원들은 관방의 형세를 그려 오거나 지도를 모사해 오기도 하였다.[28]

조선에 온 명나라 사신에게 선사하는 예물 중에는 언제나 그림이 포함되었다. 매화梅花·충효忠孝·산수·화초 등을 주제로 한 족자 그림, 또는 부채 그림 등이 선호되었으며, 때로는 아무것도 그리지 않은 공족자空簇子 10축이 선사되기도 하였다. 중국에서 불교 성지로 유명해진 금강산을 그린 그림이나 조선의 풍속화첩처럼 관례적으로 요구하는 종류도 있었지

도31 의순관영조도 서울대학교 규
장각.
1572년 명나라 신종의 등극 조서
를 가지고 온 사신들을 압록강에
서 맞이한 원접사 정유일鄭惟一
(1533~1576) 이하 65명의 계첩이
다. 압록강, 의순관, 의주성義州
城, 조서를 담은 용정龍亭과 향정
香亭을 앞세운 사신 일행, 이들을
맞아들이는 원접사 일행 등이 묘
사되어 있다.

만, 개인 취향에 따라 명나라 사신들의 요구는 상당히 다양했다.
때로는 사신이 떠나기 전까지 그들이 요구했던 그림을 기일을 맞추
어 완성하는 일도 쉽지 않았다. 중국 사신들은 사시경도四時景圖 같
은 정형산수화는 물론 평양 지역의 명승도, 양화도楊花渡의 사계절
그림, 한강도漢江圖 같은 조선의 실경산수화를 원했으며, 영조도迎詔
圖, 한강유람도漢江遊覽圖, 근정전청연도勤政殿請宴圖, 반류송행도攀留
送行圖와 같이 자신이 공무를 수행하는 동안 보고 들은 것을 기념하
기 위한 기록화류를 요구하기도 하였다. 특히 개인 취향에 따라 즉
흥적으로 '영조도'를 요구하는 경우가 있었는데, 『조선왕조실록』에
서 확인되는 1537년(중종 32)과 1539년에 조선에 온 명나라 사신들
의 경우이다. 이 그림들이 어떤 형식이었는지 정확하게 알 수는 없
으나 '군사의 위용'과 '백관의 반열'을 묘사하였다는 기록으로 미루
어 볼 때, 조서를 실은 가마, 말을 탄 수행원, 도로변의 구경꾼들이
포함된 기록화적이면서 조선의 의장풍속을 알 수 있는 성격의 그림

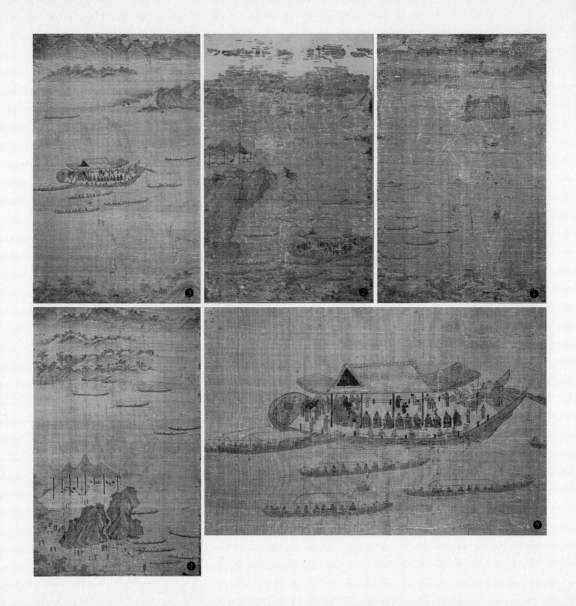

도32 **행행도병**行幸圖屛 국립중앙박물관(❶〜❹).

도32-1 **제3첩의 선유 부분(❺).**

이 그림은 현재 4첩의 병풍으로 장황되어 있으나 원래는 이보다 많은 폭으로 이루어진
병풍이었을 것으로 생각된다. 아무런 기록이 없어서 정확한 제작 목적과 내용은 알 수
없다. 그러나 지붕이 있는 배, 오사모烏紗帽에 공복公服을 입은 관리, 무동의 공연과 악
공의 연주, 제천정濟川亭으로 생각되는 정자, 음식을 준비하는 막차幕次 주변의 정경 등
의 내용은 한강에서의 사신 접대를 연상케 한다.

이었다고 생각된다. 중국 사신들은 사행의 기념화로서 영조도를 원했던 반면에 명사明使를 접대한 조선의 관반館伴들은 임무를 완료한 후 계회도로서 '영조도'를 제작하였다.도31

　중국 사신, 특히 명나라의 사신들은 도성에 체류하는 동안 배를 타고 한강을 유람하는 것이 거의 관행처럼 이루어졌다. 선유船遊하는 동안 경관이 좋은 제천정에 올라 주변을 조망하고 대신 및 관반들과 술자리를 갖곤 하였다. 〈행행도병〉은 그려진 내용이 당시 중국 사신들의 한강 유람 양상과 부합하여 중국 사신들의 요구에 의해 선사된 '한강유람도'를 추정할 수 있는 자료가 된다.29 도32, 32-1 그밖에 자신의 초상화를 그려달라고 한 경우도 있었으며, 심지어는 왕

도33　송조천객귀국시장도送朝天客歸國詩章圖 국립중앙박물관.
명나라에 갔던 조선 사신들이 뱃길로 귀국하는 것을 전송하는 광경을 그린 중국 그림이다. '조천 사신이 귀국하는 것을 전송하는 시장'이라는 뜻의 예서체 제목과 명의 감찰어사 금유심金唯深의 전별시가 별도의 종이 바탕에 쓰여 있다. 북경천도 이전 남경의 명나라 황성 모습이 큼지막하게 배치된 점, 바닷길을 사용하여 명나라에 사행한 것이 1409년까지였던 점, 1392년에 바뀐 황성 밖의 광장 구도가 표현된 점 등은 이 그림의 제작 시기를 추정할 수 있는 단서가 된다(정은주, 박사학위논문, pp.24~28 참조).

의 어용을 원하는 사람도 있었으나 이것만은 곡진하게 거절되었다.

중국 사신들의 요구를 기분 좋게 다 들어주고 또 예법과 절차에 맞게 수응하는 일은 조정과 화원들로서는 쉽지 않은 일이었으며 긴장의 연속이었다. 조선 초 문물을 정비한 세종은 중국에 보내는 말다래와 표통表筒, 보자기의 문양에 대해 몸소 정밀한 견양見樣을 제시할 정도였다. 용과 봉황의 발톱, 이빨, 눈, 날개 등 그림의 아주 작은 세부까지 한 획도 틀림이 없는 정확성과 완벽함을 갖추도록 한 것이다. 이는 중국 조정에 조선의 문물이 흠 잡히지 않으려는 노력이기도 했지만, 조선 의례품의 적합한 도상과 수준 높은 공예기술을 보여주려는 의도가 있었다.

이와 같이 중국의 사신을 접대하고 연행사를 파견하는 과정에서 중국의 그림이 내탕고에 들어왔고,도33 조선의 궁정에서 제작된 그림들이 중국으로 건너갔다. 부경赴京 사행원과 수행 화원이 중국에서 경험한 서양문물과 구득한 서양화가 18세기 조선화단에 일정 부분 기여한 것은 사실이다. 그외에 중국 궁정회화가 조선화단에 미친 구체적인 영향에 대해서는 좀더 연구해 보아야겠지만, 양국 간의 문화교류에 회화가 차지했던 비중은 적지 않았으며 양국이 서로의 문화를 이해하는 데도 많은 도움이 되었던 것만은 분명하다.

4 기록과 보존

도감의궤와 의궤도

글과 그림의 조화
도식, 도설, 반차도

현전하는 최고最古의 의궤인 1600년 의인왕후懿仁王后(1555~1600)의 국상과 관련된 의궤들에서 1928년 『순종부묘주감의궤』純宗祔廟主監儀軌까지 조선시대 의궤가 왕실문화를 탐구하고 이해하는 데 더없이 중요한 사료라는 점은 이제 주지의 사실이 되었다.[30] 의궤의 가치가 더욱 빛나는 이유는 여기에 각종의 시각자료가 채색화로 수록되어 있기 때문이다. 왕실회화는 보존을 위한 국가기록물로서 일정 기능을 수행해야 하는 측면이 있는데 국가전례를 시각적으로 설명한 의궤의 그림에서 이러한 측면을 가장 잘 살펴볼 수 있다.

지금은 의궤에 그려진 그림을 '의궤도'儀軌圖라고 통칭하지만 당시에는 도식圖式, 도설圖說이라는 포괄적인 명칭으로 불렀으며 형식에 따라 좁은 의미로는 반차도班次圖, 견양도見樣圖 또는 도형圖形이라 지칭하였다. 도식과 도설은 비슷한 용례로 쓰였지만 보통 그림에 설명이 수반될 때 도설이라고 불렀다. 특히 정조는 도설의 기능을 중요시하여 각 관청에 해당 업무와 관련된 명물名物을 병풍에 그린 직장도職掌圖를 비치하여 의문儀文과 품식品式의 제도를 오래도록 전하는 방법을 장려하였다. 경모궁, 종묘, 사직에 각각 〈향의

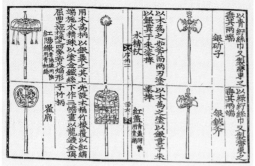
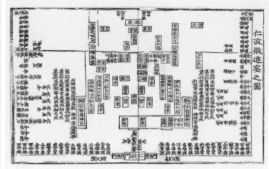

도병〉享儀圖屛과 〈향품도병〉享品圖屛, 관상감에 〈천문도병〉天文圖屛, 장 악원에 〈악기도병〉樂器圖屛, 사복시에 〈팔준도병〉八駿圖屛을 두어 늘 눈여겨보고 그에 따라 준행할 것을 명령하였다.[31] 예의 준행에 도설 이 효과적으로 기능한다는 점을 깊이 인식한 정조의 태도는 의궤의 도설을 정확하고 풍부하게 만들었던 데에서도 잘 드러난다.

근대적인 도화圖畫 개념이 도입되기 전에 전통적인 '도'圖가 시각 이미지로서 갖는 범주는 매우 광범위하였다. 특히 유교국가에서 예 제禮制를 확립할 때는 도식·도설·반차도가 빈번하게 작성되었으며, 이는 법전과 예서에 적극적으로 수록되었다.[도34, 35] 글과 그림이 서 로 부족한 부분을 보완하며 완벽한 조화를 이룰 때 한층 정확한 의 미 전달을 하기 때문이다. 유독 예서에 그림이 항시 수반되었던 것 은 정해진 순서와 자리, 향배向背와 위차位次가 유교 의례에서는 무 엇보다 중요했던 데 있다. 예와 관련된 절목은 매우 많을 뿐만 아 니라 복잡해서 자칫 실의失儀하기 쉬웠으므로 이를 방지하고자 한 눈에 알아볼 수 있도록 그림으로 그려두었던 것이다. 그런 의미에 서 예와 관련된 내용이 대부분인 의궤에서 그림의 역할은 매우 중 요하였다. 그렇다고 모든 의궤에 그림이 실렸던 것은 아니며 필요 에 따라 종류와 분량, 표현 방식에 변동이 있었다.[도36]

의궤도는 시간이 흐르면서 내용이 상세해지고 표현도 정교해졌 다. 17세기의 의궤에는 그림이 많지 않으며, 있더라도 매우 소략한

편이지만 손으로 그린 것이 많다. 18세기가 되면 그림도 많아지고 내용과 형식 면에서 다채로워진다. 또한 목판기법을 사용하여 능률적인 생산을 꾀하였다.

의물의 견양도 및 건물도　　**왕실 의물의 그림**　　의궤도에서 가장 큰 비중을 차지하는 것은 의궤 본문에 삽도처럼 실려 있는 의례용품〔儀物〕의 견양도見樣圖이다. 그림은 주로 의물의 제작이나 수보를 담당한 해당 방房의 업무내용을 서술하는 부분에 그려진다. 이를테면 1837년(헌종 3) 『〔헌종효현후〕가례도감의궤』〔憲宗孝顯后〕嘉禮都監儀軌의 교명축教命軸 제작이 일방一房 소관이었다면 일방의궤에서 교명축을 설명하는 첫머리에 그 모양을 그려 넣는 식이다.[32] 도37~40 의례에 소용되는 의물은 일정한 제도에 따라 제작되는 만큼 그 형제形製, 용도, 치수, 제작과정, 소용물목物目 등을 자세히 설명함과 동시에 그 옆에 마치 샘플 그림처럼 도형을 그려 시각적인 보완장치를 둔 것이다.

　견양도는 조선시대 오례의 예법과 절차를 기록한 『국조오례의』 같은 예서와 각종 의궤에서 확인할 수 있다. 아무래도 의례 절차가 복잡하고 규모가 큰 국상 관련의 빈전혼전도감의궤, 국장도감의궤, 산릉도감의궤에 가장 많이 실려 있으며 19세기의 의궤에서 한층 세련되고 사실적인 표현으로 발전하였다.도41~41-2 물론 도감을 설치했던 목적 자체가 의물의 조성이나 수보인 경우, 즉 『사직종묘문묘제기도감의궤』社稷宗廟文廟祭器都監儀軌, 『제기악기도감의궤』祭器樂器都監儀軌, 『화기도감의궤』火器都監儀軌, 『금보개조도감의궤』金寶改造都監儀軌, 『옥인조성도감의궤』玉印造成都監儀軌, 『보인소의궤』寶印所儀軌 등은 상당 부분이 새로 만들었거나 수리한 제기화기보인의 견양도로 채워져 있다.도42~42-3 대한제국기에 제작된 명성황후의 국상 관련 의궤에서는 황후의 위의에 부합하는 길의장吉儀仗, 흉의장凶儀仗, 제기 등이 갖추어지면서 도설의 수가 크게 증가했다.

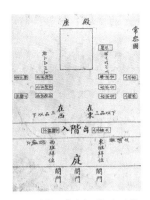

도36 상참도 『강연규식』에 수록, 한국학중앙연구원 장서각.

『강연규식』講筵規式은 예문관과 춘추관에 관계된 각종 고사를 모아놓은 관규집官規集인데 여기에 상참도常參圖를 포함한 〈친림진하전상입시도〉親臨陳賀殿上入侍圖, 〈친림문신전강도〉親臨文臣殿講圖, 〈소대입시도〉召對入侍圖 등 4종의 도식이 있다. 복잡한 의주를 한눈에 알기 쉽게 전달하기 좋은 형식이다.

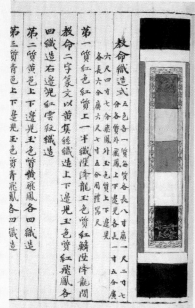

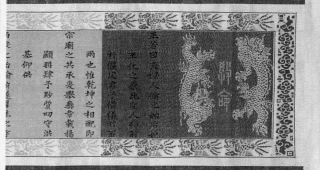

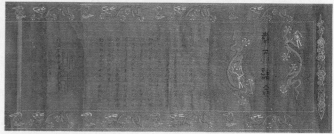

도37 **교명식** 『[헌종효현후]가례도감의궤』에 수록, 한국학중앙연구원 장서각.

도38 **헌종비 효현왕후 왕비책봉 교명 부분** 국립고궁박물관.

1837년 안동김씨 김조근金祖根의 딸(1828~1843)을 효현왕후孝顯王后로 맞아들일 때 만든 의궤의 교명축 그림(도37)과 그때 사용되었던 교명축 실물(도38)이다. 적, 황, 청, 백, 흑색의 바탕에 용, 봉황, 구름무늬가 장식되어 있는 그림의 형태가 실물과 잘 부합한다. 의궤의 〈교명식〉敎命式에 그림[圖說]을 삽입한 것은 1819년(순조 19) 왕세자(익종)의 『가례도감의궤』에서부터이다. 그 이전에는 그림 없이 형제形製를 설명하는 데에 머물렀다. 책봉 의식에서는 원래 교명문을 종이에 써서 내렸던 것인데 1437년(세종 19) 왕세자빈을 책봉할 때 처음으로 중국의 제도를 모방하여 오색의 교명축을 직조하였다.

도39 **효장세자 책봉 고명 부분** 한국학중앙연구원 장서각.

1725년 영조의 맏아들이 왕세자(孝章世子, 후에 진종眞宗으로 추존, 1719~1728)로 책봉될 때 받은 교명이다. 청나라 옹정제가 효장세자를 왕세자에 책봉하는 고명告命도 남아 있어서 중국과 한국의 사례를 잘 비교할 수 있다.

도40 **효장세자 책봉 교명 부분** 국립고궁박물관.

도41~41-2 **사수도 및 찬궁도** 『효의왕후빈전혼전도감의궤』에 수록, 서울대학교 규장각.

효의왕후(1753~1821)는 정조의 비 청풍김씨이다. 찬궁은 시신을 안치한 재궁梓宮을 현궁玄宮에 내리기 전까지 임시로 보관하는 나무 상자를 말한다. 그 안쪽 네 면에는 종이에 각 방위에 맞는 사수를 그려 붙였다. 찬궁도欑宮圖와 사수도四獸圖는 산릉도감의 궤에 그려지는 것이 보통인데 이 효의왕후 국상 관련 의궤에는 이례적으로 빈전혼전도감의궤에 그려져 있다. 또한 19세기 전반에는 사수도가 매우 현실적인 동물의 형상으로 그려졌던 시기였음에도 불구하고 1630년 『선조목릉천봉도감의궤』宣祖穆陵遷奉都監儀軌에서와 같은 17세기 전반기의 양식을 따르고 있는 점도 특이하다.

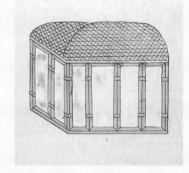

도42~42-3 **'조선국왕지인'** 朝鮮國王之印 『보인소의궤』에 수록, 한국학중앙연구원 장서각.

1876년(고종 13) 경복궁 교태전의 화재로 소실된 보인을 새로 제작하고, 남아 있던 보인들을 수리한 것에 관한 기록이다. 도설에는 보인과 그 인면印面, 보인을 보관할 보통寶筒, 보록寶盝, 호갑護匣을 차례로 그렸다. '朝鮮國王之印'은 거북 몸체에 용머리 형상이며 붉은색 끈〔영자纓子〕을 달았다. 보인은 보통과 보록에 이중으로 보관되었으며 '大朝鮮國主上之寶'(대조선국주상지보)와 함께 황색 사슴가죽으로 만든 호갑에 한 세트로 수납되었다.

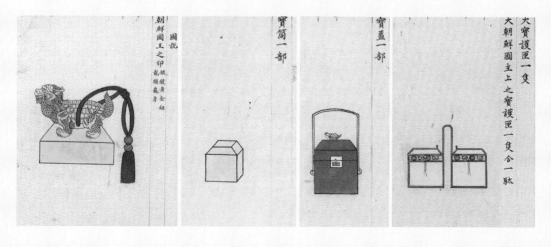

도44 **헌종태봉도 세부** 한국학중앙
연구원 징서각.

도43~43-1 **난간석조작도(오른쪽)
석난간배설도(왼쪽)** 『성상태실가봉
석란간조배의궤』에 수록. 서울대학
교 규장각.

헌종(1827~1849)의 태실은 1827
년 충청도 덕산현 가야산 아래 명
월봉에 조성되었다. 석물 가봉加
封은 즉위한 지 11년이 지난 1845
년(헌종 11)에 발의되어 2년 후
(1847) 3월에야 완료되었다. 석물
의 체양體樣은 영조 때의 예에 따
라 이루어졌다. 의궤의 〈난간석조
작도〉에는 석물 각부의 그림에 명
칭이 부기되어 있고 〈석난간배설
도〉에는 이를 조합하여 완성한 형
태의 석실, 석난간, 태실비가 그려
져 있다. 석물 가봉이 끝난 태실
주변의 모습은 어람을 위해 그림
으로 그려져 궁중에 내입되었다.
〈헌종태봉도〉의 세부 묘사를 보면
의궤의 도식이 잘 반영되어 있음
을 알 수 있다.

 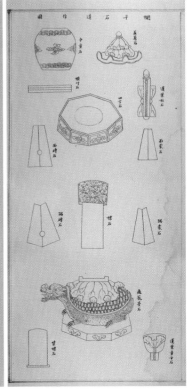

장태문화가 발달한 조선에서는 왕세자, 원손, 대군, 공주, 옹주
의 태를 태실에 안장한 사실을 안태의궤安胎儀軌 혹은 장태의궤藏胎儀
軌로 남겼으며, 태의 주인이 왕으로 등극한 뒤 태실에 석난간을 설
치했던 공사를 석물가봉의궤石物加封儀軌나 석난간조배의궤石欄干造排
儀軌에 기록했다. 현재는 정조 사후 정조의 태실을 가봉한 『정종대
왕태실석난간조배의궤』正宗大王胎室石欄干造排儀軌(1801)를 비롯해 19세
기에 제작된 의궤 9종만이 남아 있다. 하지만 1606년 『대군안태등
록』大君安胎謄錄 이래 태실 관련 의궤가 줄곧 만들어졌음을 1856년 강
화부 외규장각의 포쇄형지안曝曬形止案에서 확인할 수 있다. 태실 관
련 의궤는 보통의 의궤와 달리 폭이 좁고 높이는 다른 의궤보다 두
배 정도 긴 형태여서 외견상 눈에 띈다. 그림은 진설도陳設圖, 태실
난간비석 각 부의 석재 모양을 그린 난간석조작도欄干石造作圖, 완성

된 난간 전체의 모습을 그린 석난간배설도石欄干排設圖 등으로 이루어져 있다.도43, 43-1, 44

의례의 현장이 되는 건물도

조선시대에는 궁궐, 진전, 종묘, 영녕전, 대보단은 물론 크고 작은 묘전궁원단묘廟殿宮園壇墓의 건축물을 중건·수리·증축할 때 영건도감(혹은 영건청)을 설치했다. 영건 관련 의궤의 도설은 대부분 건물도建物圖다. 완성된 건물의 정면도를 그리거나, 영건이 행해진 구역의 건물 방위와 배치를 표시한 평면도 성격의 그림을 그렸다. 을미사변 때 러시아공사관으로 피신했던 고종이 1897년 경운궁으로 돌아오고 이곳에서 대한제국을 선포한 뒤부터 경운궁은 모름지기 정궁正宮이 되었다. 그러나 궁궐의 중심으로서 반드시 있어야 할 정전正殿이 없는 상태였으므로 1902년 10월(양력) 2층의 20칸짜리 중화전을 완성하였다. 그런데 준공한 지 2년이 못 되어 경운궁을 포함한 대부분 전각이 화재로 소실되는 바람에 경운궁의 중건이 불가피하였다.

도45 **중화전 도설** 「중화전영건도감의궤」에 수록, 서울대학교 규장각 (왼쪽).

도46 **중화전 도설** 「경운궁중건도감의궤」에 수록, 서울대학교 규장각 (오른쪽).

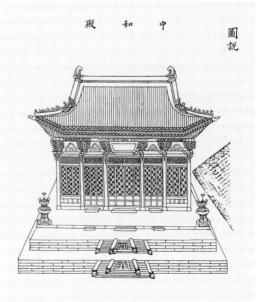

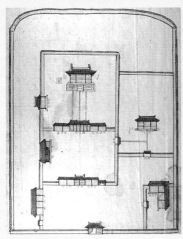
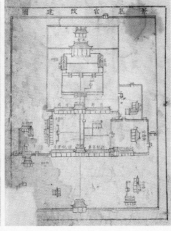
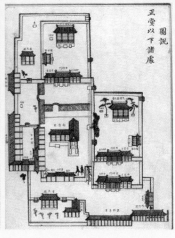

도47 **수은묘전도** 『수은묘영건청의궤』에 수록, 서울대학교 규장각.　　도48 **경모궁개건도** 『경모궁개건도감의궤』에 수록, 서울대학교 규장각.

도49 **정당이하제처**正堂以下諸處 『문희묘영건청등록』에 수록, 프랑스 파리국립도서관.

정조의 첫번째 아들 문효세자文孝世子(1782~1786)의 사당인 문희묘의 평면도이다. 1789년(정조 13) 한성부 북부 안국방에 문희묘를 건립했던 과정을 기록한 등록의 도설이다. 이 의궤는 강화도 외규장각에 있던 어람용으로서 어람용 의궤의 건물도를 보여준다. 어람용 의궤의 그림은 목판기법을 쓰지 않고 모두 손으로 그리고 설채한 것이 특징이다. 보통의 분상용 의궤에서 확인되는 건물도와 비교하면 창살과 창문, 섬돌과 계단, 나무와 취병翠屛 같은 세부 묘사가 많고 맑은 담채가 정성껏 가해진 점이 차별된다.

도50 **정자각도** 『(문효세자)묘소도감의궤』에 수록, 서울대학교 규장각.　　도51 **정자각도** 『(정조)건릉산릉도감의궤』에 수록, 서울대학교 규장각.

도52 **헌전** 『(고종태황제)산릉주감의궤』에 수록, 한국학중앙연구원 장서각.

정자각은 능陵이나 원園 앞에 짓는 건물로 제례를 지내는 곳[제전祭殿]이다. 대부분 맞배지붕이며 정면 3칸, 측면 2칸의 정전正殿(묘소일 경우에는 한 단계 낮추어 정실正室) 중앙에 벽이 없이 기둥으로만 된 정면 1칸 측면 2칸의 배위청拜位廳을 연결한 형태이다. 기단의 동쪽에는 신계神階와 왕이 오르는 어계御階가 구별되고 서쪽에는 왕이 내려오는 계단만 설치되는데 『건릉산릉도감의궤』의 정자각도에서 확인된다. 고종황제의 홍릉洪陵과 순종황제의 유릉裕陵에는 정자각 대신 정면 5칸, 측면 4칸의 일자형 헌전獻殿으로 바뀌었다.

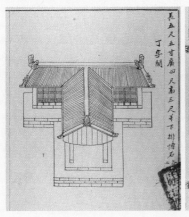

1906년 1월(양력) 완성된 중화전은 경제적인 어려움으로 인해 단층의 건물로 축소할 수밖에 없었다. 의궤의 도설을 통해 1902년 신축된 중화전과 1906년 중건된 중화전의 정면을 비교할 수 있다.^{도45, 46}

수은묘는 1764년(영조 40) 영건된 사도세자(1735~1762)의 사당으로 지금의 서울대학교병원 본관 건물 뒤쪽에 위치하였다. 경모궁은 1776년 정조가 즉위하자 사도세자에게 장헌莊獻이라는 시호를 올리고 수은묘를 궁으로 승격시키면서 붙인 이름이다. 각각의 사실을 기록한 『수은묘영건청의궤』垂恩廟營建廳儀軌와 『경모궁개건도감의궤』景慕宮改建都監儀軌에는 수은묘와 경모궁의 평면도가 그려져 있다. 수은묘는 정우正宇, 이안청移安廳, 신삼문神三門, 중배설청中排設廳, 제기고祭器庫, 향대청香大廳, 재실齋室, 수복방守僕房, 제관방祭官房, 전사청典祀廳, 수궁청守宮廳 대문大門 등으로 구성되었다. 경모궁은 정우를 이안청으로 쓰고 정당正堂과 어재실御齋室을 새로 조성하는 등 승격된 사당의 위상에 맞게 격식을 갖추어 부속건물이 늘어났다. 현재는 옛터에 정당으로 올라가는 계단과 기단만이 남아 있다.^{도47~49}

능원陵園 조성을 기록한 산릉도감의궤나 원소도감의궤에는 정자각도丁字閣圖, 능상각도陵上閣圖, 수도각도隧道閣圖를 비롯해 각종 석물 그림도 그려졌다. 18세기 후반 이후의 건물도에는 원근법과 투시도법의 반영이 뚜렷하게 나타나는 사례가 많다. 정자각 그림에서 그러한 변화를 쉽게 느낄 수 있으며,^{도50~52} 특히 『화성성역의궤』華城城役儀軌의 도설에서 서양화법을 빌려 입체적인 건축구조를 표현하려는 시도가 절정을 이룬다.

반차도   **의궤 반차도의 종류와 특징**   반차도班次圖는 의주儀註에 따른 관원과 의물의 위치, 순서, 숫자를 표시한 그림을 말한다. 이런 의미에서는 배반도排班圖와 같은 개념의 용어이다. 반차도는 이동하는 행렬도 형식으로 그리거나, 일정 공간 내의 설위반차設位班次를 글자로만 표기한 형식으로도 그렸다. 글자로

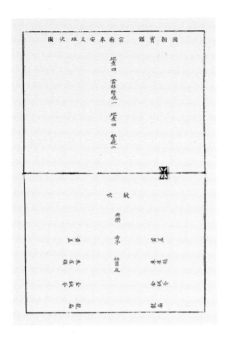

도53 **국조보감종묘봉안문반차도**
『국조보감감인소의궤』에 수록, 한
국학중앙연구원 장서각.

『국조보감』은 1782년(정조 6),
1848년(헌종 14), 1909년(융희 3)
에 출간되었다. 반차도에는 완성
된 『국조보감』을 종묘에 봉안하러
가는 행렬이 그려졌는데 1909년의
의궤에는 문반차도로 실려 있다.
순종 재위 시 융희 연간의 의궤부
터는 앞선 예와 상관없이 간단히
문반차도로 대체되는 경향을 보여
주는 사례이다. 의금부 관원을 대
신하여 순사巡査와 경시警視가 행
렬을 선도하는 점도 시대상의 반
영이다.

만 표시하는 반차도의 후자는 1800년 순조가 세
자로 책봉될 때의 『〔순조〕왕세자관례책저도감의
궤』〔純祖〕王世子冠禮册儲都監儀軌에 실린 〈관례도〉와
〈책봉도〉, 19세기 『진찬의궤』의 〈반차도〉 등이 대
표적이다. 글자로만 표시된 반차도를 당시에는
'문반차도'文班次圖라고 구별해서 불렀다. 이는
1909년의 『국조보감감인소의궤』國朝寶鑑印所儀軌
에 그려진 국조보감 종묘 봉안 행렬을 '국조보감
종묘봉안문반차도'國朝寶鑑宗廟奉安文班次圖라고 제목
붙인 것에서 알 수 있다.[33] 도53

　　반차도는 의궤에만 수록되었던 것이 아니다.
예문禮文과 관련된 반차도는 예의 실행과 준비 과
정에서도 필요하였으므로 관청에서 소장업무와
관련하여 빈번하게 제작되었다. 실무자들은 관청에 반차도를 평시
에 비치해 놓고 있다가 의례 때 참고로 활용했다. 행렬반차도는 두
루마리 화권에 그려졌고, 1778년(정조 2) 정조의 명령에 따라 제작
된 〈정아조회지도〉正衙朝會之圖처럼 종이 한 장에 그려진 문반차도도
있었다. 〈정아조회지도〉는 정아正衙(正殿), 즉 인정전에서 거행되는
조하朝賀(陳賀) 의주를 도해한 반차도로서 1778년(정조 2) 4월 정조
의 명에 의해 목판으로 새겨져 인출·배포된 것이다. 정조는 즉위
초에 조하의식의 반의班儀가 매우 혼란해졌음을 깨닫고 인정전 뜰
에 품계석을 세워 반열의 줄을 정했다. 또 옛 조하의朝賀儀를 참작
하되 시의時宜를 반영하여 조하반차를 정비하고 『국조오례의』의 도
식을 모방하여 도식을 간행하도록 한 것이다. 정궁의 정전에서 노
부의장이 설치된 가운데 문무백관이 모두 참여하는 조하의식은 국
왕의 통치력을 드러내고 기강을 확립하는 데에 매우 효과적이었다.
정조는 인출된 반차도에 의거하여 병조판서를 노부사鹵簿使로 삼아
여러 차례 예행연습을 시켰다.[34] 도54 『조선왕조실록』에 보이는 조하

도식朝賀圖式, 상견도식相見圖式, 고
유제도식告由祭圖式, 제향도식祭享圖
式, 설찬도식設饌圖式, 진설도식陳設
圖式, 의장도식儀仗圖式, 상복도식喪
服圖式 등은 설위반차를 글자로 표
시한 반차도 유형이었다고 본다.
이런 도식을 그려 놓고 왕과 신료
들은 의례 절목을 논의하고 실제
행례나 예행연습에 사용하였던 것
이다.

반차도는 행사의 준비과정에서
왕의 열람을 위해 봉진되었다. 의
궤에는 대개 궁중에 내입되었던
것과 같은 내용의 반차도가 실렸
던 것이다. 큰 행사의 경우는 보통
예행연습을 세 차례 치르는데, 도
감에서는 주로 초도습의初度習儀를
하기 전에 미리 반차도를 봉진해
왕의 재가를 받았다. 도감에서는
전례前例를 상고하되 시의를 반영

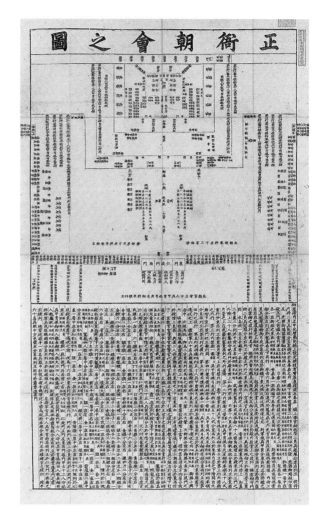

도54 **정아조회지도** 한국학중앙연구
원 장서각.

이 반차도는 '正衙朝會之圖'라는
제목, 반차도, 의주儀註의 삼단으
로 구성되어 있어서 마치 계축契
軸을 연상시킨다. 우측 상단의 인
장은 이 반차도가 무주 적상산사
고에 보관되어 있다가 총독부로
이관되었던 것임을 말해 준다. 정
조 연간 편찬된『춘관통고』春官通
考 가례에「금의정아조회도설」今
儀正衙朝會圖說로도 실려 있다.

해 반차도의 내용을 확정하고 이를 연습 전에 미리 올려 왕의 검토
를 거치고 나서 그 반차도에 의거해 연습에 들어갔던 것이다. 반차
도가 초도습의 전에 완성되지 못해 연습이 제대로 진행되지 못하
면, 연습이 차서가 없고 분잡함을 면치 못했다고 왕에게 호된 질책
을 받기도 했다.[35] 많은 인원과 복잡한 의장을 차서에 맞게 정확하
게 배반排班하는 일은 반차도 없이는 불가능하였으며, 반차도에 대
한 의존도가 높았던 만큼 표현의 정확성이 요구되었다.

반차도는 공식적인 습의가 필요 없는 의례 절차에 대해서도 그려졌다. 왕이 친견할 필요는 없지만 엄격한 예법에 따라야 하는 과정의 경우에는 행사일 2~3일 전에 그려서 내입하고 왕의 열람을 거쳤다. 견양도와 건물도가 형제를 보여주는 기능이 우선시되었다면, 반차도는 예문을 시각적으로 정리하고 절목을 도해한 참고자료로서의 역할이 컸다.

모든 의궤에 반차도가 실렸던 것은 아니지만, 대부분의 반차도는 행렬반차도로서 내입반차도를 담당하였던 해당 방房의 의궤 끝에 수록되는 것이 보통이다. 반차도가 실린 대표적인 의궤는 사신영접, 가례, 책례, 국장, 부묘, 존숭, 어진도사 등에 관한 것으로, 의궤의 종류에 따라 반차도의 내용은 큰 차이가 없지만 시대에 따른 표현기법에는 차이가 있다.[36] 도55~66

어람용 의궤 반차도와 분상용 의궤 반차도

왕의 열람을 위한 어람용 의궤와 여러 곳에 보관하기 위한 분상용 의궤는 제작과정에 참여한 장인과 사용된 재료 면에서 엄격하게 차별되었다. 분상용 의궤의 반차도는 이미 17세기 후반이 되면 목판과 필사의 방법이 혼용되지만, 어람용 의궤의 반차도는 시기에 관계없이 전체가 손으로 그려졌다. 행사 준비과정에서 내입되었던 반차도가 모두 육필화肉筆畵였던 것과 마찬가지다. 묘사가 정교하고 설채設彩에 정성을 많이 들인 만큼 그림은 완성도 면에서 시각적인 차이가 많이 난다.

1759년 『영조정순후가례도감의궤』英祖貞純后嘉禮都監儀軌의 반차도를 보면 어람용은 뚜렷한 윤곽선, 매끈한 설채, 안정된 색감, 다채로운 색의 조화 등이 돋보이며 목판기법이 혼용된 분상용 의궤의 반차도에서는 표현되지 못한 세부 묘사가 생생하다. 왕이 행사 전에 봉진된 의궤도를 열람하면서 복식의 세부 꾸밈이나 색깔까지 일일이 지적할 수 있었던 것은 어람반차도가 그만큼 사실에 입각하여 정치하게 그려졌기 때문에 가능한 일이었다.[37] 이에 비해 목판기법

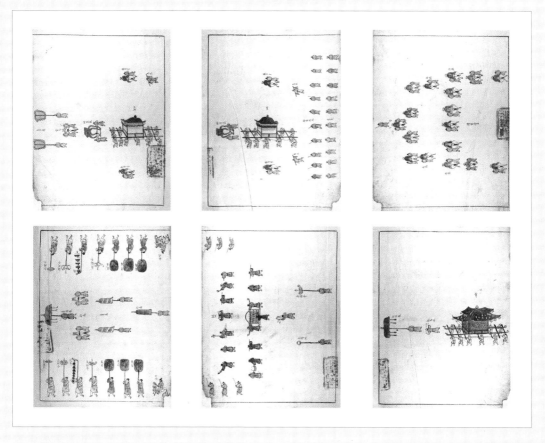

도55 **반차도** 『선조재존호도감의궤』에 수록, 서울대학교 규장각.

왕이나 왕후에게 휘호를 올리는 의식과 관련된 의궤는 주인공의 신분과 생존 여부에 따라 존숭尊崇, 존호尊號, 상호上號, 진호進號, 추숭追崇 등 다양한 명칭으로 불렸다. 전대의 왕과 왕비가 부묘될 때, 왕이 큰 공적을 이루었을 때, 즉위한 지 오래되었을 때, 왕대비가 회갑이 되었을 때 등 존호를 올리는 명분은 다양하였다. 선조·광해군·숙종·영조 등이 재위 중에 존호를 받았으며 인조의 계비 장렬왕후와 숙종의 계비 인원왕후, 익종의 비 신정왕후는 장수하였으므로 그만큼 여러 차례 존호를 받았다. 반차도의 내용으로는 주인공의 생존 여부에 따라 새로 만든 책보冊寶를 궐내로 들여오는 행렬이거나 봉안처로 봉안하러 가는 행렬이다. 1604년(선조 37) 『선조재존호도감의궤』의 반차도는 현존 의궤반차도 중에서 가장 오래된 예로서도 주목된다. 태세가 있는 필선의 생동감은 목판 반차도에서는 느낄 수 없다. 의궤의 반차도는 손맛이 느껴지는 육필의 17세기 반차도가 화가의 개성적인 화풍을 느낄 수 있어서 보는 재미가 크다.

도56 **천사반차도** 부분 『영접도감사제청의궤』에 수록, 서울대학교 규장각.

영접도감의궤는 명나라 사신 접대에 대해서만 제작되었으므로 청나라가 들어선 1644년부터는 영접도감은 설치되었으나 의궤는 제작되지 않았다. 1609년(광해 1)부터 1643년(인조 21)까지 다섯 차례에 해당되는 영접도감의궤가 남아 있다. 이 중에서 반차도는 1609년 『영접도감사제청의궤』迎接都監賜祭廳儀軌에 그려진 〈천사반차도〉天使班次圖와 〈곽위관제물배진반차도〉郭委官祭物陪進班次圖가 유일하다. 천사는 두목頭目, 관반館伴, 원접사遠接使들이 배종한 가운데 평교자에 앉아 있다. 판화기법을 전혀 쓰지 않고 일체를 손으로 그렸다는 점에서 17세기 초 반차도의 양식을 보여주는 좋은 예이다.

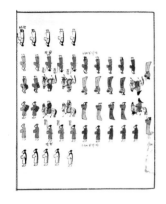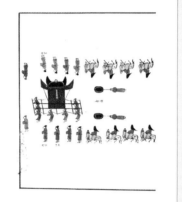

도57 **반차도 부분**
『숙종인경후가례도감의궤』에 수록,
한국학중앙연구원 장서각.

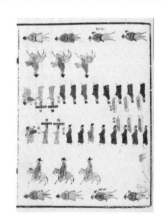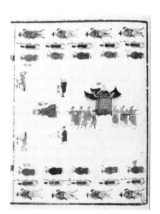

도58 **반차도 부분** 『문조신정후가례도감의궤』에 수록, 한국학중앙연구원 장서각.

가례반차도는 크게 두 가지로 나뉜다. 하나는 별궁에서 신부 수업을 받은 비빈妃嬪이 동뢰연을 치르기 위해 입궐하는 행렬〔王妃自別宮詣闕時班次圖〕을 그린 것으로서 17세기의 가례반차도가 이에 해당된다. 두번째는 별궁에서 친영의親迎儀를 마친 비빈이 왕(왕세자)과 함께 궐 안으로 들어오는 행렬〔親迎儀後詣闕班次圖〕을 그린 것으로서 18·19세기의 가례반차도가 이에 해당된다. 왕(왕세자)의 행렬이 포함되는 두번째 유형의 가례반차도 길이가 훨씬 길어서 1851년 철종과 철인왕후의 가례도감의궤의 반차도는 무려 92면에 달한다. 그림은 두 가지 유형의 반차도 중에서 각각 왕비 행렬 부분만을 따서 비교한 것이다. 왕비 행렬은 향정자香亭子, 교명요여敎命腰轝, 죽책요여竹冊腰轝, 옥인채여玉印彩轝, 명복命服·석말채여舃襪彩轝 등이 앞부분을 차지하는데 그림에는 보이지 않는다. 그림에 보이는 부분은 나인〔內人〕과 상궁을 앞세운 왕비의 연이 그 뒤를 따르는 모습이다. 『문조신정후가례도감의궤』의 〈반차도〉에는 보자기로 싼 상자를 머리에 인 대함戴函 나인, 걷거나 말을 탄 나인〔步行內人, 騎行內人〕, 상궁, 봉향奉香 나인 등이 표시되어 있다. 머리에 이거나, 등에 지거나, 가슴에 끌어안고 짐을 나르는 나인과 내시의 묘사가 재미있다.

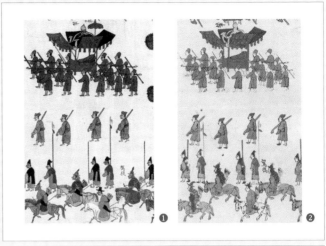

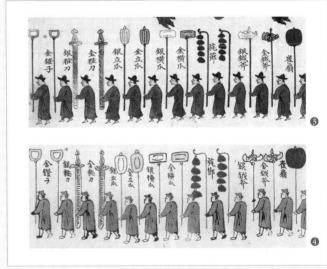

도59 반차도 부분
『영조정순후가례도감의궤』에 수록,
서울대학교 규장각(분상용, ❷와 ❹).

도60 반차도 부분
『영조정순후가례도감의궤』에 수록,
프랑스 파리국립도서관(어람용, ❶과 ❸).

1759년(영조 35) 영조가 경주김씨 정순왕후(1745~1805)를 계비로 맞는 과정을 기록한 의궤의 반차도이다. 66세의 영조가 15세의 어린 신부를 맞아들인 가례였다. 1749년 『국혼정례』國婚定例가 간행된 뒤 처음으로 거행된 가례로서 이전과 다른 부분이 많았다. 별궁에서 왕이 직접 왕비를 맞이하는 친영의親迎儀도 그중 하나였다. 따라서 반차도에도 영조가 왕비와 함께 별궁으로부터 궐 안으로 들어오는 행렬이 그려졌으므로 왕비의 행렬만 그려졌던 그 이전에 비해 분량도 50면으로 대폭 늘어났다. 분상용 의궤를 보면 인물 하나하나를 도장처럼 새겨서 연속적으로 찍고 지물持物을 손으로 그려 넣었다. 연여輦舉와 가마꾼은 일체로 판각하여 찍었다. 그런데 중간 중간 장마仗馬와 보마寶馬는 육필로 그려 넣은 점은 매우 흥미롭다. 수월성을 감안하여 판화기법과 필사의 기법을 적당히 혼용하였다. 반면에 어람용 의궤의 반차도는 처음부터 끝까지 전체를 손으로 그렸다. 목판에서는 표현하기 어려운 세부 묘사가 가능하고, 목판인쇄 과정에서 뭉개지기 쉬운 윤곽선이 또렷하게 살아 있으며, 설채도 꼼꼼하고 채색도 훨씬 선명하다. 역시 어람용은 정성과 완성도에서 분상용과 완전히 달랐음을 알 수 있다.

여러가지 의궤의 반차도:
국장·예장·부묘·책봉·어진이모 관련 의궤 반차도

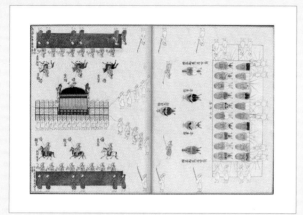

도61 **장렬왕후 국장 시의 발인 행렬 중 대여 부분**
『〔장렬왕후〕국장도감의궤』〈발인반차도〉, 프랑스 파리
국립도서관.

도61-1 **가마류**

국장도감의궤에는 빈전殯殿으로부터 대여大轝에 찬
궁 梓宮을 싣고 산릉으로 떠나는 발인 행렬, 즉 발인
반차도發靷班次圖가 그려졌다. 발인반차도는 1649
년『인조국장도감의궤』에 처음으로 수록되었으며
같은 성격의〈이장반차도〉移葬班次圖가 1727년
『〔원종〕예장도감의궤』에도 있다. 국장도감의궤의
반차도는 다른 의궤보다 긴 편이며 19세기에는 다른
종류의 의궤처럼 전반적으로 면수가 늘어나는 경향
을 보인다. 17세기 후반에는 목판기법이 사용되나
어람용 의궤인 만큼 전체가 깔끔하게 손으로 그려졌
으며 글씨도 해서체로 단정하다. 대여의 양 옆에는
말을 탄 불삽歡靈, 보삽멋사과 화삽畫靈, 방울을 든
집탁호군執鐸護軍, 푸른색 면포綿布를 펼쳐 대여를
엄호하는 행장行障이 보인다. 행장은 내상內喪일 때
만 진설되는 것이다. 그 뒤를 배왕대장陪往大將, 종
사관從事官, 국장도감 일방一房 관원, 곡을 하는 궁
녀宮女 20명이 따르고 있다.
재궁을 실은 대여, 음사를 막기 위한 광부狂夫 형상
의 방상씨方相氏, 혼백을 실은 요여腰轝인 혼백거魂
帛車, 명기明器의 하나인 소궤를 실은 소궤채여宵樻
彩轝, 향로와 향합을 담은 향정자香亭子이다. 매우
평면적이고 반복적인 표현을 보여주지만 세부 묘사
는 깔끔하고 명료하다. 인물의 필치는 부드럽고 둥
근 맛이 강한 것이 특징이다.

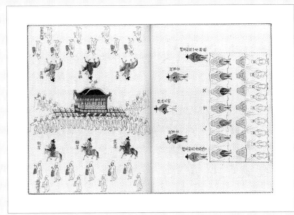

도62 **의소세손 예장 시의 발인 행렬 중 대여 부분**
『[의소세손]예장도감의궤』〈발인반차도〉, 프랑스 파리
국립도서관.

도62-1 **가마류**

장렬왕후의 발인반차도(도61)와 비교하면 내상에만
설치되는 행장 대신에 홍촉롱紅燭籠이 들어간 것 외
에는 동일하다. 공간의 깊이감에 대한 관심이 전혀
보이지 않던 장렬왕후의 발인반차도와는 달리 공간
감을 의식하여 가마꾼을 배열하고 겹치는 표현에도
신경썼음이 느껴진다. 명료하고 적확한 윤곽선은 아
니지만 인물의 움직임이 많고 옷주름이 일률적이지
않아 한결 자연스럽다. 수염 등으로 얼굴을 저마다
다르게 묘사하려고 노력한 흔적도 보인다. 시대적인
차이, 화가의 개성에 따른 묘법과 필치에 의해 사뭇
다른 분위기의 반차도가 만들어졌다.

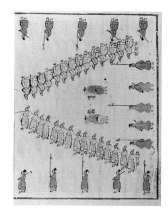

도63 **현목수빈 예장 시의 발인 행렬 중 대여 부분** 『(현목수빈)예장도감의궤』, 〈발인반차도〉, 서울대학교 규장각.

어람용 의궤의 반차도와 비교하면 분상용은 완성도와 회화성에서 현격한 차이가 난다. 판각과 인출 기법을 얼마나 효율적으로 능숙하게 활용했는지에 따라 같은 분상용이라도 많은 차이가 났다. 이 반차도는 대여와 가마꾼을 일체로 판각한 것이 아니라 인물 하나를 도장처럼 파서 대여 주변에 반복적으로 찍었기 때문에 인출하는 요령이 매우 중요하였다. 이렇게 약간은 부족한 듯 엉성한 맛이 분상용 의궤 반차도의 매력이기도 하다. 1822년(순조 22) 현목수빈의 예장 관련 의궤에서 한 가지 특이한 사항은 1822년 『(현목수빈)빈궁혼궁도감의궤』顯穆綏嬪殯宮魂宮都監儀軌 중 예조 분상용에만 유일하게 반우반차도返虞班次圖가 실려 있다는 점이다. 이 반차도는 글자로 직명을 쓴 문반차도이다. 발인반차도가 장례도감의 소관일 뿐 반우반차도는 전례前例가 없었는데 이때 빈궁혼궁도감에서 처음으로 반우반차도를 마련하여 거행하였다고 한다.

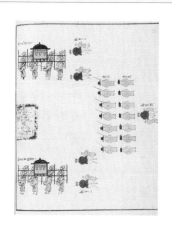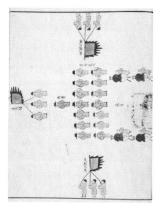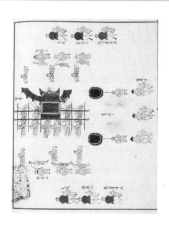

도64 **반차도 부분** 『현종부묘도감의궤』에 수록, 한국학중앙연구원 장서각.

부묘도감의궤에는 1600년대 초기의 세 건을 제외하면 모두 반차도가 실려 있다. 3년 동안 신위를 안치했던 혼전으로부터 신위를 모시고 부묘례를 위해 종묘로 향하는 행렬을 그린 것이다. 행렬의 핵심은 시책諡冊을 실은 요여腰轝와 시보諡寶를 실은 채여彩轝, 그리고 신위를 실은 신여神轝이다. 경우에 따라 세자 책봉 때 받은 죽책과 옥인, 생전에 존숭되었을 때 받은 옥책과 옥보를 실은 가마가 시책과 시보 앞에 배치되기도 한다. 그림은 배향신配享臣 요여, 도제조, 전악典樂과 후부고취後部鼓吹, 승지와 사관, 신련神輦이 그려진 부분이다. 가마의 표현이나 인물의 유형이 이 그림과 비슷한 시기에 제작된 1688년의 『장렬왕후국장도감의궤』〈반차도〉(도61)와 유사하다.

도65 **금책요여** 『의왕영왕책봉의궤』, 〈책인예궐반차도〉, 한국학중앙연구원 장서각(왼쪽).

도65-1 **금인채여** 『의왕영왕책봉의궤』, 〈책인예궐반차도〉, 한국학중앙연구원 장서각(오른쪽).

책례도감의궤에는 도감에서 제작한 교명敎命과 책인册印 등을 궁궐로 들여오는 행렬이 그려졌다. 현재 남아 있는 책례도감의궤 중에는 1610년(광해군 2) 왕세자(인조)를 책봉할 때의 의궤에 실린 반차도가 가장 이르다. 반차도는 왕세자 책봉과 관련된 의궤에만 수록될 뿐 왕후 책봉과 관련된 의궤에는 수록되지 않았다. 책례반차도의 중심은 교명을 실은 요여, 죽책과 옥인을 실은 채여, 앞으로 왕세자가 탈 평교자平轎子와 연輦 등 책봉례에 사용하기 위해 새로 조성된 물건이다. 『의왕영왕책봉의궤』義王英王册封儀軌는 1900년(광무 4) 고종황제의 둘째아들 의화군義和君을 의왕으로, 셋째아들을 영왕으로 책봉한 과정을 기록한 것이다. 대한제국기의 반차도이므로 죽책은 금책金册으로 옥인은 금인金印으로 바뀌었다.

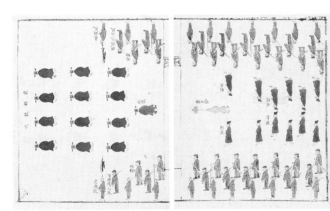

도66 **어진봉안 행렬 중 전부고취**前部鼓吹**와 신연**神輦 **부분** 『어진이모도감청의궤』, 〈반차도〉, 한국학중앙연구원 장서각. .

어진 제작이나 어진의 봉안처인 진전의 중수과정을 기록한 의궤에도 반차도가 실렸다. 현존하는 어진 관련 도감의궤 아홉 종류 가운데 다섯 종의 의궤에 반차도가 실려 있다. 모두 완성된 어진을 신연神輦(御眞輦)에 싣고 영희전, 준원전, 서경西京의 풍경궁豊慶宮 등 봉안처로 향하는 행렬을 그린 것이다. 어진을 모사하는 경우 의궤에는 수록되지 않았지만 진전에서 해당 어진을 꺼내서 모사할 장소로 옮겨 가는 반차도 제작되어 내입되었다. 진전을 중수할 때는 어진을 다른 장소에 임시로 옮겨 두었다가 완공 후 원래 위치로 다시 이안移安했는데 의궤에는 새로운 진전으로 어진을 실어 나르는 행렬이 그려졌다(『영희전영건도감의궤』永禧殿營建都監儀軌의 〈영희전각실영정이봉교시시반차도〉永禧殿各室影幀移奉敎是時班次圖, 『남전증건도감의궤』南殿增建都監儀軌의 〈영정봉안반차도〉影幀奉安班次圖). 경기전에 모셨던 태조 어진을 새로 모사했을 때의 의궤 반차도로서 이때 모사된 태조 어진이 현재 경기전에 봉안되어 있는 본이다.

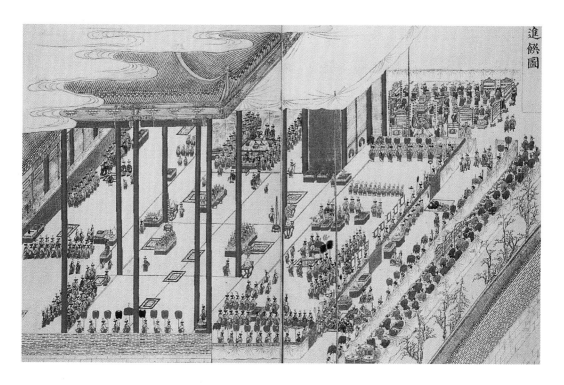

進饌圖

도67 **진찬도** 『기사진표리진찬의궤』에 수록, 영국 대영도서관.

1809년(순조 9) 혜경궁 홍씨가 관례를 치른 지 60주년이 된 것을 경하하는 진찬의식을 그린 것이다. 창경궁 경춘전은 동향의 건물이며 장소가 협소하였기 때문에 동쪽과 서쪽 기둥 밖에 덧마루를 설치하여 배위拜位을 마련하였다. 실내를 표현하기 위한 공간 확보를 위해 경춘전의 기둥을 길게 늘여 그렸는데, 덕분에 실내를 한층 깊숙하게 투시하는 효과가 생겼다. 기둥에는 명암이 뚜렷하게 가해져 있으며 수지법樹枝法에서는 김홍도의 화풍이 느껴진다.

도68 **어사례도** 『대사례의궤』에 수록, 서울대학교 규장각(옆면 왼쪽).

시사자의 앞에는 맞힌 화살을 꽂아두는 다섯 개의 복福, 벌주를 담을 벌준罰尊을 올려놓은 벌준탁, 상으로 내릴 표리表裏 및 궁시弓矢가 있는 상물탁이 그려져 있다. 어사에 사용된 웅후熊侯는 붉은 바탕에 곰의 머리를 그린 과녁이고 시사자의 과녁은 푸른 바탕에 사슴의 머리가 그려진 미후麋侯이다. 과녁으로부터 동·서로 10보 되는 지점에 화살가림(乏)을 설치하였다. 화살이 적중하면 북을 치고 빗나가면 금金을 치는데 화살을 줍는 획자獲子는 깃발을 들어 적중의 방향을 중앙 쪽에 알렸다.

의존도가 높은 분상용 의궤의 반차도는 윤곽선이 깔끔하지 않고 설채도 꼼꼼하지 않은 곳이 많았다. ^{도59~62-1}

어람용 의궤도의 정수는 영국 대영도서관 소장의 『기사진표리진찬의궤』己巳進表裏進饌儀軌에서 확인할 수 있다. ^{도67, 67-1} 연회는 1809년(순조 9) 혜경궁 홍씨의 관례冠禮 주갑을 기념해 내전 즉 창경궁 경춘전에서 왕실 가족들만 참가한 가운데 치러졌다. 도감을 설치하지 않고 예조에서 일을 전담했으며 의궤는 3건을 필사하여 혜경궁과 순조에게 올리고 내각內閣(奎章閣)에 보관하였다. 짜임새 있는 구성과 정확한 묘사, 화려한 채색, 현장 분위기의 전달이 어느 의궤 그림보다도 수준 높았던 것은 이 의궤의 편집과 교정 일체를 규장각에서 전담했기 때문이다.[38] 19세기 궁중연향 관련 의궤도가 모두 목판화인 점을 감안하면 이례적인 예에 속한다.

<table>
<tr>
<td>

활자인쇄 의궤와
목판화 도설

</td>
<td>

의궤를 전체적으로 일별할 때 가장 눈에
띄는 특징은 정조 연간의 의궤에서 찾을

</td>
<td>

</td>
</tr>
</table>

수 있다. 의궤 제작은 시기 및 종류에 상관없이 필사가 기본 원칙이
었는데, 정조 연간의 일부 의궤는 활자로 인쇄되고 정교한 목판화가
그림을 대신한 것이다. 이러한 경향은 이미 영조 연간에 예고되었다.

행사도 형식의 그림이 의궤에 실린 것은 1743년(영조 19) 『대사
례의궤』大射禮儀軌가 처음이다. 도68,69 왕이 성균관에 친림하여 석전제
釋奠祭를 지낸 뒤 거행한 활쏘기 행사를 기록한 의궤로서, 여기에
그려진 그림은 18세기 중엽 다른 의궤와는 달리 행사도 형식이며
분상용 의궤에도 판화기법을 쓰지 않고 전체를 손으로 그렸다는 점

대사례 후에 시사자들이 만든 기
념화로 가로로 긴 두루마리『대
사례의궤』와 같은 내용의 그림 세
장면을 그렸다. 그림에 이어 참여
집사執事와 차비差備의 좌목, 시
사관 30명의 관직성명과 성적, 병
조판서 서종옥徐宗玉(1688~
1745)의 서문이 쓰여 있다. 각 장
면의 우측 가장자리에 반수泮水,
반수교泮水橋, 어서비각御書碑閣
을 배치하고 산수 배경을 추가하
여 행사 장소가 성균관임을 표현
하였다.

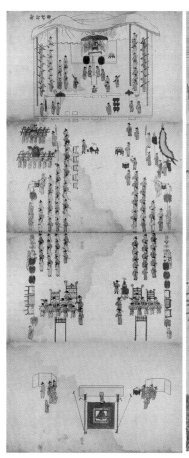

에서 주목되는 예이다. 목록 다음에 12면에 걸쳐 채색 그림이 실려 있고 이 그림들을 해설한 대사례 도해大射禮圖解, 병조판서 이하 집사관의 좌목, 시사관 30명의 명단이 쓰여 있다. 세 장면의 그림은 왕이 활 쏘는 모습을 그린 〈어사례도〉, 시사자가 두 명씩 짝지어 활 쏘는 모습을 그린 〈시사례도〉, 시사의 성적에 따라 상벌을 내리는 장면을 그린 〈시사관상벌도〉이다.[39] 또 1771년(영조 47) 전주이씨의 시조 사공공 이한司空公 李翰의 신위판을 만들어 경기전 뒤에 새로 설치한 조경단에 봉안한 사실을 기록한 『위판조성도감의궤』位版造成都監儀軌에서도 행사도 형식의 그림을 확인할 수 있다.[도70]

『위판조성도감의궤』는 1771년(영조 47) 10월부터 11월에 걸쳐 국조시조國朝始祖 사공공의 신위판을 봉안했던 사실을 기록한 의궤이다. 전주이씨의 시조묘始祖廟를 만들고 그에 대한 추제追祭를 지내자는 전국 유생들의 상소에 따라 전주 경기전 북쪽에 조경묘肇慶廟를 영건하고 신위판을 봉안하였다. 봉안의례는 경기전에 태조의 영정을 모셔 오는 절차를 근거로 삼았다. 의궤의 말미에는 행렬반차도 12면과 신위판을 실은 배가 서빙고 나루에서 한강을 건너는 장면이 그려져 있다. 반차도에는 글씨가 전혀 없어서 자세한 내용을 알기 어려우나 서울에서 모든 의식을 마치고 완성된 위판을 전주에 봉안하러 가는 행렬을 묘사한 것이다.

영조 연간 의궤에 나타난 새로운 회화적 시도는 정조 연간에 적극적으로 수용되어 활짝 꽃피우게 되었다. 정형화되고 판에 박힌 형식에 머물렀던 도식과 도설에서 벗어나 회화성이 강한 행사도가 의궤 그림으로 자리 잡음으로써 행사의 현장을 좀더 생생하게 엿볼 수 있게 된 것이다.

도70 **반차도 부분** 『위판조성도감의궤』에 수록, 서울대학교 규장각.
반차도의 마지막 두 면은 양쪽으로 늘어선 18척의 배로 하여금 신위판을 도강시켰던 방법을 보여주는 장면이다. 전체가 판화기법 없이 손으로 그려졌다. 또한 신위판을 옮기는 방법을 사실적으로 묘사한 것은 앞선 예에 전적으로 의지하지 않고 의궤의 종류에 따라 핵심적인 내용을 적절한 형식과 기법으로 기록하려는 의지로 해석된다. 『대사례의궤』와 함께 영조 연간 의궤의 특수성과 유연성을 보여주는 부분이다. 네 척의 배를 연결하여 보관을 깔고 그 위에 악차幄次를 설치하였다. 악차 안에 당가唐家와 일월오봉병을 세우고 신위판을 담은 상자를 모셨다.

정조의 사도세자 능 참배와 『원행을묘정리의궤』

왕의 도성 밖 행차는 능행이나 온행이 가장 대표적이지만, 정조의 1795년(정조 19) 현륭원행을 제외하면 다른 어떤 왕도 도성 밖 행차를 의궤에 기록하지 않았다. 능행은 호조의 책임 아래 정리사整理使가 미리 목적지를 봉심奉審하고 제반 절차를 준비하는 것이 관례였다. 그러나 정조는 을묘년의 현륭원 행행을 개인적으로나 국가적으로나 중대사로 규정하고 특별히 정리소整理所를 설치해 일을 주관케 하였다. 그리고 『원행을묘정리의궤』園幸乙卯整理儀軌에 전 과정을 이전의 어느 의궤보다도 체계적이고 소상하게 기록하도록 지시하였다.

금속활자인 정리자整理字로 의궤를 인쇄하고 다량의 목판화를 본편에 앞서 독립된 권수卷首에 한꺼번에 실은 점은 매우 획기적인 시도였다. 그림을 따로 모아 의궤 첫머리에서 일괄적으로 관리하는 체제가 정조 연간에 처음 나타난 것은 아니다. 하지만 많은 그림을 실을 수 있을 뿐만 아니라 열람과 참조가 편리하다는 장점을 살려 이를 적극적으로 활용한 왕은 정조였다. 이러한 체제는 정조 대에 경모궁과 영우원의 의절을 수록한 『궁원의』宮園儀(1780), 『경모궁의궤』景慕宮儀軌(1783), 『장조현륭원원소도감의궤』莊祖顯隆園園所都監儀軌(1789) 등 사도세자와 관련된 몇몇 의궤에서 이미 사용된 바 있었다.

『원행을묘정리의궤』「도식」圖式에는 건물도, 행사도, 정재도呈才圖, 채화도綵花圖, 기용도器用圖, 복식도服飾圖, 가교도駕轎圖, 반차도 등 다양한 그림들이 가득 실려 있다.도71, 71-1 특히 가교는 전도全圖 외에 세부 자재를 그린 분도分圖가 무려 10면에 걸쳐 자세하게 그려져 있어, 정조가 어머니가 사용할 가교의 제작에 얼마나 심혈을 기울였는지 짐작할 수 있다. 세부 그림(분도)과 전체 그림(전도)을 두어 후세의 이해와 활용도를 높인 것은 정조 연간에 시작된 의궤 도설의 특징이기도 하다.

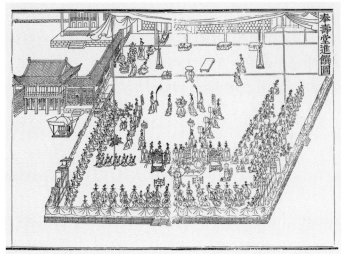
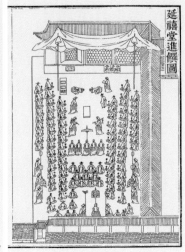

1795년(정조 19) 윤2월 13일 화성
행궁에서 거행된 혜경궁 홍씨의
회갑 기념 진찬을 그린 그림이다.
사선 방향에서 부감한 시점을 사
용하여 두 면에 걸쳐 그림으로써
다른 장면과 차별화시킨 점은 가
장 중요한 행사를 부각시키려는
의도였다. 보계補階의 왼편, 경룡
관景龍觀 앞에는 혜경궁의 가교가
놓여 있으며, 정조가 혜경궁에게
헌수할 때 공연된 헌선도獻仙桃
정재呈才가 그려졌다.

도71-1 **연희당진찬도** (오른쪽).
1795년 혜경궁의 생신날, 즉 6월
18일에 창덕궁 연희당에서 자녀自
內 거행된 진찬을 그린 그림이다.
이 내용은 의궤 부편附編 「탄신경
하」誕辰慶賀에 상세하게 기록되
어 있다. 연희당 진찬에서는 모두
네 번 헌수하였지만 정재가 공연
되지 않았으므로 덧마루 위에는
술잔을 올리는 진작위進爵位, 초
대된 의빈儀賓·척신戚臣, 혜경궁
의 의장 정도만 간단하게 묘사하
였다. 그림에는 아직 상투를 틀지
않은 어린 나이의 의빈과 척신도
구별하여 그려져 있다.

목판 의궤 그림의 절정, 『화성성역의궤』

1796년에 마무리된 화성 축조는 정조의 현륭원 행차와 시기적으로
도 맞물려 있었다. 정조는 화성 축조에 관한 방대한 내용을 등사하
는 데 시간이 많이 걸릴 것을 걱정하여, 『화성성역의궤』華城城役儀軌
도 정리자로 인쇄하되 『원행을묘정리의궤』에 준해 수정 편찬하라는
전교를 내렸다. 그 결과, 『화성성역의궤』의 완성은 늦어졌지만 두
의궤는 매우 유사한 형식과 체제를 갖게 되었다.[40]

    『화성성역의궤』는 『원행을묘정리의궤』와 함께 정조 연간 최고로
발달한 목판화 판각 및 인쇄 수준을 보여준다. 겹치고 꺾이는 부분
에서도 각선은 한결같이 명료하며, 작고 복잡한 부분에서도 섬세함
을 잃지 않고 마무리가 깔끔하다. 보통의 의궤도는 기록의 시각적
보완이나 객관적 사실의 전달이 궁극적인 목표라서 회화성의 추구
나 미감의 표출에는 소극적이었다. 그러나 『화성성역의궤』의 그림
들에는 그리고자 하는 대상의 기능과 특징을 묘사하되, 감상화에
버금가는 회화성을 부여하였다. 세밀한 밑그림과 이를 받쳐 준 정
교한 판각의 〈동북각루내도〉東北角樓內圖(방화수류정을 그린 그림), 명암
법을 사용한 〈유형거도〉游衡車圖, 투시도법을 써서 내부구조를 잘 드

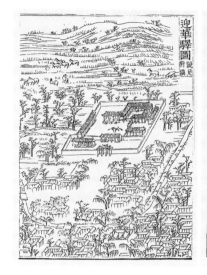

러낸 〈동북공심돈이도〉東北空心墩裏圖, 과학적인 사고에 의해 전도와 분도를 실은 〈거중기도〉擧重機圖, 회화식 지도 이상의 상세한 지리적 정보를 제공하는 〈화성전도〉華城全圖, 이전 같으면 평범한 건물도에 그쳤을 소재를 주변의 아름다운 광경 안에 포치布置해 한 폭의 근사한 산수화로 재탄생시킨 〈영화역도〉迎華驛圖와 〈영화정도〉迎華亭圖, 주요 행사 장면을 생생하게 전달한 〈낙성연도〉落成宴圖와 〈대호궤도〉大犒饋圖 등 『화성성역의궤』의 그림은 200년간 지속된 의궤 그림의 틀을 새로운 시각에서 변화시켰다. 도72, 72-1

『화성성역의궤』 도설의 우수성은 이러한 회화적 성취에 그치지 않았다. 이 책의 도설만큼 본문의 내용과 사실을 꼼꼼하고 정확하게 시각화한 의궤가 없다는 점에서 『화성성역의궤』는 기능적으로도 최상의 수준을 보여준다. 이러한 도설의 완성도와 정확성은 당시 최고의 실력을 자랑하던 규장각의 자비대령화원差備待令畵員들이 공동작업으로 밑그림을 그리고, 규장각신奎章閣臣들이 감인청의 인쇄 책임을 맡았기 때문에 가능하였다. 『화성성역의궤』의 의궤그림은 『오륜행실도』五倫行實圖, 용주사 판版 『불설대보부모은중경』佛說大報父母恩重經, 『어정무예도보통지』御定武藝圖譜通志 같은 정조 연간의 규장각 판본에서나 볼 수 있는 수준의 목판화인 것이다.

19세기 궁중연향의 교과서, 진찬의궤와 진연의궤

1809년부터 1902년까지 총 14종에 이르는 현전 진작·진찬·진연의 궤를 보면, 19세기가 되면서 연향宴享 관련 의궤는 18세기와는 체제와 내용 면에서 완전히 달라졌음을 알 수 있다.[41] 1630년의 『풍정도감의궤』豊呈都監儀軌나 1719년 및 1744년의 『진연의궤』進宴儀軌, 1765년의 『수작의궤』受爵儀軌는 보통의 의궤체제를 따랐으며 그림은 전혀 실려 있지 않다. 행사 습의習儀 이전에 반차도를 내입하였다는 기록은 있으나, 실제로 의궤에 수록되지는 않았다.

하지만 1809년 『기사진표리진찬의궤』를 편찬할 때 『원행을묘정리의궤』에 의거하라는 하교가 내려진 이후, 19세기의 모든 『진작의궤』, 『진찬의궤』, 『진연의궤』는 전례前例에 의거하여 『원행을묘정리의궤』를 모델로 편찬되었다.

그 중 『무자진작의궤』戊子進爵儀軌는 1828년 순조 비 순원왕후 (1789~1857)의 사순四旬을 기념하여 거행된 진찬례를 기록한 의궤이다. 〈자경전진작도〉慈慶殿進爵圖[도73]는 2월 12일에 왕과 왕비에게 올린 진작례를 그린 것이고 〈자경전익일회작도〉慈慶殿翌日會酌圖[도73-1]는 이튿날 효명세자孝明世子(翼宗, 1809~1830)가 명온공주明溫公主(1810~ 1832)와 명부命婦들에게 내린 회작례會酌禮를 그린 것이다. 둘 다 자내 설행이었으며 1795년 혜경궁의 회갑연인 연희당 진찬과 1809년 관례주갑연인 경춘전 진찬에 의거한 행사였다. 진찬 이튿날 회작례를 거행한 것은 당시 대리청정을 하던 효명세자에 의해 1828년 처음으로 시도되었다. 익일회작은 이후 궁중예연의 관행으로 확실하게 자리 잡았다.

1848년(헌종 14) 3월 17일 창덕궁 통명전에서 열린 진찬은 대왕대비 순원왕후 김씨의 육순을 기념한 행사였다. 마침 왕대비 신정왕후(1808~1890) 조씨도 망오望五(41세)를 맞아 두 경사를 아울러 축

도73 자경전진작도 『무자진작의궤』에 수록, 서울대학교 규장각.
일월오봉병을 배경으로 순조와 순원왕후의 자리가 나란히 설치되고 동쪽에는 왕세자, 서쪽에는 왕세자빈과 공주의 배연위陪宴位가 펼쳐져 있다. 붉은색 발이 둘러쳐진 남쪽의 보계 위에는 왕세자가 절하는 자리[拜位]가 있고 정재를 공연하는 무동과 악공들이 그려져 있다.

도73-1 자경전익일회작도 『무자진작의궤』에 수록, 서울대학교 규장각.
〈자경전익일회작도〉는 효명세자가 주인공이었으므로 자경전 동쪽에 자리가 정해졌고 그 왼쪽에 공주, 오른쪽에 명부의 배연위가 설치되었다. 의빈과 척신들은 자경문 밖 동쪽에 열 지어 앉아 참연하였다. 정면에서 부감하는 시점을 사용하였으며 현실적인 공간 표현에 대한 인식은 부족하다.

도74 통명전진찬도 『무신진찬의궤』에 수록, 서울대학교 규장각.

도75 강녕전내진찬도 『무진진찬의궤』에 수록, 서울대학교 규장각.

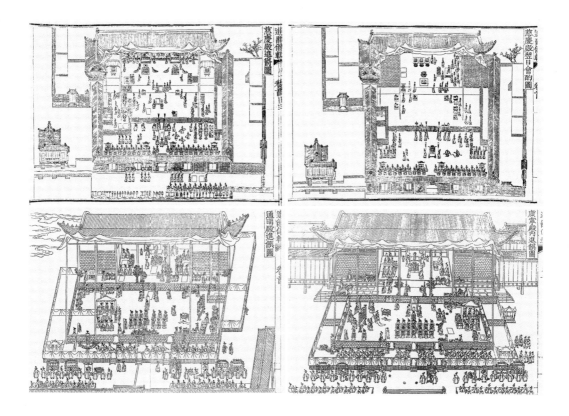

하하게 되었다. 1868년(고종 5) 경복궁의 강녕전에서 거행된 진찬은
그후 대왕대비가 된 신정왕후가 회갑을 축하하는 행사였다. 신정왕
후는 83세의 수를 누리면서 1877년에는 70세 기념, 1887년에는 80
세를 기념하는 진찬을 받았다. 1868년에는 경복궁의 재건이 완료
되어 그해 7월 고종이 신정왕후를 모시고 경복궁으로 이어하였다.
강녕전 진찬은 새로 완공된 경복궁에서 처음 거행된 진찬이라는 점
에서도 국가적으로 의미가 컸다. 이 두 가지 연향의 장면을 그린
〈통명전진찬도〉와 〈강녕전내진찬도〉를 비교해 보면 행사장의 설비
와 참석자들의 자리 배치에서는 큰 차이가 없다. 다만 통명전 진찬
에서 헌종의 자리는 보계 위 서쪽 편인 데 반해 강녕전 진찬에서
고종의 자리는 그 반대편인 동쪽인 점이 다르다. 회화적으로 가장
큰 차이점은 시점과 공간표현 방식이다. 평면적인 화면 감각의

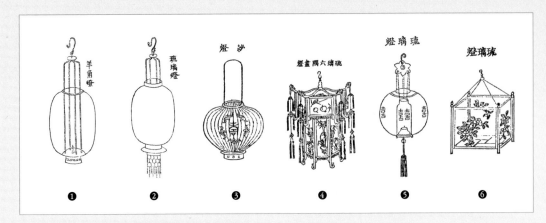

도76 **연향 관련 의궤 도식에 나타난 각종 등** ① ② 양각등羊角燈·유리등琉璃燈, 『기축진찬의궤』己丑進饌儀軌, 1829. ③ 사등紗燈, 『무신진찬의궤』戊申進饌儀軌, 1848. ④ 유리육우화등琉璃六隅畫燈, 『정축진찬의궤』丁丑進饌儀軌, 1877. ⑤ 유리등, 『정해진찬의궤』丁亥進饌儀軌, 1887. ⑥ 유리등, 『임진진찬의궤』壬辰進饌儀軌, 1892. 서울대학교 규장각.

연향 관련 의궤 도설 〈기용도〉器用圖에는 야연夜宴에 사용되었던 양각등羊角燈, 유리등琉璃燈, 사등紗燈, 화등畫燈 같은 각종 등燈과 용촉龍燭, 화촉畫燭 등이 그려져 있다. 궁중에서 사용된 조명기구를 알 수 있는 그림으로 야연도夜宴圖에는 꼭 표현되었다. 야연은 1828년 효명세자가 주관한 무자년 진작 때에 야진별반과夜進別盤果라는 이름으로 처음 시행되어 이후 야진찬 혹은 야진연으로 정착되었다.

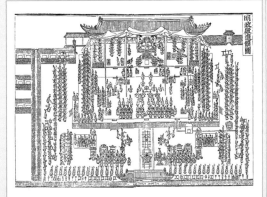

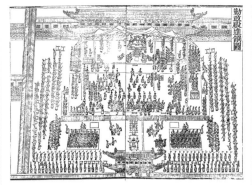

도77 **명정전진찬도**明政殿進饌圖 『기축진찬의궤』에 수록, 서울대학교 규장각(왼쪽).

도78 **근정전진찬도**勤政殿進饌圖 『임진진찬의궤』에 수록, 서울대학교 규장각(오른쪽).

19세기 진찬에서 외연外宴은 드물었다. 이 시기의 예연은 주로 왕대비나 대왕대비에 대한 경하가 많았기 때문에 주로 내진찬內進饌으로 거행되었다. 외연, 즉 외진찬外進饌은 1829년 순조의 보령寶齡 40세와 등극 30주년을 기념하는 명정전 진찬과 1892년 고종의 보령 망오를 축하하는 근정전 진찬의 단 두 번뿐이었다. 외연은 내연에 비해 행사장의 공간 구획과 설비가 간단한 편이다. 어좌의 꾸밈은 동조東朝의 보좌寶座에 비해 왕으로서의 위의를 갖춘 복잡한 격식을 보여준다. 무용수는 모두 남자 무동舞童이다.

1828년 〈자경전진작도〉와 비교하면 〈통명전진찬도〉通明殿進饌圖는 사선부감을, 〈강녕전내진찬도〉康寧殿內進饌圖는 일점투시를 사용하여 시대의 흐름에 따라 원근감에 대한 관심이 커지고 깊이 있는 공간 표현에 익숙해졌음을 알 수 있다.도74, 75 이상과 같이, 의궤 본문의 상세한 내용과 다양한 종류의 그림 덕분에 19세기에 베풀어진 궁중연향에 대해 소상하게 그 전모를 파악할 수 있게 되었다.도76~78

목판화의 양식은 시대에 따른 약간의 변화가 있지만, 『원행을묘정리의궤』이래 연향 관련 의궤에 수록된 그림의 종류나 내용은 큰 차이 없이 약 100년 동안 지속되었다. 이 그림들은 오늘날 궁중예연의 행사장 설비와 꾸밈, 꽃과 조명 장식, 무용수의 복식, 의장기儀仗旗와 기물의 형제를 이해하는 데에 더없이 귀중한 자료로도 이용되고 있다.

일제강점기
이왕직과 주감의궤

한일합병으로 대한제국기의 황실이 이왕가李王家로 격하되고, 왕실업무는 이왕직李王職으로 이관되었다. 한 가지 주목할 만한 사실은 일제강점기에도 이왕직의 주관으로 왕실의 주요 행사에 대해서는 주감主監을 설치하고 의궤를 만들었다는 점이다. 왕실의 주요 인물인 순헌귀비純獻貴妃(1854~1911), 고종·순종의 장례에서 부묘까지를 기록한 일련의 의궤가 한국학중앙연구원 장서각에 유일본으로 남아 있다.[42] 한국의 왕실을 보호하고 유지한다는 일본 측의 구실과 회유책의 성

도79 대여 『명성황후국장도감의궤』明成皇后國葬都監儀軌 〈발인반차도〉 및 도설에 수록(❶~❷).

도80 대여 『고종태황제어장주감의궤』高宗太皇帝御葬主監儀軌 도설(❸~❹).

대여大轝는 재궁을 안치한 가마이다. 규모가 커서 담배꾼[擔陪軍]이 가장 많이 필요하며 꾸밈새도 화려하다. 일제강점기의 국상 관련 의장물은 명성황후 국상에 근거를 두었는데 대여 그림만을 비교해 보아도 알 수 있다. 지붕 정중앙을 장식한 연꽃, 지붕에 그려진 붉은색 화불畵黻, 네 모서리의 용머리와 유소流蘇, 벽면을 덮은 3색의 휘장과 낙영落纓, 3줄로 그린 꿩 문양 등을 표현한 양식이 동일하다.

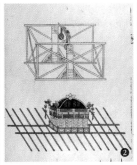

大轝圖

左右圖

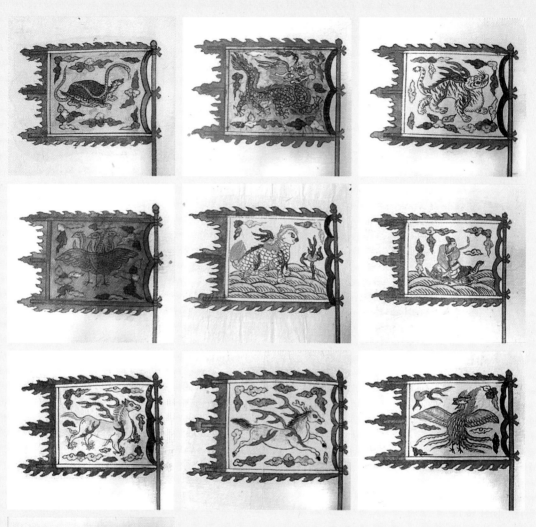

도81 **길의장** 「고종태황제국장주감의궤」高宗太皇帝國葬主監儀軌에 수록.

고종과 순종의 국장주감의궤에는 길의장吉儀仗과 흉의장凶儀仗이 그려져 있다. 길의장은 황제가 거둥할 때 사용하던 의장을 말한다. 흉의장은 국장에만 쓰이는 것으로 방상씨方相氏, 죽산마竹散馬, 죽안마竹鞍馬, 자수안마紫繡鞍馬, 둑纛 등이 포함된다. 왕의 국장도감 의궤에는 길의장과 흉의장들이 그려지지 않았으나 명성황후의 국장 때 처음 의궤에 그려 졌고 이에 의거하여 편찬된 고종과 순종의 국장주감의궤에도 같은 내용이 그려졌다. 황제 의 위의에 맞는 의장을 살펴볼 수 있다.

도82 **찬궁과 사수도(청룡, 백호, 주작, 현무)** 『순종효황제산릉주감의궤』純宗孝皇帝山陵主監儀軌에 수록.

찬궁欑宮은 재궁을 모시는 나무 상자로 4면에는 장자障子를 설치하고 안팎에 종이를 발랐으며 동쪽으로 문을 만들어 여닫을 수 있게 하였다. 안쪽 사방에는 별도로 각 방위에 맞는 사수를 그려 붙였다. 사수도四獸圖는 18세기 중엽부터 이전의 신비로운 서수瑞獸의 이미지를 벗고 사실적인 동물의 형상으로 그려졌는데 이후 큰 변화 없이 지속되었음을 알 수 있다.

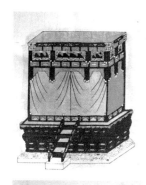

도83 당가唐家 「고종태황제산릉주감의궤」高宗太皇帝山陵主監儀軌와 「순종효황제산릉주감의궤」純宗孝皇帝山陵主監儀軌에 각각 수록.

헌전은 정자각에 해당하는 건물로 대한제국기에는 황제의 위상에 맞추어 일자형으로 지어졌다. 헌전 안에는 재궁을 안치할 찬궁과 위패를 모신 당가가 설치되었다. 형제形制는 동일하나 화가의 표현력에 따라 약간의 차이가 났다. 일제강점기 의궤 그림은 바탕에 아교를 바르고 그림을 그린 흔적이 뚜렷한데 물감이 잘 스며들게 하기 위한 조처였다. 순종의 산릉에 사용된 당가의 색은 화학 안료의 선명한 발색을 보인다. 실제로 이 시기 의궤도의 가장 큰 특징은 화학 안료가 주는 가벼우나 선명한 색감이다. 조선시대 의궤 그림이 주는 깊이 있는 색조 맛은 사라졌다.

격이 강하지만, 일제강점기에도 왕실 전례가 전통적인 방식으로 기록될 수 있었다는 점은 다행스러운 일이다. 이러한 사실은 왕실에는 전례의 시행이 '의궤 제작'으로 마무리되는 전통이 매우 뿌리 깊게 정착되어 있었음을 방증하는 것이기도 하다.

순헌귀비의 빈궁혼궁예장원소부묘, 고종과 순종의 빈전혼전어장산릉부묘에 대한 주감의궤는 책의 크기, 표시와 표제, 징황粧䌙 등에 이르기까지 그 이전 시기와 동일한 형식으로 만들어졌다. 순헌귀비와 관련된 의궤들이 붉은색 비단으로 장황된 것을 제외하면, 고종과 순종의 의궤는 황제의 위의에 걸맞은 황색 비단으로 싸여 있다. 본문의 내용은 의례 절목에 대한 자세한 논의나 준비 과정보다는 의주儀註 위주로 구성되어 있으며, 서술 자체도 상당히 간략해졌다.

일제강점기 국상 관련 의궤에 그려진 채색의 의물 견양도는 명성황후 국장 관련 의궤에 근거하였다.[도79~83] 필치와 채색에서 조선시대와는 달라진 시대적 차이를 느낄 수 있다. 발인반차도는 발인 나흘 전에 의주와 함께 이전의 관행대로 내입되었지만 문반차도로 만들어졌으며, 의궤에도 문반차도가 실렸다. 순종의 어장御葬은 사진기로 전체 과정이 촬영되었으며, 사진집으로도 출간되었다. 반차도는 이제 더 이상 사실의 재현과 기록의 보존 기능을 수행할 필요가 없어졌으며 간편하고 형식적인 방식으로 그 명맥이 유지되었다.

5 재현과 기념
궁중행사도

관청 계契의 유행과
기념화 제작의 관행

문헌기록에 의거할 때, 궁중행사도宮中
行事圖는 조선 초기부터 그려졌다고 생
각된다. 마치 한 장의 사진처럼 정지된 행사의 한 순간이 고스란히
담겨 있는 궁중행사도는 사진기가 없던 시절에 기록과 기념이라는
두 가지 역할을 충분히 대신할 수 있었다.

조선시대 관료사회에는 유난히 동료애를 중요시하는 분위기가
형성되어 있었다. 이러한 분위기 속에서 관청계회도官廳契會圖는 궁
중행사도 제작의 토대를 형성하였다. 조선시대 관료들은 같은 관청
에서 동료로 만난 인연을 피를 나눈 '형제의 의리'에 비유할 정도
로 소중히 여겼으며, 같은 임무를 수행한 동류의식을 오래 간직하
고자 하였다. 이런 가치관은 자신들이 소속된 관청의 동료들끼리
계를 결성하는 행위(결계)로 표출되었다. 이들은 계회의 광경을 그
리고 각자의 명단을 덧붙인 계회도라는 기념화를 제작해 하나씩 소
장하였다. 조선시대 전 시기에 걸쳐 그려진 계회도는 특히 16세기
와 17세기에 대유행하였다. 때로는 이로 인한 경제적 낭비와 부담
이 사회문제로 제기될 정도였다. 관료사회에 만연한 계회도의 제작
관습은 자연히 국가의 중요한 전례의식이나 왕실의 경사스러운 의

식을 마친 뒤에도 행해졌으며 이미 16세기부터 도감都監을 중심으로 계축契軸, 계첩契帖, 계병契屛의 제작이 성행하였다.

계축, 계첩, 계병은 기록화에서 사용되는 개념이다. 조선시대 관료사회에 널리 퍼져 있었던 계회도는 화축·화첩·화병의 형식으로 제작되었는데, 조선 초기에는 화축이 대세였다. 화폭을 상단, 중단, 하단 세 부분으로 나누어 위로부터 전서체의 제목, 그림, 참석자의 인적사항을 쓴 좌목座目을 배치하였다. 이러한 삼단구성의 화축은 관청의 계회도에 처음으로 사용되기 시작했고, 당시 사람들은 계회도를 그린 화축을 계축이라 불렀다. 시대가 지남에 따라 계회도가 화첩, 화병으로 형식을 달리할 때마다 계첩, 계병이라는 용어가 생겨났다. 각종 궁중의 행사도와 관청의 계회도는 관료들의 기념화라는 공통점을 기반으로 형식을 공유할 수 있었다. 17세기가 되면 궁중행사도에 병풍을 사용하기 시작하였으며 18세기 후반에는 주로 궁중행사도를 병풍으로 제작하게 되었고 이를 계병이라 불렀다. 특히 계축은 중국이나 일본에서는 찾아볼 수 없는 형식으로 한국회화만의 고유한 특징을 내포하고 있다. 물론 일본에는 무로마치시대室町時代에 시축詩軸이라는 긴 화축이 유행하였지만, 조선시대의 계축과는 용도와 내용 면에서 다르다. 계축, 계첩, 계병은 조선시대 회화의 독특한 일면을 반영하는 한국에서만 통용되는 유일한 용어라고 할 수 있다.

16·17세기 도감의 계회도는 같은 시기의 관청계회도와 주제와 형식을 공유하였다고 생각한다. 즉, 도감의 계회도는 이미 형성된 관청계회도의 관행을 추종하였다. 이와는 다른 경향으로 실제 행사 장면을 재현하기 시작한 것은 '서연관사연', '서총대친림사연'과 같이 좀더 특정한 행사에 모인 관료들의 자연스러운 분위기 형성과 자발적인 발의에 의한 것이었다. 도감의 기념화는 오히려 행사도보다는 망천도輞川圖나 무이구곡도武夷九曲圖 같은 산수화, 신선도, 고사도 등을 채택하는 전통이 깊었다. 아무튼 궁중행사도의 시

도84 **산릉도감제명록**山陵都監題名錄
충재박물관.
1573년(선조 6) 명종 비 인순왕후의 국상 시에 산릉 조성을 담당한 산릉도감의 책임자들이 만든 계축이다. 모임의 장소를 확인할 수 없으나 강을 끼고 너른 경치를 조망할 수 있는 탁 트인 곳에서 벌어진 도감 관원들의 모임을 안견파安堅派 산수화풍으로 그렸다. 도제조 박순朴淳(1523~1589), 제조, 도청, 낭청 등 22명의 좌목이 적혀 있다. 충재 권벌冲齋 權橃(1478~1548)의 장자인 권동보權東輔(1517~1591)가 낭청으로 참여하여 이 계축이 충재 종손가에 소장된 계기가 되었다.

작은 이렇게 관료사회에 크게 유행한 계회도 제작과 밀접한 관련
이 있다.[43] 도84, 85

영조 연간의   예제의 재정비와 궁중행사도 주제의 다양화   임진왜
궁중행사도   란으로 흐트러진 국가 예제는 광해군 대 이래
지속적으로 정비되었으며, 17세기 후반 숙종 대에 이르러 안정적인
시행을 이루었다. 그러나 그간 시의時宜의 변화를 수용해 이를 명문
화함으로써 명실상부한 조선 후기 예제의 기틀을 확립한 왕은 영조
였다. 영조는 재위(1724~1776) 중반 정치적 안정기를 맞이하자 『국
조속오례의』國朝續五禮儀(1744), 『속대전』續大典(1746), 『국조속오례의
보』國朝續五禮儀補(1751) 같은 법전과 예전을 한 차례 증보하였다. 또
한 예조의 등록을 간추려 『춘관지』春官志(1744)를 편찬하였으며
1757년에는 『국조오례의』의 상례에 관한 부분을 증보 개편하여
『국조상례보편』國朝喪禮補編을 간행하였다.

　이러한 결실 뒤에는 다른 어느 왕보다도 선왕의 사업을 계승하
고 그 뜻을 되살리는 데 적극적이었던 영조의 노력이 있었다. 영조
는 제왕으로서 선왕의 성대한 뜻을 잇는 계술繼述이 효孝의 실천
중에서 가장 큰 것으로 인식하였다. 친림 석전제, 시학례視學禮, 대

사례大射禮, 친경례親耕禮, 친잠례親蠶禮, 양로연養老宴, 기로소耆老所 입소, 근정전 정시庭試, 등준시登俊試 등의 시행에서 알 수 있듯이 오랫동안 궐전闕典이던 고례를 성사盛事로 부활시켰다.[44] 강무講武와 열무閱武의 시행, 기악妓樂의 정지와 무동舞童의 사용, 근정전 옛터에의 친림 등에서도 그 취지와 명분을 계술에서 찾았다. 특히 태조가 창건한 경복궁 근정전 옛터에 친림하여 그곳에서 의식을 빈번하게 거행함으로써 계술의 상징적인 의미를 강조하였다. 그뿐만 아니라 영조는 관예례觀刈禮와 장종례藏種禮와 같이 이전에는 시행하지 않았던 의식도 처음으로 거행했다. 대부분의 의식을 마친 뒤에는 그 의주와 절목을 보완하여 『국조속오례의』에 수록했고 『대사례의궤』, 『친잠의궤』, 『친경의궤』 등의 의궤를 만듦으로써 의식이 후대에도 올바르게 계승되기를 바랐다. 또한 행사도를 여러 건 그려 한 건을 내입하고 참가자들도 나누어 갖도록 직접 지시하곤 했다.

이처럼 영조는 선왕의 업적을 찾아내어 그 자취를 계승하고 예제를 재정비하는 과정에서 빈번한 국가의례를 거행하였고, 기록화에 대한 관심마저 높아서 이전에는 그려진 적이 없었던 여러 주제의 궁중행사도가 새롭게 시도되는 결과를 낳았다. 영조 연간에는 다른 어느 왕대보다도 다양한 형식과 주제의 궁중행사도가 제작되어 궁중행사도의 전개에 있어서 중요한 시기로 자리매김 된다.

영조의 궁중행사도에 대한 관심과 내입

영조가 어린 시절부터 서화에 재능과 관심이 남달랐음은 행장을 비롯한 여러 문헌기록에서 확인된다. 영조는 그만큼 많은 어제시와 어필을 남긴 것으로도 유명하다. 그의 회화에 대한 관심은 이 시기 궁중행사도에도 뚜렷이 나타난다. 영조는 국가행사가 끝난 뒤에 그 모습을 그림으로 그려 올리라는 명령을 자주 내렸다. 1739년 친경례를 끝내고는 그 모습을 병풍에 그려 내입토록 했으며, 1760년 명정전 선찬宣饌 후에도 모임의 모습을 그림으로 그려 작첩作帖하도록

도86 **수문상친림관역도**水門上親臨觀
役圖 《준천계첩》에 수록, 미국 버
클리대학교.
모각模刻한 어제시의 탑본과 영조
가 지시한 장면을 포함한 네 장의
그림을 실어 만든 준천당상들의
계첩이다. 이 《준천계첩》은 산수
의 묘법, 원근법의 적용 등에서 18
세기 후반 궁중행사도의 회화적
특징을 잘 보여준다.

하였다. 1774년 근정전 등준시 때에는 선발된 문무신들의 초상을
그려 화첩으로 만들고 승정원으로 하여금 행사도를 그려 올리라고
하였다.[45] 이처럼 이전에는 찾아볼 수 없는 궁중행사도의 제작을 지
시한 확실한 문헌기록을 영조 대에서 찾을 수 있다.

대표적인 사례를 1760년(영조 36) 개천의 준설공사를 완료한 뒤
영조의 지시에 의해 만들어진 《준천계첩》濬川契帖에서 찾을 수 있
다.[46] [도86] 1760년 영조는 오랜 숙원사업이던 개천(지금의 청계천)의 준
설을 단행하였다. 2월 18일부터 4월 15일까지 57일간의 대역사였
다. 훗날 영조가 자신의 재위 시절을 회상하며 준천을 탕평책 다음
으로 잘한 일이라 스스로 평가할 정도로 그 결과는 만족스러웠다.
영조는 준천공사가 완료된 이튿날 관계자들을 춘당대에 불러 시사
試射하고 상을 내렸다. 영조는 이 자리에서 어제시御製詩를 내려 준

천당상瀋川堂上들의 공로를 치하하고 이를 베껴 각기 소장하도록 하였다. 또 '친림동문'親臨東門, '춘당시사'春塘試射, '훈융세초'訓戎洗草 등의 내용으로 그림을 그려 화첩으로 만들고 한 건은 내입하도록 한 것이다. 18세기 후반의 관행대로라면 계병을 만들었을 테지만, 반드시 그래야 하는 것은 아니므로 '작첩'作帖하라는 지시였다. 여기서 특히 주목할 만한 사실은 화첩에 실을 행사도의 내용까지 영조가 직접 언급할 정도로 관심을 보인 점이다.

같은 해인 1760년 11월 영조는 조부인 현종의 탄신 120주년을 기념하여 북경에 가는 동지사절단에 현종이 태어난 심관瀋館의 옛터와 소현세자와 봉림대군이 거처하던 곳을 그려 오라는 임무를 내렸다. 이듬해에 봉명한 사절단이 바친 것이 바로 《심양관도첩》瀋陽館圖帖이다.[47] 특정 행사를 그린 것은 아니지만 영조 자신이 가보지 못한 곳을 현종의 탄신 주기에 맞추어 주문한 기록화로서 의미가 있다.

이외에도 〈영조사마도〉英祖賜馬圖, 〈친림광화문내근정전정시시도〉親臨光化門內勤政殿庭試時圖, 〈경현당갱재첩〉景賢堂賡載帖 같은 영조 연간에 그려진 행사도가 남아 있다. 모두 영조 연간에서만 보이는 주제의 그림들이다. 〈영조사마도〉는 1770년(영조 46) 7월 4일 영조가 사옹원을 방문했을 때 어제御製와 구마廐馬를 하사한 사실을 기념하여 사옹원 관원들이 만든 기념화이다. 사옹원의 계축인 셈이다. 이날 영조가 사옹원을 방문한 것은 61년 전인 16세 때 사옹원의 제거로 임명되었던 당시를 회상한 것이 계기가 되었다. 계축 하단의 1/3가량은 어제, 사옹원 관원들이 올린 전문, 이익정李益炡(1699~1782)의 서문, 이날 영조로부터 사은을 받은 사옹원 관원 6명의 좌목이 적혀 있다. 좌목의 인물은 도제조 김상철金尚喆, 제조 해운군 연槤, 학성군 유楡, 이익정, 도승지로서 부제조를 겸직하던 구윤옥具允鈺, 주부 황인염黃仁廉 등이다. 『승정원일기』에 의하면 이날 영조는 입시한 사옹원 관원들에게 사찬賜饌하고 좌목에 적힌 당상관 5명에게 내구마 1필, 구마 3필, 숙마熟馬 1필을 내렸다. 황인염에게는 수령

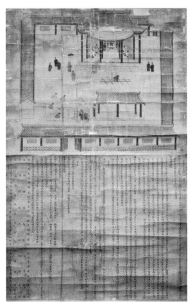

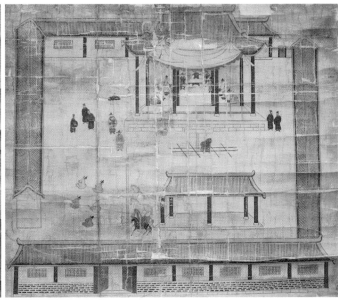

도87 **영조사마도** 국립중앙도서관.

도87-1 **영조사마도 부분**

그림의 배경은 사옹원이다. 음식
상 앞의 사옹원 관원들과 뜰에 준
비된 말 5필의 표현은 이날 영조
의 사옹원 행차 취지를 시사한다.
계축 형식의 사용, 정면부감의 건
축 표현법, 다시점多視點 등은 여
전히 전통적인 면이 강하지만 정
당正堂 실내의 원근 투시나 차일
묘사는 18세기 후반의 양식을 반
영한다.

을 제수하였다. ^{도87, 87-1} 〈친림광화문내근정전정시시도〉는 1747년 9
월 19일 광화문 근정전 구지舊址에서 거행된 친림정시親臨庭試를 기
념한 계병이다. 이 친림정시는 같은 해 2월 19일 대왕대비〔인원왕후
仁元王后, 1687~1757〕에게 올렸던 가상존호례加上尊號禮를 경하하기 위
한 부속 행사로 예정한 것이었으나 당시 다른 여러 과거와 중첩된
다는 이유 때문에 9월로 연기한 것이었다. 9월로 연기된 정시는 선
조 대(1574년 9월 27일)에 마지막으로 거행되었던 근정전 정시를 계
술하여 같은 장소에서 치러졌다. 영조는 이날 선조가 쓰던 오랜 옥
대玉帶를 차고 근정문에 임어하였을 정도로 선왕 대의 성사를 계술
하게 된 감회를 누차 표명하였다. '창업'創業과 '중흥'中興, 그리고
'한양성'漢陽城을 언급한 이날의 어제시에도 영조의 이러한 계술고
사繼述故事의 뜻, 나아가 국초의 법궁에서 선조가 나라를 창업한 뜻
을 되새기려는 의도가 짙게 어려 있다. ^{도88} 〈경현당갱재첩〉은 1741
년(영조 17) 6월 22일 영조가 경의궁의 경현당에서 승정원과 홍문관
의 관원들에게 그 전날 『춘추』春秋의 강독을 마친 것을 기념하여 내

린 선온宣醞의 광경을 그린 것이다. 그림(제1~2면), 선온의 배경과 경위를 말해 주는 연석宴席에서의 군신간 대화(제3~11면), 칠언절구의 어제시(제13면), 왕명을 받들어 '工'(공), '中'(중), '衷'(충)의 운을 따라 화답한 시신들의 갱진시(제15~24면), 이 화첩의 내용과 직접적인 관련이 없는 만장挽章(제25~26면) 등 총 26면으로 이루어진 화첩이다. 경현당은 세자가 회강하고 하례를 받는 정당이다. 영조가 세자의 정당인 경현당에서 선온의 예식을 빌려 일곱 살 난 어린 세자에게 '구신舊臣의 자식과 손자가 장차 너[세자]와 함께 늙어갈 것'이라며 훈유하였던 깊은 뜻은 사실 당습의 폐단을 주의하고 세자를 잘 섬기라는 근신들에 대한 경계의 소리였다.도89

도88 **친림광화문내근정전정시시도 제1첩과 2첩** 서울역사박물관.
제1첩에는 그림이 있고 제2첩에는 이 병풍을 만들게 된 배경을 알 수 있는 간단한 기록과 왕이 내린 어제시가 쓰여 있다. 어제시에 대해 입시한 대신, 제신, 승지, 당상, 그리고 일찍이 유신儒臣을 지낸 자 등 50명이 연구聯句를 지어 올렸는데 나머지 여섯 첩에는 이들 갱진시廣進詩가 적혀 있다. 이러한 구성은 1735년 제작된 〈영조신장연화시도병〉英祖宸章聯和詩圖屛과 같은 방식이다. 그림에는 참여한 인물 없이 옛 자취만 남은 근정전 터에 악차와 어좌만 설치된 모습이다. 행사의 재현보다는 터만 남은 근정전 자리에 왕이 친림하였음을 시사하는 단순한 표현, 그리고 좌목의 기능을 겸한 갱진시의 수록에 이날의 행사를 근정전 옛터에서 거행한 영조의 의도가 잘 반영되어 있다.

도89 **경현당갱재첩** 서울역사박물관. 경현당 내에는 영조의 자리와 우측에 세자의 자리가 그려져 있고 시신 13명이 선온상을 앞에 놓고 열좌한 모습이다. 뜰의 연지, 치미의 모양, 분홍과 초록이 조화된 화려한 공포, 현판 장식, 동그란 무늬의 분홍색 꽃담 등은 경현당을 배경으로 한 다른 행사도와 상통하는 표현이다. 일월오봉병은 어칸에 붙박이로 설치된 것처럼 그려졌으나 경현당을 그린 다른 그림과 달라 좀더 생각해 볼 문제이다.

영조가 궁중행사도를 궁중에 내입하도록 한 것은 궁중행사도를 교훈과 감계, 안정된 왕권의 과시, 성사의 계승, 국가의례의 시각적 보존 등 공리적 효용성을 충족시켜 줄 수 있는 궁중회화로 인식하였기 때문이다. 이를테면, 오랜 숙제와도 같았던 준천 과업을 성공적으로 완수하고 차후의 대책까지 마련해 놓은 영조는 자신의 치적을 후대의 왕들이 계술할 수 있도록 시각적인 전거로도 남겨줄 필요성을 절실히 느꼈을 것이다. 때로는 자신의 감회와 자부심, 호기심을 그림에 담아 표현하고 싶었던 것 같다. 영조는 궁중행사도가 이러한 목적을 달성하기에 가장 적합한 수단임을 잘 알고 있었다. 이러한 궁중행사도가 군왕의 완물상지玩物喪志를 늘 염려하던 신하들의 경계를 피해 영조의 회화적 욕구를 충족시킬 수 있었던 통로였는지도 모르겠다.

이처럼 국가전례를 부흥시키려는 영조의 의지는 그의 그림에 대한 관심, 특히 기록적인 그림의 효용성에 대한 확실한 인식과 맞물려 궁중행사도의 궁중 내입이라는 제작관행을 만들었으며 다양한 주제의 행사도를 남기게 되었다.

영조 연간의 궁중연향도　　18세기의 궁중연향 양상에 대해서는
　　　　　　　　　　　　　19세기만큼 소상하게 밝히기가 쉽지
않다. 18세기에도 연향이 설행될 때마다 진연의궤가 만들어졌던 것
으로 생각되지만 실제로 남아 있는 것은 2건밖에 되지 않기 때문이
다.[48] 영조는 국초에 성립된 예서에 근거하여 궁중연향의 설행 논의
가 불필요하게 일어나는 폐단을 없애고자 『국조오례의』에 명시된

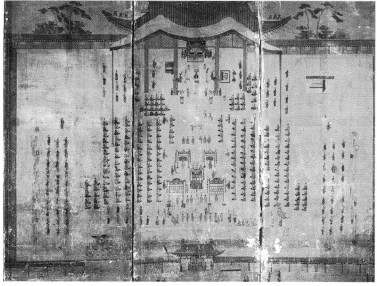

도90 **경현당사연도**景賢堂賜宴圖 《기
사경회첩》에 수록, 장득만·장경주·
정홍래·조창희, 국립중앙박물관.
1744년 9월 9일 영조가 51세의 나
이에 기로소에 들어간 것을 기념
한 《기사경회첩》耆社慶會帖의 그
림 중 세번째 장면이다. 기로소에
들어간 다음 날 기로신들은 숭전
전에서 전문箋文을 올려 하례하였
고 그날 저녁 영조는 기로신들에
게 경현당에서 선온하였는데 바로
이 선온 모습을 담은 것이다. 같은
장소에서 같은 성격의 연회를 그
린 비슷한 시기의 작품 〈경현당갱
재첩〉(도89)과 여러모로 잘 비교
된다. 그러나 역시 기로소에서 주
관한 계첩이 훨씬 설채가 깔끔하
고 묘사력도 우수하다.

도91 **숭정전갑자진연도병**崇政殿甲子
進宴圖屛 국립중앙박물관.
영조가 기로소에 들어간 것과 망
육이 된 것을 기념한 진연은 10월
7일 숭정전에서 있었다. 이 도병
은 세 첩에 걸쳐 숭정전 진연을 묘
사하고 나머지 세 첩에 좌목을 쓴
6첩 병풍이다. 숭정전 안팎의 설
비, 참연자의 반차, 의장의 설치
등 연회의 내용이 숙종 연간의
〈숭정전진연도〉와 매우 흡사하다.
19세기의 진찬이나 진연과 비교하
면 많이 다른 모습이다.

도92 **종친부사연도**宗親府賜宴圖 함
세위·노시빈, 서울대학교박물관.
1744년 10월 7일의 진연 뒤에는
《기사경회첩》을 제외하고도 여러
관청에서 각자 나름대로 기념화를
만들어 나누어 가졌다. 진연일에
영조는 종친부에 어찬과 음악을
내리는 은전을 베풀었고 종친부에
서는 당상을 위해 계병을, 낭청을
위해 계축을 만들어 이를 기념하
였다. 이 그림은 아마도 계축 중의
하나였을 것이다. 이 그림의 제작
에 대해서는 화가, 완성 시기, 비
용 등이 『[갑자년]계병등록』에 비
교적 상세히 나와 있다.

오상사五上司(의정부, 돈녕부, 의빈부, 충훈부, 중추부)의
진연을 금지시켰으며 더 이상 풍정의 이름으로
연향을 거행하지 않았다. 임진왜란 이후 들쑥날쑥
하던 궁중연향의 명칭, 설행 기준과 성격을 확립
하려는 노력의 한 가지였다.

영조는 재위 기간이 길었던 데다가 재위 전반
기에는 대왕대비(숙종 계비 인원왕후 김씨, 1687~1757)
를 모시고 있었기 때문에 여러 차례 진연을 거행
하게 되었다. 대왕대비에 대한 상존호上尊號, 영조
의 임어臨御 및 보령寶齡 기년紀年, 환후평복患候平
復, 선왕 때 설행된 연향의 주갑년周甲年, 선왕의
성거盛擧 계술, 입기로소入耆老所 등을 이유로 예연
을 허락했다. 영조는 왕의 3년상이 끝나면 동조東
朝에 진연하는 관례에 따라 1728년 9월을 시작으
로 총 네 차례 대왕대비께 진연을 하였고, 자신은
여섯 차례의 진연과 두 차례의 수작례受爵禮를 받
았다. 적지 않은 횟수의 궁중예연이 영조 연간에
거행된 것이다.[49]

영조 연간의 궁중연향도는 현재 여섯 종류가
화축, 화첩, 병풍의 형식으로 남아 있다. 이중에는 영조가 51세 되
던 해(1744)에 기로소에 들어간 것을 기념한 진연과 관련된 그림이
세 점 포함되어 있다.도90~92 〈영조을유기로연·경현당수작연도〉英祖乙
酉耆老宴景賢堂受爵宴圖는 영조가 등극한 지 40년이 넘었고 망팔望八(72
세)인 것을 명분으로 1765년 경현당에서 진연한 것을 기념한 병풍
이다. 기로소에서 만든 계병으로서 같은 해 8월 28일 영조가 기로
소를 방문하여 영수각에 전배한 사실을 더해 병풍을 꾸몄다.도93~94
'기로소 친림선온' 장면도93-1은 8월 28일 영조가 왕세손을 거느리고
기로소에 거둥하여 어첩을 배알하고 기로신에게 선온했던 사실을

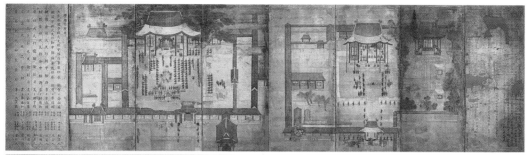

그린 것이고, '경현당 수작연' 장면^{도93-2}은 10월 11일 경현당에서 열린 수작연을 그린 것이다. 〈영수각송〉靈壽閣頌^{도94}은 〈영조을유기로연·경현당수작연도〉 병풍의 기로소 친림선온 장면과 같은 내용을 그린 화첩으로 좌목과 서문의 내용도 일치한다. 1765년 8월 28일의 기로소 방문은 영수각 전배보다 기영관에서 선온한 사실에 더 비중을 둔 것인데 이는 왕세손을 동반한 점과도 연관된다. 영조가 사도세자 사후 처음으로 왕세손을 대동하고 기로소에 온 것은 왕세손에게 계술의 중요성을 일깨우고 몸소 실천함으로써 보여주려는 것이었다. 또한 기로신들과 왕세손의 만남을 의도했는데 헌수에 앞

도93 영조을유기로연·경현당수작연도英祖乙酉耆老宴·景賢堂受爵宴圖 서울역사박물관.

도93-1 기로소 친림선온 장면
1765년은 영조가 망팔望八(72세)이 되는 해이면서 보위에 오른 지만 41년이 되는 해였다. 이 병풍은 이와 관련된 두 가지의 행사를 그린 것인데 모두 기로신들이 참석하였다. '기로소 친림선온'과 '경현당 수작연' 두 장면은 40여 일의 간격을 둔 행사를 그린 것이지만

모두 기로소와 관련이 있고 좌목
도 8명의 기로소 당상으로 이루어
져 있어서 이 병풍은 기로소 계병
임을 알 수 있다.

도93-2 **경현당 수작연 장면**
경현당 수작연은 봉조하奉朝賀 유
척기兪拓基, 영의정 홍봉한洪鳳漢
을 비롯한 196명의 신하가 참석한
성대한 자리였다. 물론 왕세손도
참연하였음은 어좌 우측에 네모나
게 그려진 왕세손의 시연위와 음
식상을 통해 알 수 있다. 196명 중
에는 8명의 기로신도 포함되었으
며 세손시강원과 세손익위사의 관
원들이 모두 참연한 점도 주목할
만하다. 참석자들은 신분과 품계
에 따라 방향과 위치가 엄격하게
정해져 있었고 보계 위 곳곳에 줄
을 달리하여 앉은 모습이 이를 말
해 준다. 실내에는 영조와 왕세손
을 위한 수주정壽酒亭이 각각 마
련되고 보계 중앙에는 신하들의
주정이 설치되어 있다. 자신감 있
고 명료한 밑그림, 꼼꼼한 설채,
정확한 묘사력에서 당시 최고의
화원 작품으로 평가된다.

도94 **영수각송** 한국학중앙연구원
장서각.

도95 **영조병술진연도병 부분** 삼성
미술관 Leeum(옆면).
〈영조을유기로연·경현당수작연
도〉의 병풍(도94)과 비교하면 장
소는 다르지만 어좌의 꾸밈, 왕세
손 시연위의 배치, 참연제신의 자
리 배치, 처용무동의 구성, 등가
악대의 포치 등 실내와 보계 위의
모습이 매우 흡사하여 수작이나
진연이 내용상 큰 차이가 없었던
것 같다. 처용무는 다섯 차례의 헌
수가 모두 끝난 뒤 공연된 것이다.

서 기로신들에게 나이순에 따라 왕세손에게 하례를 올릴 것을 명한
것이다. 화첩은 세 건이 만들어져 대내, 동궁, 기소에 보관되었다.
〈영조을유기로연·경현당수작연도〉 병풍과 비교하면 병풍 그림이
훨씬 기로소 권역 전체를 잘 조망했으며 필치도 우수한 것을 알 수
있다. 장서각에는 제목만 다른 같은 내용의 화첩 〈친림선온도〉도
소장되어 있다. 〈영조병술진연도병〉英祖丙成進宴圖屛은 1766년의 진
연을 기념한 것이다.도95 1766년은 숙종의 즉위 30주년 기념 진연이
치러졌던 1706년과 같은 병술년으로서,[50] 영조는 13세 때 자신이
참가했던 진연을 60년 만에 계술한 것이다. 이 병술년(1766)의 진연
은 특정한 사실을 경하하였다기보다 상고와 계술의 의미가 컸다.
영조는 1706년(병술) 8월 27일 열세 살의 나이에 왕자[연잉군延礽君]
의 신분으로 숙종의 즉위 30주년을 맞아 100여 년 만에 거행된 인
정전 진연에 참여하였다. 영조는 이 사실을 60년 만에 되살리고자
소작小酌을 제안하였으나 신료들은 마침 병으로 여러 달 고생하던
영조의 환후가 회복된 것을 축하하는 의미를 더하여 진연의 타당성
을 아뢰었다. 도감이 설치되고 장소는 숭정전으로 결정되었다. 좌
목과 행사 장면을 제외한 나머지 첩에는 사녀도가 그려져 있다. 병

풍 제작을 발의한 집단의 성격에 따라 계병의 구성과 내용이 달라 졌으며 그림의 수준에서도 차이가 났다. 〈영묘조구궐진작도〉英廟朝舊 闕進爵圖는 의령남씨 집안에 가전된 화첩 중 마지막 장면으로, 1767 년(영조 43) 12월 16일 왕세손을 대동하고 근정전 옛터에 나아가 신 하들에게 소작小爵을 베풀었던 일을 그린 것이다. 1767년은 정해년 으로 같은 정해년인 1407년(태종 7)에 태종이 덕수궁에서 태상왕(태 조)의 탄신일을 맞아 헌수했던 사실을 계술하는 의미에서 영조는 태조가 창건한 근정전 옛터에서 여러 신하들과 소작례小酌禮를 행함 으로써 선왕의 뜻을 따른 것이다. 신하들로부터 헌수獻壽 받는 형 식을 취하였지만 국가 창업의 현장에서 신하들과 음복飮福하는 의 미가 컸다. 영조는 술잔을 받은 뒤 악공에게 명하여 피리를 불라고 하였는데 이 소리에 눈물을 흘리기도 하였다. 17세기에 국왕이 경 복궁에 거둥한 것은 회맹제會盟祭를 지내기 위해 경유할 때뿐이었지 만 영조는 역대의 어느 왕보다도 경복궁의 옛터에 자주 임어하였고 이곳에서 백관의 진하례, 상존호례上尊號禮, 문과정시文科庭試, 방방放 榜, 유생들의 구일제九日製, 망배례望拜禮 등을 거행함으로써 조선을 개창한 현장에서 선조의 유지를 계승하여 왕조의 중흥을 이루려는

의지를 나타냈다.^{도96}

영조 연간의 연향도는 설행 횟수가 많은 만큼 남아 있는 작품도 다른 왕대에 비해 많은 편이다. 화면 형식은 화축, 화첩, 병풍에 골고루 분포되어 있으며 내용도 진연, 친림기로연, 수작_{受爵}, 사연_{賜宴} 등 궁중연향의 여러 종류를 폭넓게 보여준다. 제작을 주관한 관청은 재정적 후원 능력이 든든한 기로소와 종친부가 많았으며 참연자 전체가 발의한 경우도 있었다. 영조 연간 궁중연향도의 제작은 어느 때보다 활발하고 주제나 형식의 폭이 넓어졌지만 양식적 변화는 두드러지지 않았다. 연향을 표현하는 방식과 도상의 선택에서는 건물에 약간의 원근 표현을 부분적으로 시도한 것을 제외하면 그 이전과 큰 차이가 없었다. 궁중행사도에서 표현의 진화는 《화성능행도병》의 경우처럼 변화를 추구하려는 주문자〔정조〕의 강력한 의지와 이를 수용할 만한 능력을 갖춘 당대 최고 화가집단〔규장각 자비대령화원〕의 새로운 표현에 대한 고민과 모색이 뒷받침되어야 했음을 시사한다.

왕세자를 위한 궁중행사도

동궁의례와 궁중행사도 왕세자는 왕통을 이어받을 제1후보자로 지명된 인물로서, 품성과 능력에 따라 다음 세대의 치란_{治亂}이 결정된다고 여겨졌다. 그만큼 왕세자는 왕실에서 왕 다음으로 주목받는 위치에 있었던 인물이다. 동궁과 관련된 의례는 『국조오례의』에 이미 확립되어 있었고, 1744년(영조 20) 『국조속오례의』에서는 사부_{師傅}와의 상견례를 포함한 몇 가지 의식이 추가되었다. 그럼에도 동궁의례를 다룬 행사도는 18세기 전반까지 그리 성행하지 않았다. 18세기 후반이 되어서야 세자가 왕으로 등극하기 전까지 거쳐야 하는 통과의례를 중심으로 탄생 축하, 세자 책봉, 성균관 입학, 서연_{書筵}, 관례_{冠禮}, 환후회복 등의 주제가 그려졌다.

현존하는 왕세자 관련 궁중행사도를 분석해 보면, 18세기 후반을 기점으로 그 이전과 이후가 뚜렷하게 구분된다. 18세기 전반까

도97 **왕세자책례도감계병**王世子册禮都監契屛 충재박물관.

1690년(숙종 16) 6월 16일 세 살 된 원자를 왕세자[경종]로 책봉한 뒤 그 일을 주관하였던 책례도감에서 만든 계
병이다. 이 계병을 만들게 된 경위를 적은 첫번째 첩의 서문은 세자시강원의 우빈객右賓客으로서 도감의 제조였
던 이관징李觀徵(1618~1695)이 지은 것이다. 마지막 첩의 좌목에는 책례도감의 도제조로서 세자사世子師이던
권대운權大運(1612~1699) 이하 제조 3명, 도청 2명, 낭청 6명, 감조관 6명, 별공작 1명 등 총 19명의 관작성명이
쓰여 있다. 나머지 여섯 첩은 소상팔경瀟湘八景 중에서 어촌석조漁村夕照, 원포귀범遠浦歸帆, 소상야우瀟湘夜
雨, 연사모종煙寺暮鐘, 동정추월洞庭秋月, 강천모설江天暮雪을 그린 것이다. 버드나무와 복사꽃이 만발한 봄경
치의 어촌석조부터 매화꽃이 핀 설경의 강천모설까지 춘하추동의 계절색이 뚜렷하다. 건물과 인물, 나무와 원산
에 사용된 적색과 녹색 외에는 수묵 위주로 그렸다. 산수에는 불규칙한 윤곽선과 변형된 단선점준短線點皴에
서 안견파 화풍의 잔영이 느껴지지만 동글동글한 호초점胡椒點, 푸른색 원산, 화보풍의 수목군, 길게 늘어진 사
구沙丘, 인물의 묘법 등은 18세기 후반 이후의 양식이다. 원본이 그려졌던 17세기 후반의 화풍과 개모된 당시의
화풍이 섞여 있는 후대의 모사본이다. 세련되고 능숙한 기량을 보여주는 모사본은 아니지만 행사도 계병이 유행
하던 18세기 이전, 즉 산수화나 고사인물을 주제로 삼곤 했던 17세기 도감 계병의 양상을 보여주는 예로서 중요
하다. 이 병풍이 충재 권벌의 종손가에 전하게 된 것은 세자익위사 사어司禦였던 권두인權斗寅(1643~1719)이 권
벌의 5세손으로서 책례도감에서 낭청을 지냈기 때문이다.

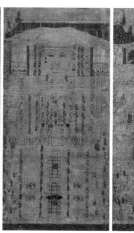

도98 **문효세자책례계병** 서울대학교 박물관.

인정전에서 왕세자 책봉을 알리는 교명을 선포하는 '책봉도'와 동궁인 중희당에서 세자가 교명을 받는 의례를 그린 '수책도'이다. 중희당은 문효세자가 태어나던 해인 1782년에 정조가 세운 동궁 건물이다. 동궁 구역의 중심 건물이던 시민당時敏堂이 1780년 화재로 소실되자 이를 다시 짓는 대신 중희당을 새로 건축한 것이다. 동쪽으로 육각형의 이이와貳貳窩와 소주합루小宙合樓 건물도 그려져 있다.

지 제작된 그림은 왕의 은총을 입은 영광, 학통과 이념을 공유했던 관료들 간의 결속, 동료 간의 인연과 행사 진행의 노고를 기념하려는 동관계회도同官契會圖의 성격이 강하였다.^{도97} 18세기 후반 이후에야 왕세자의 교육을 담당한 세자시강원世子侍講院과 호위를 책임진 세자익위사世子翊衛司의 주도 아래 동궁의례를 사실적으로 그린 행사도 제작이 활기를 띠었다. 주로 정조, 순조, 고종 재위 시에 제작되었는데, 이 시기는 모두 왕권회복 또는 왕권강화가 추구되던 시기라는 공통점이 있다.

정조와 세자시강원 강화

1784년(정조 8) 정조와 의빈성씨 사이에서 태어난 첫째 아들이 두 살 되던 해에 왕세자로 책봉된 것을 기념하여 세자시강원에서 제작한 것이 《문효세자책례계병》文孝世子册禮契屛이다. 이 계병은 왕세자 책봉의식 자체를 그린 점, 특히 왕세자의 교육을 담당했던 세자시강원에서 제작한 계병이라는 점에서 중요한 의미를 던진다.[51] ^{도98}

첫번째와 마지막 폭에 각각 서문과 좌목이 있으며, 전임 또는 현임의 세자시강원 관원 25명으로 구성된 좌목은 이 병풍이 세자시강원에서 만든 기념화임을 말해 준다. 그림은 9단계로 치러지는 왕세자 책봉의식 가운데 핵심적인 두 장면이 그려져 있다. 즉, 왕세자 책봉을 알리는 교명 선포 의례와 왕세자가 동궁에서 교명을 받는 의례다.

정조는 국왕권 확립의 일환으로 세자시강원과 세자익위사의 기능을 강화하고 그 위상을 높임으로써, 세자의 입지를 공고히 하는 데 많은 노력을 기울였다. 문효세자文孝世子(1782~1786)의 책봉에 맞추어 실직의 당상관이 없던 세자시강원에 종3품이던 보덕輔德과 겸보덕兼輔德을 당상관으로 승격시켰으며 궁궐 내 동궁 구역을 중수하고, 세자시강원 및 익위사의 제도와 세자에 관한 의례를 종합적으로 정리한 『시강원지』侍講院志를 편찬하였다. 왕세자의 책봉에 즈음하여 이루어진 세자시강원의 이러한 위상 제고가 전체 전현직 관원이 참여한 계병의 제작을 직접적으로 촉발시킨 것이다.

효명세자와 동궁의례의 시각화

《문효세자책례계병》이 정조의 세자시강원에 대한 위상 강화 정책을 반영하듯, 19세기 전반 효명세자孝明世子(1809~1830)의 강력한 왕권 회복 정책을 예시하는 그림이 바로 《왕세자입학도첩》王世子入學圖帖이다.[52] 도99, 99-1, 99-2

사후에 익종으로 추존된 효명세자는 순조의 아들로서 1827년부터 1830년까지 대리청정을 하면서 왕권강화와 왕조의 중흥, 왕실의 건재함을 과시하기 위해 남다른 노력을 기울였으나 22세에 갑자기 사망한 인물이다. 그의 이러한 노력은 궁중연향의 혁신, 상존호 의례의 거행, 의궤의 편찬, 화성 행차와 군사훈련의 실시 등을 통해 펼쳐졌다. 효명세자는 궁중기록화 제작에도 큰 영향력을 발휘해 19세기 진찬 계병의 제작관행을 정착시켰고, 〈동궐도〉東闕圖나 〈서궐도〉西闕圖 같은 대규모 궁궐 그림을 남기는 데 결정적 역할을 하였다. 효명세자의 탄신, 관례, 입학과 관련된 궁중기록화가 어느 왕세자보다 유독 많이 남아 있는 점은 그의 정치적 위상과 그를 둘러싼 서연관의 정치적 역할 증대 측면에서 매우 주목할 만한 현상이다.

《왕세자입학도첩》은 1817년(순조 17) 효명세자가 성균관 입학 의식을 마친 후 세자시강원에서 만든 계첩이다. 그림 뒤에는 좌목 대신에 세자시강원 관원 13명의 찬시가 있고 발문이 실려 있다. 시강원 보관용과 동궁 내입용을 합치면 적어도 15건이 제작되었다고 보이며 현재 소장본 5건이 확인되었다.

세자시강원에서는 17세기부터 어린 왕세자에게 복잡한 의식절차를 쉽게 이해시키려고 의주儀註를 각 과정별로 여러 장면에 작도作圖한 것을 행사에 대비해 만들었다. 《왕세자입학도첩》은 의주를 작도하는 전통에 기반을 두되 좀더 회화적인 행사도 형식으로 묘사하였다. 이 화첩은 왕세자의 입학례 절차를 『국조오례의』에 의거하여 여섯 단계로 나누어 기록하고 각 과정에 부합하는 행사도를 그림으로써, 글과 그림이 상호 보완 기능을 하도록 꾸며졌다. 세자가 입학례 장소인 문묘로 가기 위해 동궁을 나오는 모습〔출궁도出宮圖〕,도99 문묘의 대성전에서 공자의 신위에 술잔을 올리는 모습〔작헌도酌獻圖〕, 박사博士에게 수업의 승낙을 구하는 모습〔왕복도往復圖〕, 박사에게 예물을 바치는 모습〔수폐도脩幣圖〕, 문묘의 명륜당에서 수업을 받는 모습〔입학도入學圖〕,도99-1 이튿날 왕세자가 백관의 하례를 받는 모습〔수하도受賀圖〕도99-2이 그려졌다.

19세기의 궁중행사도는 궁중연향 혹은 진하陳賀 의식을 병풍에 장대하게 그리는 것이 유행이었다. 이런 경향 속에서 행사의 주요 장면을 시간 흐름에 따라 화첩에 연속적으로 그린 《왕세자입학도첩》은 매우 이례적인 예다. 나이 어린 왕세자의 눈높이에 맞추기 위해 열람이 편이한 화첩 형식을 활용한 점도 매우 주목할 만하다. 이러한 배려는 《왕세자입학도첩》이 왕세자를 가장 가까이서 보좌하는 세자시강원에서 만든 그림이기 때문에 가능하였다. 이는 2년 뒤인 1819년(순조 19)에 문효세자의 관례를 기념하여 승정원에서 제작한 행사도가 당시 유행을 따라 여러 폭 병풍에 그려진 진하례도陳賀

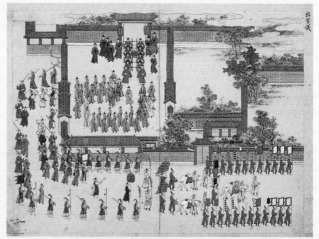

도99 **출궁도** 《왕세자입학도첩》에 수록, 국립문화
재연구소.

1817년(순조 17) 3월 11일 9세 된 효명세자가 성
균관에 입학한 것을 기념하여 세자시강원에서
만든 계첩이다. 왕세자 입학 의주와 그림, 세자
시강원 관원들의 찬시로 꾸며져 있다. 이 〈출궁
도〉는 효명세자가 입학례 장소인 성균관으로 가
기 위해 창덕궁의 동궁 구역을 나오는 모습이
다. 행렬은 왕세자 의장이 선도했으며 효명세자
의 여輿는 10명의 협여군에 의해 이동되었다.
복사꽃이 만발한 계절감까지 사실과 잘 부합하
는 그림이다.

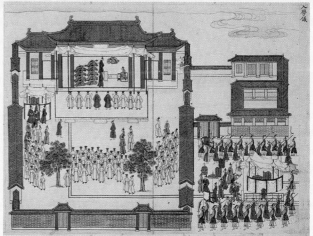

도99-1 **입학도**

성균관에 도착한 효명세자는 대성전에서 작헌
례를 마친 뒤 명륜당에서 박사博士에게 수업을
청하여 수락을 받고 폐물을 올린 뒤에야 비로소
수업을 받았다. 〈입학도〉는 박사가 왕세자에게
『소학』을 강의하는 모습을 그린 것이다. 왕세자
는 학생의 예에 따라 서안書案도 없이 바닥에
책을 놓고 홀겹의 자리에 앉아 있다.

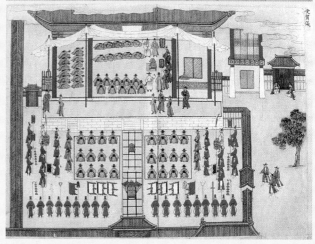

도99-2 **수하도**

입학례 이튿날인 3월 12일 효명세자는 창덕궁
성정각誠正閣에서 진하를 받았다. 이 진하례는
세자시강원 관원들만이 참여한 가운데 약식으
로 치러져서 그림에 그려진 것처럼 문무백관이
참여한 정식의 진하례는 아니었다. 이 계첩은
왕세자의 입학 의주를 시각적으로 도해하는 데
에 주안점을 두었으므로 사실에 구애받지 않고
의주의 내용을 따른 것으로 보인다. 동궁에서
거행되는 왕세자에 대한 진하례를 볼 수 있는
유일한 장면으로서도 의의가 있다.

도100 **익종관례진하계병**翼宗冠禮陳
賀契屏 **부분**

1819년(순조 19) 3월 21일 효명세
자(익종)의 관례가 끝난 이튿날 순
조가 숭정전에서 백관의 하례를
받는 장면을 그린 것이다. 마지막
첩의 좌목을 통해 승정원 소속 6
명의 승지가 만든 당상관 계병임
을 알 수 있다. 숭정전 내부의 어
탑 꾸밈새는 《왕세자입학도첩》이
나 《수교도첩》(도100)과 매우 유
사하여 《수교도첩》의 제작 시기를
추정하는 데에 단서를 제공한다.

禮圖였던 사실과 좋은 대비를 이룬다.도100

제작연도는 확실하지 않지만 왕세자의 관례의식을 시간 순서에
따라 그린 《수교도첩》受敎圖帖 역시 같은 맥락에서 제작된 것이다.
《수교도첩》은 기록이 전혀 없이 그림 13폭으로만 이루어진 화첩이
며 표지에 '受敎圖'(수교도)라고 쓴 표제가 붙어 있다. 특정 관례를
기념한 화첩은 아니고 관례 의주를 순서대로 도해하여 행사 전에
왕세자 교육용으로 내입했던 것으로 추정된다. 이 화첩을 1819년
효명세자의 관례에 맞추어 그린 것으로 보는 이유는 인물, 건물,
기물 등의 표현 양식이 19세기 전반과 상통하며 같은 시기에 세자
관례를 시행한 정황이 효명세자의 경우와 부합하기 때문이다.도101,
101-1, 101-2

순종의 두후평복과 광범위한 계병 제작

고종 역시 국가의식을 통해 다각적으로 왕권회복을 위해 노력한 인
물이다. 1874년(고종 11)에는 왕세자(순종)의 탄생을 기념하여 산실
청産室廳에서 계병을 만들었고,도102 1879년(고종 16)에는 여섯 살 난

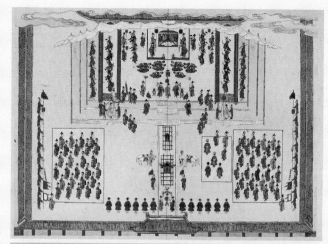

도101 **임헌명빈찬의도** 《수교도첩》에 수록, 국립
문화재연구소.
〈임헌명빈찬의도〉臨軒命賓贊儀圖는 《수교도
첩》의 첫 장면으로 왕이 정전에서 빈·찬에게
왕세자 관례를 명하는 교지를 선포하는 내용
이다.

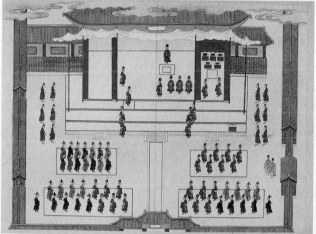

도101-1 **삼가도**

〈삼가도〉三加圖는 《수교도첩》의 아홉번째 장
면이다. 관례에서 가장 중요한 과정인 세자에
게 초가관初加冠, 재가관再加冠, 삼가관三加
冠을 씌우는 절차를 그린 것이다. 관을 바꾸
어 쓸 때마다 세자는 동궁의 동쪽 협실에서
곤룡포, 강사포, 면복을 차례로 갈아입고 나왔
다. 푸른 장막이 드리워진 협실에는 세 개의
탁자 위에 이를 위한 준비물이 올려져 있다.

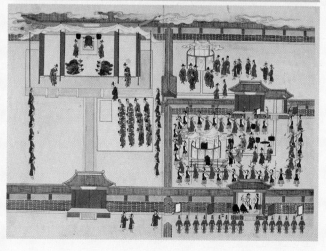

도101-2 **조알의도**

〈조알의도〉朝謁儀圖는 열두번째 장면이다. 관
례 이튿날 편전에서 왕세자가 왕에게 하례를
올리는 의주를 그린 것이다. 왕세자가 절하는
자리는 뜰 오른편에 노란색 사각형으로 표시
되어 있다. 그림 좌반부는 조알례의 모습을
그리고 우반부에는 왕세자의 막차幕次와 호위
의장을 그렸다. 《왕세자입학도첩》의 〈입학도〉
(도99-1)와 화면 구성이 같다.

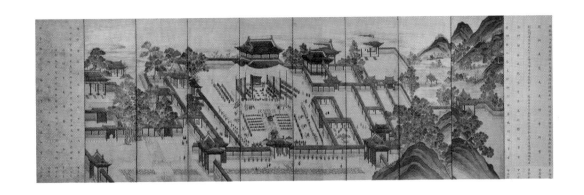

왕세자가 천연두에서 회복된 것을 축하하기 위해 오위도총부五衛都
摠府와 위장소衛將所의 관원들이 각각 계병을 만들었다. 이외에도
왕세자의 치료를 맡았던 의약청議藥廳에서는 십장생도를 계병으로
만들었고,[53] 도138 참조 승정원·규장각·예문관 등에서는 수병繡屛의 제작
을 기획하였다. 관청의 제작 여건과 선호 경향에 따라 진하, 십장
생, 수병 등 다양한 내용과 형식으로 만들어졌음을 알 수 있다. 19
세기 말이 계병 제작이 성행하던 시기임을 감안하더라도 도103 왕세
자의 천연두 회복에 대해 여러 관청에서 동시다발적으로 앞다투어
계병을 제작하였던 분위기는 좀 이례적으로 보인다. 하지만, 1879
년 무렵은 고종이 실질적으로 친정을 행하면서 왕권강화를 위한 노
력을 시작하던 시기임을 감안하면 그러한 정황이 이해가 된다.

　궁중행사도의 제작이 관청 단위로 관료들에 의해 주도되었던 만
큼 관청 조직의 변화, 위상의 변동 같은 정치적 기류를 민감하게
반영하였던 것은 사실이다. 동궁 의례와 관련된 궁중행사도는 왕권
강화의 노력이 경주되던 시기에 많이 나타나며 이러한 궁중행사도
가 지니는 정치적 함의를 잘 드러내 준다.

대한제국기　　　　　　　**대한제국동가도**　　　의궤도건 궁중행사도
궁중행사도의 변모
　　　　　　　　　　　건 궁중기록화에서 왕과 왕실 가족의
형체를 그리지 않는 것은 한 건의 예외 없이 국초부터 지켜진 오랜

도103 **궁정조하도**宮廷朝賀圖
일본 公益財團法人 永靑文庫(위).

도103-1 **백관 조하 장면**(아래).

19세기 궁중행사도를 형성하던 두 축 중의 한가지인 궁궐 정전에서 거행되는 진하 의식을 그린 것이다. 단층의 명정전 건물, 주변의 월랑과 부속건물의 배치를 〈동궐도〉와 비교하면 명정전이 배경임을 알 수 있다. 현재 알려진 진하도 중에 창경궁 명정전에서 거행된 의식을 그린 것으로는 유일하다. 평행사선구도의 진하도 대부분은 좌측에서 부감하는 시점에 의한 것인 데 반해 이 그림은 이례적으로 우측에서 부감하였다. 또한 시점을 높이 잡았을 뿐 아니라 여러 줄로 도열한 인물들도 촘촘하게 많은 수를 배치함으로써 훨씬 장대하고 현장감 있는 공간의 느낌을 자아낸다.

어좌, 어련, 의장기, 금관조복, 악기 등의 세부 묘사는 어느 궁중행사도보다도 사실적이고 정치하며 한 군데의 소홀함도 없다. 금칠이 있으며 지붕과 기둥에 명암 표현이 있다. 19세기에 명정전에서 의식을 자주 거행했던 시기는 순조 연간이다. 그렇다 하여도 구체적인 행례의 시기나 목적은 좀더 연구가 필요하다. 19세기 진하도의 폭을 넓혀주는 작품으로 중요한데 현재 우반부의 4첩만이 낱폭으로 남아 있는 점이 매우 아쉽다.

104	104-1
104-2	104-3

도104 **봉사도 제14폭 모화관 영칙서의迎勅書儀 세부** 정여, 중국민족도서관(왼쪽 위).

도104-1 **제15폭 인정전의 선칙서의宣勅書儀 세부** 중국민족도서관(오른쪽 위).

도104-2 **제16폭 희정당 다례茶禮 세부** 중국민족도서관(왼쪽 아래).

도104-3 **제18폭 연청宴廳의 전연餞宴 세부** 중국민족도서관(오른쪽 아래).

《봉사도》는 청나라 사신 아극돈이 1717년부터 1725년까지 네 차례의 조선 사행을 마치고 그 여정에서 경험했던 사실을 20폭에 그린 화첩이다. 이 화첩은 마지막으로 조선에 온 1725년 이후에 제작된 것이다. 20폭에는 칙사를 영접하는 공식행사를 그린 네 장면이 포함되어 있는데 여기에는 조선 국왕 혹은 왕세자의 모습이 그려져 있다. 즉, 모화관에서 숙종을 대신하여 왕세자(경종)가 청황제의 칙서를 맞이하는 의식, 인정전에서 경종이 왕세제 책봉 칙서를 선포하는 의식, 희정당에서 숙종과 아극돈이 참여한 다례, 칙사의 관소인 연청에서 왕세자가 주관한 전별연 의식 등이다. 중국인의 눈으로 보고 그린 것이라 조선의 실정이나 궁중 풍속과 비교하면 허술하고 어색한 부분이 많다. 조선의 왕과 왕세자는 붉은색에 원형 금박 무늬가 있는 곤룡포와 익선관 차림이다.

전통이었다. 18세기 전반 조선의 국가행사를 묘사한 그림에 조선 국왕이나 왕세자를 그린 《봉사도》奉使圖가 알려져 있으나, 이는 조선시대 궁중기록화의 표현 관행과는 상관없이 중국인의 주문에 의해 중국 화가가 그린 작품이었기 때문에 가능한 일이었다. 《봉사도》는 1725년(영조 1)에 마지막으로 조선을 다녀간 청나라 사신 아극돈阿克敦(1685~1756)이 자신의 사행 중에 경험한 것을 중국 화가 정여鄭璵로 하여금 그리게 한 것이다.[54] 도104~104-3

조선에서 왕의 얼굴을 기록화에 그리게 된 것은 왕의 초상에 대한 인식에 변화가 생긴 대한제국기이다. 이 시기에 비로소 500여 년 동안의 오랜 관습을 깬 예외가 만들어졌다. 바로 어진화사를 지낸 채용신蔡龍臣(1850~1941)이 그렸다고 전하는 〈대한제국동가도〉大韓帝國動駕圖로서 긴 두루마리에 왕의 궁 밖 행차를 그린 행렬반차도이다. 도105~105-6 행렬 중의 연輦, 옥교玉轎, 가교駕轎에 적색 곤룡포를 입은 왕이 모두 그려져 있는 것은 이전에는 볼 수 없던 매우 이례

도105-5 **취고수**吹鼓手 **부분**(왼쪽).
도105-6 **남령위와 동령위 부분**(오른쪽).

적인 표현인 것이다.

두루마리의 처음은 어가행렬이 지나는 길을 따라 도로를 수치修
治하는 인민과 말을 타고 무예를 선보이는 재인才人들로 시작한다.
경기감사, 한성부 판윤, 의금부사가 행렬을 선도하고 훈련대장, 육
조의 판서, 의정부 대신, 대제학 이하 백관이 그 뒤를 따르며 충훈
부·종친부·승정원의 당상들도 참여하였다. 문무백관이 모두 포함
된 행렬이다. 노부의장鹵簿儀仗의 문양 표현이 매우 상세하며 인물
의 취세와 동작이 다채롭고 표현이 풍부하여 반복적인 표현으로 정
형화된 조선시대의 의궤반차도와는 전혀 다른 활기가 느껴진다.

행렬의 앞뒤를 왔다 갔다 하며 왕의 위치를 알리는 연락병이 훈
련대장 앞에서 "대가가 돈화문을 출발"〔大駕敦化門出〕했다는 표지를
땅바닥에 쓰고 있는 모습에서, 이 행렬은 돈화문을 출발한 왕의 대
가행렬임을 알 수 있다. 도가導駕의 선두에 경기감사가 선 것은 이
거둥이 경기도로 이어지는 도성 밖 행렬임을 시사한다. 성내城內의
행차가 아닌 도성 밖 행차임은 왕이 타는 가마의 종류를 통해서도
짐작할 수 있다.[55] 이 행렬도에는 부련副輦 성격의 연, 소여小輿인 옥
교, 그리고 말에 메우는 가교 등 세 가지 종류의 가마가 그려져 있
는데 가마꾼이 메는 어련御輦 대신 말에 메우는 가교는 도성 밖 행
차에 사용되는 것이기 때문이다.

한편 이 행차에는 남령위 윤의선南領尉 尹宜善(?~1887)과 동령위

김현근東領尉 金賢根(?~1868)이 참가하였고, 내무부內務府 당상과 도감낭청都監郎廳도 확인된다. 동령위는 순조의 첫째 부마로 1823년 명온공주明溫公主(1810~1832)와 혼인하였으며, 남령위는 순조의 셋째 부마로 1838년에 덕온공주德溫公主(1822~1844)와 혼인한 인물이다.

따라서 이 행렬반차도는 제목처럼 대한제국기의 황제 행차를 그린 것이 아니며, 도감낭청·동령위·남령위 같은 직함이 포함된 것을 보면 그저 왕의 노부의장을 시각화한 행렬반차도라기보다는 도감이 설치되었던 특정한 행사에서의 왕의 대가행렬을 그린 것일 가능성이 크다. 덕온공주의 혼인 시기, 부마들의 몰년을 감안하면 1838년과 1868년 사이에 있었던 왕의 동가행렬을 그린 것으로 파악된다. 고종이 1868년 경복궁을 중건하고 그해 7월 경복궁으로 이어한 사실도 이 행렬이 돈화문을 빠져나왔다는 화면의 기록을 뒷받침한다.

하지만 1885년부터 1894년까지 존속하였던 내무부 당상의 직함이 쓰여 있는 점에서는 이러한 시기 설정에 의문이 생긴다. 화면에 쓰인 품직명과 연·옥교·가교 모두에 왕으로 보이는 인물을 표현한 점이 시기적으로 서로 상충되어 혼동을 야기한다. 더욱이 부련과 소여, 즉 이 그림에서는 연과 옥교로 표기된 가마는 관례적으로 배치될 뿐 실질적으로 쓰임이 없는 의장儀仗이었음에도 불구하고 여기에 왕의 존재를 표현한 것은 사실에 위배된다.

이러한 정황을 종합해 보면, 이 행렬도는 19세기 중엽에 특정 행사를 수행하기 위해 도성 밖으로 행차한 왕의 대가행렬을 그린 반차도를 바탕으로 후대에 번안 제작된 것이라 생각한다. 이를테면 원래는 빈 상태로 표현되었던 가마류에 각각 임의적으로 왕의 얼굴을 그려 넣은 것은 달라진 시대의식의 반영이며, 기존의 반차도에서는 거의 그려지지 않았던 도로를 수치하는 인물이나 재인들의 현장감 넘치는 표현, 의장기·지물持物·악기·복식 등의 상세한 묘사, 인물의 이목구비와 동세의 반영 등은 화가의 역량에 의한 개성적인 측면이다. 머리가 큰 인체 비례, 중간색이 많은 다채로운 채색의 사용,

수채화 느낌의 설채 등은 채용신의 화풍과 상통하는 면이 있지만 제작 화가에 대해서는 좀더 면밀한 연구가 뒷받침되어야 할 것이다.

조선시대에는 어진을 제외한 그림에 왕의 모습을 나타내거나 진전 이외의 장소에 유출하는 것은 어떤 이유에서도 허용되지 않았다. 〈대한제국동가도〉에 나타난 왕에 대한 표현은 왕의 초상과 진전에 관한 태도가 바뀌기 시작한 대한제국기 이후에나 시도될 수 있었던 일임은 분명하다. 여하튼 이 행렬도는 반차도 형식이지만 왕의 대가행렬을 좀더 현장감 있게 표현하였다는 점에서 주목되며, 무엇보다도 왕의 초상에 반영된 시대의식의 변모를 엿볼 수 있다는 점에서 중요한 의의를 지닌다.

왕회도

도107-1 명당왕회도 어전 부분

대한제국기에 새롭게 등장하는 궁중기록화 주제 가운데 하나는 각국의 사신들이 황제에게 조공을 바치는 모습을 그린 왕회도王會圖이다. 도106, 107, 107-1 현재 남아 있는 그림들은 명당왕회도明堂王會圖, 조공도朝貢圖, 지나사신조선국왕알현도支那使臣朝鮮國王謁見圖 등 소장처마다 이름이 각기 다르지만 내용상 '왕회도'라는 제목이 가장 적합하다.

'왕회'라는 명칭은 천하가 태평하던 주나라 무왕 때 국내의 제후, 그리고 사이四夷와 번국蕃國의 사신이 참가한 성주대회成周大會를 기록한 『일주서』逸周書의 「왕회편」王會篇에 근거한다. 왕회도의 제작은 당 태종 때인 629년 중서시랑 안사고顔師古가 「왕회편」을 염두에 두고 만국萬國에서 조공을 바치러 온 토속적인 복장의 각국 사신을 그릴 것을 태종에게 제의한 데서 시작되었다.[56] 당 염립본이 그렸다는 〈왕회

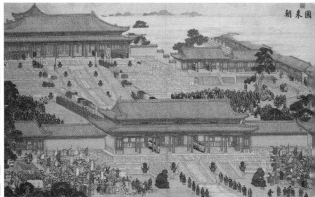

도〉가 〈양직공도〉梁職貢圖와 같은 형식인 것에서도 알 수 있듯이 왕
회도와 직공도는 명칭만 다를 뿐 둘 다 조공하러 온 주변 국가의
사신들이 각국의 고유한 복식을 입은 모습으로 그려졌다.

　왕회도에 대해서 조선의 왕들은『자치통감』資治通鑑 등을 통해 일
찍부터 알고 있었으며 늦어도 17세기에는 그림이 유입되어 열람되
었다고 생각한다. 정조 연간인 1794년에는 제주 유생의 시취에 책
문策問으로 왕회도가 출제되었고 1796년에는 규장각 자비대령화원
녹취재 제목에 '왕회도'가 나온 적이 있다.[57] 인물문의 제목인 것으
로 보아 각 나라 고유 복식을 입은 사신 위주의 직공도 형식과 크
게 다르지 않았던 것 같다. 19세기에는 북경을 오고간 사신을 통해
청 황실에서 제작한 목판본『황청직공도』黃淸職貢圖가 들어왔는데,
일례로 1875년 중국을 다녀온 이유원李裕元(1814~1888)이『황청직공
도』8책을 선물로 받아온 바 있다.[58]

　현전하는 왕회도는 모두 8첩 혹은 10첩의 병풍에 궁궐 정전의
장대한 광경을 담고 있다는 점에서 공통된다. 주제는 왕회도 혹은
직공도라고 할 수 있지만 그 표현방식은 염립본이 그렸다는 〈왕회
도〉나 〈황청직공도〉처럼 배경 없이 인물 위주의 단조로운 횡권 형
식이 아니라, 청나라 '만국내조도'萬國來朝圖 형식이라는 점에서 주목
된다.[도108, 108-1] 중국풍의 궁궐 외전外殿에 황제로 보이는 인물이 앉아

도108 **합벽연주** 북경 고궁박물원(왼
쪽).

도108-1 **만국내조** 북경 고궁박물원
(오른쪽).

건륭 연간 다채롭게 전개된 궁정
회화 중에는 연초에 조공을 바치
기 위해 각국에서 모인 사신 일행
을 그린 것들이 화축, 횡권, 화첩
형식으로 많이 남아 있다. 두 그림
은 총 8장이 한 세트로 된 화첩 중
의 두 장이다. 〈합벽연주〉合璧聯
珠는 속국의 지도자와 청나라 관
리들이 황제에게 경의를 표하기
위해 기다리고 있는 장면이고 〈만
국내조〉萬國來朝는 신년행사에
참여하기 위해 태화전 문 앞에서
본국의 이름이 적힌 깃발 아래 각
종 예물을 가지고 온 외국 사신들
을 그린 것이다. 가로로 긴 화면의
이 그림들이 화축보다 조선시대
그려진 '왕회도'류와 좀더 잘 비
교된다.

도106 **명당왕회도** 이화여자대학교박물관(위).　　도107 **명당왕회도** 국립중앙박물관(아래).

있고, 각국의 사신들이 차례로 공물을 올리는 모습이다.[59] 그림은 전체 내용상 황제가 앉아 있는 외전, 계단을 오르는 사신 행렬, 문 밖에서 대기 중인 수행원 등 세 부분으로 이루어져 있다. 사신이 착용한 복식은 자국自國의 고유한 예복이며 들고 있는 공물은 진기하고 이국적인 특산품이다.

실내에 앉아 있는 인물은 황색 옷을 입고 해와 달이 그려진 평천관平天冠을 쓰고 있어서 황제의 신분임을 시사한다. 하지만, 이 복식은 황제임을 상징할 뿐 대한제국기 황제의 실제 복식과는 거리가 있다. 내용 구성, 중국풍의 궁궐 구조와 건축의장, 이국적인 사신들의 복장과 진귀한 조공품의 묘사는 건륭 연간의 같은 내용을 그린 기실화紀實畵와 매우 유사하다. 청나라에서는 주로 화축이나 커다란 책항冊項에 그려졌던 주제를 여러 첩의 병풍으로 번안한 것은 병풍을 선호하였던 조선적인 발상이다. 그림의 규모나 주제, 황제 뒤에 설치된 오봉병五峰屛, 건물과 인물의 묘법, 수목과 괴석, 채색 등의 양식에서는 조선시대 궁중회화의 화풍과 상통한다.

이러한 주제의 그림은 적어도 고종이 황제로 등극한 1879년 10월 이후의 대한제국 시기에서나 그려질 수 있었다고 본다. 그러나 조선은 황제국이 되었어도 외국으로부터 조공을 받은 사실이 없었으므로, 이 그림은 대한제국기에 실제로 있었던 의식을 그린 것이 아님이 확실하다. 따라서 대한제국기의 왕회도는 중국의 경우에 빗대어 그린 일종의 상상화이다.

1897년(광무 원년) 10월 12일 황제 즉위식을 거행하고 13일 대한제국을 선포하던 날 고종은 여러 나라의 영사 및 공사 등의 관리들을 소견하였다.[60] 백관의 진하를 받고 조서와 대사령을 반포하는 공식 절차의 끝에 일본, 미국, 러시아, 프랑스, 영국, 독일 등 각국 외교관들의 축하를 받은 것이다. 더 이상 중국에 조공을 바치지 않아도 되었으며 외국 사절단을 공식적으로 소견하게 된 국가 위상을 드러내기에 적합한 그림이 왕회도였다. 대한제국이 실제로 조공국을 두지는 않았으나 각국의 사신이 대한제국 황제에게 조공을 바치는 광경은 황제국으로서 꿈꿀 수 있는 가상의 현실이었던 것이다. 독립적인 자주국가의 위상을 세우고 황제국의 이미지를 알리는 데에 왕회도는 상당히 유효하였으며, 그러한 시대 배경 속에서 왕회도는 새롭게 등장한 그림이었다.

궁중행사도의
재생산과 가전

모사와 전승　　집안에 전해지는 궁중행사도는 세월이 흐르면서 낡고 훼손되거나 전란을 통해 유실되는 사례가 많았다. 이런 경우, 후손들은 그 자취를 복원하는 데 많은 노력을 기울였다.

1560년(명종 15) 9월 19일 명종이 서총대에서 재상들에게 내린 친림사연의 광경을 그린 〈서총대친림사연도〉瑞蔥臺親臨賜宴圖는 원작과 모사본의 다양한 관계를 비교할 수 있는 좋은 예이다. 명종은 문신들에게는 어제시御製詩를 내려 화답하게 하고, 무신들이 짝지어 활 쏘는 것을 관람하였다. 태평한 시절에 신하들이 왕과 더불어 술과 음악을 즐기고 하사품까지 받은 이 연회는 근세의 보기 드문 일로서 사람들의 입에 회자되었다.

원본이라고 생각되는 작품은 국립중앙박물관에 소장된 정방형의 화축이다.도109 물감이 많이 벗겨져 자세한 내용을 알기 어려워 아쉽지만, 이 내용을 충실하게 옮긴 것이 고려대학교박물관 소장본이다.도110 다만 화축이 아니라 화첩이라는 형식을 이용한 점이 다르다. 소수서원에는 제목까지 남아 있는 똑같은 형식의 모사본이 전한다.도111 종이 바탕의 화축에 이모移模하였는데, 묘사나 채색 등 전체적으로 원본의 수준에 미치지 못한다. 연세대학교도서관에도 화첩 한 건이 전하는데 산수화풍으로 볼 때 18세기 후반의 작품이라 판단된다. 문헌기록을 참조하여 당시의 상황을 재구성한 결과, 원작에는 묘사되지 않았던 활쏘기 장면이 추가되었다.도112 해남윤씨 종손가에 소장되어 있는 윤두서尹斗緒(1668~1715)의 이모본은 화원이 아

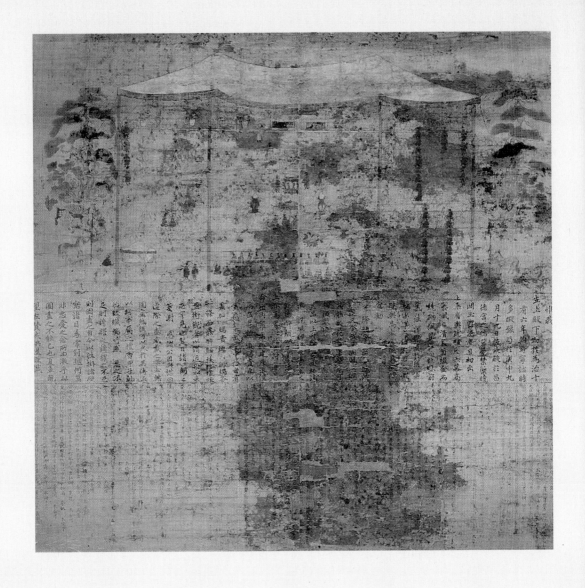

도109 **서총대친림사연도** 국립중앙박물관.

사연은 왕이 연수宴需, 즉 사옹원의 술과 음식, 장악원의 악공과 기녀 등 필요한 물자와 인원을 내려 치르도록 한 연향을 말한다. 왕이 직접 참여할 때 특별히 친림사연이라 불렀다. 명종은 서총대에서 문무신들에게 제술製述과 기사騎射 같은 간단한 시험을 종종 치르고 그 자리에서 작은 연회를 베풀었다. 널리 알려진 〈명묘조서총대시예도〉明廟朝瑞蔥臺試藝圖도 같은 성격의 행사를 그린 것이다. 그림과 좌목 사이에 쓰인 홍섬洪暹(1504~1585)의 발문에 따르면 참석자 73명에게 화축 한 건씩을 나누어 주었다고 한다. 많은 화축을 한꺼번에 만들어야 했기 때문인지 화축은 4년 후인 1564년에야 완성되었다.

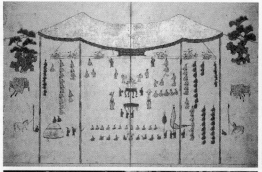

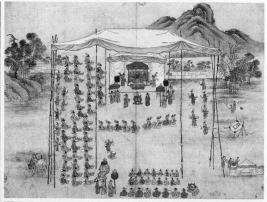

110	112
111	113

도110 **서총대친림사연도** 고려대학교박물관. 　원본의 내용을 충실히 이모하였으나 화면 형식을 바꾼 사례이다.

도111 **서총대친림사연도** 경상북도 풍기 소수서원. 　종이바탕이라는 점만 바뀌었을 뿐 내용은 동일하며 제목까지 남아 있다. 그러나 전체적으로 원본의 수준에 미치지 못하는 필치와 완성도를 보여준다.

도112 **서총대친림사연도** 연세대학교도서관.

기록화에서만 볼 수 있는 개모의 사례를 보여준다. 기록화에서는 전하는 기록에만 의거해서 개모함에 따라 원본에는 그려지지 않은 내용까지 추가로 표현되는 경우가 있다. 원본에는 없는 활쏘기의 장면이 있으며 어좌의 모습, 참석자의 좌석 배치 등이 많이 달라서 원본을 보지 못하고 기록에만 의지해서 그린 것이 분명하다. 산수화풍에도 개모의 시기를 짐작케 하는 남종화풍이 농후하다.

도113 **서총대친림사연도** 해남윤씨 종손가.

서총대 친림사연의 참석자 중 한 사람이던 윤의중尹毅中(1524~1590)은 윤두서의 5대조로서 원본 하나가 윤두서의 집안에 전승되었다. 세월이 흐르면서 그림의 개모가 필요해졌고 윤두서는 사대부화가로서 직업화가와는 차별된 개성적인 화풍으로 그림을 다시 그렸다. 주변의 배경을 좀더 사실감 있게 표현하고 시점을 달리하여 화면에 공간감을 부여하였지만 인물의 옷 색깔이나 인원수, 자리 배치 등에는 가감이 전혀 없다. 화원의 그림과 비교하면 상당히 섬세하면서도 운치 있는 화풍을 보여준다. 이 그림은 그의 아들 윤덕희尹德熙(1685~1776)에 의해 장첩되어 집안의 보물로 온전하게 전승될 수 있었다.

닌 사대부화가의 기록화라는 점에서 매우 독특한 존재이다.도113

　기록화를 모사할 때는 대개 원본과 똑같이 옮겨 그리는 것을 원
칙으로 삼았다. 그렇지만 이모를 주관한 당사자의 형편에 따라 약
간의 변화는 피할 수 없었으며, 모사하는 화가가 활동하던 시대의
회화양식이 자연스럽게 반영될 수밖에 없었다. 고려대학교박물관
소장본이 아무리 원본을 충실히 이모했어도 괴석 묘사에서 드러난
명암 처리는 감출 수 없었던 것과 같은 것이다.

　궁중행사도에서 '모사'란 흔히 다른 장르의 그림들에 적용되는
진작과 위작의 문제와는 다르다. 후손이 집안에 전해 오던 행사도
를 모사했을 때 위작을 만든다는 의식은 전혀 없었으며 오직 조상
의 자취를 보존하고 향유하려는 순수한 의도만이 있었다. 그림이
낡아 훼손되거나 잃어버렸을 때, 후손은 같은 그림을 소장하고 있
는 다른 집을 수소문해 거리의 멀고 가까움에 상관없이 달려가서
그림을 빌려와 모사하곤 하였다. 후손들은 또한 종종 발문을 통해
이모의 이유와 경위를 소상하게 밝히기도 하였다. 따라서 궁중행사
도의 모사본 하나하나는 한 집안의 보물로서 전승의 역사가 담겨
있으며, 그런 의미에서 다른 장르의 모사본에서는 찾을 수 없는 개
개의 특별한 가치가 있다.

가전화첩

궁중행사도는 제작에 동의한 참석자의 수대로 제작·분배되었고 각
자의 집안에 전승되었다. 그림에는 조상의 모습이 그려져 있고 좌
목과 서문·발문에는 조상의 관등성명과 행적이 기록되어 있어서
후손으로서는 더할 나위 없이 귀중한 집안의 역사요 보물이었다.
더구나 그림의 내용이 한때 왕을 보필하던 신료로서 목도한 국가의
성사인 만큼, 어느 유물보다도 조상의 입신양명을 드러내기에 적합
하였을 것이다.

　18세기 후반이 되면서 집안에 전해지던 궁중행사도를 모아 가전

화첩家傳畵帖을 만드는 사례가 생겨났다. 선조의 유묵遺墨을 정리하여 화첩을 만들거나 문집을 꾸미는 일은 후손으로서 마땅히 해야 할 일 중 하나였다.

궁중행사도의 대표적인 가전화첩은 의령남씨 집안에서 18세기 후반에 만든 것이다. 태조가 개국공신 남재南在(1351~1419)와 무학대사의 도움으로 자신의 수릉지를 정했다는 고사를 그린 〈태조망우령가행도〉太祖忘憂嶺駕幸圖 도114, 115 1535년(중종 30) 중종이 왕세자의 교육을 담당한 서연관에게 감사의 뜻으로 베푼 사연을 그린 〈중묘조서연관사연도〉中廟朝書筵官賜宴圖, 명종이 친림한 문무관의 시예에서 남응운南應雲(1509~1587)이 모두 1등을 한 사실을 그린 〈명묘조서총대시예도〉明廟朝瑞葱臺試藝圖, 1605년(선조 38) 재신들로 구성된 봉로계奉老契에서 거행한 경수연을 다섯 장면으로 그린 〈선묘조제재경수연도〉宣廟朝諸宰慶壽宴圖, 1767년(영조 43)에 근정전 옛터에서 거행된 진작례를 그린 〈영묘조구궐진작도〉英廟朝舊闕進爵圖 등의 행사도를 모은 화첩이다.[61]

홍익대학교박물관 소장의 의령남씨 가전화첩은 낱장으로 분리된 상태이나 고려대학교박물관 소장의 《남씨전가경완》南氏傳家敬翫은 횡권으로, 국립고궁박물관 소장의 《경이물훼》敬而勿毀는 화첩

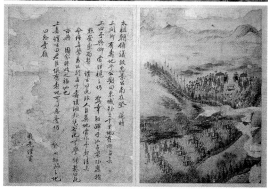

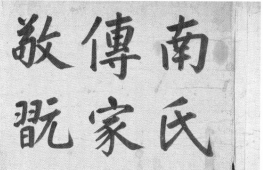

도117 **중묘조서연관사연도** 《경람도》
에 수록, 국립중앙도서관(위).

도117-1 **남지기로회도**(아래).
대전에 사는 서장석徐長錫이라는
후손이 주도하여 전라남도 순천의
승주 석판인쇄소에서 발행한 것이
다. 이 《경람도》는 〈중묘조서연관
사연도〉와 〈남지기로회도〉로만
꾸며져 있다. 서연관 사연에는 이
조좌랑이던 서고徐固(1522~
1550), 기로연에는 좌참찬 서성徐
渻(1558~1631)이 참여했던 연유
로 이 그림들이 대구서씨 집안에
전해질 수 있었다. 노란색, 붉은
색, 녹색의 삼색인쇄이며 제목이
화면에 적혀 있다.

으로 전한다.도116, 116-1 표제에서부터 집안 대대로 공경의 대상으로서 소중히 전승되어 왔음을 한눈에 알 수 있다. 홍익대학교박물관본이 가장 오래된 화풍을 보이나 여러 차례에 걸쳐 후대에 이모된 것으로 생각된다. 처음에는 〈중묘조서연관사연도〉, 〈명묘조서총대시예도〉, 〈선묘조제재경수연도〉로만 이루어져 있었는데 마지막 장면인 〈영묘조구궐진작도〉도96 참조가 제작된 후 장첩粧帖할 무렵 남재南在와 관련된 고사를 바탕으로 〈태조망우령가행도〉를 그려 맨 나중에 추가했던 것으로 생각된다. 홍익대학교박물관본에도 나중에 그려진 두 그림의 화풍은 나머지 그림들과 확연히 차이가 나며 고려대학교박물관본에는 첫번째와 마지막 장면에 해당되는 이 두 그림이 포함되어 있지 않기 때문이다.

가전화첩의 다른 사례는 대구서씨 집안에서 만든 것이다. 〈중묘조서연관사연도〉, 〈남지기로회도〉南池耆老會圖, 〈왕세자입학도〉王世子入學圖가 수록된 것으로 《참의공사연도》參議公賜宴圖, 《경람도》敬覽圖 등의 이름으로 전한다.도117, 117-1 대구서씨의 가전화첩은 1817년 효명세자의 입학례에 보덕으로 참여한 서정보徐鼎輔(1762~1832)의 발문에 의해 1828년에 장첩되었음을 알 수 있다. 이 가전화첩은 여러 본이 제작되어 대소종가에 소장되었고, 1930년대에는 인쇄소에서 대량으로 석판인쇄 되어 더욱 널리 보급되었다.[62] 가전화첩이 근대기까지 가문의 기록으로 얼마나 중요하게 전승되었는지를 보여주는 사례이다.

6 감계와 교육

감계화

조선시대 궁중에서 가장 빈번하게 진상되고 열람되었던 화목은 감계화이다.[63] 그중 농사의 어려움과 소중함을 일깨우기 위한 빈풍도류와 성군과 현비의 사적을 그린 고사도류〔聖君賢妃故事圖〕가 주류를 이루었다. 경연 혹은 사간원에서는 끊임없이 무일빈풍도를 언급하며 백성이 겪는 어려움에 대해 유념할 것을 왕에게 당부하곤 하였다. 인종은 침궁에 효자도, 경직도耕織圖, 계언병戒言屛을 놓아두고 항시 눈으로 보고 마음에 담았다고 한다. 조선 초기부터 말기까지 역대 군왕들은 이러한 감계화를 늘 가까이하면서 스스로를 경계할 것이 요구되었다. 감계화는 왕의 주문, 사가私家로부터 진헌, 무역이나 사행으로부터 구득을 통해 궁 안에서 열람되고 수장되었다.

무일도와 빈풍도류 가장 많이 통용되고 군신 간에 논의되었던 감계화는 빈풍칠월도豳風七月圖와 무일도無逸圖다. 빈나라 농민의 세시생활 모습과 전가田家의 정경을 노래한 『시경』詩經의 「빈풍칠월편」과 주공이 성왕에게 정권을 넘기며 농사의 어려움을 통해 안일을 경계한 『서경』書經 「무일편」은 일찍부터 국왕이 반드시 알고 실천해야 하는 기본 도리로 간주되었

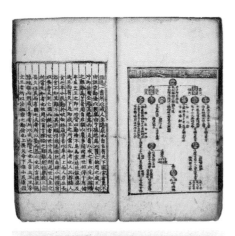

다. 국왕은 친경과 권농을 통해 백성의 노고를 이
해하고 스스로 근면하며 안일에 빠지지 말도록 경
계되었는데, 거처하는 공간에 설치된 빈풍칠월도
와 무일도는 드나들 때마다 성찰의 대상이 되었다.

「무일편」은 이미 고려 태조가 정한 『훈요십조』
에 "나의 자손들도 마땅히 무일편을 그려 붙이고
출입할 때마다 보고 반성하라"라고 언급되어 있
다. 또한 고려시대 어좌 뒤에 「무일편」을 그림 병
풍이나 글씨 병풍으로 만들어 설치했다는 기록이
분명해, 조선시대 이전부터 「무일편」은 왕도와 깊
이 관련되어 있었음을 알 수 있다.

중국에서 「무일편」을 그림으로 그려 왕에게 바
쳤다는 기록은 송나라 학자 손석孫奭이 인종에게
올렸다는 것이 가장 이르다. 이 무일도가 과연 어
떤 형식이었는지는 확인할 수 없지만, 권근權近
(1352~1409)의 『입학도설』入學圖說에서 볼 수 있듯
이 아마도 「무일편」의 요점을 알기 쉽게 도해한 도식이었을 가능성
이 크다.도118 1399년(정종 1) 원단元旦에 지방의 감사들이 의기도欹器
圖, 역년도歷年圖, 무일도를 헌상했다는 실록의 기록도 제목으로 미
루어 보아,[64] 세 그림 모두 수신과 관련된 내용을 도해한 도식이었
다고 보는 편이 합당하다.

농사와 잠직의 생활을 월령의 형식으로 읊은 「빈풍칠월편」도 처
음에는 도식으로 출발하였다.도119 우리나라에서 언제부터 그림으로
시각화되었는지 확실치 않으나 세종은 백성들의 실상을 채집하여
조선의 현실에 맞는 칠월시를 만들고 그릴 것을 명령하였다. 중국
의 생활과 풍속이 아닌 조선의 모습을 찾으려 한 점에서 조선 고유
의 문물을 확립하려는 세종의 노력을 읽을 수 있다.

농민의 생활을 알린다는 맥락에서 제목만 다를 뿐 가색도稼穡圖,

농상도農桑圖, 관가도觀稼圖, 경직도 같은 그림도 꾸준히 헌상되었
다.[65] 1697년(숙종 23) 중국에서 『패문재경직도』佩文齋耕織圖가 전래된
이후에 숙종은 농가사시병풍農家四時屏風, 농가십이월도農家十二月圖,
가색간난도稼穡艱難圖, 십이월도十二月圖 등의 제목으로 병풍을 제작
해 들이게 하고 열람한 뒤 제시題詩를 지었다. 『열성어제』列聖御製에
실려 있는 제시는, 이 그림들이 백성들의 사계절에 따른 생활과 어
려움을 실감나게 묘사한 것이었음을 말해 준다.

한편 흉년이 들어 기근이 겹치거나 왕이 조금이라도 안일한 모
습을 보이면 지방관이나 지방의 유생들은 상소와 함께 기민도飢民
圖, 유민도流民圖, 진민도賑民圖, 안민도安民圖, 생민간난도生民艱難圖,
기민유리도飢民流離圖와 같이 궁핍한 백성들이 고생하며 떠도는 모
습을 그려 올렸다. 영조는 전복을 따는 그림〔적복도摘鰒圖〕을 보고 그
어려움을 알게 되어 전복의 봉진을 멈추게 하였으며, 선박으로 바
다에서 곡식을 운반하는 그림〔조선해운도漕船海運圖〕을 항상 좌우에
두고 보며 백성들의 신역身役을 걱정하고 그들이 바다에 빠져 죽을
까 염려한 일도 있었다.[66] 이러한 그림들은 백성이 겪는 어려운 상
황을 전달하는 시각적 자료임과 동시에 왕의 자성을 촉구하고 경각
심을 불러일으키는 매체로서 기능하였다.

성군현비 고사도　　　　　본받을 만한, 혹은 경계로 삼을 만한
　　　　　　　　　　　　　중국의 역대 군주와 후비에 관한 고
사도 제왕으로서의 도리를 되새기고 거울로 삼고자 많이 그려졌다.
도120, 121, 121-1 1402년(태종 2) 태종이 주 문왕, 한 고제, 주 선왕후, 당
장손황후 등과 관련된 전대의 본받을 만한 고사를 벽화로 그리게
한 일이나, 1441년(세종 23) 세종이 당 현종과 양귀비의 성패成敗한
사적을 채집해 그림을 그린 『명황계감』明皇誡鑑을 편찬하게 한 일은
이른 시기의 대표적인 예로서 후대의 왕들에 의해 두고두고 언급되
었다.

성종은 1475년(성종 6) 악주惡主 여덟 명의 사적을 그린 병풍을
만들도록 하였고, 이듬해인 1476년에는 훌륭한 치덕으로 이름이
높은 군주 열 명을 그린 명군병明君屛, 처음에는 현명했으나 나중에
는 잘못된 군주 다섯 명을 그린 선명후암군병先明後暗君屛, 어질고
현명한 후비 열 명을 그린 현비병賢妃屛을 10첩 병풍으로 제작하라
고 지시하였다. 성군현비의 고사를 그린 일로서는 가장 규모가 큰
기획 중의 하나였다. 그림은 한 달 반 만에 완성되어 진상되었고,
성종은 신하들에게 각 장면에 대해 제시를 짓게 하였다. 이 일은
1402년 태종의 벽화 제작과 함께 후대의 왕들에게 줄곧 본보기가
되었으며 계술繼述의 대상이 되었다.

반드시 성군현비의 사적이 아니더라도 주나라에서 송나라에 이
르기까지 본받을 만한 역사적 인물의 행적이나 고사를 그린 감계화
는 궁궐 안에서 빈번하게 제작되고, 때로는 연행사들에 의해 중국

에서 구입되어 궁중 수장품이 되었다. 숙종은 목적 달성을 위해 온갖 고난을 참고 견딘 월왕 구천의 고사를 그린 〈구천상담도〉句踐嘗膽圖, 한나라 효성제 때 충신 주운朱雲의 간곡한 충언에 관한 일화를 그린 〈절함도〉折檻圖, 유능한 인재를 얻으려고 인내심을 가지고 최선을 다한 유비의 노력을 그린 〈삼고초려도〉三顧草廬圖 등을 열람하고 어제시를 남겼다.[67] 현재 이 그림들은 남아 있지 않지만 궁궐 안에서 통용된 감계화 성격의 일단을 짐작케 한다.

효행도와 세자 교육　　　왕, 왕후, 왕세자에게는 각각의 지위와 역할에 맞는 감계화가 진상되었다. 1433년(세종 15) 세종의 온양온천 행차 시에 지방관들은 왕에게 농포도農圃圖, 왕후에게는 잠도蠶圖, 왕세자에게는 효자도孝子圖가 그려진 병풍을 각각 구별하여 올렸다.[68] 또한 1456년(세조 2) 중궁中宮이 세화사민도歲畵四民圖를 궁전 벽에 붙여두려 하자 세조가 이를 말렸다는 기록은 사농공상의 활동을 그린 그림이 왕후가 거처하는 공간에는 그다지 적합하지 않다고 여겨졌음을 의미한다.[69]

　　세자의 교육을 시작할 때 『효경』孝經이 중요시되었던 것에서 알 수 있듯이, 세자를 위한 감계화로는 효자도나 공자의 일생을 그린 성적도聖蹟圖가 기본이 되었다.[70] 도122 1413년(태종 13) 세자의 교육을 담당한 서연관들이 『효행록』孝行錄의 내용을 발췌하여 병풍 그림으

도121　형제우애兄弟友愛 《도해역대군감》에 수록, 한국학중앙연구원 장서각(왼쪽).

《도해역대군감》圖解歷代君鑑은 주 문왕에 관한 고사 하나, 당 현종에 관한 고사 둘, 당 태종에 관한 고사 셋 등 역대 군왕의 본받을 만한 사적 여섯 가지를 그림과 글로 설명한 것이다. 이 그림은 그중 첫번째 장면에 해당되는 것으로 당 현종의 동생〔薛王〕에 대한 지극한 우애를 나타낸 것이다. 설왕이 병에 걸리자 현종은 몸소 그 앞에서 탕약을 끓였는데 바람에 불길이 일어나 현종의 수염을 태웠으나 개의치 않았다는 일화를 그린 것이다.

도121-1　택급고골澤及枯骨 국립중앙박물관(오른쪽).

주나라 문왕이 서백西伯이었을 때 하루는 교외로 행차하였는데 죽은 사람의 마른 뼈가 길에 나와 있는 것을 보고 그것을 잘 묻어주라고 하였다. 주인도 없는 해골인데 어찌 그릴 필요가 있느냐는 질문에 내가 곧 그의 주인이라고 했다는 내용이다. 주인 없는 고골에까지 은택을 베풀었으니 살아 있는 사람에게는 얼마나 잘했을까 하는 역설적인 내용이다. 문왕이 길가에 수레를 멈추고 노출된 뼈 조각을 수습하는 장면이 그려져 있다.

도122 **자로문진** 김진여, 《성적도첩》
에 수록, 국립전주박물관.
《성적도첩》은 화원 김진어金振汝
가 명나라 궁정화가 왕진붕王振鵬
의 성적도를 법본으로 그린 것으
로 36개 고사 중에 열 가지를 선택
하였다. 마지막 장면인 〈주소정
묘〉誅少正卯에 관지가 있어서 제
작 시기와 작가를 알 수 있다. '자
로를 보내 나루를 묻다'〔子路問
津〕는 이 《성적도첩》의 두번째 장
면이다. 노나라 애공 4년에 공자
가 엽葉 지방에 갔다가 돌아오는
길에 나루터를 잃어 자로로 하여
금 길을 묻게 하였다는 일화를 그
린 것이다. 수레를 타고 있는 공자
의 얼굴은 검게 그려 구별하였다.
목판에 채색한 여타의 성적도와는
다른 우수한 작품으로 궁중 소용
품이었을 가능성이 크다.

도123 **진대빈민** 『양정도해』에 수록
(옆면 왼쪽).
원래 『양정도해』의 그림은 정운붕
이 그렸으나 이 그림은 청나라 광
서 연간에 무영전에서 번각한 것
이다. '진대빈민' 振貸貧民은 『한
서』漢書 「문제기」文帝紀에 나오

로 그려 올렸다는 기록을 확인할 수 있다.[71] 성적도는 특히 정조가 좋아했다고 전해지며, 영조는 1741년(영조 17) 사도세자를 위해 연행사 이익정李益炡(1699~1782)이 중국에서 구해 온 100폭이 넘는 성적도를 모사하여 동궁에 비치함으로써 예람의 자료로 삼게 한 일도 있었다.[72]

조선 후기 숙종·영조·정조 연간에는 효자도 이외에 양정도養正圖와 성공도聖功圖가 세자 교육용으로 선호되었다. 명나라 태사太史 초횡焦竑이 시강관에 임명된 후 황태자를 위해 고대의 현군賢君·명신名臣·성현들의 언행 가운데 본받을 만한 것을 모아 60편으로 구성하고 궁정화가 정운붕丁雲鵬에게 그림을 그리게 하여 황제에게 진헌한 것이 『양정도해』養正圖解이다. 이후 청나라 때까지 궁정에서 『양정도해』는 황자의 교육서로서 매우 중요시되었다. 청나라 황실로 전해진 『양정도해』는 채색화로 그려졌고 매년 연말에서 대보름까지 건청궁에 걸리곤 하였다. 건륭제는 그림마다 오언시를 지을 정도로 관심을 보였다. 성공도는 명나라 곽도霍韜(1487~1540)가 태자를 위해 성군聖君의 공적을 열세 폭으로 그려 올린 것으로 중국에서도 세자를 교육

하는 데 주로 쓰였다.^{도123, 124}

1694년(숙종 20) 세자시강원에서 당시 동궁이던 경종을 위해 화면 윗부분에 해설을 쓴 양정도 병풍을 만들어 올린 바 있으며,[73] 1704년(숙종 30)에는 세자시강원 보덕 이언경李彦經(1653~1710)이 1703년 연경 사행에서 『양정도해책』養正圖解冊를 구득해 진헌하였다. 영조 연간(1737)에는 세자시강원의 상소로 양정도와 성공도를 하나의 화첩으로 묶어 동궁이 평상시에 늘 볼 수 있게 했으며, 마침내 1749년(영조 25)에는 『양정도해』 2책을 간행하라고 명하였다.^{도125} 행실도류처럼 글과 그림이 서로를 설명하는 형식으로 만들어 열람의 편의를 도모한 것인데, "세자가 반드시 문의文義를 논하지는 못하더라도 도상을 보면 그 깨닫는 바가 번거로운 강설보다 나을 것"이라는 생각에서였다.

농사의 중요성과 농민의 어려움은 왕세자에게도 어릴 때부터 일깨울 필요가 있었다. 경직도나 농상도를 동궁에 그려 올리는 일은 주로 세자시강원에서 담당하였다. 영조는 자신의 왕세제 시절 동궁에 있던 경직도에 어제·어필을 남긴 일을 회상하며 마땅히 사도세

는 이야기로 문제 원년(179)에 여망陽望의 조언을 들어 빈민구호의 방법으로 양식 창고를 열어 외롭고 의지할 데 없는 사람들[鰥寡孤獨]에게 곡식을 대여했던 일을 말한다. 그림에 한나라의 문제와 여망이 지켜보는 가운데 창고의 곡식을 빈민과 노인, 어린이들에게 나누어 주는 모습이 그려져 있다.

도124 진대빈민 『양정도책』養正圖冊에 수록, 북경 고궁박물원(오른쪽). 『양정도책』은 『양정도해』에서 10개의 고사를 선별하여 그림으로 그리고 평론을 뺀 설명 부분만을 옮겨 쓴 것이다. 〈진대빈민〉은 그 첫번째 장면이다. 그림을 그린 냉매泠枚(1670경~1742경)는 청나라 강희에서 건륭 연간까지 활동한 궁정화가이다. 『양정도해』의 기본 틀을 크게 벗어나지 않는 범위 안에서 효과적인 이야기 전달을 위해 회화적인 세부 묘사를 많이 첨가하였다.

명나라 신종 만력 연간(1573~
1615)에 초횡이 편찬한 책이다.
조선에서는 영조의 명으로 1749년
동 활자본으로 간행되었다. 서두
에는 숙종이 지은 양정도찬養正圖
讚이 있으며 말미에는 누구나 보
아야 할 교훈서임을 강조하는 영
조의 발문이 있다. 그림은 없고 설
명으로만 이루어져 있다.

자에게도 농상도를 내려 감계의 뜻을 알렸다.[74] 또한 영조는 친경례
를 끝내고 친경에 사용된 농기구를 시강원에 들여 세자가 보도록
했으며, 친경도親耕圖 병풍을 그려 동궁전에 올리도록 하였다.[75] 이
처럼 농사와 관련된 그림이 장차 보위를 계승할 왕세자에게도 감계
화로서 중요시되었음은 당연한 일이었다.

宮中繪畫

7 취미와 감상
왕과 왕족의 그림

궁중에서 그림의 효용성은 감계와 교육을 위시한 공리적 기능이 우선시되었지만, 그림이 개인의 심성을 연마하는 교양으로서 매우 중요하다는 사실도 인정되었다. 왕들은 그림이 시나 글씨가 기능하는 것과 같이 수기修己적이고 개인적인 기능이 있음을 인식하였으며, 특히 그림에 취미와 재능이 있었던 왕들은 직접 그림을 제작하기도 하였다.

화가로서의 왕과 왕족　　조선시대 왕들은 늘 신하들로부터 완물상지를 경계 받았기 때문에 마음 놓고 그림 취미와 재능을 펼칠 수는 없었다. 궐 안에 화원을 불러 초목과 금수를 그리게 한 성종이나 연산군, 이징李澄(1581~?)을 가까이 두고 그림을 그리게 한 인조, 화원에게 회화 주문을 많이 했던 숙종 등에게는 이를 곧 중지할 것을 청하는 신하들의 간언이 빗발쳤다.

　　조선시대에 유독 서화에 취미와 재능이 있었던 왕은 세종, 문종, 성종, 인종, 선조, 인조, 숙종, 영조, 정조, 헌종 등이다.[76] 왕들은 직접 난초나 대나무 그림을 제작하거나 그림을 감상한 뒤 제화시를 짓고 때로는 그림에 어필을 남겼다. 주로 교훈이 될 만한 고사도, 중국의 명승도, 사군자 등에 어제를 남겨 회화를 통해 자신의 뜻과 의지를 간접적으로 표명하는 예가 많았다.

아쉽게도 조선시대 왕들이 남긴 화적은 매우 드물지만, 문헌기록을 통해 그림을 좋아한 왕들의 자취를 엿볼 수 있다. 세종이 대군 시절에 〈난죽팔폭〉蘭竹八幅 병풍을 그려 당시 승정원 주서였던 신인손辛引孫(1384~1445)에게 내렸는데 그 아들이 다시 문종에게 헌납했다고 한다.

인종은 손수 묵죽화를 즐겨 그렸는데, 인종이 김인후에게 하사한 묵죽화는 자손 대대로 진장珍藏되고 목판으로 판각되어 사가로 퍼졌다. 『숙종열성어제』에는 종친가에 보관되어 있던 '승사지도'乘槎之圖 등 인조의 어화가 다시 궁 안에 들어온 기록이 있다.

선조는 묵죽화, 묵란화, 말 그림 등을 즐겨 그렸는데 자신의 그림을 신하들에게 하사하거나 그림에 대한 의견을 묻곤 하였다. 선조의 그림은 여러 본이 사가에 반사頒賜되었던 것 같다. 인조 연간(1647), 현종 연간(1660, 1667), 영조 연간(1750)에 사가에 소장되어 있던 선조의 어필과 어화가 다시 궁 안에 진헌되었다. 어필이나 어화를 종친의 집이나 사가에서 소장하는 경우 선왕의 서화를 사사로이 간직할 수 없다 하여 왕에게 헌납하는 예가 많았다. 왕은 그 대가로 말, 활, 표피, 옷감 등을 상으로 내리거나 관직을 제수하고 자급資級을 올려주곤 하였다. 이를 악용해 현종 연간에는 선조의 대나무 병풍을 위조한 뒤 진품과 바꿔치기해 왕실에 바친 일까지 생겨났다. 선조의 난초와 대나무 그림은 『열성어제』에 목판본으로 실려 있다.

선조는 말년에 어린 손자들을 불러 글씨를 쓰게 하거나 그림을 그리게 했는데, 그중에서도 인조는 말 그림에 두각을 나타냈다. 선조는 버드나무 아래 말 한 마리를 매 놓은 인조의 그림을 이항복李恒福(1556~1618)에게 주어 그 그림이 사가로 흘러들어 가게 되었는데, 나중에 인조가 잠저에 있을 때 김유金瑬(1571~1648)의 집 벽에 붙어 있는 그 그림을 우연히 보았다는 일화가 있다.[77]

영조가 그린 그림은 남아 있지는 않지만 행장에 "서화를 다 배우지 않고도 잘하였으며 필묵을 가지고 놀 때마다 빼어난 풍채가 사람들을 감동시켰다"라고 한 것을 보면, 영조는 어릴 때부터 그림에 상당한 재능이 있었음이 분명하다. 1710년(숙종 36), 연잉군 시절에 영조가 사옹원 제거提擧로 있을 때 도자기 그림을 위해 산수, 난초, 매화를 그렸다는 일화도 전한다. 18세기 후반 이후 궁중의 대표적인 서화 수장처였던 봉모당에 봉안된 어서御書의 총목차에서도 영조가 사군자 외의 여러 주제로 작화했음을 알 수 있다.[78]

사도세자思悼世子(장조[莊祖], 1735~1762)도 어린 나이부터 그림과 글씨에 재능을 보였다고 하는데 그가 어린 시절 그린 것으로 생각되는 강아지 그림이 있다. 영친왕英親王의 어린 시절 습작도 단편적으로 전한다.[도126] 왕의 그림으로는 정조가 그린 문인화풍의 〈파초도〉芭蕉圖와 〈묵국도〉墨菊圖, 〈묵매도〉墨梅圖가 잘 알려져 있으며, 물가에서 노는 기러기 두 마리를 그린 〈추풍명안도〉秋風鳴雁圖, 금니金泥로 그린 〈사군자〉 병풍 등이 전칭작으로 전한다.[79] 헌종의 그림도 1843년작 〈산수도〉 등 몇 점이 전한다.

그림을 잘 그린 왕실 인물로는 강아지 그림으로 유명한 두성령 이암李巖(1499~?), 조선시대 묵죽화의 기틀을 잡은 석양군 이정李霆(1554~1626), 절파계浙派系 화풍을 잘 구사한 학림정 이경윤李慶胤(1545~1611)과 그의 동생 죽림수 이영윤李英胤(1561~1611) 등이 널리 알려져 있다.

이외에도 '선화자'善畵者로 이름을 남긴 종친들이 여럿 있었다. 태종의 둘째 아들 효령대군孝寧大君 이보李補(1396~1486)와 효령대군의 아들 영천군 이정李定(1422~?)도 그림을 좋아하였다. 이정이 하루는 말 위에서 채찍을 휘두르며 공중에다 그림 그리는 흉내를 내기에 어떤 사람이 그 연유를 물으니 산수 모양을 그린다고 대답했

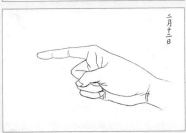

도126 **유년시서화첩**幼年時書畵帖 영친왕 이은,
한국학중앙연구원 장서각.

영왕英王 이은李垠(1897~1970)의 소묘첩에
있는 그림이다. 11세에 황태자에 책봉된 영
왕은 같은 해인 1907년 볼모로 일본에 건너
가 그곳에서 교육을 받았다. 어린 시절 그린
것은 분명하나 일본 유학 시절에 그린 것인
지 일본으로 건너가기 전에 그린 것인지 분
명치 않다. 속표지에 '英親王幼年時書畵(영
친왕유년시서화)라고 쓰고 "무술戊戌(1958)
12월 구선원전 연와煉瓦 창고를 정리하던 중
에 순종의 비전문서秘傳文書 속에서 발견하
였다"라는 메모가 적혀 있다. 각 면에는 그린
날짜가 쓰여 있다. 평범한 주변의 사물과 경
치를 윤곽선으로만 간단히 그린 것이다. 유
탄으로 초를 잡은 밑그림의 흔적이 보인다.

도127 **일편어주도**—片漁舟圖 이요, 서울대학교박물관.

근경의 언덕, 중경의 물, 원경의 산으로 구성된 예찬倪瓚(1301~ 1374)계 구도이나 비중이 커진 원경의 산에서 이미 오파吳派적인 경향을 보인다. 조선 중기에 남종문인화가 전래되었음을 말해 주는 좋은 예이다.

다.[80] 술을 좋아하면서도 호탕하고 순수했던 그의 기질이 잘 드러나는 일화다.

세종의 내탕고 보물을 물려받은 여덟번째 아들 영응대군 이염李琰(1424~1467)도 서화에 능해 세조로부터 관가도觀稼圖를 그리라는 명을 받기도 했다. 그림에 조예가 깊었던 성종의 열한번째 아들 이성군 이관李慣(1489~1552)은 1545년(인종 1) 중종의 영정을 추사追賜할 때 도제조로서 영정 제작을 관장한 적이 있다.

인조의 셋째 아들이자 효종의 동생인 인평대군麟平大君 이요李㴭(1622~1658)도 그림에 능했다. 그는 두 차례 소현세자의 일시 귀국을 대신해 불모가 되어 심양에 체류하였으며 여러 차례 청나라에 사행하였다. 시서화를 잘하였으며 1645년 소현세자를 따라 조선에 온 청나라의 궁정화가 맹영광孟永光과도 친하게 지냈다. 1640년 심양에 체류할 때 중국 화공을 불러 그림을 그리게 하는 등 중국의 회화를 직접 체험하였다. 이요는 남종화풍이 본격적으로 유행하기 전인 조선 중기에 화보풍의 부채 그림을 남겨 남종화풍 수용의 선두주자 중 한 사람으로 기억된다.[도127]

조선 중기에는 수묵의 사의寫意적인 화조화가 전성했는데, 이 방면에 이름을 남긴 종친들이 있다. 선조의 손자 해원군 이건李健(1614

도128 **설월조몽** 이건, 간송미술관.
해원군海原君 이건은 선조의 손자
이다. 역모 사건에 연루된 부친 인
성군仁城君 이공李珙(1588~
1628)이 대역처분을 받으면서 일
찍이 10대 중반부터 10년 가까이
제주도 및 양양에서 유배생활을
하였다. 성품이 건실하고 검소하
였으며 평생 독서와 서화에 침잠
하여 시서화 삼절로 불렸다고 한
다. 〈설월조몽〉雪月鳥夢은 보름달
이 뜬 겨울밤 얼굴을 묻은 채 바위
에 앉아 있는 한 마리의 새를 그린
것이다. 화면 오른쪽에 '신축년
여름에 화선에게 그려준다'〔辛丑
夏寫與花善〕라는 화제가 쓰여 있
다. 1661년 17세가 된 둘째 아들
화선군 이량에게 그려준 것임을
알 수 있다.

~1662)과 그의 아들 화선군 이량李瀁(1645 ~?), 선조의 다섯째 아들 원종元宗의 손자인 이함李涵(1633~1700) 등이 약간의 수묵 화조화를 남겼다.도128 또 중종의 넷째 아들 영양군 이거李岠의 증손인 능계수 이급李伋 (1623~?)은 특히 대나무 그림을 잘했다.

이렇게 보면, 왕과 종친들의 회화 범주는 상당히 제한적이었다. 채색을 다루는 일은 화원의 고유 업무로 여겨졌고, 공필의 채색화는 이들의 영역에서 멀리 떨어져 있었다. 단연 사군자가 가장 선호되는 화목이었으며, 왕과 종친들은 이러한 수묵 사의화를 통해 군자로서 교양을 넓혀 나갔다.

헌상과 감상
신자관 회화

조선시대에 왕에게 헌상되는 그림에는 대개 인과 덕을 겸비한 왕도를 염원하거나 선정을 바라는 것들이 많았다. 왕의 명령으로 제작되거나 왕이 특별히 감상했던 그림도 주로 교훈적이거나 수기적인 내용이 대부분이었다. 이렇게 헌상되는 그림에 화가는 관서款書하지 않았다. 오히려 도화서 화원은 관서가 용납되지 않았을 것이다. 그런데 대한제국기부터 왕에게 헌상하는 그림에 '신하로서 삼가 그려 올린다'는 의미로 '臣○○○敬畵'(신○○○경화), '臣○○○恭畵'(신○○○공화), '臣○ ○○謹畵'(신○○○근화)라는 관서를 하기 시작하였다. 황제 혹은 황실을 위해 그렸다는 사실이 분명히 밝혀진 그림을 통해 이 시기 궁중에서 향유된 그림의 경향을 알아볼 수 있다.

중국에서도 신 아무개가 그려 올린다는 것을 명시하는 관행이 청나라 때에 매우 성행해 '신자관臣字款 회화'라고 따로 분류하여 부른다. 황제가 직접 궁정회화의 제작과정에 깊이 관여하고 비평하였던 청나라의 화원畫院 사정과 조선시대의 도화서 제도는 많이 달라서 직접적으로 비교하기는 어렵지만, 우리나라에서도 황제국가였던 대한제국기에 이러한 예가 많이 나타나는 점은 주목할 만하다.

우리나라에서는 장승업張承業(1843~1897), 양기훈楊基薰(1843~?), 김응원金應元(1855~1921), 안중식安中植(1861~1919), 김은호金殷鎬(1892~1979), 박승무朴勝武(1893~1980), 이도영李道榮(1884~1933), 이한복李漢福(1897~1940), 강필주姜弼周(생몰년 미상), 김창환金彰桓(생몰년 미상) 등이 신자관이 있는 그림을 남겼다. 대한제국기 이전에는 왕이 주문을 하거나 궁 안의 소용품으로 내입되었던 그림에 화가가 관서하는 경우는 극히 드물었다. 그림을 좋아한 왕이 화가를 직접 궁 안으로 불러 그림을 그리게 했다는 기록은 종종 있으나, 초치招致된 화가는 대부분 도화서 화원이었으므로 그들의 지위나 역할로 볼 때 관서의 필요성은 전혀 요구되지 않았다.

그러나 1894년 시작된 갑오개혁으로 도화서가 폐지되고, 대부분의 화원들은 흩어졌으며 몇몇 화원만이 도화주사圖畫主事라는 직함으로 궁내부宮內府에 편입되어 회화업무를 담당하게 되었다. 정규적으로 화원을 선발하고 교육을 담당하는 국가의 회화기관이 더 이상 존속하지 않았던 대한제국기부터는 궁중의 도화업무를 담당할 인력의 성격과 규모가 이전과는 많이 달라졌다. 대신 안중식, 조석진이 주축이 된 서화협회書畫協會 회원들이 황실과 긴밀한 관계 속에서 필요한 그림들을 그리곤 했다.

근대기 신자관 회화는 이와 같이 도화서의 폐지와 화원 배출의 단절이라는 시대상황에서 생겨난 새로운 현상이었다. 국가기관 소속의 직업화가가 아닌, 신분상 자유로운 작가의식을 가지고 있었던 화가들이 궁 안에 들이는 그림을 주문받았을 때 자신의 이름과 제작일시를 명확하게 밝히는 것은 어쩌면 당연한 일이었다. 다만 전통적인 유교적 군신관계에 대한 관념이 '신자관'이라는 일정한 형식의 관서를 만들어 낸 것이다.

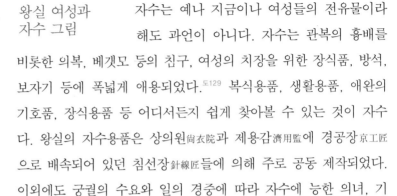

왕실 여성과 자수 그림

자수는 예나 지금이나 여성들의 전유물이라 해도 과언이 아니다. 자수는 관복의 흉배를 비롯한 의복, 베갯모 등의 침구, 여성의 치장을 위한 장식품, 방석, 보자기 등에 폭넓게 애용되었다.도129 복식용품, 생활용품, 애완의 기호품, 장식용품 등 어디서든지 쉽게 찾아볼 수 있는 것이 자수다. 왕실의 자수용품은 상의원尙衣院과 제용감濟用監에 경공장京工匠으로 배속되어 있던 침선장針線匠들에 의해 주로 공동 제작되었다. 이외에도 궁궐의 수요와 일의 경중에 따라 자수에 능한 의녀, 기녀, 나인들이 언제든지 차출되어 자수업무를 분담하였다.

조선시대 궁중에서는 이러한 실용적인 공예품 외에도 길상도, 구운몽도, 백동자도, 화조도, 장생도 등의 회화작품으로서 자수 그림이 제작되었다. 궁궐의 실내 특히 여성들이 거처하는 공간을 장식하기 위한 자수병풍이 만들어졌으며, 왕대비·대왕대비의 축수를 위한 선물로 동조東朝에 헌상하는 그림에 자수가 이용되었다. 한편으로는 왕후, 공주, 옹주들이 취미와 교양으로 직접 자수 그림을 제작하였다.도130 현재 남아 있는 그림에 근거할 때 왕실 소용의 자수 그림들은 대개 화원이 그린 밑그림 위에 여성들이 수를 놓은 것이다. 양기훈의 〈매화자수병풍〉이나 〈송학자수병풍〉도 밑그림을 그린 화가와 수를 놓은 전문적인 침선장인의 이원화된 제작과정을 보여주는 대표적인 예이다.

왕실의 여성들은 자수 그림에 대비해 화원이 그려 올린 밑그림을 평시에 구비해 놓

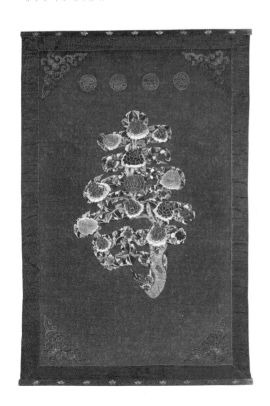

도129 **궁중용 침장** 한국자수박물관. 자수용품의 제작과 사용은 여성의 전유물이었다고 해도 과언이 아니다. 궁중여성들의 여가생활에서 많은 부분을 자수가 차지했지만 대부분 실용품의 제작에 치우쳤다. 자수로 회화작품을 만드는 것은 비용과 공력이 많이 드는 일이라 중국이나 일본에 비해 그리 성행하지는 못했던 것 같다. 이 침장은 윗단과 아랫단에 나무 축이 붙어 있어서 겨울에 바람을 막기 위해 문에 걸어 사용했던 것으로 생각된다. 모란꽃으로 '壽'(수) 자를 형상화한 강렬함이 적색과 청색의 대비에 의해 배가된다.

고 있었을 것이다. 주로 서왕모西王母와 반도蟠桃,
신선 같은 길상적인 내용이 선호되었으며, 그림의
도상은 일반 회화와 상통하였다. 왕실 여성들의
자수 그림은 화면 전체를 자수로 꾸민 예도 있지
만, 바늘과 실로 섬세하게 묘사하기 어려운 세부
나 질감 표현이 필요한 부분은 붓을 사용해 보완
하였다. 즉, 자수기법과 채색기법을 적절하게 혼
용한 것이다. 이와 같이 여성들에 의해 제작되고
주로 여성들의 공간에서 향유되었던 자수 그림들
도 궁중회화의 한 종류로서 중요하며 궁중회화의
범주 안에서 재조명되어야 할 필요성이 크다.

도130 **신선도** 전 정명공주, 국립중앙박물관.
정명공주貞明公主(1603~1685)가 만들었다고 전하는 신선을 주제로 한
자수 그림이다. 정명공주는 선조와 인목대비 사이에서 난 첫째 공주로 인
목대비가 폐출될 때 함께 서궁西宮에 유폐되었으나 인조반정 후 공주로
복권되었다. 복숭아 가지를 쥔 채 학을 타고 내려오는 수노인, 꽃바구니
를 든 남채화藍采和 등이 그려진 신선도이다. 자수 그림의 특징은 완벽하
게 자수로만 만들기 어렵다는 것이다. 자수를 놓기 전에 밑칠을 하여 색
감을 풍부하게 하거나 부피감을 준다든지, 세밀한 부분에는 자수를 놓은
위에 보필하여 완성도 있는 형태감을 이끌어 내는 것이 보통이다. 이 그
림도 작은 표현이나 붓의 자연스러운 터치가 필요한 곳에는 먹과 채색으
로 보필하였다. 등고선이 반복되는 모양의 바위와 부벽준은 매우 고식적
인 표현이다.

宮
中
繪
畫

8 의례와 장식
궁중장식화, 벽화

궁중장식화는 궁궐의 안팎을 장식했던 그림을 말한다.[81] 의궤도와 궁중기록화가 기록과 보존에 치중한다면, 궁중장식화는 보다 실용적이고 기능적인 그림이다. 궁중장식화는 단순히 궁궐의 벽과 실내를 꾸미는 심미적 목적 외에도 왕실의 권위와 위의를 살리는 표상으로서 혹은 넌지시 교훈을 실어 가르침을 주는 그림으로서 폭넓게 제작되었다. 한편 1년에 한 번 연말에 봉진封進되는 세화歲畵나 문배화門排畵도 궁중장식화에 포함되나, 이들은 정해진 유효기간이 지나면 폐기된 그림으로 현재 남아 있는 예를 찾기 어려우므로 여기서는 다루지 않겠다.

궁중장식화는 왕실 구성원의 역할과 지위, 거처하는 공간의 성격에 따라 어울리는 그림들이 달랐다. 바꾸어 말하면, 그림의 의미와 상징성에 따라 그 설치 장소가 구별되었다. 여기서는 궁궐의 공간을 왕이 공식적인 업무를 수행하는 외전外殿과 일상적인 공간인 내전內殿, 왕세자가 거처하는 동궁전東宮殿으로 나누어 각 공간에 주로 설치되었던 장식병풍에 대해 살펴보려고 한다.

외전과 장식화　　　**일월오봉병**　　　외전은 궁궐의 정문에서 정전까지의 공간으로서 궁궐의 중심을 이루는 정전正殿 일대를 말한다. 문무백관이 모두 참여하는 진하례, 중국 황제에 대한 망궐례, 중국의 칙서를 받는 의식이 거행되는 정전과 왕이 신하들을 불러 정사를 논하는 편전便殿이 포함된다. 외전에 설치되는 대표적인 장식용 그림은 일월오봉병日月五峰屛이다.

오봉병은 왕권을 상징하는 대표적인 궁중장식화로서[82] 왕의 생사와 상관없이, 왕이 임하는 장소가 어디든지 관계없이 왕의 존재 뒤에는 오봉병이 설치되는 것이 원칙이었다. 궁궐 정전 중앙에 설치되는 당가唐家와 좌탑座榻(어탑御榻)의 오봉병은 왕의 존재와 지엄한 위상을 상징하는 대표적인 예다.[도131,132] 궁궐 정전을 건축할 때는 대청 중앙 북벽 가까이에 처음부터 좌탑과 당가를 일체의 붙박이로 조성하였다. 정전의 오봉병은 당가, 좌탑, 곡병曲屛, 용상龍床(혹은 교의〔交椅〕), 답장踏掌이 한 세트로 구성되는 어좌 꾸밈에 당당한 권위를 부여하는 것이 사실이다. 오봉병은 편전은 물론이고 궁궐 내의

야외, 궁궐 밖으로 행차했을 때에도 왕이 머무는 임시 어차御次에
설치되었다.

오봉병은 공식적인 장소에 임어한 왕의 권위를 세워주는 것은
물론 왕의 존재를 상징적으로 암시할 때에도 사용되었다. 즉, 오봉
병은 왕의 초상화가 봉안된 진전에도 반드시 설치되었으며, 어진을
모사하기 위해 임시로 다른 곳에 옮겨 놓을 때에도 예외 없이 설치
되었다. 또한 장례 의식 중에 왕의 신주를 모신 빈전殯殿과 혼전魂殿
의 영좌靈座에도 일월오봉병을 설치하였다.

한편, 일월오봉병은 왕의 권위를 상징하는 남성의 전유물로 알
려져 있지만 여성 즉 왕후의 권위를 상징하는 장식병풍으로도 사용
되었다. 1827년과 1829년 자경전 내진찬 때 순조 비 순원왕후의
어좌 뒤에 오봉병이 설치되었으며, 왕후의 신주를 모신 빈전과 혼
전의 영좌에도 오봉병이 설치되었다.

이처럼 일월오봉병은 장식 기능에 앞서 가장 의례적이고 상징성

이 강한 그림이었다. 다섯 개의 봉우리, 해와 달, 소나무, 폭포, 물결, 바위(혹은 언덕) 등 비교적 단순한 소재가 좌우 대칭적이고 평면적으로 구성된 것이 특징이다. 단순한 도상과 강렬한 색채의 조화는 천장이 높고 넓은 정전의 공간구조에 어울리며 멀리서 어좌를 올려다볼 때 강한 인상을 주기에 적합하다.^{도133}

오봉병 도상의 연원과 성립 시기에 대해서는 연구가 좀더 필요하지만, 1637년의 『승정원일기』에서 오봉병의 제작과 관련한 기사를 찾을 수 있다. 도상의 연원에 대해서는 음양오행이나 풍수지리 사상에 근거하여 막연하게 설명되어 왔으나, 『시경』의 「천보」天保라는 시에 근거하여 천보구여天保九如를 형상화한 것이라는 의견도 있다.

오봉병은 용도에 따라 병풍, 삽병揷屛, 화축, 벽장문 등의 형식으로 제작되었으며, 규모도 높이가 80cm에서 280cm까지 편차가 있어서 설치 장소에 알맞은 크기가 선택되었다. 현재 남아 있는 오봉병은 대부분 19세기 말에서 20세기 초에 제작된 것으로서, 양식적 변천을 자신 있게 말하기는 매우 어렵지만, 유형의 분류는 가능하다. 이러한 양상은 다른 종류의 궁중장식화에도 똑같이 해당된다. 청록산수의 채색법, 파도의 묘법, 소재 구성의 도식화가 진전된 정도 등에 따라 유형을 분류할 수 있다.

모란 그림

꽃 중의 왕이라는 모란은 부귀영화를 상징하는 꽃으로서, 모란병풍은 왕실이나 사가에서 혼례에 주로 사용되는 것으로 인식되었다. 실제로 모란병은 왕실의 가례嘉禮에서 왕비가 옷을 갈아입는 개복청改服廳이나 동뢰연청同牢宴廳에 설치되었고, 연향에서도 꾸준히 사용되었다. 화려하고 아름다운 시각적 특징이 장식용으로 더없이 좋은 그림이었을 것이다.

그러나 모란 그림, 그중에서도 모란병풍은 일월오봉병과 마찬가지로 공식적인 성격이 매우 강한 궁중장식화였다.⁸³ 진전의 봉안용

도134 창덕궁 신선원전 각 실 북벽의 모란병
창덕궁의 선원전은 본래 인정전 서쪽 양지당養志堂 옆에 있었다. 1921년 조선총독부는 창덕궁 후원의 대보단 앞에 신선원전을 짓고 어진들을 옮겨 와 이곳에 봉안하였다. 현재 신선원전에 초상화는 남아 있지 않지만 태조부터 순종까지 12개의 각 실에 당가와 용상, 오봉병은 그대로 남아 있다. 또 각 실 뒤편의 모란병 설치 양상도 알 수 있다. 모란병은 바닥에서 창방 높이까지 벽면을 꽉 채우고 있으며 4첩으로 된 것이 특징이다. 모란나무는 괴석 없이 작은 언덕에서 장대하게 피어오르는 형식이다.

도135 종묘친제규제도설병풍 중 모란병 부분 국립고궁박물관.

8첩으로 이루어진 이 병풍의 마지막 첩은 〈친상책보의도〉親上册寶儀圖이다. 부묘祔廟 의식에서 왕이 친히 선왕(왕후)의 책보를 올리는 의식을 그린 것이다. 영녕전에 책보를 올리기 전에 잠시 모셔 놓는 악차[册寶權安幄次]를 묘사한 부분을 보면 책보를 올려놓을 주칠 상 뒤편에 10첩의 모란병이 설치되어 있다. 매 폭에 독립된 모란나무가 반복되는 형식이다. 이 경우 '모란병이 제례의식에 사용되었다'고 그 기능을 확대해석 하는

이나 상례나 부묘례祔廟禮 같은 의식에 꼭 필요한 병풍이었던 것이다. 어진을 봉안하는 진전의 어탑 뒤 벽면에 4첩짜리 모란병이 설치되었는데, 그 용례는 1921년에 새로 지어진 신선원전에서 확인할 수 있다.도134 국장에서 찬궁欑宮을 안치한 곳이나 신주를 모신 영좌에는 반드시 모란병을 설치했다. 따라서 국장 기간에는 오봉병과 모란병이 함께 설치되는 예가 많았으며, 이 둘은 의례적인 성격이 매우 강한 병풍이었음을 알 수 있다. 또 혼전에 3년간 모셨던 왕이나 왕후의 신주를 종묘에 봉안하는 부묘례에서 모란병은 옥책과 책보를 임시로 모셔둔 악차幄次 안에 설치되었다. 이는 종묘에서 거행되는 제례의 모습을 의식절차와 함께 그림으로 표시한 병풍인 《종묘친제규제도설병풍》의 마지막 폭에 그려진 10첩 모란병의 모습에서 확인할 수 있다.도135

모란병풍은 크게 두 가지 형식으로 분류된다. 첫째는, 만발한 모란과 그 풍성한 줄기를 바위와 함께 연폭連幅에 장대하게 배치하는

형식이다.^{도136} 상당히 자연스러운 포치와 꽃의 모양을 보여준다. 둘째는, 매 첩마다 각각 한두 그루의 모란나무 줄기가 수직으로 뻗어 오르며 꽃을 피운 모습을 그린 형식이다. 토파土坡 위에 서 있는 것과 괴석 뒤에 서 있는 것으로 구분되는데, 홍색·백색·황색·청색 등의 꽃이 만개한 상태, 반쯤 핀 상태, 봉우리의 모습으로 번갈아 가며 그려져 있다. 한 병풍에 하나 혹은 두 개의 화본을 사용하고 채색에 변화를 주었다. 각 폭이 화본에 의존한 정도, 끝이 살짝 뒤집힌 잎사귀의 묘법, 꽃과 괴석의 입체표현(명암법) 등은 시기 구분을 하는 데 관건이 될 수 있으나, 정확한 편년은 좀더 연구가 필요하다. 분명한 것은 첫번째 형식의 모란병풍이 강한 형식성을 보이는 두번째보다 이른 시기에 유행한 것으로 생각된다.

내전과 장식화 **십장생도병** 내전은 왕과 왕비의 일상적인 공간으로 주로 외전의 북쪽 편에 위치하여 외전과 함께 궁궐의 중심축을 이룬다. 내전은 왕이 기거하는 대

것은 곤란하며 궁중에서 임시로 중요한 물건을 잠시 모실 때 주로 모란병을 써서 그 물건을 위호함과 동시에 그 중요함을 나타냈던 상례常例를 보여주는 것이다.

도136 **모란병풍** 10첩 병풍, 국립중앙박물관(아래).

2010년 특별 공개된 이 10첩의 모란병풍은 모란병의 형식에 대한 이해의 폭을 넓혀주었다. 지금까지 알려진 대부분의 모란병풍은 한 첩마다 독립된 모란나무가 수직으로 길게 배치되는 형식인 데 반해 이 모란병풍은 작은 폭포가 떨어지는 시냇가의 언덕에 자연스럽게 자라고 있는 모란나무를 연속적으로 표현한 것이다. 어느 하나도 같은 형태를 반복하지 않고 봉우리부터 만개한 꽃송이까지 사실에 가깝게 모란꽃의 생태를 담았다.

전과 왕비가 기거하는 중궁전이 중심이 된다. 그외에 왕대비나 대왕대비 같은 왕실의 어른들이 거처하는 공간도 포함된다.

내전에 설치되는 장식 그림으로는 십장생도十長生圖 병풍을 대표적으로 들 수 있다. 특히 왕실의 어른이 거처하는 공간에는 그 의미에 부합하는 장생도가 즐겨 장식되었다. 십장생도는 해, 달, 구름, 산, 바위, 물, 학, 사슴, 거북, 영지, 소나무, 대나무, 복숭아 등 장생을 상징하는 13가지 소재 가운데 10가지를 취해 구성한 병풍을 말한다.[84] 도137, 138

열 가지 구성은 병풍에 따라 약간의 차이가 있으며, 또한 반드시 열 가지로 구성되는 것도 아니었다. 엄격히 말하면, 십장생도는 여러 종류의 장생도 가운데 대표적인 한 가지로 파악하는 것이 합당할 듯하다. 즉 십장생도에는 장생을 상징하는 10여 가지 소재가 동등한 비중으로 등장하지만, 장생의 상징물 중에 천도나무가 화면을 지배하는 그림도 있고 수십 마리의 학이나 사슴이 무리를 지어 등장하는 경우도 있다. 이와 같이 한두 가지 상징물이 중심 소재를 이룰 때에는 그 소재에 따라 천도장생도天桃長生圖, 군학장생도群鶴長生圖, 군록장생도群鹿長生圖 등으로 분류되는 것이다.

십장생도가 내전을 장식하는 주된 그림이었음은 궁궐에서 수거된 벽장문에서도 짐작된다. 약간의 일월오봉도를 제외하면, 그 주제 대부분은 십장생이다. 벽장문에는 원형, 사각형, 팔각형의 불발

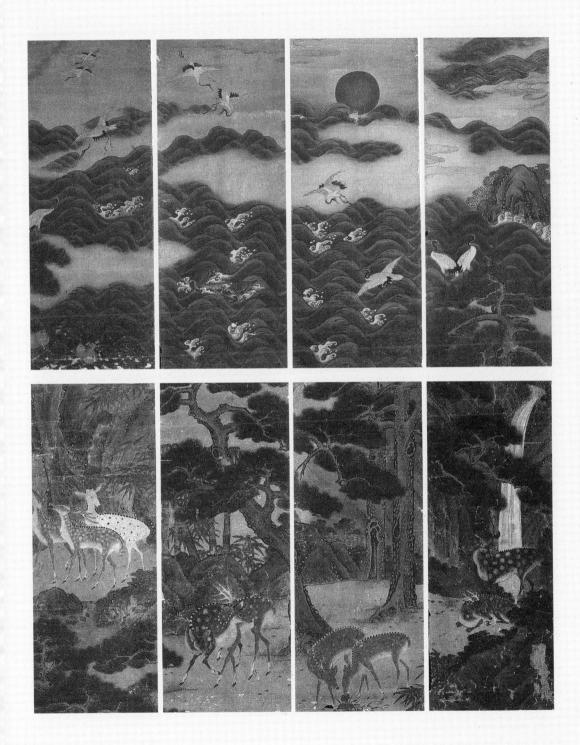

도139 **십장생군록도벽장문**十長生群
鹿圖壁欌門 **부분** 국립고궁박물관.
현재 남아 있는 유물에 근거할 때
궁궐 내전의 장지문에는 주로 십
장생도가 그려졌다고 짐작된다.
단독의 병풍으로 남아 있는 십장
생도의 구도는 몇 가지 형식에서
크게 벗어나지 않는 데에 반해 장
지문의 십장생도는 훨씬 구도가
다양하고 열 가지 소재의 구성과
비중이 변화롭다. 이 장지문은 다
섯 개의 봉우리와 폭포, 소나무가
이루는 대칭의 구도가 일월오봉병
을 연상케 한다. 사슴가죽의 손잡
이가 남아 있다.

도140 **요지연도** 8첩 병풍, 경기도
박물관(옆면 위).
왼편에는 해상군선이 그려지고,
오른편에는 누대 위에서 벌어지는
서왕모와 주목왕의 연회가 포치되
는 유형이다. 해상군선은 연회 장
면에 비해 비교적 작은 비중이다.
불보살과 사천왕 무리는 하늘에서
구름을 타고 내려오며 신선들은
파도를 타고 바다를 건너고 있다.
마지막 첩에 배치된 바위 절벽은
6·7첩의 근경을 이루는 육지로 이

기창이 붙어 있고, 여닫을 때 사용하는 손잡이가 달려 있다. 손잡이는 사슴가죽이며 고운 보라색으로 염색되어 있다.[도139]

요지연도

조선시대의 요지연도瑤池宴圖는 서왕모가 사는 곤륜산 요지에서 열리는 연회의 장면을 그린 그림이다.[85] 장수를 축원하는 의미에서 주로 내전에 소용되었다. 중국에서는 이 주제의 그림을 반도회도蟠桃會圖라고 부르지만, 내용 구성 면에서 조선시대 요지연도의 도상과는 차이가 있다. 조선시대의 요지연도는 주 목왕周穆王이 초대된 서왕모의 연회 장면과 연회에 참석하러 오는 해상군선海上群仙이 대등한 비중으로 그려지는 것이 특징이다.[도140, 141] 즉, 조선의 요지연도는 연회 장면이 강조되고 중국의 반도회도는 신선의 행렬에 더 비중을 둔다. 서왕모의 고사와 군선의 고사는 원나라 때 결합되었다고 보는데, 이것이 명청 대 소설이 조선에 유입될 때 함께 들어와 요지연도의 도상 형성에 영향을 미쳤다. 한국의 요지연도에는 석가, 보살, 나한들이 등장하여 불교적 색채가 나타나는 점도 특징이다.

『열성어제』에 수록된 숙종의 「제요지대회도」題瑤池大會圖는, 요지연도의 도상이 궁중에서 적어도 17세기에는 확립되었음을 말해 준다. 요지연도가 길상화로 궁궐을 장식하는 용도로 쓰인 외에, 19세기에는 국가의 경사스러운 행사를 마치고 나서 관원들이 만든 기념화인 계병의 주제로도 애용되었다. 1800년 왕세자(순조)의 책봉을 기념하여 선전관청宣傳官廳에서 만든 〈왕세자책례계병〉王世子冊禮契屛, 1812년 효명세자가 왕세자로 책봉된 것을 기념하여 1809년 세자가 태어났을 당시 산실청産室廳에서 근무했던 관원들이 만든 〈왕세자탄강계병〉王世子誕降契屛 등이 그러한 예에 속한다.

어지는데 이 육지를 통해 오는 노자老子도 보인다. 누대 위 곳곳에 자라고 있는 복숭아나무, 봉황과 공작새, 뭉게뭉게 차오르는 상서로운 구름 등은 이곳이 선경仙境임을 시사한다.

도141 **요지연도** 8첩 병풍. 홍콩 크리스티(아래).
화면 우측에 해상군선이, 좌측에 요지연이 배치되는 구성의 병풍이다. 요지연의 현장인 누대는 바다로부터 우뚝 솟아 있고 근경에는 화면 전체를 통관하는 육지가 배치되어 있는데 하늘, 바다, 육지의 공간의 유기적 연결이 합리적이다. 금칠이 남아 있고 세부 표현이 정치하여 궁중 소용품이 분명하다.

곽분양행락도

곽분양행락도郭汾陽行樂圖는 당나라 곽자의郭子儀의 성공적인 삶을 회화화한 것으로, 화려한 궁궐을 배경으로 늙은 곽자의 부부가 자손과 신하들에게 둘러싸여 연회를 즐기는 장면을 그린 그림이다.[86] 도142, 143 만복을 갖춘 인물로 여겨졌던 곽자의의 여유로운 생활이 주제인 만큼 내전에 적합한 그림이었다.

숙종이 〈곽자의행락도〉에 만복과 장수를 누리라는 뜻을 담아 세자에게 하사한 바 있어서, 곽분양행락도는 17세기부터 왕실에서는 기복적인 성격의 그림으로 통용되었음을 알 수 있다. 19세기가 되면 왕실 가례에 백동자도와 함께 반드시 사용되었다. 3차에 걸친

도142 **곽분양행락도** 국립중앙박물관. 화면에 결봉한 흔적이 있는 한 장으로 이루어진 곽분양행락도이다. '兢齋'(긍재)라는 관서가 있으나 김득신의 그림인지는 좀더 연구할 필요가 있다. 그러나 현전하는 곽분양행락도에는 '긍재'의 관서가 더러 있어서 김득신과 곽분양행락도 간에 밀접한 관련이 있었을 가능성이 있다. 이 그림은 곽분양행락도 중에서도 인물의 움직임 표현이 자연스럽고 의복과 장식물의 세부 묘사가 우아하고 지극히 섬세한 것이 특징이다.

간택 절차에서 최종 결정된 사람은 가례 날까지 별궁에 머물며 오
례 절차를 준비하는데, 이 별궁에서 소용되는 병풍 중에 대표적인
것이 곽분양행락도와 백동자도였다.

동궁전과 장식화   **백자도**   동궁전은 다음 세대에 왕위
를 이을 왕세자가 거처하는 곳이다.
왕세자는 임금의 후계자로서 떠오르는 해와 같은 존재로 여겨져 궁
궐의 동쪽 편에 그 주거공간이 배치되었기 때문에 붙은 이름이다.
따라서 동궁은 왕세자를 지칭하는 용어임과 동시에 그가 거처하는
공간 자체를 의미하기도 한다.

동궁에 배치되었던 그림으로 우선 다남多男과 부귀의 소망을 담
은 백자도百子圖(百童子圖라고도 함)를 들 수 있다.[87] 도144, 145 궁중가례에
서 백자도가 사용되었던 것도 자손의 번성을 통해 왕실의 영속과
번영을 기원하는 의미가 있었기 때문이다. 조선시대에 백자도의 기
원을, 성공한 자손들에 둘러싸여 있는 곽자의를 그린 곽분양행락도
에서 비롯한 것으로 보는 견해가 있다. 그러나 '백자'라는 개념은
주나라 문왕의 아들 100명이 모두 학식과 재주가 뛰어났다는 고사
에서 비롯하였으며 몽고 유목민이 혼례 때 사용하였던 '백자장'에

도143 **곽분양행락도** 국립중앙박물관.
곽분양행락도는 마치 궁궐같이 화
려한 대저택을 배경으로 그려지는
것이 보통이다. 후원에 임시로 차
일을 치고 아들·사위들에 둘러싸
여 무용과 음악을 감상하는 곽자
의를 화면 중앙 부분에 배치하고
화면 우측에는 여성과 아이들의
생활공간을 묘사하였다. 부인은
누각에 나와 곽분양과 아들·사
위·손자의 모임을 대견한 듯 바라
보고 아이들은 관리 행차를 흉내
내며 놀기에 여념이 없다. 조선시
대 곽분양행락도의 특징 중 하나
는 어린이들이 노는 모습에 백동
자도의 일부 도상이 차용되는 것
이다.

도144 **백자도**百子圖 6첩 병풍, 서울
역사박물관(아래).
건축물이 있는 정원에서 노는 어
린이들을 각 화면이 독립된 병풍
형식에 그린 백자도이다. 연꽃 꺾
기와 손목 때리기, 원숭이 놀이,
원님 행차 흉내 내기, 새 놀이와
낮잠 자는 아이 간질이기, 잠자리
잡기, 매화 따기 등이 차례로 그려
져 있다. 화려한 건물과 복식의 꾸
밈새는 이 아이들이 지체 높은 상
류층의 자제임을 시사한다. 배경
을 통해 계절의 변화를 어느 정도
고려하였음을 알 수 있다.

서 유래한 것으로, 백자도의 기원은 중국에서 찾을 수 있다.[88]

조선시대에 어린아이가 노는 그림은 조선 초기부터 궁중과 관아
에서 원자元子의 교육을 목적으로 제작되었다. 중국에서 백자도는
송나라 때부터 그려졌지만 현재 남아 있는 조선시대 백자도는 명
대 이후의 영희도嬰戲圖나 백자도와 연관된다. 한편 백자도의 화면
길이가 대부분 60~70cm인 점도 백자도가 설치되었던 장소가 어
린아이 방이었을 가능성을 배제할 수 없게 한다.

현존하는 백자도는 건물이 있는 정원이나 자연에서 놀고 있는

어린아이들로 구성되는데, 그 놀이는 주로 장군 놀이, 닭싸움, 연꽃 놀이, 풀싸움, 낮잠 자는 어린아이 간질이기, 새 놀이, 나비 잡기, 관리행차 놀이, 원숭이 놀이, 매화 따기 등이 기본이 된다. 세시풍속에 기반을 둔 민속놀이보다는 자연을 벗삼은 놀이가 주를 이루는 것이 중국의 영희도와 다른 특징이다.

책가도

책가도冊架圖는 책과 여러 장식물로 꾸민 정물화 병풍이다. 민화로 더 잘 알려진 그림이지만 궁중장식화에서 시작되었음이 명백하게 밝혀졌다.[89] 또 중국의 다보각경多寶閣景이나 궁실벽화와의 밀접한 연관성이 지적되었다.도146~149 중국에는 각종 골동기물이나 애완품을 보관하는 가구를 규모와 형태에 따라 다보각多寶閣, 다보격, 다보상多寶箱, 다보궤多寶櫃 등으로 불렀는데 청 대 전 계층에 걸쳐 수요가 대단하였다. 한 벽면 전체를 차지할 만큼 큰 규모의 다보각이 있는가 하면 작은 상자 크기의 다보상이 있다. 규장각 자비대령화

도145 백자도 6첩 병풍, 국립고궁박물관.

백자도 중에는 각 첩이 하나의 화면으로 연결되는 소위 쇄장倭粧 병풍이 있다. 화려한 건물과 연지蓮池가 어우러진 후원을 배경으로 한가롭게 놀고 있는 어린이들을 파노라마식으로 전개하였다. 연지에는 부부화합을 뜻하는 한 쌍의 원앙이 헤엄치고 멀리 흰 염소도 거닐고 있다. 멀리 서운瑞雲 속에서 모습을 드러낸 화표와 홍살문은 이곳이 평범한 공간이 아님을 시사한다. 물고기 잡기, 연꽃 따기, 손목 때리기, 원님 행차 흉내 내기, 원숭이 놀이, 매화 따기 등이 그려져 있다.

도146 **다보격경도多寶格景圖** 전 낭세녕, 미국 플로리다 제임스 모리세이James Morrisay 소장.

조선시대 책가도와 매우 닮아 조선시대 책가도의 직접적인 연원을 설명할 때 매우 중요한 중국의 그림이다. '臣郞世寧恭畵'(신낭세녕공화)라는 관서에 확신을 가질 수 없다 하더라도 청나라 궁정에서도 이러한 종류의 그림이 황제의 수용에 맞추기 위해 그려졌음을 말해 준다. 그러나 그림자와 어두운 면의 명암기법, 나뭇결의 질감, 고동기의 요철, 유리그릇의 투명함, 얇은 간지의 비침 등을 표현한 수법과 수준이 낭세녕의 양식에 매우 가깝다.

도147 **중국 북경 자금성 종수궁**鍾秀宮 **채화**(왼쪽).   도148 **중국 심양 고궁 문소각**文遡閣 **채화**(가운데).
도149 **중국 승덕 피서산장 문진각**文津閣 **채화**(오른쪽).

다보격경은 서양화법의 유입과 함께 중국에 들어왔지만 중국에서는 단독의 그림으로 그려지기보다는 오히려 건축 채화彩畵로서 건물의 기능을 상징하는 그림으로 많이 그려졌던 것 같다. 함풍제(1851~1874)가 유년시절을 보낸 북경 자금성의 종수궁, 사고전서를 보관하였던 자금성의 문연각文淵閣, 심양 고궁의 문소각, 승덕 피서산장의 문진각, 원명원의 문원각文源閣의 건물 외벽을 장식한 채화 중에는 다보격경, 즉 책가도의 일부를 연상시키는 그림들이 다수 그려져 있다. 종수궁의 창방 부근에는 각종 문방구류와 골동품, 화훼가 그려져 있고 사고전서를 보관하였던 건물에는 서책만이 단독으로 그려져 있다.

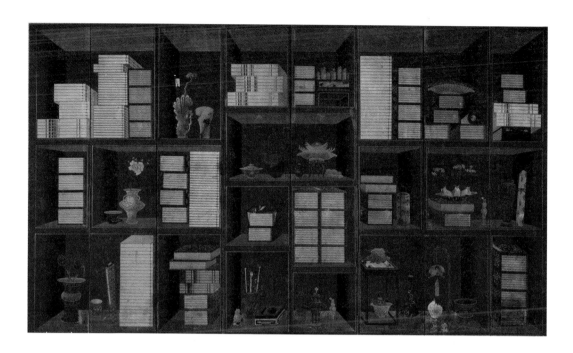

원 녹취재祿取才의 8개 화문畵門 중에는 문방文房이 있었는데, '책가' 혹은 '책거리'册巨里는 정조 연간부터 여러 차례 출제되었다.[90] 또 『내각일력』內閣日曆을 비롯한 문헌기록을 통해 김홍도金弘道(1745~?), 이형록李亨祿(1808~?) 외에도 신한평申漢枰(1726~?), 이종현李宗賢(생몰년 미상), 이윤민李潤民(1774~1841) 등이 책가도에 능했던 화원이었음을 알 수 있다. 책가도는 궁궐의 편전便殿이나 왕세자가 거처하는 동궁에 설치되어 학구적이고 교육적인 분위기를 조성하였다.

정조 연간의 책가도에는 원근투시도법과 명암법이 사용되었으며, 순수하게 학문적 분위기를 내는 책가의 서책으로만 이루어진 것이었다. 점차 책의 비중이 줄어들고 서화골동의 취미가 가해지면서 19세기 중엽경에는 장식적 기물들이 다양하게 등장하였다. 길상적이고 기복적인 각종 기물들과 당시 상류층이 일상생활에서 향유했던 문물이 그려졌다.도150, 151

책가형에는 도장의 인면을 그린 부분에 작가의 이름이 있어서 누가 그렸는지 알 수 있는 것도 있다. 대표적인 것이 이윤민의 아

책가도를 잘 그린 화가로는 이형록이 가장 유명하다. 이응록은 이형록의 젊은 시절 이름이다. 이응록이라는 작가 이름도 제4폭의 제일 위쪽에 있는 인장의 인면에 의한 것이다. 책가도에 그려지는 청완淸玩 기물의 종류는 대동소이하기 때문에 책가의 바탕을 어떤 색으로 칠하느냐에 따라 그림의 느낌이 달라지며 화가에 따라 선호하는 색이 있었던 것 같다. 어두운 감색조로 칠해진 이 책가도는 매우 차분한 분위기를 자아낸다. 또한 같은 크기의 책들이 들쭉날쭉하지 않게 반듯하게 쌓여 있는 모습도 깔끔하게 정돈된 느낌이다.

도151 **책가도** 8첩 병풍, 경기도박물관.

걸어 올린 황색 휘장 안에서 드러난 책가의 모습을 그린 독특한 형식의 책가도이다. 제8
첩의 중간에 넘어져 있는 인장의 인면을 통해 장한종張漢宗(1768~1815)의 작품으로 추
정되고 중앙의 두껍닫이에는 새우과 연꽃이 그려져 있어서 어해도魚蟹圖로 유명했던 장
한종과의 관련을 증폭시키지만 작가에 대해서는 좀더 연구가 필요하다. 제2첩 하단의 작
은 문 하나를 떼어 놓은 설정이 재미있다.

들 이형록의 이름을 알 수 있는 책가도 병풍이다. 이외에도 이응록李膺祿·이택균李宅均의 이름이 확인되는 병풍이 있는데, 이형록의 젊은 시절 이름이 이응록이었고 말년에는 이택균으로 개명했다고 하므로, 모두 이형록 한 사람의 작품임을 알 수 있다. 그림들은 전부 좌우대칭이거나 규칙적으로 반복되는 칸을 가진 책가에 책과 기물이 놓여 있는 형식이다. 또 다른 사람으로 강달수가 있는데, 강달수의 책가도는 바탕이 파란색으로 채색된 점에서 구별된다.

9 궁중회화의 특징

궁중회화는 왕을 포함한 최상위 지배계층의 요구에 의해 개인보다는 왕실과 국가를 위해 공리적인 목적이 우선시되는 그림이었다. 시각적 기록이나 교훈의 전달이 주된 기능이었다는 점에서는 '도화'圖畵의 본래 기능과 성격을 가장 잘 드러내는 그림이기도 하다. 궁중회화는 도화서라는 국가 회화기관이 전적으로 담당하였으며 화원들은 성적과 경쟁에 의해 선발되어 독자적으로 왕실의 수요에 응할 때도 있었지만 대체로 공동작업하는 경우가 많았다. 완성된 그림은 내입되어 궁궐이라는 제한된 공간 안에서 향유되었지만 한편으로는 종친宗親, 의빈儀賓, 척신戚臣, 그리고 대신들과 함께 공유되는 부분도 컸다. 앞에서 크게 일곱 종류로 나누어 살펴본 궁중회화에서 공통적으로 나타나는 성격을 종합해 보면 다음과 같다.

첫째, 궁중회화의 가장 큰 특징은 전례前例에 대한 상고尙古를 매우 중요시했다는 점이다.[91] 선왕 대의 성취를 존중하고 계승하여 되살리는 것은 궁중회화가 제작되는 계기로 작용하였으며 앞선 예를 참조하고 따르는 것은 제작과정에서도 가장 큰 미덕이었다. 상고정신은 궁중회화에서 전형이 성립되고 유형화하는 데 중요한 요인이 되었다. 특히 궁중행사도나 궁중장식화에서 하나의 전형을 중심으

로 비슷한 그림들이 양산되었던 것은 앞선 예例의 존중이라는 상고
정신의 관점에서 해석할 수 있다.

둘째, 궁중회화는 왕이나 왕실 가족이 그린 것을 제외하면 거의
도화서 소속의 화원이나 지방의 화사에 의해 생산된 그림이다.[92] 지
방관에 의해 진헌된 그림들도 7도道의 감영監營, 병영, 수영 등 지
방에 파견된 도화서 화원[화사군관軍官畵師]이 그린 것이 많았을 것이
다.[93] 시각매체로서 기능하는 경우, 시대양식이 반영될지언정 화원
각자의 취향과 개성을 발휘하는 데는 제약을 받았다. 특별한 명령
을 받지 않은 이상 앞선 관행을 준수하는 것이 원칙이었으며 규모
가 큰 작업일 경우, 분업에 의해 공동으로 일하는 체제였으므로 개
인의 개성을 드러내기에 적합한 여건은 아니었다.

셋째, 궁궐을 장식할 때에는 목조건축에 필요한 병풍 형식이 절
대적으로 선호되었다. 궁궐의 장식그림뿐만 아니라 행사의 기념화
에도 병풍에 대한 선호가 컸다. 창문이 많고 웃풍이 센 한국의 목
조건축에는 거는 그림이나 액자보다는 병풍이 더 적합하였기 때문
이었을 것이다. 병풍은 필요에 따라 공간을 분할하는 데에도 유용
하고 이동이 용이하다는 장점도 있다. 중국이 화권畵卷이나 첩락帖
落을 애호한 점과 다르다. 중국은 하나의 화면으로 된 삽병揷屛 형식
이 많으며 병풍이 발달한 일본에는 두 좌座의 병풍을 좌우로 설치
해 한 세트를 이루게 한 예가 많다는 점에서 조선과 다르다. 세로
로 길고 좁은 병풍의 화면은 내용구성과 구도에 제한이 되었지만
오히려 모란도병이나 책가도병, 진찬진연도병처럼 이러한 화면의
제약이 한국적인 형식을 창출하는 데에 중요한 동력으로 이용되었
다.

넷째, 궁중회화에서는 명료한 윤곽선, 오방색五方色에 기초한 농
채濃彩, 부감시俯瞰視, 다시점多視點, 좌우대칭의 균제미가 선호되었
다. 남종화풍, 명암법, 원근법 등 시대양식을 피할 수는 없으나,
그보다 앞선 시기의 전통양식을 오래도록 사용하였다. 새로운 양식

을 수용하는 데는 상당히 보수적인 경향이 짙었다. 이 또한 궁중회화 제작과정에 전반적으로 중요시되었던 상고정신이 큰 요인으로 작용하였다.

특히 궁중회화는 기본적으로 공필채색화가 많았으며 이 경우 산수는 청록산수화로 그려졌다. 채색을 다루는 일이 도화서 화원의 고유한 임무로 인식되었던 점도 이러한 이유였다. 제작 시간과 공력이 많이 들어가는 채색화는 수묵이나 담채의 그림에 비해 아무래도 시대에 따른 양식의 변화가 크지 않으며 개성의 발휘가 민감하게 드러나기 어렵기 때문에 궁중회화는 상대적으로 보수적인 성격을 가질 수밖에 없었다.

다섯째, 궁중회화는 길상吉祥의 시각화에 주력하였다. 대부분의 궁중회화에는 해, 달, 파도, 폭포, 구름, 모란, 매화, 소나무, 대나무, 오동나무, 영지, 괴석, 봉황, 사슴, 학, 까치, 원앙, 골동, 신선 등의 소재가 독립된 주제로 혹은 장식적 요소로 애용되었다. 이것들은 저마다 장수와 복록福祿 같은 길한 의미와 상징을 품고 있는 소재이다. 궁중행사도에서도 사실적인 재현이 기본적으로 추구되었지만, 관념적이고 이상화된 길상의 표현이 한 화면에 늘 공존하였다. 예를 들어, 화면 윗부분에 어려 있는 서운瑞雲이라든지 일월오봉병의 소나무를 연상케 하는 궁궐 뒤편에 작위적으로 포치된 소나무 등도 사실과는 다른 길상의 표현이다.

여섯째, 궁중회화를 감상하거나 연구할 때 유념해야 할 사실은 민화民畵와의 차별성이다.[94] 그동안 많은 궁중장식화, 의궤도, 궁중행사도가 화려한 채색화이며 일정한 도상에 대한 의존성이 큰 그림이라는 측면에서 일견 민화로 분류되는 일이 잦았다. 궁중회화가 형식성이 강하고 일부 제재가 민화와 상통하는 것은 사실이다. 그러나 오늘날 민화라고 불리는 그림들은 중국에서 전래되거나 왕실을 포함한 최고 상류층이 향유하던 주제의 그림들이 점차 민간으로 저변화하면서 내용이 확대되고 도상이 변형된 그림들이 적지 않다.

따라서 시정의 직업화가들이 그린 민화와 도화서라는 최고의 제도 안에서 선발되고 교육받아 일정한 수준의 기량을 갖춘 화원들이 그린 궁중회화는 그 완성도와 품격에서 현격한 차이가 있을 수밖에 없다. 일부 민화의 제재가 궁중회화에 뿌리를 두고 있다고 해도 제작주체 즉 주문자와 향유층이 다르고 제작집단도 구별된다는 점에서 궁중회화와 민화를 조망해야 한다.

마지막으로, 한국 궁중회화와 중국 궁정회화의 차별성이다. 물론 같은 유교문화권에서 성장한 양국의 궁중회화는 분명 공통되는 부분도 있지만, 왕(황제)의 취향과 국가의 사정에 따라 다른 점이 더 많았다. 조선의 궁중회화를 중국의 가장 가까운 시대인 청나라 궁정미술과 비교하려는 경향이 있으나, 비교가 쉽지 않은 점도 이 때문이다. 조선의 궁중회화는 오히려 송 대나 명 대의 궁정회화와 더 닮아 있다. 중국의 궁정회화와의 비교를 통해 한국 궁중회화의 성격과 특징을 좀더 정확하게 규명하고 양국의 공통점과 차이점을 뚜렷하게 부각시키는 문제에 대해서는 좀더 구체적인 연구가 필요하며, 왕실회화를 마무리 짓는 총서 제3권에서 다룰 예정이다.

조선시대 역대 왕들은 인문적 소양을 토대로 한 문예취미에 관심이 많았다. 그림의 실용성을 강조하면서도 한편으로는 취향에 따라 감평을 즐겼고 혹은 그림 주문과 화가들의 후원에 이르기까지 적극적인 관심을 표명하기도 했다. 또한 왕이 직접 그림을 남긴 경우도 있어 뚜렷한 개성과 미감을 엿볼 수 있다. 하지만 신료들은 그림을 예의 말단으로 간주하고 완물상지玩物喪志를 이유로 멀리할 것을 왕에게 요구하였다. 국정을 돌보는 여가에 왕이 향유한 그림취미는 자유롭지 못한 여건 속에서도 개인의 감성과 정서를 표출해 낼 수 있었던 소중한 매개였다.

제 2 부

조 선 시 대
왕 의 그 림 취 미

宮中繪畫

1 그림과 왕의 취미

최근 조선왕조의 왕실문화가 학계와 대중의 높은 관심을 받고 있다. 궁궐에서 왕가의 인물들이 향유한 왕실문화는 조선시대의 최고급 문화가 집약된 보고寶庫이다. 그런 만큼 전통시대의 가장 상위 계층에서 창출한 왕실문화는 왕조시대의 산물이라는 시각을 넘어 새롭게 조명하고 계승해야 할 유산으로서의 가치가 여전히 유효하다. 또한 한국문화의 세계화를 위한 지향점을 왕실문화에서 발견하고, 그 위상을 다시 정립하려는 활발한 노력들이 대중적 공감을 얻고 있다. 이러한 경향은 왕실의 미술, 건축, 음악, 복식 등을 비롯한 왕실 생활사 전반의 연구에 한층 활력을 더하는 계기를 마련하였다. 특히 장엄하고 화려함을 갖춘 왕실회화는 미술의 여러 장르 중에서도 왕실문화의 품격과 수준을 입체적으로 살필 수 있는 가장 다채로운 분야이다.

지금까지의 왕실회화 연구는 궁중기록화를 비롯하여 왕의 초상화인 어진御眞, 왕실 기록문화의 정수인 의궤儀軌, 화원畵院 화가와 화원제도의 운영, 장식성이 뛰어난 궁중장식화, 왕실 서화 수장사 등을 중심으로 이루어졌다.[1] 특히 국내외 새로운 자료의 발굴과 공개, 연구 주제의 확대, 문제의식의 심화 등은 더욱 세분화되고 심층적인 연구 성과를 가능케 했다. 이러한 측면에서 보다 새로운 관심이 필요한 연구 주제 가운데 하나가 왕을 주체로 한 '왕의 회화취미'가 아닌가 한다. 왕이 누린 취미는 사냥과 격구처럼 동적인 것에서 독서와 저술 등의 정적인 것에 이르기까지 매우 다양했다. 그 가운데 인문적 소양을 토대로 한 문예취미라면 일반적으로 시서화詩書畫를 꼽을 수 있다. 시와 서화는 일반 사대부들에게도 고급스러운 문예이자 교양의 방편이었고, 왕의 경우도 이와 크게 다르지 않았다. 하지만 절대권력자인 왕의 취미를 살피는 것은 매우 세심한 분석이 필요한 작업이며, 왕 개인을 대상으로 한 접근이라는 점에서 새로운 이해를 모색할 수 있게 한다.

　기존의 왕실회화 연구에서 국왕과 관련된 그림을 다룬 사례는 매우 드물었다. 예컨대 왕이 재위기간 동안에 주로 보게 되는 그림은 어진, 기록화, 감계화, 장식화, 세화歲畫, 감상화 등을 비롯하여 보고용으로 올라오는 그림 등 많은 사례가 있다. 왕은 때때로 자신의 선호와 관계없이 의례의 일환으로 혹은 교훈을 얻기 위해, 그리고 실용적인 목적에서 그림을 접하였다. 그런데 상황에 따라 수많은 그림을 보았던 왕이 자신의 취향을 잣대로 하여 즐겨 본 것은 어떤 그림들이었을까? 그림을 바라본 왕의 시각이나 취향에 대해서는 일부 국왕만을 대상으로 심도 있게 고찰한 선행 연구가 있어 후속 연구의 진행에 발판을 마련해 주고 있다.[2] 이 글에서는 선행 연구의 성과들을 반영하되, 조선시대 전반에 걸친 큰 맥락에서 문헌기록과 남아 있는 작품들을 토대로 하여 역대 국왕의 회화취미를 살펴볼 것이다. 이를 통해 조선왕조 왕의 회화취미를 개괄적으로 소개함으로써 왕실미술의 연구 영역을 두텁게 하고, 왕실회화의 위상을 새롭게 하는 데 도움이 되고자 한다.

　왕실미술의 한 분야로서 왕의 그림취미를 거론하기 위해서는 다음의 두 가지 기본 자료가 필요하다. 첫째는, 왕이 그림을 바라본 시각이나 그림을 이해하고 평가한 기록이다. 이는 기본적으로 한 개인의 그림취향을 파악하기 위한 가장 기초가 되는 자료다. 그 내용에 따라 왕의 취미를 회화관繪畵觀이라 할 수도 있고, 아니면 취미와 관심이라는 차원에서 논의할 수도 있다. 하지만 그림과 관련된 왕의 여가생활이 공개적으로 이루어지지 않았고, 또한 왕의 취미를 기록한 자료가 부족하다는 데 한계가 있다. 둘째, 왕이 감상하거나 직접 그린 그림 자체에 대한 고찰이다. 특히 왕 개인의 취향이 분명히 파악되는 그림이라면 더없이 중요하다. 그러나 이 역시도 소수의 작품만이 남아 있어 심층적인 접근에 이르기는 어려운 실정이다. 따라서 이 글에서는 『조선왕조실록』 등의 관찬자료와 일부 개인 저술들을 대상으로 하여, 왕의 그림취미와 관련된 전체적인 개요를 정리하는 방향으로 접근하고자 한다.

왕은 왕실문화를 생산하고 또 향유하는 가장 중심인물이고, 때로는 후원자이기도 하였다. 따라서 왕의 회화취미에 대한 연구는 그림을 대하는 왕의 관심은 물론 동시대 회화 경향, 화가에 대한 후원과 대우, 수장과 관련된 기록들이 주요 대상이 된다. 이런 점에서 왕이 감상하거나 제발題跋을 남긴 그림도 살펴보아야 할 주요 자료다. 왕이 감상하거나 직접 그린 그림은 왕의 구체적인 취미를 읽어내거나 그것을 뒷받침하는 실증적 자료이기 때문이다. 이와 같이 궁중미술의 한 단면을 국왕을 중심으로 들여다보는 일은 궁중회화에 대한 이해의 기반을 넓히고, 새로운 관심을 모을 수 있는 작업이 될 것이다.

왕이 그림에 대한 관심을 언급한 내용은 『조선왕조실록』에서 찾을 수 있지만, 실록 자체가 국정을 중심으로 한 기록이기에 자세한 정보를 얻는 데는 한계가 있다. 그렇지만, 조선왕조 전 시기에 걸쳐 관련 내용을 고루 채집하여 검토할 수 있는 일차자료라는 점에서 그 필요성을 부정할 수 없다.[3] 또한 조선 후기 궁궐 내에 소장된 전적典籍과 서화류의 목록이 전하고 있어,[4] 왕의 회화취미를 살피는 데 큰 도움이 된다.

왕의 회화취미를 알아보기 위해서는 왕이 의무적으로 감상해야 했던 감계화에 대해 먼저 살펴볼 필요가 있다. 예외적인 사례도 있지만, 왕이 자신의 취향에 따라 가까이한 그림을 신하들은 예藝의 말단으로 간주하였다. 왕은 "채색으로 눈을 수양한다"라는 명분을 내세웠으나, 신하들은 이를 불필요한 외물에 사로잡혀 본연의 뜻을 잃어버린다는 완물상지玩物喪志를 들어 경계하였다. 감상용 그림은 사대부에게는 교양일 수 있지만 왕에게는 말예末藝로 간주되었고, 이는 왕의 그림취향을 제한하고 취미 활동을 근본적으로 어렵게 하는 요인으로 작용하였다.

왕과 가장 밀접한 관계에 놓인 그림은 교훈적인 내용을 표현한 그림과 개인의 취향을 반영한 그림의 두 유형으로 나뉜다. 역대의 왕들은 자신의 취향에 맞는 그림만 가까이할 수 없었다. 교훈과 감계의 의미를 담은 그림인 감계화에도 관심을 두어야 했다. 감계화는 왕의 개인 취향을 떠나 절대적으로 가까이하고 감상해야 하는 그림이었다. 개인의 취향보다 감계화를 통한 공리성에 대한 관심은 왕의 덕성 함양은 물론 성찰과 관련된 주요 기능을 해왔기 때문이다. 대부분의 왕은 그림이 지닌 공리적인 기능에 대해 소홀히 하지 않았다. 왕의 그림취미는 버려야 할 말예관이 반영된 그림과 취해야 할 감계화의 사이에서 다양하게 존재하였다고 하겠다.

다음으로, 왕이 '그린 그림'을 왕이 체험한 그림이라는 측면에서 살펴볼 것이다. 먼저 왕이 감상한 그림을 중심으로 왕의 예술적 소양이나 관심사 등을 알아보고, 변화하는 취향의 맥락들을 주의 깊게 다루고자 한다. 왕이 그린 그림은 소수의 작품만이 전하는데, 그림을 관찰하며 감상하는 것보다 붓을 들어 직접 그리는 것이 훨씬 적극적인 관심과 재능을 필요로 한다. 대부분의 왕들이 감상만으로도 깊은 취미의 세계를 추구하였지만, 전하는 왕의 그림들은 개인의 취향을 훨씬 구체적으로 말해 주는 단서들이다. 여기에 대해서는 선행 연구에서 자세히 다룬 바 있으므로 기존의 연구성과를 종합하여 주요 성격과 특징만을 살펴보겠다.

왕실 소장의 회화 수장품 목록을 정리한 기록 또한 왕의 회화취미를 엿볼 수 있는 주요 자료이다. 다만 기록으로 전하는 모든 수장품을 특정 왕의 취향과 연결하여 설명할 수는 없고, 왕이 관심을 둔 것은 그 가운데 일부에 해당할 것이다. 하시만 이를 통해 왕실에서 이루어진 그림의 수장 현황을 알 수 있다는 점이 무엇보다 중요하다.

왕의 그림취미는 세부 기록에 대한 정리와 함께 전체 경향을 개관하는 방향으로 서술되는 것이 우선 필요하다. 취미와 관련된 문제는 주관적으로 해석될 수도 있지만, 본고에서는 이를 비교적 명확히 논의할 수 있는 문헌기록과 현존 작품을 중심으로 살펴보는데 중점을 두었다.

2 왕의 그림취미와 감계화

조선시대의 사대부들에게 시서화는 삼절三絶로 꼽을 만큼 교양과 문예를 풍부하게 하는 덕목이었다. 시서화는 문학적 소양과 예술적 감각을 필요로 했고 지식인층인 그들에게 잘 어울리는 고급 취향이었다. 그렇다면 왕의 경우는 어떠했을까? 특히 그림은 시서와 함께 왕에게도 교양을 넓히고 덕성을 기르는 방편이었을까? 이 장에서는 왕이 가까이한 그림을 두고 왕과 신하 사이에 펼쳐진 시각차에 대해 알아본다. 이는 왕의 그림취미와 관련된 주변 환경을 이해하기 위해 먼저 살펴보아야 할 부분이다.

말예와 감계　　　조선시대의 왕이 접한 그림은 멀리해야 좋을 것과 가까이해야 할 것으로 구분된다. '감계화'鑑戒畵와 '감상화'鑑賞畵가 그것이다. 감계화가 교훈과 감화를 주는 그림이라면, 감상화는 개인의 취향이 반영된 그림으로 크게 구분 지을 수 있다. 신하들의 입장에서는 감계화를 왕에게 적극 권유해야 하는 그림으로 간주한 반면, 감상화는 가급적 경계해야 할 대상으로 여겼다. 때로는 성격이 다른 이 두 주제의 그림이 왕과 신료 간에 중요한 쟁점이 되었다. 이를 '말예'末藝와 '감계'鑑戒라는 두 개념으로 살펴보기로 한다.

말예, 왕이 멀리해야 할 그림

조선시대의 왕은 자신의 여가생활을 공개적으로 드러내 놓을 수 없었다. 왕의 모든 행동은 공적인 의미를 지녔기에 사적인 생활은 공개되지 못했다. 취미생활이 가장 단적인 예이다. 가장 일반적이고 건전한 문예취미인 시서화도 예외가 아니었다. 특히 그림이 유독 민감한 사안이었다. 그 때문에 그림 감상을 즐기고 화원화가들을 가까이한 왕들은 때때로 이를 만류하는 신하들의 과감한 조언을 들어야 했고, 여기에 맞서 불편한 심기를 드러내며 격한 논쟁을 벌이기도 하였다. 그림에 대한 왕의 취미를 신하들이 이처럼 경계한 것은 무슨 이유에서일까? 그것은 그림과 같은 개인의 취미에 빠지면 왕의 본분을 소홀하게 된다는 단순한 우려 때문이었다. 다시 말해서 외물外物에 마음이 쏠리면 본연의 뜻을 잃게 된다는 완물상지를 염려했던 것이다. 그림만이 아니라 왕이 시와 글씨를 좋아하는 경우도 마찬가지였다. 시서화는 삼절로 불리는 고상한 문예취미이지만, 왕의 본분을 생각한다면 잡기이거나 오락거리에 불과하다는 것이 신하들의 시각이었다.

　왕이 덕성을 밝히고 정치에 힘쓰는 것을 본本이라 한다면, 왕에게 그림은 말예에 지나지 않는 것이라 여겨졌다. 신하들은 그림을 좋아하여 나라를 망친 잘못된 사례를 중국의 역대 제왕들에게서 찾았다. 수나라의 양제煬帝, 송나라(북송)의 휘종徽宗과 흠종欽宗 등을 예로 들어 이들처럼 그림에 탐닉하여 망국의 군왕이 되어서는 안 된다는 것을 왕에게 주지시켰다.

　그런데 왕이 가까이한 그림이 어떤 내용이냐에 따라 신하들의 반응은 달랐다. 예컨대 왕이 화공을 불러 농사짓고 길쌈하는 장면을 그리게 하여 걸어두고서 수시로 감상한다면 신하들은 이를 매우 바람직한 것으로 보았다. 그러한 그림은 왕으로 하여금 백성들의 어려운 생활상을 돌아보게 하기 때문이다. 즉 왕이 가까이해야 할 바람직한 그림이었다. 이와 같이 왕이 감상한 그림의 내용은 신하들의 반응과 직결되었다. '본'本을 위한 그림과 '말'末이 되는 그림으로 구분되었던 것이다. 말예론은 조선왕조 전 시기에 걸쳐 나타나지만, 왕조의 전반기에 특히 집중적으로 제기되었다. 『조선왕조실록』에서는 조선 후기로 갈수록 왕의 그림취미를 말예로 거론하는 예가 줄어드는 경향을 보인다. 이는 말예론의 강도가 약화되는 만큼 왕이 누릴 수 있는 취향의 범주가 완화되고 확장되었음을 의미한다.

그림을 앞에 두고 신하들과 본말논쟁을 가장 많이 벌였던 왕으로는 성종(1469~1494 재위)을 꼽을 수 있다. 성종은 방대한 분량의 제화시題畵詩를 남길 만큼 그림을 유난히 좋아했고, 보는 안목 또한 높았다.[5] 때로는 화가를 궁궐로 불러들여 그림을 그리게 하고, 자신이 직접 화필을 잡기도 하였으니 그만큼 신하들과의 충돌도 잦을 수밖에 없었다. 이러한 여파로 인해 연산군 대에는 신하들이 왕에게 올린 시폐時弊 10조목에 그림의 폐단이 포함되기도 하였다. 내용은 바로 화원들의 대궐 출입에 대한 것이었다. 왕이 화가를 궁궐로 불러들이는 일이 시폐로 간주된 것이다.[6] 더욱이 정국이 어려운 시기에 왕이 그림에 탐닉한다는 것은 신하들에게서 어떤 명분도 얻을 수 없었다.

국정을 원활히 잘 운영한 왕이라면 취미생활이 때로 묵인되기도 했지만, 그렇지 않을 경우 취미와 관련된 행위는 큰 빌미가 되었다. 예컨대 화사 이징李澄(1581~?)을 입궐시켜 그림을 그리게 하고, 이를 즐겼던 인조는 대신들로부터 거친 조언을 피할 수 없었다. 그들은 병자호란 때 남한산성에서 당한 치욕을 언급하면서 "완물을 끊고서 각고의 뜻을 더할 것"을 진언하였다.[7] 인조는 "깊이 생각하겠다"라는 말과 함께 요구를 따르지 않을 수 없었다. 이처럼 왕의 취미생활은 신하들이 내세우는 말예론과 왕의 본분 앞에서 명분을 얻어야만 가능한 일이었다.

감계, 교훈이 담긴 그림

왕을 보좌하는 신하들이 문예를 바라보는 시각은 한마디로 '본도말예'本道末藝였다. 즉, '도'를 근본으로 삼고 '예'를 말단으로 여겼다. '도'는 유학의 근본을 말한다. 여기에 그림을 대입해 보면, 도를 지향한 그림이란 곧 감계화를 의미한다. '감계'란 과거의 일을 거울삼아 잘못을 범하지 않도록 경계한다는 뜻이다. 따라서 감계의 뜻을 반영한 그림에는 곧 '본'이 될 만한 교훈적이고 교육적인 내용이 담겼다. 다시 말해, 감계화는 왕이 늘 가까이 두고 바라보면서 자신을 성찰하기 위한 목적으로 활용된 그림이었다.

궁중에서의 감계화에 대한 필요성은 조선왕조 전 시기에 걸쳐 꾸준히 제기되었다. 왕실의 감계화는 우선적으로 왕이 보아야 하는, 왕을 위한 그림이었다. 왕이 감계화를 멀리하면 신하들의 불편한 조언을 들어야 했고, 그 자체가 미덕이 될 수 없었다. 일반 감상화에 취향을 둔 왕이라 하더라도, 감계화를 개인 취향과는 별개의 그림으로 인정하여 꾸준한 관심을 기울여야 했다. 왕을 중심으로 한 왕실회화에서 볼 수 있는 특징적인 현상 중의 하나이다.

감계화는 장황粧潢 형식부터 일반 그림과 달랐다. 왕이 거처하는 공간에 놓거나 걸 수 있는 족자나 병풍, 벽화의 형식으로 제작된 예가 많았다. 왕으로 하여금 가까이 펼쳐놓고 수시로 바라보도록 하기 위해서였다. 예컨대 중종이 칠월도七月圖를 두고서 "이것을 그림으로 그려 좌우에 걸어두고서 앉아서나 누워서나 늘 눈으로 보고 마음으로 생각하면 역시 근본에 힘쓰는 데 도움이 될 것이다"[8]라고 한 것은 감계화를 대하는 왕의 태도를 잘 말해 준다.

감계화에는 역대의 명군明君과 신하를 그린 그림, 무일도·빈풍도·경직도·농가사시도 등이 포함된다. 중종은 "도식과 시문으로만 된 경직도는 보기에 불편하니 병풍으로 만들어 올리라"라고 한 바 있다.[9] 중종의 이 말은 감계화에 관한 중요한 두 가지 사실을 시사한다. 첫째, 감계화 가운데 도식화된 것과 문자로 된 것이 상당수

였음을 알려준다. 이런 경우는 그림이라기보다 감계의 내용을 개념화한 도안에 가깝다. 이를테면, 왕실의 그림은 아니지만 퇴계 이황退溪 李滉(1501~1570)이 만든 『성학십도』聖學十圖^{도152}와 유사한 형식이었을 것이다. 지식으로 전달하고자 하는 내용을 간단한 도형과 설명문으로 만든 것이다. 조선 초기에는 일반적인 그림이라 하기 어려운 도식 위주의 감계화가 많이 그려졌다.

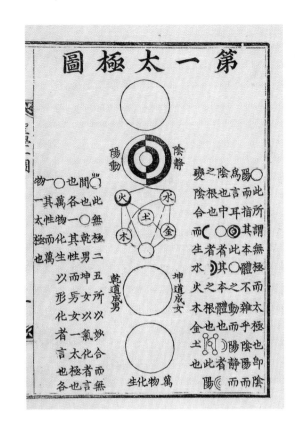

둘째는, 중종이 개념도 형식의 감계화를 감상화로 바꾸어 그릴 것을 주문한 점이다. 즉 '도식과 시문으로만 된 경직도'가 아닌 '병풍'으로 만들라고 한 점은 병풍의 특성을 살린 시각적 효율성과 감상의 기능을 강조한 것으로 이해된다. 다시 말해서 도식화된 감계화의 내용을 회화성이 풍부한 그림으로 바꾼다면 그림을 통해 감계의 효과가 배가될 수 있다는 말로 해석된다. 감계화의 개념적 요소를 회화적 감상물로 그려내고자 한 생각이 중종 대에 와서 부각되기 시작했음을 알 수 있다.

이후로도 감계화는 주로 당대 최고 수준의 화가들에 의해 제작되었으며, 구한말까지 꾸준히 그려졌다. 예컨대, 고종高宗이 스스로 자신을 경계하기 위하여 "근본에 힘쓰라"(務本)는 글씨를 써서 걸어 놓은 것이나, "(화공에게) 밭을 갈고 길쌈하는 그림을 그리게 하여, 항상 백성들의 고난을 생각했다"(繪耕織而常念疾苦艱難)[10]라고 한 대목이 한 예이다. 왕이 감계화를 가까이하고 꾸준히 감상했던 전통은 불과 100여 년 전인 고종 대까지 전승되었다.

도152 태극도 『성학십도』에 수록. 개인 소장.
이황이 선조 임금께 성학의 중심 개념을 설명하기 위해 만든 도식圖式 10개 가운데 첫번째인 〈태극도〉太極圖이다. 〈태극도〉는 우주의 생성과 인류의 근원을 논한 성리학의 근본사상을 정리한 것이다. 내용을 쉽게 이해할 수 있도록 도형을 사용하여 구성하였다. 조선 초기의 감계화 중에는 이와 같이 시각적 효과를 위해 도식을 활용한 예가 많았던 것으로 추측된다.

감계화의 주제와 내용　　감계화는 왕이 가까이해야 할 그림인 만큼, 편전에는 예외 없이 한두 점의 감계화가 걸렸을 것이다. 이런 감계화에는 어떤 종류가 있고, 무슨 내용이 담겼을까? 또한 감계화를 바라보는 왕의 생각과 반응은 어 띠했을까? 이러한 물음과 함께 감계화를 별도로 살펴보는 것은, 감 계화가 왕이 감상하도록 권유받았던 그림이므로 일반 감상화와 대 비하여 이해할 필요가 있기 때문이다. 여기에서는 감계화가 지닌 주제별 특징을 세 가지로 나누어 간략히 정리해 본다.

왕의 성찰을 위한 주제

왕의 수양과 성찰을 돕는 그림으로는 기기도欹器圖를 비롯하여 중 국의 역대 현자·명군·현비賢妃·암주暗主 등의 인물상을 소재로 한 작품들이 있다. 예컨대 기기도의 '기기'는 물이 알맞게 들어 있어야 만 균형이 잡히는 그릇 모양의 금속기구를 말한다. 이 기기는 물이 적으면 기울고, 가득 차면 엎어지고, 알맞게 담기면 반듯하게 놓였 다. 물이 쏟아지지 않는 균형 잡힌 상태가 차지도 모자라지도 않은 중용中庸에 비유되었던 것이다. 이런 그림을 보면서 왕은 가득 차 되 넘치지 않는 중용을 생각하며 자신을 성찰했다고 한다. 기기도 는 조선 초기에 감계화로 많이 그려졌다.[도153]

다음은 중국의 역대 현자와 명군, 현비를 소재로 하거나 이를 폭군과 대비시켜 선악의 사적을 그리게 한 경우다. 이러한 명군과 암주의 모티프는 성종 대에 자주 그려졌고, 이후로도 감계화의 주 요 소재로 다루어졌다.[11] 또 한 예로 인조는 위태로움을 생각하게 하는 복주도覆舟圖를 그려서 벽에 붙인 기록이 있다.[12] 복주도는 배 가 뒤집어지지 않도록 살피듯이 국정의 모든 일에 긴장과 경계를 늦추지 말아야 함을 일깨워 주는 그림이다. 숙종 또한 태종과 성종 대의 감계화를 계승한다고 하여 중국 역대 황제와 관련된 주제를 16폭 병풍으로 그리게 한 바 있다.[13] 이와 같이 신하들은 왕이 본받고 경계해야 할 그림들을 항상 가까이 두고서 감상하고 성찰하기를 권하였다. 왕의 성찰을 위한 감계화의 전통은 조선 초기에 크게 강조된 이후, 후기로 갈수록 다소 약화되었으나 조선 말기까지 명맥을 유지하였다.

백성의 생활상과 관련된 주제

감계화는 왕이 백성들의 생활상을 이해하는 데 도움이 되는 그림이다. 대표적인 사례가 빈풍무일도豳風無逸圖다. 빈풍무일도는 빈풍칠월도와 무일도를 합한 형식의 그림이다. 빈풍칠월도는 기원전 고대 중국의 주周나라 농민들이 농사와 길쌈에 종사하는 생활을 노래한 『시경』 「빈풍칠월편」의 내용을 그린 것이다. 〈무일도〉는 『서경』의 「무일편」을 그린 것으로, '무일'이란 안일을 탐하지 않고 노력한다는 뜻이다. 따라서 〈빈풍무일

도153 **공자관기기도**孔子觀敧器圖 중국 곡부曲阜 공자묘.
공자가 기기 앞에서 제자들에게 그 의미를 설명하는 장면을 그린 상상도이다. 물을 담는 그릇 모양으로 생긴 기기는 안이 비면 기울고, 물이 차면 쏟아지도록 만들어졌다. 적당량의 물이 담겨야만 바로 서게 되는 기기는 예로부터 중용의 이치를 상징하는 기물로 소개되었다. 조선 초기의 왕실에 진상된 기기도 또한 이러한 기기의 형상을 그린 그림일 것으로 추정된다.

도〉는 나라를 다스리는 왕에게 백성들의 어려움을 깨닫게 하고, 바른 정치를 권장하는 주제를 담고 있다.

이외에도 백성을 향한 왕의 관심을 일깨우는 그림으로 사농공상의 연중행사를 그린 사민도四民圖, 농사짓는 장면을 그린 가색도稼穡圖,[14] 농경도의 일종인 관가도觀稼圖,[15] 경작과 관련된 농포도農圃圖와 누에 치는 장면을 담은 잠도蠶圖, 이름난 효자들의 행적을 그린 효자도孝子圖 등을 들 수 있다. 또한 백성들이 겪는 폐단을 알리기 위해 지방관이 왕에게 올린 안민도安民圖는 지방 백성들의 절박한 생활상을 생생하게 전달해 주며[16] 왕의 특별한 관심을 끈 그림이었다.

『조선왕조실록』을 살펴보면, 감계화는 중종 대까지 활발히 제작되었고, 그 이후로는 대체로 제작 빈도가 줄어들었다. 숙종 대에는

농가사시도 병풍을 제작한 적이 있고,[17] 영조는 영동감진어사嶺東監賑御史가 올린 기민도飢民圖를 통해 백성들의 참혹한 실상을 보고서 놀란 반응을 보이기도 하였다.[18] 이와 같은 그림들은 교훈의 뜻을 형상화했지만, 백성들의 생활 현실을 그대로 전해 주는 생생한 시각사료로서 왕이 민정을 살피는 근거로 활용되기도 하였다.

교육과 관련된 주제

영조는 세자를 교육하는 데도 감계화를 활용하였다. 선先왕조의 농상도農桑圖를 세자에게 내려주었고,[19] 중국의 곽도霍韜가 그린 성공도聖功圖와 양정도養正圖 등도 평상시에 보게 하였다.[20] 성공도는 공자의 생애를 그린 성적도聖蹟圖 성격의 그림으로 추정된다. 양정도는 명明의 태사太史 초횡焦竑이 지은 것으로, 옛날 현군과 명신들의 언행 가운데 본받을 만한 것을 모아 그린 것이다. 모범이 될 만한 선인들의 모습을 보고 행적을 본받게 하는 이런 그림들은 감계화의 근본 취지에 잘 부합하는 주제였다.

세자의 교육과 관련된 또 다른 그림으로는 영조가 1737년(영조 13) 장헌세자莊獻世子를 위해 만든 화첩 《선가법》善可法이 전한다.[21] 내용은 백성들의 농경생활 장면을 그린 일종의 가색도稼穡圖이다. 서문에는 영조가 세자의 교육을 위해 친필로 효도·우애·근학·치도 등의 덕목을 쓰고, 화원으로 하여금 본받을 만한 고사를 추려 그리게 한 것이다. 이런 점에서 감계화는 제왕의 수업을 받는 세자에게도 관심을 두어야 하는 그림이었다

이외에도 구체적인 사례는 적지만, 국가 차원에서 권장할 만한 주제도 감계화의 주요 내용이었다. 예컨대 중종이 그리게 한 '향산구로도'香山九老圖와 '낙중기영회오로도'洛中耆英會五老圖 등은 국가의 양로정책과 관련된 것으로 공식적으로 장려된 주제의 그림이었다.[22] 교육과 관련된 주제는 대부분 왕명에 의해 그려졌다는 점에서 다른 감계화와 차이가 있다.

이상에서 살펴본 감계화는 왕의 취향이 담긴 감상화와 대비되는 것으로 왕이 의무적으로 가까이해야 할 그림이었다. 대부분의 왕은 감계화를 통한 수양에 힘썼고, 자신의 취향과는 별개라 하더라도 특별히 제발을 남기는 등 관심을 보인 경우가 많았다.

3 역대 국왕의 그림취미

문치주의를 표방한 조선왕조의 역대 왕들은 문예적 소양에 깊은 관심을 두었다. 그러나 시서화에 대한 관심은 조금이라도 지나칠 경우 신하들의 견제에서 자유롭지 못했다. 특히 말예로 간주된 그림은 신하들이 가장 경계하는 대상이었다. 따라서 왕의 취미생활은 가급적 외부에 노출되지 않는 경우가 많았다.

　조선왕조 역대 왕들의 다양한 그림취향을 이 장에서는 『조선왕조실록』을 중심으로 살펴보기로 한다. 우선 그림취미에 대한 기록이 많이 남아 있는 왕들을 선별하였고, 기록이 거의 없거나 단편적인 경우는 제외하였다. 그리고 실록 기사를 기초로 하여 약 150~200년 단위로 편의상 시기를 나누었다. 세조·성종·연산군·중종 연간까지를 첫번째 시기, 선조·인조·숙종 연간을 두번째 시기, 영조·정조·헌종 연간을 마지막 세 번째 시기로 구분하였다. 이러한 구분은 각 시기별로 발견되는 취향의 변화와 흐름을 파악하는 데 도움이 될 것이다.

세종 성종 연산군 중종의 그림취향

태조와 정종, 그리고 태종 대의 실록에는 왕의 그림취미와 관련된 기록이 매우 적다. 태조 대에는 주로 능과 태실을 그린 산수형세도, 수렵 장면을 그린 수렵도, 왕후의 초상화 등에 대한 기사 정도가 확인된다. 정종 대에는 지방관들이 올린 감계를 주제로 한 그림들이 언급되었다. 기기도, 역년도歷年圖, 무일도 등이 구체적인 예이다. 태종 대에도 감계와 관련된 그림과 어진 및 도화원圖畵院을 언급한 기사들이 보인다. 이처럼 조선 초기에는 왕의 개인적 취향보다 왕실의 필요나 공공의 목적이 분명한 그림, 교훈을 담은 그림, 백성의 생활상과 관련된 주제가 중시되었다. 그림에 대한 왕의 개인적 관심과 취향은 세종 대 이후의 기록에서 뚜렷이 살필 수 있다.

세종, 세심한 안목과 난죽화蘭竹畵의 애호

세종은 세자 시절에 이미 그림을 익힌 바 있다. 『세종실록』에는 "임금이 잠저潛邸에 있을 때부터 금슬琴瑟과 그림에 정통하지 않은 것이 없었다"라고 전한다.[23] 세종이 어떤 주제를 즐겨 그렸는지 알 수 없지만, 악기와 글씨 등을 익히면서 그림에 대한 기본소양도 쌓았던 것으로 추측된다. 특히 세종은 기물器物에 그린 장식화와 의장용儀裝用 그림에 관심이 많았고, 세부 묘사가 격식에 맞는가를 따져보는 데 조예가 깊었다. 이를 취향이라고 할 수는 없지만, 세종은 그림의 용도와 기능에 대한 관심이 컸다고 하겠다. 예컨대 명 황제에게 보낼 다래〔韂〕와 표통表筒에 그린 그림이 격식에 맞지 않음을 지적한 부분은 세종의 치밀한 관찰력을 엿볼 수 있는 대목이다. 세종은 표통의 표면 장식으로 그린 용과 봉황의 이빨·발톱·뿔·귀 등 세부 묘사의 소홀함을 자주 지적하였다. 비록 상상의 동물인 용과 봉황이지만 세종은 그 특징을 "한 획도 틀림없이"(不可差誤劃) 할 것을 주문하였고, 범본이 되는 도안을 직접 정해 주어 이후로는 이를 따르게 하였다.[24]

세종의 이러한 조치는 이후 화원들의 근무 기강을 바로잡고 기량을 높이는 계기가 되었다. 그 결과는 다음 왕인 문종 연간의 전통으로 이어졌다. 문종 즉위년(1450)에 중국으로 보낸 표전表箋과 보褓를 본 명나라 황제는 표문의 아름다움을 극찬하였다. 세탁해도 지워지지 않는 보자기의 그림, 미세한 표문의 글씨, 그리고 표문지의 단단하고 질김에 대해 감탄하였다고 전한다.[25] 이처럼 세종이 그림의 근거를 따져서 보는 안목은 궁중의 다른 여러 장식화에도 영향을 미쳤다. 예컨대 의장용 가마를 그린 대소가의장도大小駕儀仗圖가 고의古儀에 어긋남을 지적하여 안견安堅으로 하여금 규범에 따라 개정改正하게 한 일화도 주목되는 사례다.[26]

세종 대의 그림에 대해 후대의 중종은 다음과 같은 평을 남겼다. "화공畵工에 대해 살펴볼지라도 세종조의 도화圖畵를 지금과 비교해 본다면 자못 다르고 서책書冊과 인지印紙도 모두 아름답게 꾸며져 있다."[27] 세종 대의 문물을 자신의 재위 당시와 비교한 중종의 말은 세종시대의 문화를 첫번째 표준으로 삼고자 했음을 시사한다.

세종 11년(1429) 예조에서 올린 글에는 그림을 그려야 할 일이 과다한 데 비해 화원들은 겨우 20여 인에 불과하여 어려움을 겪고 있다는 내용이 있다.[28] 세종 당시에 화원들이 처한 환경은 좋지 않았던 듯하다. 세종은 이러한 상황을 고려하여 화원들의 인선人選을 더욱 공평하게 하는 등 그들을 독려하는 데 힘썼다.

세종은 한편으로 난화蘭畵와 죽화竹畵를 즐겨 그렸다. 이는 세종의 개인 취향에 가까운 그림들이다. 구체적인 화법은 알 수 없지만, 잠저에 있을 때 승정원주서 신인손辛引孫에게 난죽 8폭을 그려준 일화가 전한다.[29] 이 그림은 뒤에 신인손의 아들인 부제학 신석조辛碩祖가 다시 문종에게 진상하여 실록에 기록되었다. 이 그림에 대해 문종은 "어필은 지극히 신묘하였으나, 성성聖性이 본디 호착好着하지 않았으므로, 참으로 보기 드문 것이다"[30]라고 평하였다. 세종의 그림에 대해서는 문종의 평가가 유일한데, 그림이 속기俗氣에 빠지지 않고 왕으로서의 성정과 품격을 잘 나타내었다는 말이다. 이처럼 신하에게 줄 정도의 그림이었다면 꽤 완성도가 높았던 작품이었으리라 짐작된다. 세종의 개인 취향은 난죽을 소재로 한 문인화에 기반을 두고 있었음을 알 수 있다.

여기에서 주목되는 것은 세종이 자신의 개인 취향과는 무관하게 그림의 공적인 기능과 화원들의 사실적인 기량을 대단히 중요시했다는 점이다. 또한 그림에 대한 왕으로서의 공리적인 입장과 사적인 취향을 서로 다른 차원으로 병존시키며 균형을 이룬 점이다.

성종, 제화시를 통한 감평과 사실미의 추구

김안로가 쓴 『용천담적기』龍泉談寂記에서 성현成俔(1439~1504)은 문종과 성종이 그림에 재능이 있어 애써 익히지 않아도 신묘함이 고범古範에 이른다고 하였다. 두 왕의 타고난 재능을 언급한 글이다. 특히 성종의 그림취향에 대해서는 적지 않은 기록들이 확인된다.[31] 실제로 성종은 그림 감상을 무척 즐겼고 이해 또한 깊었다. 20세를 전후한 시기부터 난과 대나무를 즐겨 그렸고 경사經史에 능통했으며, 활쏘기와 글씨에도 뛰어났다고 한다. 성종은 이러한 개인적 관심뿐 아니라 당대의 화원들을 우대하고 양성하고자 했으며, 제도를 정비하여 도화서圖畵署를 부흥시키는 데에도 크게 힘썼다.[32]

성종의 회화취향에는 크게 두 가지 특성이 보인다. 첫째는 제화시를 통한 그림의 감상이다. 성종은 종종 자기가 소장한 그림을 대신들에게 보이고 시를 지어 올리게 하였다. 이 그림들은 주로 고사인물도, 산수화, 사군자 등이었으며, 성종 자신도 직접 그림을 마주하여 제화시를 짓기도 하였다. 즉, 제화시의 시상을 떠올리며 그림을 감상하고, 그림의 의경意境을 시적 감흥으로 다시 음미하는 데 감상의 중점을 둔 듯하다.

두번째는 사실주의의 추구이다. 성종은 여러 그림 가운데 화조화를 특별히 좋아했고, 궁중에 화공을 불러들여 초목금수草木禽獸를 그리게 하곤 하였다. 예컨대 화원들의 새 그림이 마음에 들지 않으면, 새를 잡아와 관찰하여 그리도록 하는 등 화원들의 사실적인 표현 역량을 높이고자 하였다.[33] 그런데 화원들에게만 모사하게 한 것이 아니라 성종 자신도 직접 붓을 잡고 그리기를 서슴지 않았다. 예컨대 남방에서 들여온 물새 두 마리를 그려보고, 이 새의 특징을 기록하기도 하였고, 또한 우연히 눈에 들어온 개구리를 관찰하여 그리고는 이에 대한 부賦를 남기기도 하였다.[34] 성종의 관심이 시적 감수성만이 아니라 실물에 근거한 사실적이고 정교한 그림에도 있었음을 알 수 있다. 제화시 창작과 사실주의 경향의 그림은 상충하는 부분이기도 하지만, 성종의 취향은 이 양자를 아우르는 범주에 있었다고 하겠다.

성종은 궁궐 내의 구현전求賢殿이라는 곳에 별실을 마련하고 화가를 출입시켜 그림을 그리게 하였다.[35] 화공이 그림을 그리기 위해 궁궐 안에 머무는 것은 선례가 없던 일이었다. 더욱이 신하들의 입장에서도 묵과할 수 없는 일이었다. 도화서가 있음에도 화원들이 궁궐에 출입하는 것은 부당하다는 대신들의 간언이 이어졌다. 성종은 자신의 의도가 화원들의 기량을 높이고자 한 것임을 신하들에게 설명하였으나 받아들여지지 않았다. 이에 성종은 도화서를 폐지하겠다고 맞서며 자신의 주장을 물리지 않았다. 그러고는 "대간들이 나를 손도 마음대로 놓지 못하게 할 정도로 자질구레한 일을 자주 말한다"[36]라고 불만을 토로하였다. 성종의 사례지만 이렇게 그림을 놓고 벌이는 왕과 신하 간의 논쟁은 드물지 않은 일이었다. 왕이 궁중에서 그림을 감상하고, 그리는 것은 결코 편안한 취미의 영역만은 아니었다.

연산군, 화원 그림과 수묵화의 선호

연산군의 그림취향은 부왕인 성종에게서 영향을 받은 듯하다. 연산군은 성종 대의 구현전과 같이 궁궐 내에 화원들이 머물며 그림을 그릴 수 있게 내화청內畵廳을 운영하였다. 내화청은 곧 도화서의 분소分所와 같은 곳이었다. 대신들은 성종 대와 마찬가지로 연산군의 이러한 행태를 지적하지 않을 수 없었다. 따라서 내화청을 반대하는 상소를 여러 차례 올렸으나, 연산군은 이때마다 성종 때의 구현전을 계승한 것이라는 명분을 내세웠다. 연산군은 내화청 화원들을 특별히 대우하였으며, 그들의 그림을 평가하여 승진에 반영시키는 등 화원들의 관리에 관심을 기울였다.[37]

연산군은 사실주의적 성향의 그림을 선호하였다. 도화서에 명하여 앵무새 10여 마리를 정교하게 그리게 한 일화가 이를 잘 말해 준다.[38] 이는 화원들의 묘사력을 증진시키고자 한 방편이기도 했지만, 화조화에 대한 연산군의 개인 취향과도 무관하지 않았다. 연산군은 또한 문양 위주의 정교한 그림과 수묵화에도 관심을 두었다. 예컨대 용문방석龍文方席에 그려 넣을 섬세한 문양을 직접 정하는 등 장식 그림에 비범한 감각을 지녔던 것으로 보인다. 그뿐만 아니라 6폭으로 된 묵화墨畵 병풍 20개를 만들도록 한 것을 보면[39] 장식화 외에 수묵화에도 취미가 있었던 듯하다. 어쨌든 연산군은 화원들의 실력 향상을 위해 노력하였고, 그 지향점은 사실주의에 두었다. 그러나 이것이 곧 왕의 취향을 대변한다고는 할 수 없다. 왕이 관심을 둔 그림과 취미로 여긴 그림은 분명히 구분되었기 때문이다.

연산군이 명하여 그리게 한 그림 가운데 흥미로운 한 예가 〈사안휴기동산도〉謝安携妓東山圖이다. 중국 동진의 재상인 사안謝安이란 자가 기생을 데리고 놀았던 일화를 모두 20폭으로 그려 올리게 한 기록이 있다.[40] 풍류와 향락을 주제로 한 그림에도 흥미가 있었음을 엿볼 수 있다.

연산군은 또한 도화서를 정비하였고, 사실주의적 경향의 그림을 장려하였으며, 이를 통해 화원들의 기량을 향상시키고자 했다. 이런 측면에서 본다면, 연산군의 화원 그림에 대한 관심은 세종 대에 마련된 전통을 꾸준히 이어가는 과정에 있었다고 하겠다. 연산군 이전 시기의 『조선왕조실록』에는 왕이 접해야 할 감계화에 대한 비중이 컸으나, 연산군 대로 오면서 감계화보다 감상화가 점차 비중 있게 다루어지는 경향을 볼 수 있다.

도154 **제갈무후상** 《역대도상》에 수록, 개인 소장(왼쪽).

중종은 홍문관 대제학 이행에게 《역대군신도첩》을 제작하게 하였다. 역대 군신들의 초상을 그린 뒤 찬문을 지어 싣도록 하였고, 이후 글과 그림을 목판에 새겨 찍어낸 화첩으로 만들었다. 《역대도상》은 중종 때 만든 《역대군신도첩》의 내용을 19세기 무렵에 다시 베껴 그린 것으로 추정된다. 이 화첩에 실린 〈제갈무후상〉은 촉蜀나라의 재상 제갈량諸葛亮이 학창의鶴氅衣에 윤건綸巾을 쓴 모습으로 그려졌다.

도155 **제갈무후상** 《만고제회도상》에 수록, 국립문화재연구소(오른쪽).

김정희의 제자 전기가 그린 역대 군신들의 인물상을 목판에 새긴 뒤 찍어낸 것이다. 전설상의 인물인 반고씨盤古氏부터 원나라 초기에 이르는 역대 군신 193명의 반신상을 10책에 나누어 실었다. 제1책의 앞부분에는 1854년(철종 5) 전기가 『삼재도의』三才圖意에서 베껴 그린 뒤 서관정徐觀正에게 증정한 본이라고 기록해 놓았다(古藍山人抄畵三才圖意 敬贈心齋徐侍郎正 歲甲寅淸秋之下浣). 학창의에 윤건을 쓴 모습은 《역대도상》의 초상과 매우 유사하다.

중종, 감계화와 기록화에 대한 관심

중종은 자신의 취향은 아니지만 감계화에 큰 호감을 가졌다. 특히 성종조에 제작된 감계화를 자주 열람하였고, 또 교훈이 담긴 글을 병풍으로 만들어 늘 곁에 두게 하였다. 교화서이자 백성들을 향한 감계의 메시지를 담은 《이륜행실도》二倫行實圖를 간행하여 반포한 것도 이러한 연장선에서 추진한 것이다.

중종은 역대의 군신도상君臣圖像에도 흥미를 보였다. 군신관계의 모범이 되는 사례를 교훈으로 삼기 위해서였다. 1525년(중종 20) 중종은 당시 홍문관 대제학이던 이행李荇에게 중국 역대 군신들의 유상遺像을 주며 그들의 사적을 기록하고 찬시를 짓도록 명하였다.[41] 그해 윤12월 이행이 완성된 책을 중종에게 바치자, 중종은 빠진 것을 첨입하고 화공에게 도상을 그리게 한 뒤 목판에 새길 것을 다시 명하여,[42] 목판본 《역대군신도첩》을 간행하였다.

역대 군신들의 초상화로 첩을 꾸민 것은 중종 대에 이루어진 새로운 전통이며, 이 도상들은 모사를 통해 후대로 다시 전승되었다. 19세기 이후 작으로 추정되는 개인 소장의 《역대도상》歷代圖像과[43]

전기田琦(1825~1854)가 그린 《만고제회도상》萬古際會圖像,[44] 중국과 조선의 역대 군신상을 초본 형태로 그린 《역대군신도상첩》歷代君臣圖像帖[45] 등이 이러한 성격의 그림들이다. 한 예로 각 화첩에 실린 〈제갈무후상〉諸葛武候像[도154~156]을 보면, 선묘로 정리한 형태와 복식 등 도상의 형식이 크게 다르지 않음을 알 수 있다. 이는 인물상을 표현하는 형식과 전형이 이전 시기부터 전해져 왔음을 짐작하게 한다. 모범이 되는 인물들의 행적을 글과 그림을 통해 볼 수 있도록 구성함으로써 감계의 효용성을 높인 사례다. 이 역시 감계화에 대한 관심의 표명임을 알게 해준다. 한편 양로養老를 국가의 중요한 일로 여겨 〈향산구로도〉와 〈낙중기영회오로도〉와 같은 그림도 제작하게 하였다. 마찬가지로 감계의 의미를 권장하는 성격의 그림이다.

중종은 화원들의 기량에도 관심이 컸다. 수시로 화원화가들을 포함한 '백공百工의 기예'가 향상될 수 있도록 애썼다. 백공들의 기예를 말예로 보아서는 안 되며, 이를 적극 독려한 세종 대와 그다음 세대에 이르러 정교해진 장인들의 솜씨를 소개하기도 하였다.[46] 즉 중종은 화원들로 하여금 세종 대 화원들의 수준 높은 기량을 본받도록 하였으며, 나아가 화원들을 감독하는 관료들도 기예를 잘 아는 사람으로 선발하여 전문성을 갖추게 하였다.[47]

중종은 중국 그림에도 많은 관심을 보였고, 사신들에게 그림 선물을 주는 데에도 적극적이었다. 중국에서 건너온 그림인 〈용기도〉龍騎圖와 〈패하노안도〉敗荷蘆雁圖 2축을 내리면서 대제학에게 시를 지어 올리게 하여 감상한 예가 있다.[48] 또한 태평관에서 중국 사신에게 전별연을 행하며, 〈한강유람도〉漢江遊覽圖를 주기도 했고,[49] 원접사遠接使 소세양蘇世讓에게 영조도迎詔圖를 장정하여 사신에게 주도록 명한 기록도 있다.[50]

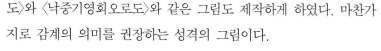

도156 **제갈무후상** 《역대군신도상첩》에 수록, 개인 소장.
〈제갈무후상〉이 수록된 이 화첩은 중국과 조선의 역대 군신상을 초본草本 형태로 그려서 묶은 것이다. 인물의 특징을 선묘로만 간략히 그렸다. 화첩의 뒤편에는 16~18세기에 활동한 유학자인 이명李溟, 허목許穆, 송시열宋時烈 등 17명의 초상 초본도 실었다. 여기에 그려진 인물들은 이미 알려진 초상화와 비슷한 점이 많아 원본 초상화를 베껴 그린 것으로 추측된다. 〈제갈무후상〉 역시 기존의 초상과 다르지 않아 이전부터 전해오던 모본을 토대로 그린 것임을 알려준다.

중종은 역대군신도와 같은 감계화에 많은 관심을 보였고, 이는 화원들의 도화 역량을 강화하는 방편이 되기도 하였다. 또한 중국 그림에 대한 감상과 교류에도 관심이 남달랐다.

이상에서 살펴보았듯이 조선 전기에 해당하는 세종, 성종, 연산 군, 중종 대에는 화원화가들의 사실주의적 회화 기량을 높이고자 하는 왕의 관심을 공통적으로 살필 수 있었다. 세종은 의장용 그림 에 대한 화원들의 주의를 강조하였고, 성종과 연산군은 궁궐 안에 화원들을 머물게 하며 사실주의적 그림의 방향을 제시해 주기도 하 였다. 이러한 화원 그림에 대한 관심은 세종 대 이후의 전통으로서 왕의 개인 취향과는 별개의 차원으로 진행되었다. 한편 중종은 교 훈을 담은 감계화에 관심을 보였으며, 중국 사신들을 통해 중국 그 림에 대한 정보를 얻는 데에도 노력을 기울였다. 한편 왕의 취향을 담은 그림도 감상화로서 꾸준히 그려졌다. 특히 제화시를 매개로 한 그림 감상의 풍조가 성종 대에 성행하여 이전 시대에 볼 수 없 던 다양한 감상의 양상들을 보여주었다.

선조 인조 숙종의 그림취향

선조, 묵란과 묵죽에 대한 탐구   선조의 재 위 연간을 목릉성세穆陵盛世라 한다. 선조 연간에 이루어진 높은 문예적 성취를 함축한 말이다. 선조는 취미 의 차원을 넘어선 수준이라 할 만큼 서화에 대한 안목이 높았다. 특히 사군자화에 뛰어났으며 중년에는 난화를, 만년에는 죽화를 즐 겨 그렸다고 한다. 그림에 능한 중국 사신이 오면 빠짐없이 그림을 부탁했고,[51] 중국에서 간행된 화보畫譜를 구입하여 수시로 탐독하며 따라 그렸다.[52]

선조는 난화를 그리는 데서 관찰을 통한 객관적 형태의 표현을 중요하게 생각했다. 선조를 가까이서 보필하던 박미朴瀰가 "난蘭 그 리기를 즐기시어 실제로 살아 있는 듯 꼭 닮은 묘妙함이 있었다"라 고[53] 한 것은, 선조가 탐구적 자세로 화학畫學에 정진했음을 알려준다. 현존하는 장서각 소장의 《열성어필》列聖御筆에 실린 〈난죽도〉와 《화원별집》畵苑別集의 〈묵죽도〉에서 선조가 추구한 화격을 엿볼 수 있다. 후대에 영조는 선조의 〈난죽병〉蘭竹屛을 보고서 오랜 세월이 지났음에도 묵색이 변하지 않음을 특이하게 여겼다. 그리고 고문서 등 이면지裏面紙에 그린 것이 많아 선조의 검소한 덕을 볼 수 있다고 하였다.[54] 이는 선조가 그림에 대한 오랜 경험으로 먹빛을 정확히 가늠하였고, 수묵 위주의 그림을 다작多作했음을 알려준다.

인흥군 이영仁興君 李瑛(1604~1651)의 「월창야화」月窓夜話에는 선조 연간의 왕실수장 서화에 대한 내용이 있다.[55] 특히 조선 중기에 활동한 김명국金明國, 이징, 이정李楨, 오달제吳達濟, 이정李霆 등에 대한 기록이 상당수이다. 이들은 사군자를 비롯한 수묵화에 특히 뛰어났고, 선조의 취향과 부합하는 그림을 그린 화가들이다. 선조는 동시대 화가들의 그림을 즐겨 보았고, 선조의 사군자화 또한 이들의 화법과 시대 양식을 공유하였다고 할 수 있을 것이다.

「월창야화」에서 선조는 석양정 이정石陽正 李霆(1554~1626)의 대나무 그림을 평하여 "석양정의 그림은 동파東坡의 대나무 그림에 미치지 못한다. 동파의 대나무 그림은 묘하지만 진眞에는 이르지 못한다. 그림이란 비록 닮게 그리는 데에는 미치지 못했어도 오직 그 뜻과 의취를 구할 뿐이다"라고 하였다. 이정과 소동파(소식)의 그림을 비교하여 대나무 그림은 궁극적으로 진을 추구하지만, 뜻과 의취를 얻는 것이 중요하다는 의견을 말한 것이다. 「월창야화」에는 산수화와 인물화보다 사군자에 대한 내용이 많은 편이며, 이는 선조가 다작을 남길 만큼 묵란화와 묵죽화에 취향이 깊었음을 알려준다.

인조, 감상화와 채색 그림의 선호

인조는 어린 시절부터 그림에 상당한 재능을 보였다. 능양군綾陽君 시절 광해군 앞에서 그림을 그려 품계를 올려 받은 기록과, 어릴 적 그린 말 그림을 선조宣祖가 이항복李恒福에게 준 일화[56] 등 인조의 화재畵才에 관한 여러 기록이 전한다. 그러나 인조는 타고난 문예적 소양을 온전히 키워 나갈 만한 좋은 환경을 만나지 못했다. 병자호란을 겪었고, 재위 기간 내내 혼란스러운 정국 현안들이 이어졌기 때문이다.

인조는 보위에 오른 뒤 암암리에 화원을 궐내로 불러들여 그림을 그리게 한 적이 많았다. 신하들은 이러한 인조의 사적인 여가활동을 매우 염려했다. 특히 병자호란 이후 전란의 뒷수습에 전력해야 할 상황에서 왕이 취미생활에 눈을 돌린다는 것은 신하들에게 비판의 빌미가 될 수밖에 없었다. 인조가 그림에 탐닉한 행동을 할 때면 신하들은 신랄한 질타성 발언을 서슴지 않았다.[57] 예컨대 간원으로부터 "지금 화조花鳥와 산수 그림에 마음을 쓰시니, 지난해 남한산성에서의 일을 이미 잊으셨습니까. 사방에서 소문을 듣는 자들이 무어라 하겠습니까"라는 조언을 들을 정도였다.[58] 여기에서 화조와 산수가 거론된 것은 단연 인조가 선호한 그림의 소재였으며, 즐겨 감상한 그림임을 알게 해준다. 그러나 인조가 처한 상황에서 이같은 그림취미와 관련된 행적은 신하들의 이해를 얻기 힘든 부분이었다. 왕의 취미활동에는 누구나 수긍할 수 있는 명분이 있어야 함을 잘 보여주고 있다.

인조는 재위 내내 그림에 대한 관심을 놓지 않았다. 특히 『인조실록』에는 화원 이징을 자주 불러들여 그림을 그리게 한 기사가 여러 편 있다. 인조 26년(1648)에는 중국에서 온 맹영광孟永光을 궁궐로 불러 날마다 그림을 그렸다고 하며,[59] 화원을 입궐시킨다는 소문이 끊이지 않았다고 한다. 『인조실록』에는 인조의 재위 기간인 30대부터 50대까지 그림과 관련된 기사들이 꾸준히 실렸다. 이렇게 보면, 인조는 완물을 멀리할 것을 요구하는 신하들의 조언 속에서도 자신의 서화취미를 가꾸어 갔음을 알 수 있다.

『인조실록』의 기사를 종합해 보면, 인조는 산수화와 화조화를 선호한 듯하다. 화원화가인 이징을 가까이 불러 자주 그림을 그리

도157 **금궤도** 전 조속, 국립중앙박물관.
신라 경주김씨의 시조 김알지가 금궤에서 태어났다는 고사를 주제로 한 그림이다. 1636년(인조 14) 병자호란이 끝난 뒤, 인조가 삼국사三國史를 주제로 그림을 그리도록 명함에 따라 선비 화가 조속이 그린 것이다. 정교하고 세련된 17세기 전반기 채색화의 수준을 잘 보여주는 그림이다. 여기에 적힌 인조의 어제는 이조판서인 김익희가 대신 쓴 것이다. 김익희가 이조판서에 오른 것은 그림이 완성된 지 20년이 지난 1656년(효종 7)이므로 이미 지어놓은 인조의 글을 김익희가 이조판서 시절에 쓴 것으로 추측된다.

御製

此新羅敬順
王金傅始祖
金櫃中得之
仍姓金氏者
金櫃掛于樹
上其下白鷄
鳴故見而取
來金櫃中有
男子繼昔氏
爲新羅君也
其孫敬順王
入高麗嘉其
來順謚敬順
命畵見三國史
歲乙亥翌年春

吏曹判書臣金益熙
奉 教書
掌令臣趙涑奉
教繕繪

게 한 것은 그의 화풍을 특별히 좋아했기 때문일 것이다. 한편으로 인조는 채색화에도 관심이 컸던 것으로 보인다. 대표적인 예로 들 수 있는 것이, 인조가 명하여 그리게 하고 어제御製를 남긴 〈금궤도〉金櫃圖도157이다. 1636년(인조 14) 인조가 삼국의 역사를 교훈으로 삼기 위해 그리게 한 이 그림은 경주김씨의 시조인 김알지金閼智의 고사를 형상화한 것이다. 이 주제를 선택한 의도는 신라왕실의 시조를 통해 삼국통일을 이루게 된 의미를 강조하고자 한 것으로 이해된다. 중국이 아닌 우리나라의 역사를 주제로 삼은 점과 화려한 채색으로 그린 점이 특징인데, 내용적으로는 감계화의 성격을 지닌 그림이다. 조속趙涑(1595~1668)이 그렸고, 인조가 어제를 지었으며, 글씨는 이조판서 김익희金益熙(1610~1656)가 썼다.60 〈금궤도〉도 그렇지만, 채색인물화에 뛰어난 중국인 화가 맹영광을 궁궐로 자주 불러들인 점은 인조가 채색 위주의 그림에도 관심을 두었음을 추측하게 한다.

숙종, 어제御製를 통한 감평과 수묵 취향

숙종은 즉위 후 어진을 봉안하기 위한 전각을 정비하고, 역대의 어진을 복구하는 데 힘쓰는 등 궁중의 도화사업을 장려하고 제도화하였다.61 또한 궁중의 서화 수장품을 확충하는 등 왕실회화의 중흥을 이루는 데 크게 기여하였다.

숙종은 『열성어제』列聖御製에서 "나는 서화의 묘한 것을 좋아하니, 깊은 궁 맑은 낮에 때때로 펼쳐보면, 한가로운 마음의 경지를 스스로 깨치네"62라고 하여 서화에 대한 자신의 취향을 분명히 하였다. 선조의 손자 해원군海原君(1614~1662)이 그린 〈연화백로도〉蓮花白鷺圖에 쓴 시에는 "좋아하는 완상물은 없지만, 오직 이름 있는 그림은 즐긴다네"(物皆無所好 惟獨嗜名圖)라고 하여 자신의 그림취미를 피력한 바 있다. 또한 숙종은 종친이나 사대부가의 고서화를 가져오게 하여 감상한 경우도 많았다. 대표적인 것이 고려조 공민왕으로부터 어몽룡魚夢龍(1566~?)에 이르기까지 60여 점의 그림이 실린 낭선군 이우朗善君 李俁의 《해동명화첩》海東名畵帖이다. 왜란과 호란으로 인해 숙종대의 궁중 수장품이 거의 남아 있지 않은 상황을 고려한다면,[63] 궁궐 밖의 명화첩에 대한 감상은 숙종이 그림에 대한 취향과 안목을 넓혀 나가는 방편이었을 것이다.

숙종의 회화취향은 역대 왕들의 시문을 모아 편찬한 『열성어제』를 통해 대략적인 내용을 엿볼 수 있다. 여기에 실린 숙종의 시문은 모두 1,057편이며, 이 가운데 회화와 관련된 것만 해도 100여 편이 넘는다.[64] 숙종은 역대의 국왕 가운데 화제畵題를 가장 많이 남김 셈인데, 이는 다양한 그림을 폭넓게 감상했음을 말해 준다. 숙종이 어제를 남긴 대표적인 그림은 중국고사도, 신선도, 어진, 경직도, 진경산수화, 지도 등이다.[65] 이 가운데 역대 중국의 영웅적인 인물들의 이야기를 그린 중국고사도와 백성의 생활상을 그린 경직도는 교훈적 내용을 담은 감계화에 속한다. 이는 숙종이 자신의 취향과 별개로 감계화에도 관심을 두었음을 알려 준다.

감계화와 관련하여 숙종의 어제가 적힌 그림이 2008년 국립중앙박물관의 기획전을 통해 여러 점 소개되었다.[66] 지금까지 알려진 것은 진재해秦再奚의 〈잠직도〉蠶織圖(1697), 윤두서尹斗緖(1668~1715)가 그린 〈진단타려도〉陳搏墮驢圖(1715), 작가 미상의 〈제갈무후도〉諸葛武候圖(1695)와 〈사현파진백만대병도〉謝玄破秦百萬大兵圖(1715), 작가 미상의 〈어초문답

도158 **잠직도** 진재해, 국립중앙박물관.
1696년(숙종 22) 중국에서 간행된 《어제경직도》御製耕織圖를 병풍에 옮겨 그린 한 폭이다. 《어제경직도》는 1697년 왕세자 책봉을 위한 주청사奏請使로 연경에 간 최석정崔錫鼎이 가져온 그림이다. 숙종은 이 병풍에 글을 써서 세자에게 내려주었다. '경직'은 농사짓고 누에 치는 백성들의 수고로움을 깨닫게 하는 감계화의 소재로, 이 그림은 섬세한 묘사와 꼼꼼한 채색이 돋보인다. 그림 속의 인물은 중국 복식을 하였으며, 가옥구조와 기물도 중국식으로 그려져 있다.

도〉漁樵問答圖(1715) 등이다. 모두 공필工筆 위주의 묘사로 정성을 들인 채색화이다. 이 그림들의 대략적인 내용과 특징을 알아보자.

먼저 살펴볼 〈잠직도〉와 〈진단타려도〉는 백성에 대한 왕의 관심이 반영된 그림이다. 〈잠직도〉는 숙종 23년(1697) 화원 진재해를 시켜 그린 병풍의 한 폭으로[67] '옷감 짜기'가 주제다.도158 풍속화의 성격이 강한 이 그림은 숙종이 세자에게 백성의 수고로움을 일깨워 주기 위한 의도로 그리게 한 것이다. 윤두서의 〈진단타려도〉도159는 북송 대의 학자 진단陳搏(872~989)이 조광윤趙匡胤의 송나라 건국 소식을 듣고 기쁨을 주체하지 못해 나귀에서 떨어졌다는 일화를 그린 것이다. 이 그림의 이면에는 평화로운 세상을 바라는 백성의 바람이 주제로 담겨 있다. 감계의 주제를 희화적戲畵的인 구성과 절충하여 흥미롭게 전달하고자 한 것이 작가의 의도였다면, 숙종은 여기에 깊이 공감한 듯보인다.

도159 **진단타려도** 전 윤두서, 국립중앙박물관.
그림 속의 주인공은 북송 대의 학자 진단이다. 그가 송의 태조 조광윤이 나라를 세웠다는 말을 듣고 기쁨을 주체하지 못하여, "이제 천하는 안정될 것이다"라고 말하며 나귀에서 떨어졌다는 해학적인 일화를 그린 것이다. 평화와 태평성대에 대한 백성들의 바람을 반영한 주제이다. 그림의 왼편 상단에는 1715년(숙종 41) 8월에 쓴 숙종의 글이 있다.

도160 **제갈무후도** 국립중앙박물관.
중국 촉한의 전략가인 제갈량을 그린 그림이다. 제갈량은 서기 207년(건안 12) 유비와 군신의 예를 맺어 수많은 전공을 세웠고, 221년 한의 멸망을 계기로 재상이 되었다. 그림 속의 제갈량은 《역대도상》이나 《만고제회도상첩》에 실린 모습과 유사하다. 숙종은 1695년(숙종 21)에 평안도 영유永柔에 있는 제갈량의 사당인 와룡사臥龍祠에 중국 남송의 충신 악무목岳武穆을 합향슴享하게 한 다음 〈제갈무후도〉를 그리게 하고 찬문을 지었다.

지략과 용맹함을 지닌 신하의 중요성과 부국강병에 대한 교훈을 그린 그림으로는 〈제갈무후도〉와 〈사현파진백만대병도〉가 있다. 삼국시대 촉한蜀漢의 전략가인 제갈량諸葛亮을 그린 〈제갈무후도〉^{도160}는 초상인물화의 성격이 강하다. 제갈량은 유비劉備를 도와 수많은 전공을 세운 현신賢臣의 상징으로 여겨지는 인물이다. 숙종은 어제에서 유비와 제갈량을 명군과 현신의 만남이라 칭송하고, 태평성대를 이루고자 한 그들의 노력을 기렸다.[68] 신하의 충심을 바라는 숙종의 마음이 그림에 투영된 듯하다.

대규모 전쟁 장면을 그린 〈사현파진백만대병도〉^{도161} 또한 교훈적 메시지가 강한 그림이다. 그림 속의 상황은 전진前秦의 부견符堅이 이끄는 100만 대군을 동진東晉의 장수 사현謝玄이 8만의 군사로 맞서 비수淝水 부근에서 격퇴하는 장면이다. 치열한 전쟁의 현장감과 극적인 구성, 박진감 넘치는 묘사가 돋보인다. 8만의 군사로 승전을 거둔 비수전의 고사는 왕에게 부국강병과 전시에 대한 대비를 잊지 않게 하는 교훈을 전해 준다.

감계화는 그림의 주제와 내용이 누구에게나 쉽고 분명하게 전달

도161 **사현파진백만대병도** 국립중앙박물관.
동진의 장수 사현이 전진의 군대를 물리치는 전투 장면이다. 전진의 왕 부견은 화북華北에 난립한 여러 나라를 병합한 뒤 90만 대군을 이끌고 동진으로 진격하였다. 이에 동진의 사현이 8만의 군사를 이끌고 비수 부근에서 부견을 맞아 대파하였다. 그림 왼편의 끝부분에 황급히 도망가는 부견을 그려 넣었다. 8만의 군사로 100만 대병에 맞서 승전을 거둔 비수전의 고사는 용맹스러운 충신과 부국강병의 교훈을 전해 주고 있다.

되도록 그려져야 한다. 따라서 그림을 그린 화가의 개성은 가급적 반영되지 않았고, 왕도 개인적 취향으로 그림을 평가하지 않았다. 이처럼 숙종의 어제가 있는 감계화의 특징으로는 첫째, 백성을 살피는 관심, 덕치를 향한 노력, 군신 간의 의리, 부국강병의 의지 등 주제가 다양한 섬을 들 수 있다. 둘째는, 시각적 효과를 강조하기 위해 화려한 채색을 사용한 점이다. 또한 정교한 형태 묘사와 회화적이면서도 장식적인 화면 효과 등은 조선 초기의 도식화된 감계화에서 확연히 발전된 양상을 보여준다.

같은 채색화이면서도 흥미로운 내용을 다룬 그림이 〈어초문답도〉이다.^{도162} 교훈적 내용보다 감상물로서의 성격을 띤 그림이다. 나무꾼과 어부가 은자隱者를 상징하는 인물로 등장한다. 가장 흥미로운 점은 대화의 내용과 상황일 것이다. 어제시에는 "나무꾼과 어부가 주고받는 말은 해害와 이利에 대한 말이라네"라고 한 구절이 있다. 숙종이 나무꾼과 어부가 주고받은 대화를 해로움과 이로움에 대한 내용으로 이해했음을 알려준다. 이는 은자들이 말하는 이해의 득실에 귀 기울이고자 한 숙종 자신의 생각을 반영한 것으로 해석된다.

숙종은 태종 대와 성종 대의 감계화 전통을 계승하겠다고 표방하면서도 감계화를 순수 감상을 위한 그림과 구별 지었다.⁶⁹ 또한 감계화의 기능을 매우 중요하게 여기는 한편 그림에 대한 완물상지를 스스로 경계하기도 하였다.

숙종의 취향은 오히려 수묵화를 위주로 한 문인화풍에 뿌리를 둔 듯하다. 어제를 남긴 수묵화에서 이를 뚜렷이 확인할 수 있다. 문인화에 대한 숙종의 감상 취향이 잘 드러난 그림으로 해원군 이건의 〈연화백로도〉와[70] 오달제의 〈묵매도〉墨梅圖가 남아 있다. 〈연화백로도〉[도163]는 문기 넘치는 필치가 돋보이며, 어제를 남길 만큼 숙종이 호감을 표한 그림으로 이해된다. 숙종은 선왕의 유묵遺墨을 구하는 일에 열심이었고, 궁궐 밖의 서화를 구해 보는 데에도 적극적이었다.

수묵화인 〈묵매도〉[도164]는 활달한 운필이 돋보이는 오달제의 수작이다. 오달제는 병자호란 때 청과의 화의를 반대한 삼학사三學士 중 한 사람이며, 매화 그림의 일인자로 잘 알려져 있다. 묵매는 거칠고 대담한 운필로 둥치를 그렸고 작은 가지는 꼿꼿하게 위를 향하게 했다. 매화가 지닌 상징성과 우아한 자태에 호감을 가진 듯하다. 〈연화백로도〉와 〈묵매도〉는 수묵화 특유의 미감美感과 소재의 상징성을 강조한 문인화로서, 감계화와는 다른 차원의 그림

도163 **연화백로도** 해원군 이건, 국립중앙박물관.
종친인 해원군 이건의 그림이다. 담묵으로 풀과 백로를 그렸고, 길게 자란 갈대는 농묵으로 처리하여 변화를 주었다. 화려하고 정교한 그림보다 자연스러운 필묵의 사의성寫意性 짙은 그림이 숙종의 취향임을 짐작하게 한다. 숙종은 이 그림 윗부분에 다음과 같은 어제시를 남겼다. "좋아하는 완상물은 없지만, 오직 이름 있는 그림은 즐긴다네(物皆無所好 惟獨嗜名圖), 이 때문에 그림을 많이도 모았는데, 역시 뛰어난 것만을 모으는 버릇이 되었다네(由玆 多致畵 亦自癖成殊)."

도164 **묵매도** 오달제, 국립중앙박물관.
과감하고 거침없는 운필이 매화 둥치에 튼실한 생명력을 불어넣었다. 둥치 위로 뻗어 오른 작은 가지는 꼿꼿한 절개와 기상을 암시하는 듯 필력이 충만하다. 그림의 위쪽 비단에 쓴 것은 숙종의 글씨이고, 그림의 여백에는 영조가 지은 글을 오달제의 현손인 오언유吳彦儒가 썼다. 숙종은 병자호란 이후 두번째 병자년丙子年을 맞는 숙연한 마음에 오달제의 이 그림에서 위안을 받는다고 하였다. 한겨울에도 꽃을 피우는 매화의 자태는 오달제의 충정을 연상하게 하여 한층 그림의 기품을 더해 준다.

이다. 숙종은 감계의 내용을 그린 채색화에도 호감을 가졌으나, 뜻이 함축되고 필묵의 묘미가 어우러진 수묵화에 더 깊은 개인적 취향을 두었던 것이다.

선조와 인조, 숙종은 각각 그림에 대한 뚜렷한 개인 취향을 보였다. 사군자 그림에 천착하여 난죽화를 즐겨 그린 선조는 세종과 인종의 사군자화 전통을 이었으며, 인조가 화조화와 채색 위주의 고사화에 관심을 둔 점은 청록산수화가 유행하기 시작한 17세기 화단의 동향과 관련하여 주목할 만하다. 숙종은 감계화에도 큰 관심을 가졌으나, 개인 취향은 수묵 위주의 사의성이 강한 그림에 두었다. 선조, 인조, 숙종은 사군자화, 화조화, 고사화, 수묵화훼화 등 문인화풍에 취향을 보였는데, 이는 왕의 회화 취미에 있어 조선 초기보다 감상화가 보다 비중 있게 선호되었음을 알려준다.

영조 정조 헌종의   **영조, 취향과 실용의 조화**　　　"무릇 글씨와
그림취향

그림은 다 배우지 않고도 잘하시어 필묵을 가지고 노실 때마다 빼어난 풍채가 사람들의 눈을 감동시켰다. 숙종께서 그 천성을 아름답게 여겨 시를 지어 총애하셨다."[71] 「영조대왕행장」英祖大王行狀에 실린 문장이다. 영조가 어린 시절부터 그림에 상당한 재능이 있었음을 알려주는 기록이다. 또한 17세 때에는 사용원 제거提擧로 있으면서 도자기의 밑그림으로 산수·화초·국화 등을 그린 일화도 전한다.[72] 숙종의 어진을 제작할 때는 도제조로부터 봉심奉審을 요청받기도 하였다.[73] 숙종이 연잉군(후의 영조)의 그림을 보고 남긴 「제연잉군자화선인도」題延礽君自畵仙人圖, 「제연잉군도사인물산수」題延礽君圖寫人物山水 등의[74] 시에는 연잉군이 청소년기에 많은 그림을 그렸고, 숙종이 이를 관심 있게 보았음을 전해 준다. 이처럼 그림에 뛰어난 재능을 보인 영조는 왕이 된 뒤에도 간혹 화필을 든 적이 있었던 것으로 보인다.[75]

영조 또한 숙종과 마찬가지로 감계화에 관심을 가졌다. 영조가

본 감계화로는 백성의 생활상과 관련된 주제가 많았다. 영조는 숙종 때 영동감진어사嶺東監賑御史가 재해를 당한 백성의 참상을 그려서 올린 기민도飢民圖를 살펴보고는 "이 그림을 보고 백성을 생각하면 누워도 잠을 이루지 못하여 거의 밤을 지새우곤 한다"라고 언급한 바 있다.[76] 이외에도 영조는 가색도, 농상도, 빈풍칠월도 등을 가까이하면서 백성들의 수고와 고달픔을 항상 기억하고자 했다고 전한다.

영조는 특정 장소와 공간을 이해하기 위한 효과적인 방편으로 그림을 활용하였다. 특히 자신이 직접 가볼 수 없지만 눈으로 확인하고 싶은 곳을 그림으로 그리게 하여 감상하였다. 예컨대 결출한 유학자가 머문 학문의 산실인 이황의 도산서원陶山書院,[77] 이이李珥의 석담서원石潭書院,[78] 이언적李彦迪의 옥산서원玉山書院 등을 그리게 한 기록이 있다.[79] 이와 비슷한 유형으로 주자

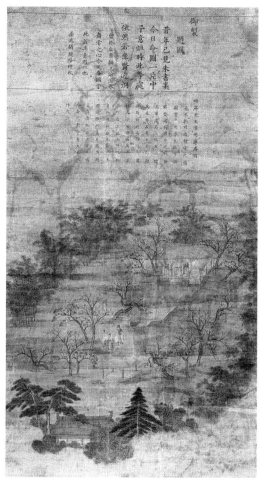

의 일화를 그린 〈장주묘암도〉漳州茆菴圖[도165]가 전한다. 이 그림은 영조가 『주자어류』朱子語類를 읽던 중 주자가 『주역』周易의 원리에 따라 후원後園을 꾸미고, 띠집[茆菴]을 지은 일화를 그리게 한 것이다.[80] 이때 주자가 장주지사漳州知事로 있었으므로 '장주묘암도'라 제목을 붙였다.[81] 왕명에 의한 그림이므로 화가는 자신의 개성보다 치밀한 필치와 채색을 구사하여 화격을 높였다. 〈장주묘암도〉는 『주역』의 원리를 이해하고 또 주자와 관련된 일화 속의 공간을 감상하고자 그리게 한 그림이다. 동시에 화려한 채색을 구사하여 장식적 요소와 감상의 효과도 고려하였다.

도165 **장주묘암도** 전 정선, 개인 소장. 주자가 복건성 남쪽의 상업도시 장주의 지사로 있을 때, 『주역』의 원리에 입각하여 후원을 꾸민 뒤 묘암을 지은 일화를 그린 것이다. 영조는 이 이야기가 실린 『주자어류』를 읽던 중 감동하여 〈장주묘암도〉를 그릴 것을 명하였다. 『영조실록』에는 "화본畫本을 3단으로 정하여, 자신의 글을 상층에 쓰고, 『주자어류』의 본문은 중단에 쓰며, 묘암도茆菴圖는 하단에 그리도록 하라"라고 기록되었다. 실록에 기록된 '묘암도'가 바로 이 〈장주묘암도〉이다.

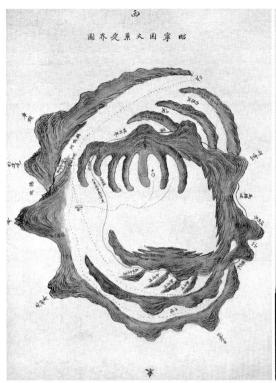

도166 **소령원화소정계도** 한국학중앙연구원 장서각(왼쪽).

소령원 일대의 산불 저지 구역인 화소火巢를 표시한 그림이다. 묘역을 중심으로 그은 붉은 선이 바로 화소의 경계선이며, 이 선을 따라 일정한 간격으로 초목을 잘라냄으로써 묘소 밖에서 발생한 산불이 안으로 번지지 않게 하였다. 그 둘레는 20리 정도다. 서쪽을 그림의 상단에 두어 묘소가 동향東向하고 있음을 나타내었다. 기존의 산도는 흑백으로 산맥의 흐름만을 묘사했지만, 이 그림에는 산뜻한 채색을 곁들였다. 1753년(영조 29) 숙빈 최씨의 묘를 소령원으로 승격한 뒤에 그린 것으로 추정된다.

이외에도 영조가 사친私親 숙빈최씨淑嬪崔氏의 묘역을 소령원昭寧園으로 격상시키면서 그리게 한 〈소령원도〉昭寧園圖와 〈소령원화소정계도〉昭寧園火巢定界圖도 특정 지형과 공간을 이해하기 위한 그림이다. 〈소령원도〉(제1부 도15 참조)는 영조가 1753년(영조 29) 생모 숙빈최씨의 '묘'墓를 '원'園으로 격상시킬 당시의 묘역을 그린 것이다.[82] 자주 가볼 수 없던 사친의 묘역을 수시로 보기 위해 제작케 한 듯하다. 흑백으로 묘사한 일반적인 산도山圖와 달리 담채淡彩를 가미하여 지형도로서의 효과를 강조하였다. 소령원의 산불 경계 지역을 표시한 〈소령원화소정계도〉도166도 전체 구역을 한눈에 볼 수 있도록 하기 위해 산도나 묘도의 형식을 취하였다. 하지만 그 기능은 〈소령원도〉와 다르지 않다. 현장을 직접 가보지 않고서도 지형과 지세를 이해하고자 한 것이 이 그림을 제작케 한 목적이었다. 이렇게 본다면 두 작품은 실용적인 성격의 그림으로도 분류할 수 있다.

영조는 초상화에도 관심이 깊었다. 개국공신 이지란李之蘭(1331~1402)의 영정 이야기를 듣고서 이를 가져오게 하였고,[83] 기사耆社에 참석한 영남 출신의 이산두李山斗(1680~1772)를 만나지 못해 그의 초상화를 그려오게 한 바 있다.[84] 도167 이처럼 영조는 여러 차례 특정 인물의 초상화를 그리게 하였고, 이를 통해 그들의 모습을 대면하고 기념하였다. 잘 알려진 대로, 영조는 10년에 한 번씩 자신의 초상화를 그리게 한 바 있듯이 초상화에 상당한 안목과 조예를 지니고 있었다.

김두량金斗樑(1696~1763)과 김덕하金德廈가 함께 그린 〈사계산수도〉四季山水圖 도168는 사계절의 산수를 배경으로 한 전원생활을 그린 것으로, 영조가 감상한 그림이다. 그림 앞쪽에 연결된 글은 1744년 (영조 20) '일녕헌'日寧軒이라는 헌호軒號를 가진 인물이 연경당演慶堂에서 쓴 것이다. 그런데 이 글씨는 영조의 서체와 매우 유사하여

영조가 감상하고서 남긴 것으로 추정되기도 한다.[85] 연경당은 창경궁에 속한 전각으로 영조와 후궁 영빈 이씨暎嬪李氏가 자주 들렀고, 둘째딸 화평옹주和平翁主가 거처한 곳이다.[86] 따라서 〈사계산수도〉는 영조와 영빈이씨 등이 함께 감상한 그림으로 보는 견해도 있다.

영조는 서화에 대한 관심을 작품의 수집과 수장을 통해 실천하였다. 영조 자신이 간직한 서책·어필·어화 등은 『일한재소재책치부』日閑齋所在冊置簿라는 목록집에 빠짐없이 기록하였다. 이 치부책은 1726년(영조 2)에 작성하여, 당시 8세의 효장세자孝章世子(1719~1728)에게 작품과 함께 내려준 것으로 보인다. 이 책에 실린 전체 56점의 목록 가운데 11점이 그림이며,[87] 영조가 그린 그림으로는 난화·죽화·수묵매화·채녀도採女圖 등이 기록되었다.

이외에도 영조는 기념해야 할 일이 있을 때면 빠짐없이 기록화를 남겼다. 모두 소개할 수 없지만, 신하들이 올린 궁중행사 기록화도 상당수에 이른다. 위에서 살펴본 현존작들은 특정 인물과 공간, 일화에 대한 관심, 그리고 시각적인 확인을 요하는 일에 그림을 활용했음을 알려준다. 감계적인 내용의 그림은 이전 시기에 비해 상당히 줄어든 편이며, 이는 감상과 실용의 목적을 중시한 영조의 그림취향이나 회화관과도 무관하지 않을 것이다. 이와 같이 영조는 감계화와 기록화, 초상화 등 다방면의 그림에 관심을 가졌으며, 특히 화원화가들의 수준이 영조 연간에 비약적인 발전을 이루도록 환경을 조성하는 데 힘썼다.

정조, 형사와 신운의 추구

『정조실록』의 부록에 실린 「혜경궁이 내린 행록」惠慶宮書下行錄에는 정조가 "글씨 쓰기를 좋아하여 2세 때 글자 모양을 만들었고, 3~4세 때는 이미 필획이 이루어져 날마다 그것으로 장난을 삼았다"라고 적혀 있다.[88] 서화에 대한 정조의 타고난 재능을 알려주는 기록이다. 또한 정조가 보위에 있으면서 "정무를 돌보는 틈틈이 오직 경사經史와 한묵翰墨으로 즐거움을 삼았다"[89]라고 한 것은 그가 문예와 서화에 높은 소양을 지녔음을 말해 준다.

일제강점기에 왕실 사무를 담당한 이왕직李王職에서 작성한 『봉모당봉장서목』奉謨堂奉藏書目에는 창덕궁의 왕실도서 수장고인 봉모당에 '정조어화'正祖御畵 1점과 '장조예화'莊祖睿畵 7점이 있었던 것으로 기록되었다.[90] 장조는 정조의 아버지 사도세자로서, 젊은 시절부터 서화에 발군의 재능을 보인 인물이다. 서목에 기록된 장조의 그림은 주로 산수화와 영모화이다. 구체적인 화법은 알 수 없지만, 장조의 서화 취미와 재능은 정조에게도 간접적인 영향을 미쳤을 것이다.

정조는 화원들의 그림을 관심 있게 지켜보았고, 그들을 관리하고 운영하는 데 직접 관여하기도 하였다. 그 일환으로 1783년(정조 7) 11월에는 자비대령화원差備待令畵員의 직제를 설치하여 도화서 화원 가운데 일부를 선발하여 규장각에 소속시키고 특별히 대우하였다. 이들은 도화서 업무도 수행하는 한편 규장각 소관의 어제 인찰印札 등 보다 중요한 일을 담당한 당대 최고의 궁중화원들이었다.[91]

정조는 규장각 자비대령화원제를 운영하면서 각 화원들의 장단점을 일일이 품평할 만큼 세심한 안목을 지니고 있었다. 그리고 그림의 본질은 신운神韻의 표현에 있음을 강조하였다. 이는 인물화에 대한 정조의 취향이 집약된 표현이다. 여기에서 '신운'이란 초상화에 해당하는 말로 대상을 철저하게 관찰하여 가장 핵심적인 요체를 파악하고, 거기에 생명력을 불어넣듯 그리는 것을 말한다.[92] 즉, 형사形似에 충실한 기본기 위에 대상 인물의 정신을 담아내는 신운의 개념이 필요함을 지적한 것이다.

정조는 자신의 취향에 맞는 그림을 그린 화원들은 총애한 한편 부진한 화원들에게는 분발을 요구하였다. 1791년(정조 15) 규장각의 검교직각檢校直閣 서영보徐榮輔가 남긴 다음의 기록은 자비대령화원들에게 기대했던 정조의 회화관을 엿볼 수 있는 대목이다.

화원들의 기예技藝를 시험 보았는데, 농묵濃墨으로 휘갈기고 바림하여 사의화寫意畵와 비슷하게 한 자가 있었다. 주상께서 지시하기를 "화원 그림에서 말하는 남종南宗이라는 것은 귀한 점이 치밀하고 세세한 데 있는 것인데, 이와 같이 제멋대로 그리다니 이것이 비록 자잘한 일이지만, 역시 마음이 편치 않다" 하시며 그를 내쫓도록 분부하셨다.[93]

정조는 약간의 주관적 해석이 가능한 남종화풍을 두고 세밀하고 섬세해야 함을 요구하였다. 이는 그려야 할 대상에 대한 객관적이고 자세한 관찰이 선행되어야 함을 말한 것으로 이해되며, 정조가 지닌 회화관의 핵심을 시사하는 부분이다.

정조가 감상한 그림으로는 〈송시열 초상화〉, 《만고기관첩》萬古奇觀帖, 김홍도金弘道(1745~1806 이후)가 그린 《주부자시의도》朱夫子詩意圖 등이 전한다. 모두 정조 자신의 제발이 있는 그림들이다. 그림의 주제는 초상화, 시의도詩意圖, 감계화로서 존경하는 인물과 학문적 관심의 고취, 교훈적 내용 등을 담고 있다.

〈송시열 초상화〉[도169]는 노년기 모습을 그린 것으로, 송시열宋時烈(1607~1689)이 45세(1651) 때 지은 자찬自撰과 정조가 예서체로 쓴 어제찬御製讚이 있다. 찬문에서 정조는 자신이 평생 동안 송시열의 절개와 의리를 존중했으며, 학문의 종주인 그를 기린다고 하였다. 초상화를 보는 안목이 높은 정조였기에 〈송시열 초상화〉에서 받은 내면의 교감 또한 깊었다고 하겠다.

초상화와 달리 《만고기관첩》과 《주부자시의도》는 복합적인 주제를 다룬 그림첩이다. 두 그림 모두 정조의 호학好學 취향과 관련이 있다. 전자가 효행과 선치善治를 권장하는 주제라면, 후자는 『대학』大學의 가르침이 주제다. 《만고기관첩》[도170]에는 성현과 신선의 고사故事, 산수명승, 명시문名詩文 등이 함께 수록되어 있어,[94] 감계의 의미를 전달하고 면학勉學의 교재로 사용하고자 제작한 화첩으로 보인다.[95]

도169 **송시열 초상화** 국립중앙박물관.
송시열의 노년기 모습을 그린 초상화이다. 화가는 알려져 있지 않지만, 그림의 오른편에는 송시열이 45세 때 쓴 자찬이 있고, 그 왼편에는 정조가 지은 찬문이 적혀 있다. 정조가 초상에 엄숙함과 고고함이 있다고 할 만큼 복건에 심의深衣를 입은 노유학자의 기품이 잘 나타나 있다. 심의는 간결하고 정리된 선묘를 썼지만, 얼굴 부분은 잔잔한 주름을 많이 묘사하여 송시열의 굴곡 많았던 정치가로서의 모습을 형상화하였다.

御製

　　　　　王廙朝

節兼十䟽高平坐我數重翠

祖屋屢慶崇立林熟千春

橫豎皆當理蔺絲理

學宗求盡經淪

業于坐叔季

遠浴中桓

屋在遺

俟書清

高衿佩盈

進書乘宜奠一醉

崇禎紀元㳟再戌歲三月

追製於萬㡬之暇

廩鹿之羣達華之廬窓明人靜忍飢著書甫形枯膿甫學空疎

帝裒甫員聖言用侮宜置置之釜魚之伍

崇禎紀元後辛卯 尤翁自警于華陽書屋

정조는 재위 24년(1800) 김홍도에게 명하여 주자의 칠언절구 한
시 8수를 소재로 한 《주부자시의도》도171를 그리게 하였다. 정조가
『대학』에 관심을 가진 것은 탕평정치蕩平政治의 사상적 기반을 마련
하기 위한 방편이었다고 이야기되고 있다.[96] 《주부자시의도》의 세부
묘사는 일반 화원화가들의 채색화처럼 정세하지 않으며, 김홍도의
개성적인 필치도 다소 절제되어 있다. 정조는 이 그림을 보고 "주
자의 남은 뜻을 깊이 얻었다"면서 "늘 눈여겨보며 (감계의) 자료로
삼겠다"라고 하였다. 《주부자시의도》는 감계화의 성격도 띠고 있지
만, 감상화로서 활용된 그림으로 보는 편이 더 적절할 것이다.

종합적으로 볼 때, 정조의 회화관은 사실적인 묘사를 기본으로
하되, 단순히 형사의 닮음에서 끝나지 않고 대상이 간직한 신운의
표현을 궁극적으로 추구하였다.[97] 정조는 기본적으로 산수화를 그리
는 데에 주관적이고 방만함에 대한 절제를 꼽았고, 인물화에서는
외형의 묘사를 떠나 대상의 정신을 옮겨내어야 함을 강조하였다.
또한 정조가 감상하고 어제를 남긴 그림은 교훈과 면학을 지향한
감계화와 감상화의 성격이 공유되었다는 점이 특징이라 하겠다.

七十二峯都
插天一峯石廩
舊名傳家
有廬高如許
大好人閒快
活年

民寫前村庄
插白石下年

四曲東西兩石
巖、花垂
露碧瑭桃金
雖吽巖左人
見月滿空山水
滿潭

一以壬辰晷七点
客咕形亂

헌종, 창작과 품평의 취미

"평소에 서화를 사랑하여 고금 명가의 유필遺筆을 다 내부內府에 모아 두셨다."[98] 서화에 대한 헌종의 관심을 기술한 묘지문墓誌文의 한 문장이다.[99] 헌종은 20대 초반의 나이에 방대한 분량의 서화를 직접 모으고 수장하였다. 창경궁 낙선재樂善齋 주변의 전각들을 수상처로 삼았으며, 그중에서도 정조 대에 지어진 승화루承華樓는 헌종 대에 이르러 궁중 수장의 중심지로서의 기능하였다. 이곳에 소장된 다양한 전적과 서화류는『승화루서목』承華樓書目에 빠짐없이 기록되었다.[100] 이 서목은 서첩 205건, 화첩 112건을 포함하여 총 687건 884점에 달한다.[101]

『승화루서목』에 수록된 회화류는 중국 화가들의 그림을 비롯하여 정선鄭敾·김홍도·심사정沈師正 등 18세기와 헌종 연간부터 활동한 화가들의 그림이 대부분이다. 그런데『승화루서목』에 기록된 그림들은 23세로 요절한 헌종이 모두 선별한 것으로 보기는 어렵다. 그림들은 18세기 이후부터 수집된 것으로 추측되며, 이전 왕실 인물들의 취향이 반영된 수장품일 가능성이 크다.[102]

헌종은 수장품을 내어놓고 화가들과 품평하기를 좋아했다. 당대의 화단에서 문인화가로 이름이 높았던 전기와 허련許鍊(1809~1892)은 헌종이 직접 만났던 화가들이다.[103] 김정희金正喜(1786~1856)의 제자인 그들과 함께 그림을 감상하였고, 자신이 보는 앞에서 그림을 그리도록 하였다. 이를 통해 보면, 헌종의 취향은 정통 문인화론에 근거한 남종화 계통에 가까웠다고 하겠다.

헌종의 서화취향을 살피면서 한 가지 고려해야 할 것은 그의 연령이다. 20대 초반인 헌종의 안목을 완숙하다고 보기는 어려울 듯하다. 다만 헌종은 어린 시절부터 남종화풍에 관심이 많았고, 동시대 화가들의 이야기를 듣거나 작품을 감상하는 일에 무엇보다 집중하였다. 이를 통해 젊은 나이에 서화를 보는 자신의 시각과 안목을 갖추게 된 듯하다. 문예군주文藝君主로 성장할 만한 남다른 열정을 가졌지만, 23세로 생을 마친 그에게 '미완의 문예군주'라는 수식어를 붙이는 것은 바로 이런 이유 때문일 것이다.

　이상에서 살펴본 대로, 영조는 어린 시절부터 그림을 남길 만큼 재능을 지녔으나 재위 기간에 직접 그린 그림들은 알려져 있지 않다. 실용적인 목적에서 그림을 그리게 한 예가 많았으며, 자신이 감상한 그림들은 대부분 수장하였고 목록을 만들어 관리하였다. 그 뒤를 이은 정조는 화원제도와 그 운영에 관심을 가졌고, 형사와 신운의 조화를 이룬 그림을 강조하였다. 이러한 정조의 화론은 현존하는 그의 전칭작과도 상당 부분 합치되는 특징을 보인다. 한편 헌종은 전통적인 문인화풍인 남종산수화에 매력을 느껴 여러 작품들을 수장하고, 기성 화가들과의 만남을 통해 안목을 키워 나가고자 하였다.

　아울러 여러 기록과 함께 영조, 정조가 감상한 그림 가운데 현존하는 작품을 대략적으로 살펴보았다. 영정조 대에는 감계화에 대한 비중이 숙종 대에 비해 줄어들었지만, 감상화의 경우에는 영조의 실용주의적 관심과 정조의 호학적 취향이 중심이 되었음을 알 수 있었다. 이러한 취향은 화원화가들의 기량을 높이는 데에도 영향을 주었으며, 나아가 조선 후기의 문예를 활성화하는 데에도 밑거름이 되었다.

　영조와 정조, 헌종은 어린 시절부터 문예 방면에 재능을 보였고, 왕이 되어서는 뛰어난 감식안을 토대로 자신의 취향을 키워 나갔다. 서화를 말예로 간주한 신하들의 태도는 앞 시기보다 상당히 완화되었고, 왕 자신도 절제를 고려한 범위 내에서 개인적인 취향을 누릴 수 있는 분위기가 조성되었다.

　이후 왕이 감상한 그림은 고종 연간으로 이어지는데, 고종이 감상한 그림은 대부분 조선 말기에 활동한 도화서 화원 소속의 어용御用 화사들이 그린 것이다. 고종의 주문에 의해 이들이 그려 올린 그림들이 현재 남아 있다. 현존하는 그림으로 미루어 보면, 고종은 대체로 사군자화나 문인화류의 전통적인 주제에 취향이 있었던 것으로 추측된다.

4 왕이 그린 그림

국왕의 취미생활은 국정과 민생을 살피고 난 여가에 가능하였고 공식적일 수는 없었다. 특히 그림을 감상하거나 그리는 일은 지극히 사적인 일에 속했다. 때문에 왕의 서화취미에 대한 자세한 기록을 찾는 데는 한계가 있다. 조선 초기에는 왕의 여가활동에 대해 대신들의 견제와 제약이 많았다. 조선 후기에 이르면 이러한 제약은 완화되지만, 왕의 서화취미는 여전히 은밀한 가운데 누려야 하는 여가활동이었다.

왕은 군왕으로서의 성찰과 소양을 쌓기 위해 감계화에 관심을 두었다. 그러나 정작 자신의 취향과 성정에 맞는 그림은 순수 감상화에서 찾았다. 그림을 감상하는 왕에게 관심을 둔 영역과 취향의 대상은 별개로 구분되었던 것이 아닌가 생각된다. 이 장에서는 왕이 직접 그린 그림으로 전하는 예들을 살펴본다. 이는 왕의 순수한 취향의 세계를 보여주는 작품들이며, 문헌기록들을 통해 파악된 왕의 회화취미를 보다 실증적으로 뒷받침하는 사례가 될 것이다.

아무리 그림에 매력을 느끼고 재능 있는 왕이라 하더라도 직접 그림을 그린 경우는 드물었다. 시기에 따른 차이는 있지만, 왕이 감상의 단계를 넘어 화필을 잡는다면 이를 경계한 신하들과 여러 가지 불편한 논란에 시달려야 했다. 오늘날 어화로 전하는 작품이 불과 몇 점에 지나지 않는 이유도 여기에 있지 않을까 한다. 현존하는 어화로는 인종의 〈묵죽도〉墨竹圖, 선조의 〈묵란도〉墨蘭圖·〈묵죽도〉, 정조의 〈묵매도〉墨梅圖를 비롯한 수묵화 6점, 그리고 헌종의 〈산수도〉山水圖 등이 있다. 그림의 주제는 대부분 사군자와 산수화에 국한된다. 현재 왕이 그린 것으로 전하는 그림 중에는 진위 여부에 대해 엄밀한 고증을 거치지 못한 사례도 있으나, 이 장에서는 왕의 그림으로 알려진 전칭작들을 포함하여 살펴보겠다. 대부분 이미 소개된 바 있으므로 주요 특징과 성격을 살피는 데 중점을 두기로 한다.

인종의 묵죽도

인종의 재위(1544~1545)는 8개월의 짧은 기간이었다. 따라서 그의 문예취미에 대해서는 알려진 것이 없다. 다만 세자 시절에 그린 〈묵죽도〉 한 점이 판각본으로 남아 있다.^{도172} 세자가 그린 그림은 어화가 아니라 '예화'睿畵로 구분한다. 하지만 인종은 뒤에 왕위에 올랐던 인물이고, 또 시대가 올라가는 작례作例이기에 함께 살펴보기로 한다.

인종은 세자 시절이던 1543년(중종 38) 수묵으로 묵죽 한 점을 그린 뒤 스승인 김인후金麟厚(1510~1560)에게 선물로 주었다. 지금 전하는 것은 당시 수묵화로 그린 원본을 목판에 새겨서 찍은 판본이다.[104] 김인후의 「연보」에는 이때 받은 〈묵죽도〉에 대한 글이 있다.[105]

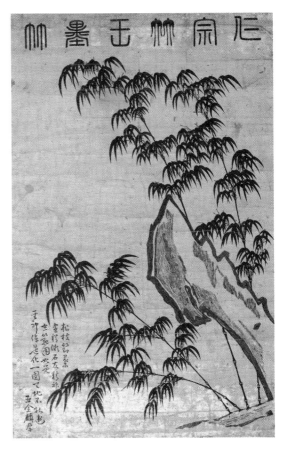

207

세자께서는 본래 예능에 재주가 많았는데, 일찍이 다른 사람에게 드러내 보인 적이 없었다. 그러나 오직 선생에게만은 묵죽 한 본을 직접 그려 내리면서 뜻을 보였다. 그리고 선생께 명하여 제시를 지어 화축에 쓰게 하였다.

春宮素多藝 未嘗表見於人 獨於先生 賜于寫墨竹一本以示意 仍命先生題詩於畫軸

뿌리와 가지, 마디와 잎새가 이리 정미하니	根枝節葉盡精微
바위를 친구 삼은 정갈한 뜻 여기에 있지 않습니까?	石友精神在範圍
비로소 성스러운 혼이 조화를 기다리심을 보았나이다.	始覺聖神俟造化
온 천지가 어찌 어김이 있겠습니까.	一團天地不能違

세자 시절에 잠저에서 그림을 익힌 과정은 여러 왕들의 기록에서 공통적으로 보이는 사실이다. 세종도 그러했고 조선 후기의 영조·정조에 이르기까지 서화에 취미를 둔 왕이라면 거의 예외가 아니었다. 이 〈묵죽도〉가 주목되는 것은 왕이 세자 시절에 그린 사례이며, 김인후가 이 그림을 받은 다음 군신의 예로써 시를 지어 화답을 남겼기 때문이다.

김인후의 시는 인종의 그림과 더불어 밝은 임금과 어진 신하의 만남을 상징하는 시로 후세에 전해졌다. 시로써 그림의 품격을 더욱 돋보이게 한 것이다. 인종의 〈묵죽도〉는 후대의 여러 왕들이 직접 감상하기도 하였다. 영조는 효릉孝陵에 제사를 올린 뒤, 이 〈묵죽도〉를 보고서 시를 지어 그 옆에 걸어두게 하였으며, 정조는 김인후에게 치제문致祭文을 내리면서 "궁실 비단의 옛 묵적墨跡은 성대盛代의 회사였다"(宮絹古墨 盛際繪事)라고 상찬한 바 있다.[106]

이외에도 이 〈묵죽도〉에 대한 글은 개인 문집에도 여러 편 실려 있다.[107] 예컨대 신흠申欽(1566~1628)은 "후대에 이 그림을 보는 자는 반드시 길이 탄식하면서 밝은 임금과 어진 신하가 서로 만난 데 대해 느낀 바가 있을 것이다"라고 하였다.[108] 왕이 그린 그림에 대한

평은 대부분 그림 자체보다 그림에 반영된 뜻을 소중히 여겼고, 이와 관련된 상징적 의미를 강하게 부여하고 있음을 볼 수 있다.

선조의
난죽도와 묵죽도

선조는 사군자를 특히 잘 그렸고, 취미의 단계를 넘어선 수준이라는 평가를 받았다. 왕위에 오른 뒤에는 사신들이 연경에서 구해 온 난죽보蘭竹譜를 가까이 두고서 임모臨摹에 열중했다는 기록이 있다.[109] 화보를 통해 정통 화법을 익힐 만큼 학습에 충실했던 태도를 엿볼 수 있다. 선조의 사군자 그림으로는 《열성어필》[110]에 수록된 〈난죽도〉와 《화원별집》畵苑別集에 실린 〈묵죽도〉 한 점이 전한다.

이 두 그림은 목판에 새겨서 찍어낸 판본과 종이에 수묵으로 그린 것이지만, 화면의 구성과 필치를 통해 선조가 지닌 묵화의 기량을 살필 수 있는 사례이다. 〈난죽도〉[도173]의 묵란은 거의 대칭형으로 뻗어 오른 난 잎의 구성으로 볼 때, 조선 중기 묵란화풍의 전형을 따랐으며, 송민고宋民古(1592~?)의 묵란 그림과 유사한 점이 많아

도173 **난죽도** 《열성어필》에 수록, 선조, 한국학중앙연구원 장서각.
《열성어필》은 선조를 비롯한 인조·효종·현종·숙종 등의 글씨를 모아서 목판본으로 간행한 책이다. 선조어필 부분의 마지막에 〈난죽도〉가 실려 있다. 선조의 〈난죽도〉 판본은 『고송죽보』의 〈칭죽〉과 매우 유사하여, 명대 묵죽화풍의 영향이 반영된 것으로 보인다. 선조는 연경에서 구한 난죽보를 가까이 두고 임모했다는 기록이 있듯이 묵죽과 묵란에 심취하였고, 화보를 통한 학습에 충실했음을 짐작하게 하는 그림이다.

도174 **묵죽도** 《화원별집》에 수록, 선조, 국립중앙박물관.
《화원별집》에 수록된 선조의 〈묵죽도〉는 첩의 한 면에 이서구의 배관기와 묵죽도가 나란히 붙어 있다. 이서구의 배관기는 "신 서구배수계수근식"臣 書九拜手稽首謹識이라 쓴 아래에 "이서구인"李書九印이라 새긴 도장을 남겼다. 〈묵죽도〉는 화면의 중앙에 수직으로 줄기를 그렸고, 그 아래와 위쪽에 댓잎을 모아 그렸다. 〈묵죽도〉의 세부 특징으로 볼 때 『고송죽보』의 「사어경단」과 「노건」 등에 보이는 요소와 유사하여, 화보를 베껴 그린 방작으로 추정된다.

보인다. 함께 그린 묵죽에서 주목되는 점은 명 대에 간행된 화보인 『고송죽보』高松竹譜의 〈청죽〉晴竹과 형태가 매우 비슷하다는 점이다. 이는 명 대의 화보풍이 선조의 그림에 반영되었음을 시사하지만,[111] 선조에게 있어 화보의 방작倣作은 자신의 개성적인 화법을 찾고자 한 과정이었던 것으로 이해된다.

〈묵죽도〉도174는 종이에 그린 것으로, 첩의 한 면에 이서구李書九(1754~1825)의 배관기拜觀記와 함께 붙어 있다. 그림에는 수직으로 뻗어 오른 줄기에 상하 두 군데 덩어리를 나누어 댓잎을 그렸다. 댓잎을 묘사한 형식은 《열성어필》의 〈난죽도〉와 약간의 차이가 있지만, 이 역시 화보를 참고하여 그린 것으로 추측된다. 댓잎의 구성이나 필치는 『고송죽보』의 「사어경단」四魚競旦과 「노건」老健에 보이는 특징과 유사하다. 전반적으로 농담의 변화를 주지 않고 신속하게 그려나간 필치에 가벼운 기교는 찾아볼 수 없다.

선조가 그린 어화는 다음 세대에 이르러 상당수가 민간으로 유출되었고, 또한 위작이 많이 유통되었다고 한다. 따라서 작품의 진위 판별이 어느 시대든 쉽지 않았을 텐데, 이는 지금까지도 여전히 해결되지 않는 부분이다. 「월창야화」에서[112] 동시대 화가들의 그림에 대한 선조의 평가는 산수화와 인물화보다 주로 사군자 쪽에 편중되어 있다. 앞의 그림은 선조가 사군자화에 애착이 강했고, 또 그림의 수준을 평가할 만큼 식견이 높았음을 말해 준다.

정조의 수묵화조화   서화에 대한 정조의 재능은 아버지 사도세자의 영향과 무관하지 않을 것이다. 사도세자의 뛰어난 그림 재주를 확인시켜 줄 만한 대작은 전하지 않지만, 전칭작인 〈견도〉犬圖도175 한 점이 알려져 있다.[113] 얼룩점

박이 개의 뒷모습을 스케치풍으로 그린 것인데, 즉흥적이면서도 간결한 소묘력이 돋보이는 그림이다. 어떻게 보면 매우 근대적인 소묘풍의 그림으로 비치기도 한다. 다른 사대부화가나 화원들의 그림에서 볼 수 없던 자유로운 작화作畵 태도를 엿볼 수 있다.

역대 군왕 가운데 가장 많은 전칭작을 남긴 이는 정조이다. 물론 이 전칭작들은 대부분 진위 판명이 명확히 해결되지 않은 문제를 갖고 있다. 하지만 이 전칭작들은 정조의 그림을 설명하는 데 있어 참고할 만한 화풍의 범주를 제공해 준다. 정조의 진작眞作을 찾아내고 가려내기 위해서라도 전칭작들에 대한 충분한 이해가 필요하다.

정조의 전칭작으로 전하는 그림의 주제는 대부분 화훼와 사군자로 집약된다. 대부분의 정조 그림에 찍힌 '홍재'弘齋와, '만기여가'萬機餘暇, '만천명월주인옹'萬川明月主人翁 등의 인장이 그의 그림으로 간주되는 단서다. 하지만 인장을 제외한 정조의 화풍에 대해서는 더욱 면밀한 검토가 필요하다. 지금까지 알려진 정조의 그림은 서울대학교박물관의 〈묵매도〉墨梅圖, 동국대학교박물관의 〈파초도〉芭蕉圖와 〈국화도〉菊花圖, 국립중앙박물관의 〈추풍명안도〉秋風鳴雁圖, 《사군자팔폭병》四君子八幅屛, 일본 야마토분카칸大和文華館의 《군자화목도병풍》君子花木圖屛風 등 6점 정도다. 사군자화 및 파초도, 화조도, 화훼도 등은 최소한의 필획만을 사용한 감필법減筆法을 구사하여 절제된 수묵화의 미감을 잘 나타낸 그림들이다.

서울대학교박물관 소장의 〈묵매도〉도176는 정조가 26세(1777) 때 그린 것으로 전한다.[114] 두 줄기로 갈라진 가지의 마름모꼴 여백에 제시를 쓴 독특한 구도이다. 부분적으로 조선 중기 묵매도의 직선적이고 강직한 분위기를 띠고 있다.[115] 이보다 한 단계 더 완숙한

수준을 보여주는 그림이 동국대학교박물관의 〈파초도〉와 〈국화도〉이다. 두 점 모두 문인화풍의 간결하고 담백한 필치가 돋보이는 그림이다. 〈파초도〉^{도177}는 기교를 드러내지 않은 활달한 필치와 담묵을 구사하여 괴석怪石과 파초에 투사된 정조 자신의 심상을 담아낸 듯하다. 〈국화도〉^{노1/8}는 담묵으로 꽃과 바위, 잡풀을 그린 다음, 잎과 이끼는 짙은 먹으로 처리하여 화면에 생기를 주었다. 두 작품 모두 호방하면서도 꾸밈없는 필묵에 깃든 정조의 성정을 느끼게 한다. 원래 〈파초도〉와 〈국화도〉는 대련對聯이거나 같은 병풍에 속했던 그림으로 추측되고 있다.¹¹⁶

정조의 전칭작을 살펴볼 때 난해한 점은 그림마다 화풍이 조금씩 다르다는 것이다. 물론 재료와 제작시기에 따른 차이가 있을 수 있지만, 진위 구분이 분명한 기준작이 없어 전체를 아우르는 양식상의 특징을 확증하기 어려운 측면이 있다. 예컨대 화풍의 차이를

도176 **묵매도** 정조, 서울대학교박물관(왼쪽).
매화의 굵은 줄기는 담묵淡墨으로 획을 겹쳐 그으면서도 맑은 먹색을 내었다. 가지 사이의 여백에 글씨를 쓰는 방식은 청 대의 개성파 화가 정섭鄭燮(1693~1765)의 그림에서 볼 수 있는 파격적인 구성이다. 굵은 줄기와 대비를 이룬 잔가지에는 가시와 안점眼點을 찍어 생기를 주었다. 발문에는 정조가 자신의 막내외숙인 홍낙윤洪樂倫에게 주기 위해 그린 것으로 적혀 있다. 인장은 양각陽刻으로 새긴 "홍-재" 弘齋와 "만기여가" 萬機餘暇를 찍었다.

도179 **추풍명안도** 정조, 국립중앙박물관(오른쪽).
물 위에 머물고, 나뭇가지에 내려앉는 기러기 한 쌍이 주제이다. 화면 왼편에 나뭇가지를 배치하여 여백 공간에 변화를 주었다. 비백飛白을 훤히 드러낸 빠른 속도의 운필은 조선 중기 절파계浙派系 화가들의 필치를 연상하게 한다. 글씨와 도장을 남긴 위치 또한 평범하지 않다. 화면의 오른쪽에는 "가을바람 일어나자, 기러기 두세 마리 울음소리"(秋風忽起 鳴雁兩三聲)라는 여운을 남긴 시구를 썼다. 그 왼편에는 "만천명월주인옹" 萬川明月主人翁이라는 인장이 있다.

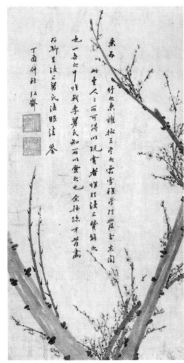

도177 **파초도** 정조, 동국대학교박물관(왼쪽).

그림 전체에 담묵의 먹빛을 유지하였으나 파초 잎은 짙은 먹으로 처리하여 변화를 주었다. 호방하면서도 절제된 운필로 수준 높은 문인화의 품격을 추구한 그림이다. 정조는 채색으로 된 감계화에도 관심이 많았지만, 개인적인 취향은 이러한 수묵화에 있었다. 음각으로 새긴 '홍재'弘齋와 양각으로 새긴 '만기'萬機라는 두 과의 도장을 남겼다.

도178 **국화도** 정조, 동국대학교박물관(오른쪽).

바위 사이에 핀 야생 국화와 잡풀을 정감 있게 그렸다. 간결한 화면 구성에 담백한 먹색과 자연스러운 필선은 수묵화를 선호한 정조의 취향을 잘 보여준다. 국화 잎은 먹빛의 농도를 조절하여 강한 먹으로 강조함으로써 생기를 주었다. 화면의 오른쪽 상단에 양각으로 "만천명월주인옹" 萬川明月主人翁이라 새긴 장방형의 인장이 찍혀 있다.

보이는 그림으로는 〈추풍명안도〉^{도179}가 주목된다. 물 위의 기러기 한 마리와 허공에서 내려앉는 기러기 사이에 절지折枝를 배치한 그림이다. 가지는 맑은 먹색을 머금은 상태에서 빠른 속도로 그어 나갔다. 그러나 앞서 본 서울대학교박물관 소장의 〈묵매도〉와 비교하면 가지를 친 필획이 서로 어울리거나 자연스럽지 못하다. 이러한 점은, 검은 비단 바탕에 금니金泥로 그린 국립중앙박물관의 《사군자팔폭병》四君子八幅屛^{도180}에서도 엿볼 수 있다. 이 8폭의 병풍 그림은 전반적인 필치와 형태감이 부자연스러워 다른 작품들과 현격한 차이를 보인다. 이외에도 화훼류를 그린 일본 야마토분카칸 소장의 《군자화목도병풍》은^{117 도181} 몰골법沒骨法을 사용하여 필획을 정리하였으나, 다른 그림과 상충되는 화법이 관찰된다. 이러한 화풍상의 문제는 비교 대상이 될 만한 기준작이 발굴된 뒤에 보다 명확한 검토가 이루어질 수 있을 것이다.

정조가 그린 그림은 대부분 수묵화조화水墨花鳥畵이며, 시서화의 삼절을 추구한 남종화풍에 속한다. 한편 정조가 감상하고 제발을 남긴 그림 중에는 채색으로 그린 감계화도 있다. 그러나 이는 감계화의 기능에 공감하여 그림을 성찰의 관점에서 감상한 것일 뿐 취향의 연장선에서 선호한 것으로 볼 수는 없을 듯하다. 특히 정조가

도180 **사군자팔폭병** 정조, 국립중앙박물관.
정조가 금니를 사용하여 그린 화훼류 그림은 『봉모당봉장서목』에 기록된 예가 있다. 이 병풍 그림에 사용된 화법은 다루기 어려운 금니의 특성 때문일 수도 있지만, 앞서 본 정조의 그림과 많은 차이를 보인다.

즐겨 그린 소재는 매화, 국화 등 사군자류와 파초, 화조 등이다. 정조가 지향한 화풍의 세계도 사대부화가들이 추구한 문인화풍의 품격과 크게 다르지 않다.

정조는 남종화에 대해 "치밀하고 세세한 점을 귀하게 본다"라고 하였다.[118] 이는 필묵의 표현이 과감하고 사의성寫意性을 띤다 하더라도 대상을 파악하는 작가의 시선과 의도는 치밀해야 함을 강조한 것으로 이해된다. 정조의 수묵 그림들은 정조가 피력한 화론과 자세한 관찰, 그리고 예술적 통찰의 과정을 거친 결과물이라 할 수 있을 것이다.

헌종의 산수도, 영왕의 소묘 화첩

헌종의 그림은 17세 때(1843) 그린 것으로 추정되는 〈산수도〉 한 점이 알려져 있다.[119] 도182 사진으로만 전하며 진작의 여부가 분명치 않으므로, 여기에서는 현상적인 부분만을 살펴보기로 한다. 그림의 여백에 "癸卯春寫于三壽堂"〔계묘춘 사우 삼수당, 1843〕이라 썼고, 그 왼편에 정병조鄭丙朝(1863~1945)의 배관기가 있다.[120] 헌종은 평소 창경궁 낙선재 주변의 전각에 시화를 보관해 놓고서 감상하였고, 허련을 불러 감평을 나누곤 하였다.[121] 이 〈산수도〉가 헌종이 청소년기에 남긴 그림이라면, 그가 추구했던 그림 취향과 수준을 엿 볼 수 있는 그림이 아닐까 한다.

헌종의 전칭작 〈산수도〉는 화보畵譜를 익힌 간결한 필치의 문인화풍 산수화로, 허련의 화풍에서 영향을 받은 듯하다. 허련이 헌종과 만난 것은 1847년(헌종 13) 여름부터였고, 마지막 만남은 1849년 5월이었다.[122] 허련은 헌종과 문답 형식으로 그림에 대한 평을 나누었고, 헌종이 보는 앞에서 직접 그림을 그리기도 하였다. 그런데 〈산수도〉를 그린 시기는 헌종이 허련을 만나기 4년 전이 되는데, 〈산수도〉에 나타난 구도와 화법은 허련의 그림과 매우 유사하다. 헌종은 평소 허련의 그림을 포함한 남종산수화 계통의 그림을 선호하였고, 이를 방작하며 자신의 취향을 가꾸어 갔던 것으로 추측된다.

도182 **산수도** 전 헌종, 『소치실록』에 수록.
중국의 원말사대가元末四大家에서 비롯한 남종화풍에 기초한 산수도이다. 화보풍의 간략한 구도에 절제된 필묵을 구사하였고 기교를 크게 발휘하지 않았다. 헌종 개인의 취향이 반영되었지만, 19세기 전반기에 유행한 남종산수화의 특징과도 잘 부합되고 있다. 세부묘사에 치중하지 않고, 범본이 된 그림의 필의筆意를 살렸으며, 필묵의 감각미가 돋보이는 그림이다.

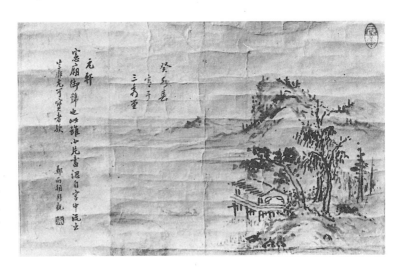

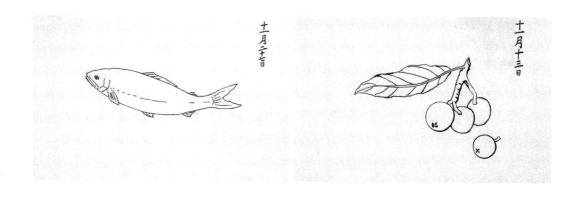

헌종의 작품 다음으로 전하는 어화는 고종의 7번째 아들이고, 순종의 이복동생인 영왕英王 이은李垠(1897~1970)의 그림첩이다. 이은은 1900년 8월에 영왕에 책봉되었고, 1907년에 황태자에 봉해졌으나 그해 12월 이토 히로부미伊藤博文 통감이 유학을 명분삼아 일본으로 데려갔다. 이 화첩은 일본 유학 시기인 1907~1910년에 이은이 그린 그림을 묶은 것이다.[123] 표지에는 "영친왕유년시화첩"英親王幼年時畵帖[도183]이라 썼고, 모두 18장이 실려 있다. 그림은 일상에서 쉽게 볼 수 있는 사물이나 동물 등을 차분하게 관찰하여 펜으로 간결하게 소묘한 것들이다. 약 13세 때 그린 것으로 추정되지만, 수준급의 소묘력이라 해도 손색이 없다. 근대식 도화교육을 통해 익힌 그림으로서, 가장 마지막 시기에 놓을 수 있는 어화라는 점에서 관심을 끈다.

이상에서 살펴본 대로 왕이 그린 그림은 사군자와 산수화가 주였으며 사의성이 강조된 문인화풍이 중심을 이루었다. 채색 취향의 그림을 거의 찾아볼 수 없다는 현상도 흥미로운 점이다. 인문적 소양과 필력을 갖춘 문인화가들의 그림과 큰 차이는 없으나, 왕이 그린 그림은 대부분 어화라는 상징성 때문에 특별한 화격으로 높이 평가되는 사례를 종종 볼 수 있다. 현존하는 그림으로 볼 때, 선조의 난죽화는 취미의 단계를 넘은 전문적인 수준에 이르렀고, 선대의 왕들이 다룬 사군자화의 전통을 계승하였다고 할 만하다. 이는

도183 **영친왕유년시화첩 중 2폭** 이은, 한국학중앙연구원 장서각.

펜으로 소묘한 그림 18장을 묶은 화첩 가운데 두 점이다. 매 장마다 연기年紀 없이 그림을 그린 날짜만 적었다. 안표지에는 "戊戌十二月 舊璿源殿煉瓦倉庫整理中 純宗秘傳文書中에서 發見"(무술십이월 구선원전연와창고정리중 순종비전문서중에서 발견)이라 써서 1958년에 이 화첩이 발견된 경위를 기록하였다. 연필로 윤곽선을 엷게 정리한 다음 펜으로 선을 그어 완성하는 방식으로 그렸다. 정확한 형태와 깔끔하게 정리된 선에서 상당한 수준의 소묘력을 엿볼 수 있다.

후대 임금들의 어화에도 긍정적인 영향을 미친 것으로 보인다. 한편 정조는 문인화론에 대한 깊은 이해를 토대로 발묵潑墨이 풍부한 수묵화를 통해, 어화가 지향한 조형세계의 단면들을 보여주었다고 하겠다. 헌종 역시 전통적인 남종산수화풍을 통해 수묵산수에 큰 관심을 보였다. 왕이 그린 것으로 전하는 그림들 가운데 진위 여부가 명확히 검증되지 못한 경우가 있지만, 왕의 그림에 대한 이해를 구하는 데에는 참고 자료가 될 수 있다.

5 글을 맺으며

이상에서 조선시대 역대 왕들의 그림취향과 왕이 감상한 그림, 그리고 왕이 직접 그린 그림들을 살펴보았다. 왕의 회화취미는 개인으로서의 왕이 아니라 절대권력자의 문예취미라는 점에서 매우 특별한 관심을 갖게 한다. 궁중에서 가장 영향력 있는 왕은 어떤 그림취미를 지녔고, 그것은 어떤 환경에서 가능했으며, 조선왕조 전 시기에 걸쳐 어떤 변화를 보였는가? 그리고 왕의 그림취미가 일반적인 회화사의 흐름 및 시대 경향과는 어떤 관계에 놓일 수 있는가가 살펴보아야 할 과제였다.

취미는 개인에 대한 깊은 탐구와 방대한 관련 자료를 토대로 추출될 때 이야기할 수 있는 문제이다. 일부에 국한된 자료를 갖고 취미의 문제를 다루는 데에는 분명 한계가 있다. 이 글에서 왕의 회화취미를 살펴보는 데 이용한 자료는 『조선왕조실록』을 비롯한 관찬기록과 개인자료, 그리고 왕이 남긴 글과 직접 그린 몇 점의 그림들이다. 이를 토대로 그림에 뚜렷한 취향을 지닌 왕을 선별하여 검토하였지만, 넓은 범위를 다룬 관계로 포괄적이고 개괄적인 고찰에 머물 수밖에 없었다. 먼저 왕이 접할 수 있었던 그림과 이에 대한 관심이 어떤 환경에서 이루어졌는가를 살펴보았고, 다음으로는 문헌을 중심으로 하여 왕의 그림취미에 대한 다양한 사례들을 왕이 감상한 그림과 함께 살펴보았다. 또한 왕이 직접 그린 그림을 통해 회화취향의 실증적인 단서들을 구해 보고자 하였다.

조선시대의 왕이 관심을 갖고 대한 그림은 교훈을 담은 그림과 개인 취향이 반영된 그림으로 나눌 수 있다. 둘 다 감상의 대상이지만, 이 글에서는 이를 감계화와 감상화로 구분하였다. 감상화가 중심 주제이지만, 감계화 또한 왕의 관심이 미쳐야 하는 그림이기에 그 내용을 함께 살펴보았다.

왕은 개인의 기호를 떠나 감계화에 도의적 관심을 두어야 했다. 반면 감계화를 귀하게 여긴 신하들의 입장에서 본다면 감상화는 "눈을 즐겁게 하는 그림"이므로 당연 경계해야 할 대상이었다. 때문에 왕이 그림을 감상하거나 그리는 일을 예의 말단인 말예로 간주하였다. 말예관은 비단 그림만이 아니라 음악과 문학 등 문예 전반에 해당되는 문제였다. 이렇게 되면 왕은 결국 취미생활조차 마음대로 누릴 수 없는 환경에 처하게 되는데, 특히 조선 초기에 그러한 제약이 강하였다. 물론 시대에 따라 차이가 있을 수 있지만, 신하들은 교훈적 의미가 담긴 감계화를 왕에게 권장하였고, 왕 또한 자신의 취향과는 별개로 관심을 보일 수밖에 없었다.

그렇다면 그림에 대한 왕의 개인 취향은 어떠했을까? 여기에 대해서는 조선왕조 전체를 세 시기로 나누어, 개인 취향이 뚜렷하고 또한 관련 기록이 있는 왕의 경우만을 선별하여 다루었다. 첫번째는 세종, 성종, 연산군, 중종 시기를 중심으로 살펴보았다. 세종 이전에는 왕의 개인 취향보다 왕실의 필요에 의한 그림이나 백성들의 생활상을 전하는 주제가 중시되었다. 그러나 성종 대 이후에는 제화시를 통한 감상이나 사실주의를 선호한 경향이 두드러졌다.

화원의 양성은 궁궐 내의 다양한 수요에 대응할 수 있는 역량과 관련된 것이어서 왕이 각별히 신경을 썼다. 아울러 역대의 왕들은 화원들이 그린 실용화에도 관심이 많았고, 화원화가의 기량을 향상시키고자 노력했다. 특히 화원들을 궁 안에 출입시켜 그림을 그리게 한 성종 대의 구현전이나 연산군 대의 내화청은 화원의 관리와 운영을 왕이 직접 주관한 사례로서 주목된다. 정조 대의 자비대령 화원 제도도 이러한 전통의 연장선에 있다고 하겠다.

두번째는 선조, 인조, 숙종을 대상으로 한 시기이다. 이 시기 왕들은 주로 사의성이 강한 문인화풍에 공통적인 취향을 보였다. 이는 조선 초기부터 지속되던 문인적 소양을 반영하고 강조한 결과로 이해되며, 왕 또한 문인사대부층의 그림취향과 크게 다르지 않았음을 시사해 준다. 한편으로 인조와 숙종은 채색화조화에 관심을 두어 새로운 경향을 탐닉하기도 하였으나 어디까지나 감상을 전제로 한 것이었다. 이와 함께 조선 후기로 갈수록 이전 시기에 비해 점차 감계화의 비중이 줄어들고, 사군자화·채색화조화·수묵화훼화 등 왕의 개인 취향이 반영된 문인화풍의 그림에 비중이 커지는 현상도 살필 수 있었다.

세번째에서는 영조, 정조, 헌종의 그림취향을 살펴보았다. 영조는 실용적인 목적에서 그림을 그리게 한 예가 많았고, 수장품의 목록을 만들어 관리에도 관심을 두었다. 정조는 화원제도와 그 운영을 직접 살폈고, 자신의 취향과 부합되는 방향으로 화원들을 선도하였다. 특히 남종문인화풍의 신운을 개념으로 한 뚜렷한 회화관을 표방하였고, 이를 토대로 화원들의 그림을 평가하고 독려하고자 하였다. 헌종은 어린 시절부터 남종산수화에 매력을 느끼고, 화가들과 접촉하면서 이를 계발하고자 하였다. 이처럼 영조와 정조·헌종은 남종화에 개인 취향을 두었고, 화단의 주요 흐름과도 맥락을 같이 하고자 하였다. 당시는 남종문인화가 화단에서 우위를 점한 시절이었고, 감성적 심미관에 기저를 둔 문인화 취향이 활발히 요구되던 분위기였다.

왕이 그림을 체험하는 방법은 '감상'과 '그리기'인데, 이 글에서는 현존하는 그림을 중심으로 다루었다. 왕이 감상한 그림의 경우 남아 있는 작품을 대상으로 하였기에 인조, 숙종, 영조, 정조의 사례에 한정할 수밖에 없었다. 예컨대 숙종은 감계화와 순수 감상화 양쪽에 모두 관심을 두었다. 이 가운데 숙종이 어제를 남긴 감계화는 조선시대 후반기 감계화의 특징을 함축적으로 파악하는 데 큰 도움을 준다. 여기에서 확인된 감계화는 채색을 사용하여 장식적 효과를 높였고, 화가의 개성을 반영하기보다 객관적이고 사실적인 묘사를 추구한 점이 두드러진 특징이다. 조선 초기의 도식적인 감계화에 비하면, 정보 전달의 영역에서 감상의 영역으로 내용이 크게 확장되었음을 읽을 수 있다. 영조는 그림의 실용적 측면을 보다 중시하여 지식의 이해를 위해 그림을 그리게 하였고, 시각적 확인을 요하는 부분에도 그림을 활용하고자 했다. 정조는 주로 교훈적 내용과 호학적 취향의 그림을 선호하였고, 이를 뒷받침할 수 있는 화원화가들의 양성에 큰 관심을 기울였다.

어화는 인종, 선조, 정조, 헌종의 그림만이 남아 있다. 그림을 남긴 왕은 일반 화가들처럼 화법을 숙련하는 데 상당한 기간을 보내야 했지만, 어화의 주제가 주로 사군자류와 산수화였기에 화원들의 기량과는 차원이 달랐다. 어화에 나타난 공통된 화법은 주로 수묵을 위주로 한 문인화풍이었다. 예컨대, 선조는 묵죽과 묵란에 매진하여 화보를 학습하는 등 취미의 단계를 넘어선 세련된 수준을 보였다. 정조의 그림은 화풍의 변화 폭이 큰 편인데, 이는 정조 그림의 기준작이 분명하지 않은 데 기인한 문제이기도 하다. 하지만 정조의 전칭작에서는 기록으로 살펴본 정조의 취향과 크게 어긋나지 않는 특색을 살필 수 있었다. 뒤를 이은 헌종은 전통적인 남종 산수화풍에 관심을 두고 있어, 19세기 남종문인화의 유행이라는 연장선에 자신의 취향을 접목시키고자 한 것으로 이해된다. 현존 어화들은 전칭작이 많지만, 앞서 살펴본 해당 왕들의 회화취향과 대체적으로 부합된다고 하겠다. 이와 같이 왕이 감상한 그림과 왕이 직접 그린 그림은 문헌을 통해 정리된 왕의 회화취향을 더욱 보완해 주는 사례들이라 하겠다.

　조선시대의 왕은 학문적 소양을 토대로 한 문예취미에 관심이 많았다. 특히 그림에 있어서는 실용성을 강조하면서도 취향에 따라 감평을 즐겼고, 혹은 직접 그림을 그리거나 수장활동을 펼침으로써 왕실문예의 한 축을 이루었다. 앞으로 연구 범위를 더욱 확대하여 국왕 개인뿐 아니라 왕실 주변 인물들의 문예취미에 대해서도 폭넓게 살펴볼 필요가 있겠다. 왕가王家의 문예취향에 대한 고찰은 당대 문화의 품격과 정서적 지향을 탐색하는 단서가 될 수 있기 때문이다. 이를 통해 왕과 왕실의 그림취미는 왕실문화의 위상을 새롭게 조명하는 주요 주제로 부각될 수 있을 것이다.

조선시대 궁중 예술품 컬렉션의 역사는 고려시대 궁중 도서관 운영으로부터 기원하
여 500년 이상 지속된 유구한 시간 속에서 형성되었다. 오늘날 미술관이나 박물관의
수장고에 해당하는 시설이 이미 건립되었고 때때로 왕족들의 감상을 위해 작품을 열
람하고 걸어둔 초보적인 전시도 이루어졌다. 실로 조선왕실의 서화수장은 구체적이
면서 조직적으로 실행된 국가 문화정책이었다고 할 수 있다.

제 3 부

조 선 왕 실 의
회 화 컬 렉 션 과 궁 중 미 술 관

宮
中
繪
畵

1 궁중회화 컬렉션 둘러보기

서양의 유수한 왕립박물관 못지않은 우리나라의 왕실 컬렉션은 존재하지 않은 걸까? 중국의 북경 고궁박물관처럼 우리나라의 옛 황실 수장품을 토대로 설립된 박물관은 예전에도 없었던 것일까?

이 글은 이러한 몇 가지 질문에 조금이라도 답을 하기 위해 시도되었다. 지금까지 막연한 상태로 남아 있는 조선시대 궁중예술품 수장收藏의 역사는 고려시대 궁중 도서관 운영에서 기원하여 500년 이상 지속되었음에도 불구하고 일제강점기를 거치면서 전통이 단절된 후 오랫동안 잊힌 채로 남아 있었다. 근래 조선 궁중문화에 대한 다양한 연구가 진행되어 대중적으로 알려지고 있는 반면, 궁중 서화수장의 실태에 대해서 제대로 소개되지 않은 것은 이런 이유 때문일 것이다. 그러나 특정한 보관시설이 이미 전통시대부터 존재하였고 목록을 작성하는 등 그동안 막연하게 인식되었던 조선 왕실의 서화수장은 실제로는 구체적이면서 조직적으로 실행된 정책이었다.

그러므로 이 글에서는 왕실(대한제국기 이후로는 황실)이 운영한 회화 컬렉션의 개황, 작품을 보관했던 궁궐전각, 관리체계 등을 살펴봄으로써 궁중 소용 장식화 및 감상화를 비롯한 현존하는 옛 궁중 소장 회화작품들의 유입시기와 전래과정, 그리고 근대적인 박물관 체계가 도입되기 전 전통시대 박물관의 설치와 운영, 더 나아가 이러한 체제 속에서 제작된 궁중회화의 전통을 보다 폭넓게 이해할 수 있는 기회를 제공하고자 한다.

2 조선왕실 회화 컬렉션의 전통

기록을 통해 보면 우리나라 왕실에서 외국 그림이나 유명 화가들의 작품을 수집한 시기는 통일신라시대로 거슬러 올라간다. 북송 대代 서화비평가 주경현朱景玄이 쓴 『당조명화록』唐朝名畵錄에 따르면, 신라인들이 당나라에 와서 인물화로 뛰어났던 주방周昉의 그림 수십 점을 사갔다는 기록이 나온다.[1] 여기에서는 조선시대 궁중 서화수장이 발달할 수 있었던 배경으로 조선 궁중 수장의 기원이 된 고려시대 궁중 서화수장 전통과 이를 계승한 조선왕조 초기의 전개 상황을 중심으로 살펴보고자 한다.[2]

고려시대 궁중
서화수장 제도의 계승

현존하는 옛 조선왕실 소장 회화작품 중 대부분이 18세기부터 20세기 초에 수집된 것이라는 사실을 고려하면, 이전 왕조에서 전래된 수장품은 극히 영세하다고 할 수 있다. 다만 관련 문헌을 통해 조선시대 이전 궁중 수장의 실태를 확인할 수 있는 여지가 있으며, 고려왕실의 수장 방식이 조선왕실과 상당히 유사했음이 발견된다. 이는 비록 왕조가 바뀌었으나, 왕실의 물품을 보관하는 방식은 앞 시대에서 영향을 받았음을 의미한다. 따라서 조선시대 이전 서화수장

書畵收藏의 경향을 살피는 것은 조선왕실에서 행해진 서화수장 방식에 대한 역사적 맥락을 이해하게 해주는 방편이 되리라고 생각한다.

고려의 궁중 수장 제도는 숙종 재위 기간(1095~1105)에 이르러 체계적으로 발전하였다. 숙종 대에는 궁궐 내 비각秘閣을 설치하고 많은 문적을 수장하였으며, 왕실의 소유임을 증명하는 수장인收藏印을 찍는 제도가 생겨났다.[3]

고려시대 궁중에 수장품이 많았다는 사실은 북송 사신으로 고려를 방문했던 서긍徐兢의 『선화봉사고려도경』宣和奉使高麗圖經(1123)에 장화전長和殿의 행랑이 모두 왕실의 창고[탕장帑藏]인데, 동쪽은 송에서 내린 보물을 저장하였고, 서쪽에는 고려의 화려한 비단을 저장하였다고 쓴 기록을 통해 짐작할 수 있다.[4] 또 임천각臨川閣에는 서책 수만 권이 간직되어 있었다는 점에서 고려시대에는 왕실의 수장품을 전문적으로 보관한 전각이 있었음을 알 수 있다.[5]

문물이 번창했던 예종 연간(1105~1122)에는 소위 '삼각'三閣으로 불린 청연각淸讌閣, 보문각寶文閣, 천장각天章閣을 세워 왕과 신하가 학문을 토론하고 서적과 예술품을 보관하는 궁중 도서관, 서화수장처로 활용하였다.[6] 그런데 고려시대 전각의 설치는 본래 북송의 관제를 따른 것으로, 중국 황제의 어필을 보관하고자 북송의 천장각 고사를 따라 동일한 명칭의 전각을 따로 건립한 사실에서 이러한 면을 엿볼 수 있다.[7] 또한 당시 송나라의 서화가 고려로 상당량 유입된 것을 통해 이미 고려 서화가들에 의해 북송 대 화풍과 당시 유행한 서풍書風이 함께 수용되었을 가능성이 크다.

이렇듯 고려왕실에서는 전적 및 서화를 보관한 전각들을 설치한 한편, 관련 장소에 대내외적인 교류를 통해 유입된 작품을 보관하였다. 당시 왕실에 중국 회화가 상당량 유입되었다는 점은 이미 기존의 연구를 통해 밝혀진 사실이지만,[8] 이 중에서도 1074년 김양감金良鑑을 사신으로 보내 많은 그림을 구입하였고, 1076년에는 최사훈崔思訓을 보내 상국사相國寺의 벽화를 모사하게 하였다는 사실은 고려왕실이 행한 적극적인 그림 수집의 일면을 보여주는 일화이다.[9] 그리고 북송의 신종(1067~1085 재위)이 곽희郭熙의 병풍 그림과 〈추경연람도〉秋景烟嵐圖 두 폭을 고려에 선물한 것으로 보아, 고려의 중국 문물 수용과 이에 따른 화풍의 유입을 짐작할 수 있다.[10]

고려왕실에서는 중국의 그림뿐만 아니라 유명한 서예가의 필적을 구하기도 하였다. 북송 대 학자 소식蘇軾(1036~1101)은 고려에서 사신을 보내 구양순歐陽詢의 글씨를 사갔다고 기록하였다.[11] 고려에서 특별히 사신을 보내 구양순의 글씨를 구해 오라고 한 것을 보면 고려왕실 내에서 구양순의 글씨를 선호하였던 것으로 추정된다. 중국을 통해 입수된 작품들은 고려왕실 내 전각에 보관되었으며, 1117년 중국에서 김자량金資諒이 많은 서화를 가져오자 천장각, 보문각, 청연각에 수장하였다.[12] 『고려사』를 통해 당시 고려왕실에는 송, 거란, 요나라로부터 하사받은 그림이 상당수 소장되었던 것으로 추정된다. 주로 역대 중국 황제들의 치적을 담은 그림이나 사당도祠堂圖가 많고, 실경산수에 기초한 것으로 추정되는 〈고려지도〉高麗地圖나 〈금강산도〉金剛山圖가 고려왕실에서 제작되었음을 알 수 있다.

고려왕실에서는 불화나 왕과 왕후의 영정도 제작되었는데, 이 중 영정은 경령전景靈殿, 영통사靈通寺에 봉안되었고 때때로 이봉移奉되었다. 경령전은 1031년(현종 22) 당의 경령궁景靈宮 제도에 기원을 둔 것으로, 개성의 만월대에 태조 왕건을 비롯한 국왕의 초상을 전문적으로 보관하기 위해 세워진 전각이다.[도184] 이외에 효사전孝思殿(후에 경명전[景命殿]으로 개칭), 성용전聖容殿처럼 태조의 영정을 봉안하기 위한 진전도 세웠다.[13] 이처럼 고려왕실에서는 왕과 왕비의 어진을 그리는 예가 빈번하였고 신흥사新興寺, 봉진사鳳進寺와 같은 사찰에 영당影堂을 따로 지어 벽에 공신상功臣像을 그리는 전통도 있었다. 사찰 안에 진전을 설치한 것은 불교를 국시國是로 삼은 고려 사회의 특수성에 기인한 것으로, 주로 궁궐 안팎에 전각을 따로 건립하여 어진을 봉안한 조선시대와는 구별되는 현상이다.

진전제도는 고려 중엽으로 가면 더욱 확대되어 봉안된 왕에 따라 특정한 명칭을 부여한 사례를 찾아볼 수 있다. 예를 들어 충렬왕의 진전을 명인전明仁殿, 노국공주의 진전을 인희전仁熙殿, 공민왕의 진전을 혜명전惠明殿이라고 명명하였다.[14] 이러한 진전의 설치는 고려시대에 들어와 어진을 포함한 왕실의 서화를 보관하려는 본격적인 노력이 발현한 것으로, 조선시대 역시 어진의 봉안이 각별했다는 점을 고려한다면 이는 열성列聖에 대한 숭모崇慕정신에서 비롯한 고려시대의 전통과 유사하다고 할 수 있다. 고려의 궁중 수장을 형성한 데에는 사가私家에서 서화를 진상하거나 원元과의 통혼으로 인해 서화작품이 고려 궁중으로 유입된 것도 배경이 되었다. 환관들이 다투어 왕에게 진귀한 물품과 서화를 바쳤다는 『고려사』高麗史의 기록이나, 노국대장공주魯國大長公主가 고려 공민왕과 혼인할 때 많은 기물器物과 간책簡冊, 서화를 가지고 왔다는 글을 통해 이러한 면을 추측해 볼 수 있다.[15]

이렇듯 고려왕조의 궁궐 내 전각의 설치 및 국내외로부터의 그림 수집, 국왕의 초상화를 봉안한 관습 등은 조선왕조가 개국한 후에도 계승되어 조선시대 궁중 수장의 토대를 이루었다.

국가적인 차원에서 형성된 회화 컬렉션

고려와 마찬가지로 조선 역시 개국 이래로 흩어진 왕실 소장의 전적 및 기타 수장품을 재수집하고 정리하려는 노력을 지속적으로 기울였다. 넓은 의미에서 조선 초기부터 궁중 서화수장이 국가 정책으로 지속될 수 있었던 데에는 서화수장이 전제왕권의 국가체제와 긴밀하게 맞물려 있었다는 점을 지적할 수 있다. 국왕 중심의 국가에서 왕은 절대적인 지배자이자 존엄의 상징이었기 때문에 그의 풍모를 전해 주는 초상, 글, 글씨, 그림이 일차적인 보관의 대상이 된 것이다. 이 중 시기를 불문하고 왕실에서 가장 중요하게 여긴 것은 선왕의 초상인 어진이었다. 조선왕실에서 어진 봉안은 종묘제례와 마찬가지로 국가권력의 정통성을 상징하는 행위로서 매우 신성시되었다. 어진의 봉안과 관리는 치도治道의 방향을 표방하기 위한 목적으로도 인식되었다. 조선왕조 동안 흩어진 역대 임금의 초상을 수집하고 파손된 것을 수리했으며, 도감都監을 설치하여 어진도사御眞圖寫를 한 전통이 유지된 것은 결국 선왕에 대한 숭모가 국정 운영의 정당성을 표방한 것이었음을 뜻한다.[16]

조선왕실에서 어진 다음으로 중요하게 수장한 것은 왕의 필적인 어필御筆이다. 어진이 개국 초부터 각별한 보관의 대상이 되었던 반면, 어필은 임진왜란(1592~1598)을 겪은 후 본격적으로 수집되었다.[17] 이는 임진왜란 동안 경복궁에 있는 전각 대부분이 전소되어 궁중에 소장 중이던 어필이 상당수 유실된 데에서 기인한 것이다. 따라서 16세기 이후 조선왕실에서는 민간에 남아 있는 어필을 진상하도록 유도하는 한편 궁중에 흩어진 어필을 일정한 전각에 모아 두기 시작하였다. 역대 조선왕조 임금의 어진·어필, 중국 황제의 어필 수장이 왕실의 정치적 신념을 뒷받침하기 위한 것이었다면 중국과 조선 서화가들의 작품을 수장한 것은 왕실의 문화적 기틀을 마련하려는 목적이 컸다고 할 수 있다.

조선왕실에서는 역대 중국황실에서 수장처를 설립하여 풍부한 도서를 구비한 것과 마찬가지로 예술품을 적극적으로 구하고자 하였다.[18] 백성들의 생업 장면을 그린 〈무일도〉無逸圖, 〈빈풍도〉豳風圖는 군주로서 행실과 덕성을 함양하고자 왕이 궁중에 비치해 놓고 수시로 감상한 그림이었고, 중국의 역대 선군善君과 악군惡君의 고사를 그린 각종 감계화鑑戒畵는 왕이 찬讚을 써서 교훈의 대상으로 삼은 작품이었다. 또한 태조 이성계가 조선을 개국할 때 이성계를 도와

주었다는 여덟 마리의 준마駿馬를 그린 《팔준도》八駿圖는 조선 초기 안견安堅을 위시해 조선 말기까지 궁중에서 지속적으로 제작되고 감상되면서 선왕의 위업을 되살리는 작품으로 인식되었다.도185 왕의 주문과 사가의 진상, 무역을 통해 궁중에 소장된 서화는 이처럼 다양한 목적으로 이용되었다. 교서관校書館이나 도화서에서는 궁중 서사書寫와 도회圖繪 업무에 참고할 선본善本 작품을 비치해 두고 참고 자료로 이용하였다. 또한 서화첩은 쓰시마 섬對馬島, 유구국琉球國(현재 일본 오키나와 일대에 위치했던 왕국) 등지로 보내져 대외적 친교 의미로 사용되었다.[19] 곧 궁중 서화수장품이 외교 수단으로 이용된 사례라 할 수 있다.

왕족들의 그림 수집과   조선시대 궁중의 회화 컬렉션이 형성
궁중회화 컬렉션   된 데에는 국왕을 비롯한 비빈과 옹
주, 왕세자, 종친들에 의한 예술품 수집과 감상이라는 행위가 뒷받
침되었다. 특히 궁중이라는 공간은 한 국가의 정책을 실현시키는
공적 공간이자 왕족들의 생활터인 사적 기능도 간직한 곳이었던 만
큼 양자 간 관계는 아주 밀접했다고 볼 수 있으며, 왕족들의 예술
적 교류와 진상進上 등으로 인해 소유품의 경계는 모호해질 수밖에
없었다.

조선시대 궁중 서화수장과 완상 풍조는 예술취향이 남달랐던 왕
의 재위 기간에 발전하였으며 16세기 선조 연간(1567~1608)이 그
시발점이 되었다고 할 수 있다. 이 시기는 임진왜란을 겪은 혼란기
였음에도 명 대의 선진문화가 대거 유입되어 예단을 진작시켰으며
그 직접적인 영향권 안에 있었던 곳이 바로 궁중이었다. 선조는 주
지번朱之蕃과 정룡鄭龍 등 명나라 칙사들이 가지고 온 중국 서화에
지대한 관심을 가지고 감상하기를 즐겼다.[20]

16세기 이후 궁중에는 김명국金明國, 이징李澄, 이정李霆 등 조선
중기 화가들의 작품도 소장되어 있었지만 궁궐의 화재와 작품 유출
로 인해 오늘날까지 남아 있는 것은 매우 드물다. 그럼에도 당시
왕실에서 이징보다 높이 평가한 오달제吳達濟(1609~1637)의 〈묵매
도〉를 비롯한 여러 그림이 현존하고 있다(제2부 도164 참조).

16세기 선조의 서화 완상과 왕실 후원자로서의 위치는 숙종에게
계승되어 빛을 발할 수 있었다. 선조의 서화는 숙종에게 많은 영향
을 준 듯, 숙종은 역대 임금 중 유독 선조에게 감응해 선조의 작품
을 보고 감상을 적은 글을 여러 편 남겼다. 조선왕조 여러 임금의
글을 모아 편찬한 『열성어제』列聖御製에 수록된 서화 기록을 보면
숙종의 글이 총 169편으로 압도적으로 많다.[21] 이러한 수치는 숙종
이 가졌던 서화에 지대한 관심을 보여준다고 할 수 있는데 그의 서
화취향은 정묘호란과 병자호란으로 피폐되었던 왕실의 서화수장을

진작시키는 데에도 중요한 역할을 했을 것으로 생각된다. 숙종은 단지 개인적으로 예술을 좋아한 군주가 아닌 제도적으로도 즉위 후 어진을 봉안할 전각을 정비하고 도감을 설치해 어진을 꾸준히 모사 하게 하는 등 궁중 회사繪事를 장려했다.[22]

숙종의 제발이 있는 현존하는 작품 중에는 〈인목왕후어필〉仁穆王后 御筆처럼 어필을 간행한 후의 감회를 적은 것이 있고, 궁중화원으로 명성이 높았던 진재해秦再奚(1691~1769)가 그렸다는 〈잠직도〉蠶織圖(제2 부 도158 참조), 윤두서尹斗緒(1668~1715)의 전칭작인 〈진단타려도〉陣搏墮 驢圖(제2부 도159 참조) 등 조선시대 화가들의 그림을 감상하고 상단에 시문을 썼다. 누에를 치고 베를 짜는 장면을 그린 잠직도나 농사짓 는 모습을 그린 경작도耕作圖와 같은 그림은 왕과 왕비가 백성들의 생업을 살피고 백성들에게 모범을 보이는 것을 중요시한 왕실에서 오래도록 제작된 것이었는데, 특히 청나라 강희·건륭황제의 제시題詩 가 있는 판화가 다량 유입되어 반포된 양상을 찾아볼 수 있다.[23]

숙종은 해원군 이건海原君 李健, 화선군 이량花善君 李㴇, 유천군 이 정儒川君 李濎 등 지척에 있었던 종친의 그림도 즐겨 감상하였으며 종친이 소장한 작품을 직접 구해 보기도 하였다. 낭선군 이우朗善君 李俁(1637~1693)가 소장한 《해동명화첩》海東名畵帖을 궁중에 들여와 모사하게 한 것이나, 의창군 이광義昌君 李珖(1589~1645)의 집에서 선조의 어필을 구해 목판으로 간행한 예가 대표적이라고 할 수 있 다. 낭선군의 《해동명화첩》은 안견, 이상좌 등 조선 15~16세기 화 가들의 작품을 모은 것으로 17세기 왕실에서도 종친이나 사가와 마찬가지로 앞 시기 조선 명화가들의 작품에 대한 완상이 이루어졌 음을 말해 준다.[24] 숙종에게 선조의 글씨를 제공한 의창군은 선조의 여덟번째 아들이자 17세기 종친 중 선조의 어필을 가장 풍부하게 수장했던 인물이다. 이렇듯 현존하는 숙종의 어람용 서화를 통해 보면, 17세기 궁중에는 더욱 풍부하고 다양한 서화작품들이 수장되 었을 것으로 추정된다.

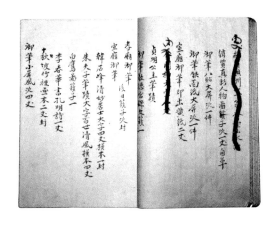

도186 『일한재소재책치부』 부분 한국학중앙연구원 장서각.

조선시대 왕실 소장품 목록서는 이미 15세기부터 작성하는 전통이 있었으나, 현존하는 것은 거의 18세기 이후의 것이며, 그중에서도 이 『일한재소재책치부』가 가장 연대가 올라간다. 일한재는 영조가 등극하기 전 머물렀던 잠저로, 그는 노년에도 이곳을 애용하였다. 영조의 장남 효장세자에게 소장품을 물려주기 위해 작성한 이 목록서에는 선왕의 서화작품과 이명욱, 이수장, 안평대군 등 왕실 측근에서 활동한 서화가들의 작품이 수록되었다. 일한재 소장이었다가 궁중으로 들어간 것은 "내입"內入이라고 적고 삭제하였다.

숙종의 서화 컬렉션은 이후 영조에게 일부 계승되었다. 숙종 연간의 궁중 수장품이 후계왕대後繼王代로 온전히 전래되었다는 증거는 희박하지만 몇몇 사례로 볼 때 18세기 궁중 수장의 기본적인 토대가 된 사례를 찾아볼 수 있다. 특히 영조는 이미 왕세제 시절부터 그림을 즐겨 그리고 예술품을 수집했는데, 그의 서화 애호 취향을 알려주는 자료로 『일한재소재책치부』日閑齋所在冊置簿 (1726)가 있다.도186 필사본인 이 책에 따르면, 영조가 연잉군 시절 가지고 있던 어필과 국내외 서화작품 총 56점이 확인되며, 그중에는 숙종이 이미 감상했던 작품들도 포함되어 있다.

영조가 왕세제 시절 모은 수장품 목록인 『일한재소재책치부』에 수록된 선왕의 글씨와 그림, 안평대군安平大君(1418~1453), 윤두서, 이명욱李明郁(17세기) 등 조선 서화가들의 작품 중 일부가 숙종에게 물려받은 것이었다든지,[25] 영조와 정조가 즐겨 감상한 서화작품 역시 숙종의 어람용 서화였다는 점이 그 증거이다.[26] 『일한재소재책치부』에는 서책을 제외한 서화 총 56점이 수록되었는데 이 중 일부만 목록으로 제시한다(옆면 표 참조).

『일한재소재책치부』는 현재까지 알려진 서화 관련 왕실 목록서 중 가장 연대가 올라가는 서목이다.[27] 일한재는 영조가 등극하기 전 머물렀던 잠저潛邸를 가리키며 경복궁과 인경궁이 있는 중간 지점에 있었다. 이 목록에서는 영조가 즉위한 지 2년째 되던 해인 1726년, 그의 장남인 효장세자孝章世子(1719~1728)에게 수장품을 물려주며 작성한 것이다. 경서류를 먼저 적었고 다음으로 어필·어화, 중국과 조선 서화가들의 작품명과 수량을 간략하게 기록하였다. 내용을 보면 어필은 숙종어필이 가장 많고 서화로는 조맹부趙孟頫, 안평대군, 이수장李壽長, 이지정李志定의 글씨, 윤두서, 이명욱의 그림이

영조가 왕세제 시절 소장했던 왕실 자료 및 그림 목록(1726년)

번호	작품명	수량 및 보관상태	비고
1	선왕의 어필〔先祖御筆〕	총 8장이며 한 통에 보관	
2	어필御筆	1통에 봉하여 자물쇠로 채워둠	궤에 보관
3	왕족의 족보〔璿源系譜紀略〕	1책	흑칠 궤에 보관
4	어필첩〔御筆帖冊〕	• 서가의 위층에 놓인 것 홍색 보자기에 싼 어첩御帖 3권, 옥색족자축 1대, 청색 보자기에 싼 어첩 2권, 보자기에 싼 어첩 1권 • 서가의 가운데층에 놓인 것 홍색 보자기에 싼 어첩 2권, 청색 보자기에 싼 어첩 2권, 『선원계보기략』璿源系譜紀略 1책 • 서가의 아래층에 놓인 것 선왕의 춘궁시春宮時를 쓴 어필 1장, 『광국지경록』光國誌慶錄 1권, 『어필맹자언해』御筆孟子諺解 7권	
5	왕이 짓고 쓴 글〔御製御筆〕	상자 3통에 넣어 보관	
6	왕이 그린 대나무와 난초〔御畵竹蘭〕	2장	
7	박동보의 〈도고용호도〉〔朴東普道高龍虎畵〕	1점	궁중으로 이관
8	비단에 그린 평양 출신 두 늙은이〔화가〕가 그린 〈수묵산수도〉〔綃質浿州二翁水墨山水圖〕		궁중으로 이관
9	비단에 그린 짙은 채색인물도 족자〔綃質眞彩人物圖簇子〕	1장이며 〔영조의〕 친필 초본	

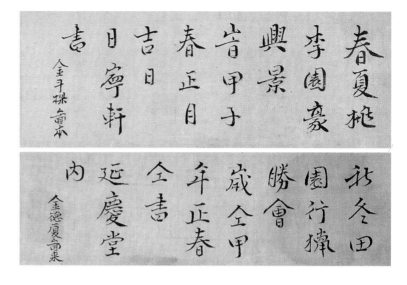

기록되어 있어 서화취미가 각별했던 영조가 왕세제 시절 수장했던
작품 내역을 알게 해준다.

이밖에 영조의 휘하에서 활동한 화원인 김두량金斗樑(1696~1763)
과 아들 김덕하金德廈(1722~1772)가 그린 〈사계산수도〉四季山水圖 역
시 당시 궁중에서 왕족들이 감상한 그림이었다(제2부 도168 참조). 그
림의 앞부분인 인수引首에 적힌 제문에 따르면, 글씨는 1744년 일
녕헌日寧軒이라는 헌호를 가진 인물이 연경당延慶堂에서 쓴 것으로,
일녕헌은 영조의 둘째 딸 화평옹주和平翁主(1727~1748)가 거처한 처
소였다.도187, 187-1 따라서 두 그림은 18세기 궁중 수장품이자 궁중 여
인들의 처소에서 완상된 작품임을 알 수 있다.

조선시대 왕의 혈족이던 종친 역시 궁중과 양반관료층을 연결한
중간자적 위치에서 서화수장의 흐름을 유도하였고 그 실체와 영향
력 또한 기존에 막연하게 알려졌던 것과 달리 예술분야에 상당한
영향력을 끼친 집단이었다. 종친에 속하는 계보는 대군大君의 4대,
군君의 3대까지이며 그 이하는 친진親盡으로 분류되어 종친의 예우
대상에서 제외되었다. 15세기 이래 종친들은 안견, 이상좌李上佐,
이징, 이정, 어몽룡魚夢龍 등 조선 초중기 화가들의 그림을 수장했

으며, 글씨는 김생金生, 이암李嵒, 안평대군, 안침安琛, 이개李塏, 김현성金玄成, 한호韓濩 등 명필들의 작품을 수장하였다.

임진왜란과 병자호란 등 외적의 침략으로 피폐된 왕실 문화를 재건하는 데 숙종이 활약하고 있을 무렵 숙종을 도와 궁중 서화수장의 한 축을 담당하던 인물이 있었으니, 그가 바로 낭선군 이우이다. 낭선군은 숙종도 인정했을 만큼 대표적인 왕족 수장가였다. 그는 평생 동안 세 번에 걸쳐 청나라에 다녀왔는데, 귀국할 때마다 고금의 희귀한 서책과 그림을 사 가지고 왔으며, 그중 일부는 궐내로 들어가 궁중 컬렉션이 되기도 했다. 그 대표적인 작품이 지금 〈송설도인초서〉松雪道人草書로 알려진 작품이다. 이 글씨의 원본은 낭선군이 연행을 다녀오며 사온 것인데, 현종顯宗의 명에 의해 궁중으로 들어간 후 미처 간행을 못하고 현종이 승하하자 숙종이 후에 간인刊印을 마친 것이다.^{도188}

낭선군 외에 궁중과 긴밀한 관계를 유지하며 서화 교류를 한 종친들은 여럿 찾아볼 수 있다. 동평군 이항東平君 李杭(1660~1701)은 인종의 〈승사도〉乘槎圖와 〈운양쌍룡도〉雲襄雙龍圖를 수장하여 숙종이 이를 빌려 보았고, 영조의 양아들 낙천군洛川君은 안평대군의 글씨 여러 점을 소장하였으며, 선조의 아들 인성군仁城君의 증손인 낙창군 이탱洛昌君 李撑(?~1761)은 중국에 가서 소식, 조맹부, 문징명文徵明, 동기창董其昌 등 중국 역대 서화가의 작품을 구입하여 수장했다.

도188 **송설도인초서와 숙종의 제題** 강릉시립박물관.
원나라 서예가인 조맹부의 글씨를 17세기 왕실에서 목판으로 찍어낸 작품이다. 이 글씨의 원본은 당시 유명한 왕족 컬렉터였던 낭선군 이우가 중국에서 구입해 와 왕실에 진상한 것으로, 지금은 확인할 수 없다. 작품의 상단에 조맹부 글씨를 매우 좋아했던 숙종 임금의 감상평이 있다.

3 궁중 미술관

그림을 보관했던 전각

**국왕의 초상을 보관했던
진전眞殿**

성리학적 체제가 규범화된 조선시대
에 국왕의 초상인 어진의 제작과 이
를 봉안하기 위한 진전의 운영은 불교적 유습이라고 비판받았지만
통치자에 대한 숭모와 선조에 대한 추모의 정을 소중하게 여긴 사
회통념상 여러 변화를 겪으면서도 꾸준히 지속되었다. 이런 배경으
로 인해 조선 초기부터 어진은 귀중하게 다루어져, 한양의 장생전長
生殿과 인소전仁昭殿, 선원전璿源殿, 개성의 목청전穆靑殿, 평양의 영숭
전永崇殿, 영흥의 준원전濬源殿, 경주의 집경전集慶殿, 전주의 경기전
慶基殿 등 여러 곳에 보관되었다.도189 조선시대에 걸쳐 세워진 여러
진전 중 현재까지 그 모습을 간직한 곳으로
는 창덕궁의 구선원전과 신선원전, 그리고
전주의 경기전이 유일하다. 경주의 집경전
은 임진왜란 때 소실되어 18세기에 비석만
세워졌으나 일제강점기에 파손되었고, 전주
경기전에는 1872년 이모한 〈태조 어진〉이
지금까지 유일한 초상화로 봉안되어 있다.
이러한 태조어진은 후계왕에게 왕통王統을

상징하는 매우 의미 있는 존재로 받아들여졌다. 특히
조선왕조의 마지막 국운을 불태우던 고종이 선왕에 대
한 현창사업의 일환으로 어진도사와 진전 운영을 통해
정통성을 찾고자 노력을 기울인 계기 역시 태조에 대
한 숭앙이었고,도190 태조의 어진을 비롯하여 4대조(목
조, 익조, 도조, 환조)의 위패를 모신 함흥본궁咸興本宮의
사례에서 알 수 있듯이 조선시대 진전의 역사는 이성
계의 위업을 숭모하고자 한 취지에서 비롯한 측면이
컸다고 할 수 있다.도191

궐내 및 궐외에 설치되었던 진전 중 가장 대표적인
곳은 경복궁과 창덕궁에 건립된 선원전이다. 선원전은
본래 태조와 태조 비인 신의왕후 어진을 봉안하고자
세워진 경복궁 문소전의 후신後身으로, 마치 종묘와 같
이 열성의 초상을 봉안함으로써 선왕의 위업과 정통성
을 상징하는 장소로 기능을 확대하고자 건립되었으나
임진왜란으로 인해 소실된 후 1656년(효종 7) 창덕궁 인정전 서쪽에
재건되어 이후 주로 이용되었다. 신숙주申叔舟가 1472년과 1473년
두 해에 걸쳐 기록한 『영모록』永慕錄과 『추모록』追慕錄은 경복궁 선
원전에 봉안되었던 어진에 관한 글로, 당시 실록기사에 따르면 등
초謄抄하여 영원히 전하게 했다고 하지만 원본은 전해 내려오지 않
는다. 다만 신숙주가 쓴 위 두 책의 서문에 의해 15세기 어진 제작
방식과 봉안 모습을 유추할 수 있을 뿐이다.[28]

창덕궁의 구선원전은 1921년 신선원전이 건립되면서 이곳에 봉
안되었던 태조 어진을 비롯한 아홉 분의 어진을 이봉하였고 추가
작업을 거쳐 모두 12위의 영정을 봉안하였다. 영정은 한국전쟁 당
시 소실되었지만 신선원전의 내부는 비교적 잘 보존되어 봉안 당시
모습을 추정할 수 있다. 신선원전은 각 임금마다 영정실을 별도로
구분 짓고 어좌御座를 두고 뒷면과 좌우 벽면에 오봉병五奉屛을, 오

봉병 뒤에는 모란병풍을 두어 장엄하였다.[도192]

한편 궐외에 설치된 진전으로 가장 역사가 오래된 것으로는 지금의 서울대학교병원 자리에 있던 영희전永禧殿을 들 수 있다. 최초 건립 후 약 300여 년간 운영된 영희전은 오래된 역사만큼이나 많은 변화를 겪으며 일제강점 전까지 유지되었다. 이곳은 본래 세조의 장녀 의숙공주懿淑公主의 사저였으나 1610년(광해 2) 왕실에서 이 부지를 매입하여 봉자전奉慈殿으로 이름하고 광해군의 생모인 공빈 김씨의 신위를 모심에 따라 사당의 성격으로 변화되었다.[29] 이후 남별전南別殿으로 개칭된 후

인조가 등극한 후에는 숭은전崇恩殿으로,[30] 다시 남별전으로 격상된 후 1676년(숙종 2)에 대대적인 중건을 거쳐 비로소 태조·세조·원종의 영정을 모신 진전으로 자리를 잡아가기 시작했다.[31] 그후 1690년(숙종 16)에 영희전으로 개칭되면서 진전으로서 위상을 확고히 갖추었고 철종 대 다시 한 번 중건을 거쳐 1900년 신新영희전이 건립된 후 1910년 일제에 의해 철거되기 전까지 태조, 세조, 원종, 숙종, 영조, 순조 6위의 어진을 봉안하였다. 이러한 공식적인 진전 외에 역대 임금의 어진도사가 꾸준히 진행됨에 따라 궁궐 내외 전각에 초상을 봉안한 사례가 늘어났다. 특히 영정조 연간에 이러한 분위기가 고조되어 순조, 헌종, 고종 대까지 이어졌으며, 고종은 경복궁을 재건하면서 선원전과 태원전泰元殿을 건립하여 옛 선원전의 맥을 이었다.

국왕의 글씨와 그림을 보관했던 존각尊閣　　조선시대 궁중 컬렉션에서 왕과 왕비의 글씨·그림인 어필의 수집과 관리는 매우 핵심적이고 중요한 사안이었다.[32] 왕실의 진전제도가 조종祖宗의 정통과 영원성을 도모하고 형식적 위엄을 통해 백성들이 국가라는 보다 큰 굴레를 의식하도록 유도한 사회제도였듯이, 어필과 어화의 보존과 모간摹刊 작업 역시 선왕에 대한 숭모정신을 표방한 것과 더불어 이러한 사회적 의미를 지녔던 것으로 파악할 수 있다. 조선왕실에서 어떠한 자료보다도 어필을 중요하게 취급한 것은, 어필이 선왕과 당저當宁에 대한 지극한 예禮와 존숭의식을 표방하고 이것이 곧 왕위 계승의 정통성과 왕권을 강화하는 수단이 되었기 때문이다. 이러한 어필이 본격적으로 간행되어 궁중에 보관되기 시작한 시기는 17세기부터라고 할 수 있다. 이전에는 낱장 또는 개별 임금의 작품을 모은 첩으로 보관되었으나, 1662년 처음으로 여러 임금들의 묵적墨跡을 《열성어필》列聖御筆이라는 제목으로 판각한 후 다량의 어필 인쇄본이 궁중에 소장되기 시작한 것이다.

　　초기에는 어필 관리가 체계적이지 못하였으나 숙종이 즉위한 뒤 어필을 봉안할 전각 설치에 심혈을 기울였다.[33] 숙종은 어필을 체계적으로 보관하기 위해 창덕궁 영휘당永輝堂 동쪽에 천한각天翰閣을 설치하여 열성어필과 판자板子를 관리하게 하였고, 영화당暎花堂, 양심각養心閣, 흠문각欽文閣, 상고廂庫, 문헌각文獻閣 등지에도 분장分藏하게 하였다.[34] 창덕궁 어수당魚水堂 뒤에는 진장각珍藏閣을 설치하여 열성의 글씨와 그림을 보관하였는데 이곳은 정조 대까지 존재하였다가 그후 폐쇄되었다. 또한 창덕궁 종부시宗簿寺에 있던 어제각御製閣을 규장각奎章閣으로 개칭하여 어필판본을 집중적으로 보관하려 하였으나 숙종 대까지 뚜렷한 직제職制가 성립되지 못한 상태였다. 이렇듯 창덕궁에 어필 봉안처가 집중한 이유는 광해군 대 이후 정궁正宮인 경복궁보다 이궁離宮인 창덕궁이 왕의 주된 처소로 이용됨에 따라 자연히 어필의 봉안처를 비롯한 수장처 또한 창덕궁에

밀집되었기 때문이다.[35]

18세기에 들어와 어필 친필본(육필본)과 인본印本(인쇄본)은 경복궁·창덕궁·경희궁에 속한 여러 봉안처에 수장되었으며, 신설된 곳도 있었지만 숙종 대부터 이용된 봉안처가 그대로 사용되었다. 숙종 대에 세워진 종부시 근처의 규장각은 18세기에도 임금의 글씨와 그림을 보관한 용도로 쓰였으며, 영조는 정기적으로 규장각에 와서 봉심하였다. 도성 내 효종의 잠저였던 어의동본궁於義洞本宮, 덕유당德遊堂에는 효종의 어제·어필을 보관하였으며, 경복궁의 양지당養志堂, 집경전集慶殿, 춘추관春秋館, 창덕궁의 교서관校書館에는 열성어필과 판본을, 흠봉각欽奉閣과 경봉각敬奉閣에는 명 황실로부터 하사받은 물품과 어필을 보관하였다.[36] 그외 경희궁의 집희당緝熙堂, 도성의 기로소耆老所 내 영수각靈壽閣에도 어필을 수장하였다. 운각芸閣이라고도 불린 교서관은 왕실에서 출판을 전문적으로 담당했던 관청으로, 영조 대에도 각종 서책과 어필 인본을 간행한 곳이었는데 여기에도 글씨를 전문으로 한 관원들이 참고한 역대 유명 서예가들의 글씨가 보관되어 있었다.

조선시대 궁중 어필 수장에서 18세기는 제도 면에서 정비가 되고 이에 상응할 만한 풍부한 어필을 간직한 시기였다. 특히 한묵翰墨에도 각별한 관심이 있었던 정조는 궁중 컬렉션이 확대되는 데 크게 기여했다. 정조는 1776년 즉위하자마자 창덕궁에 왕실 도서관인 규장각을 설립하여 그전까지 왕실에서 전해 오던 방대한 자료를 정리하는 정책을 단행하였다.도193 이러한 움직임은 숙종이 이루

지 못한 규장각의 건립을 완성하고, 영조 연간을 거치면서 몇 배로 늘어난 왕실 수장품을 처리하기 위해 시행된 조치였다. 또한 정조가 신하들에게 언급한 대로, 규장각 설립은 영조의 많은 어제·어필을 보관하기 위한 차원에서 이루어진 것이기도 하다. 규장각은 크게 내각內閣과 외각外閣으로 나뉘어 있었는데, 내각에는 어제·어필을 봉안한 봉모당奉謨堂, 중국 도서를 보관한 개유와皆有窩와 열고관閱古觀, 조선의 도서를 보관한 서고西庫, 이문원摛文院, 임금의 어진과 어필을 보관한 서향각書香閣이 속했고, 외각으로는 교서관校書館과 외규장각外奎章閣이 있었다. 열고관은 2층으로 된 2칸 넓이의 서고였고 여기에 연달아 북쪽으로 개유와라는 3칸짜리 서고를 붙였는데, 설립 당시에는 청 황실에서 하사받은 중국 도서가 많았으나 후대로 갈수록 우리나라의 도서를 비롯하여 각종 서첩과 그림을 보관하게 되었다.^{도194}

18세기 봉모당의 건립   정조는 규장각을 설립하는 과정에서 건물을 별도로 세워 국왕의 필적을 봉안한 중국 송 대와 달리 어필을 한곳에 모아둠으로써 비용과 번거로움을 없애는 이익을 도모하고자 하였다. 규장각의 부속 전각들 중 성격과 규모 면에서 가장 방대하며 역대 임금들의 글, 서예, 그림을 두루 보관했던 곳으로 봉모당이 있다.^{도195} 봉모당은 열무정閱武亭의 옛터에 건립된 전각으로, 중국 황제의 어제·어필을 비롯하여

御書

英宗大王御書帖本
顧畏民嚴圖帖
御畫帖
英宗大王御畫簇本
頌蠶圖簇
萬年長壽圖簇

조선 임금들의 묵적을 한자리에 수집해 놓아 대한제
국기까지 어필 봉안의 중추적인 기능을 담당하였다.[37]

18세기 후반에 작성된 것으로 추정되는 『봉모당
봉안어서총목』奉謨堂奉安御書總目은 봉모당 설립 초기
에 수장되었던 어필 내역을 보여주는 현존 최초의 자
료이다.[도196] 영조어필英祖御筆을 보관하는 것이 목적이
었던 본래 취지에 부합하듯 목록에는 왕실 족보나 열
성어필을 제외하고 영조의 그림과 글씨가 대종을 이
룬다. 더욱이 지금은 한 점도 전해지지 않는 영조가
그린 그림이 기록되어 있어 주목되는데, 〈어화첩〉御畵
帖, 〈분잠도족〉頒蠶圖簇, 〈만년장수도족〉萬年長壽圖簇처
럼 첩帖과 족자로 형태가 구분되어 있다. 이러한 영
조의 어필은 정조 재위 연간 동안 일부 자료의 입출납이 이루어지
긴 했으나 19세기까지 궁중 수장품의 주된 근간을 이루며 보존되
었다.

봉모당에는 임금들의 글씨와 그림뿐 아니라 왕실 인사들과 관련
된 서적, 족보, 초상화, 문서 등도 보관하였으며, 친필 원본을 비롯
하여 이들이 쓴 현판, 비문의 탁본 등도 포함되었고, 낱장에서부터
첩족자의 형태로 꾸며진 다양한 작품들이 보관되었다.[도197~199] 정조
는 봉모당이 임금의 글씨를 보관한 장소인 만큼 어필을 봉심하는
절차를 엄격하게 규정하였으며 친히 행하기도 하였다.[38] 이와 더불
어 봉모당에 수장할 어필 수집 또한 계속 이루어졌다. 숙종 대에
병풍과 가리개를 보관했던 진장각을 비롯한 기타 전각에 산재해 있
던 어필도 봉모당에 보관하고자 하였다.[39] 그러나 정조 9년인 1785
년경에는 이미 봉모당이 비좁았을 정도로 어제·어필이 많이 수집
되어 방대한 자료를 봉모당에 모두 보관하지 못하자 경봉각慶奉閣,
봉안각奉安閣, 흠문각, 서향각, 이문원 등에 나누어 봉안하였다.

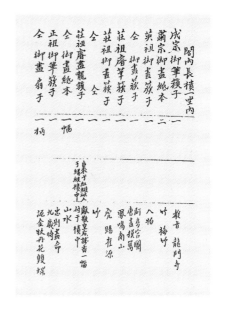

도197 1910년경 봉모당에 소장되
었던 역대 임금들의 글씨와 그림
『봉모당봉장서목』奉謨堂奉藏書目.
1776년 건립된 봉모당에는 임금들
의 글씨와 그림들뿐 아니라 왕실
인사들과 관련된 서적, 족보, 초상
화, 문서 등도 보관하였으며, 친필
원본을 비롯하여 이들이 쓴 현판,
비문의 탁본 등도 포함되었고 낱
장에서부터 첩帖, 족자簇子의 형
태로 꾸며진 다양한 작품들을 수
장하였다. 이러한 목록서를 통해
18세기~20세기 초까지 봉모당에
보관되었던 역대 임금들의 어필자
료를 확인할 수 있다.

그 외 그림을 보관했던 전각

창덕궁 규장각 주변　　조선왕조 동안 건립된 5대 궁궐 중 역대 임금들이 가장 오랫동안 머물렀던 창덕궁에 자연히 풍부한 작품들이 수장되었으며 그중 후원에 위치한 규장각을 중심으로 서화를 보관한 전각들이 다수 건립되었다. _{도200} 규장각은 설립 당시 영조의 필적을 간직하기 위한 취지로 만들어졌으나,⁴⁰ 그 주변에는 주합루, 열고관, 개유와 등 국내외 전적을 보관하는 전각이 밀집되었을 뿐 아니라 송나라 천장각의 고사에 의거하여 어진을 규장각에 봉심하는 규정까지 만들어져 규장각 설치를 계기로 궁중 서화수장을 위한 체계적인 제도가 마련되었다고 해도 과언이 아니다.

18세기 동안 증감된 어필과 서책, 서화는 19세기 왕실로 전래되어 조선 말기 궁중 수장의 토대를 이루었다. 조선 후기에 대표적인 수장처로 이용된 봉모당을 비롯한 규장각 주변의 전각들은 19세기에 와서도 여전히 중요한 장서처이자 서화수장처로 인식되었다. 창덕궁 경봉각과 성균관의 존경각尊經閣 역시 봉모당이나 서향각과 마찬가지로 열성어제와 어필·어화를 보관하는 용도로 이용되었다.⁴¹ 수장품이 계속 증가함에 따라 봉모당과 선원전의 공간이 협소해져 수장품의 일부를 옮기는 일이 논의되기도 하였다.⁴²

순조의 셋째 아들인 효명세자 영孝明世子 旲(1809~1830)은 창덕궁

도198 **열성어필** 한국학중앙연구원 장서각(왼쪽).
1723년 왕실의 도서간행을 담당한 관청인 교서관에서 문종~숙종에 이르는 총 아홉 분의 글씨를 모아 돌에 새겨 첩으로 제작한 것이다. 17세기 국가적인 차원에서 어필을 간행하기 시작한 이래 비교적 이른 시기에 만들어진 것으로 사료적인 가치가 높다.

도199 **영조어필** 국립중앙도서관(오른쪽).
이 작품은 영조가 1749년(영조 25) 박문수朴文秀가 이정鯉整작업 시 국가의 비용을 절감할 것을 규정한 『탁지정례』度支定例를 편찬한 것에 대해 칭송하고 격려한 글이다. 영조가 친히 짓고 쓴 어필로서 총 4폭으로 구성되어 있다. 표지는 녹색의 구름무늬 비단으로 고급스럽게 표장되었고 표제의 테두리는 붉은 주사란朱絲欄으로 돌려져 있으며 어필 원본을 둘러싼 윤곽은 푸른색 비단인 남대단藍大緞으로 처리되었다. 이러한 특징은 조선 후기 어람용 어필 원본에서 볼 수 있는 장황粧績방식이며 이 필첩이 궁중 수장본이었음을 말해준다.

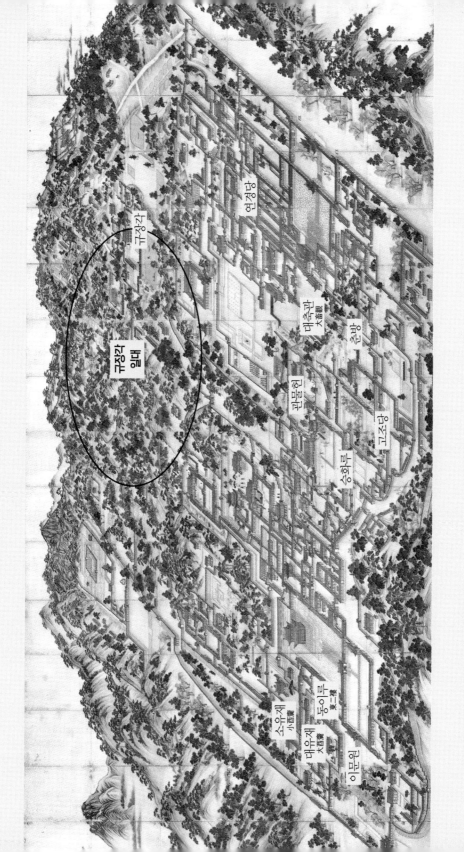

도200 18~19세기 서울을 보관했던 창덕궁의 전각들

조선왕실에서는 서화를 하면의 왼쪽 중앙에 해당하는 앞과 신하들이 정무를 보던 편전(便殿)에 보관하기보다는 앞과 왕비의 사적 공간인 후원이나 침전 영역, 세자가 머무는 동궁東宮 등에 주로 보관하였다. 그림에 표시된 전각들은 18세기 이후 전란된 전물들이며 일제에 의해 구멸이 훼손되기 직전까지 서화 수장처이자 궁중 도서관으로 이용되었던 곳이다.

도201 **창덕궁 연경당의 정면**(1828
년 건립, 왼쪽)
도202, 203 **연경당 대청에 걸린 주
련柱聯(모각본)** 미불 글씨(가운데)
와 동기창의 글씨(오른쪽)

순조의 셋째 아들 효명세자 이영
은 창덕궁 진장각 터에 연경당을
짓고 수만 권의 서책을 수장하였
다. 사대부 민가 형식을 차용하여
세운 연경당은 계절마다 아름다운
풍경을 이루는 곳으로 더 잘 알려
져 있다. 대청마루에는 유명 중국
서예가들의 글씨를 나무에 새겨
걸어두었는데, 미불, 동기창, 옹방
강 등 대부분 조선 학자들에게 많
은 영향을 주었던 서예가들의 글
씨여서 19세기 조선왕실 문화의
영역을 느끼게 한다.

진장각 터에 연경당演慶堂을, 영화당 북쪽에 의두합倚斗閤과 기오헌
寄傲軒을 세우고 수만 권의 서책을 수장하였다. 흔히 '궁궐 안의 사
대부 민가'로 더 잘 알려진 연경당의 마당 뜰에는 꽃가지와 괴석怪
石이 어우러져 효명세자의 풍류를 보여주는 듯하고, 대청마루에는
미불米芾(1051~1107), 동기창董其昌(1555~1636)이나 옹방강翁方綱(1733
~1818) 등 조선 말기 학자들에게 많은 감화를 주었던 중국 서예가
들이 쓴 글씨의 모각본이 걸려 있어 19세기 왕실이 경험했던 문화
의 영역을 느끼게 한다.도201~203

승화루와 낙선재 주변

효명세자는 대리청정 기간(1827~1830) 동안 창덕궁 중희당重熙堂에
서 정무를 보는 한편 그 옆에 있는 소주합루小宙合樓를 도서관으로
이용하였는데, 그의 아들인 헌종이 후에 중희당에 머물면서 소주합
루를 승화루承華樓로 개칭하고 1,000여 점의 서화를 수장한 의미 있
는 공간으로 꾸며놓았다. 승화루는 본래 세자가 거처한 동궁 영역
이었으며, 헌종이 근처 낙선재에 머무르면서 이곳에 상당량의 서화
작품을 비축하고 완상의 용도로 이용하였다. 승화루는 상하층의 누
각으로 상층을 승화루, 하층을 의신각儀宸閣이라고 불렀지만 후에

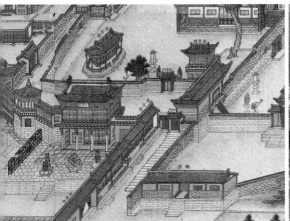

의신각은 없어지고 지금은 기둥만 남아 있다.^{도204, 204-1} 이곳에 소장되었던 《장보첩》藏寶帖은 고종 연간까지 이동경로에 따라 서목에 지속적으로 기록됨으로써 수장 이력이 뚜렷하게 파악되는 몇 안 되는 현존 승화루 구장품舊藏品이라고 할 수 있다. 이 첩은 작자 미상의 중국 비문을 탁본한 것으로 첫 장과 마지막 장에 서원아집도西園雅集圖 한 장면과 산수도가 그려져 있는데, 이 첩이 원래 헌종의 소유였고 그 역시 그림을 즐겨 그린 사실을 감안하면, 아마도 이 그림은 헌종 자신이 여기餘技로 그렸거나 궁중에 머물렀던 화가가 그렸을 가능성이 있다.^{도205}

헌종은 주로 중희당에서 정무를 보았고 일상생활은 1847년에 지은 낙선재樂善齋에서 영위하였다. 그는 낙선재의 부속건물인 보소당寶蘇堂, 고조당古藻堂, 유재留齋, 연경재硏經齋, 자이당自怡堂에 많은 서화작품을 수집해 놓고 필요시에 화갑을 꺼내와 감상하였다.⁴³ 이러한 낙선재의 부속건물들은 오늘날엔 현판이 없어져 정확한 위치를 파악하기 힘들고 그중 낙선재의 퇴간에 위치한 보소당만 위치 확인이 가능하다. 오늘날 낙선재는 구한말 후궁과 옹주가 비운을 겪은 곳으로 더 잘 알려져 있지만 헌종에 의해 19세기 전반 조선왕실의 문화적 역량을 상징하던 곳이었다는 사실도 조명되어야 할 것이다.

도204 〈동궐도〉에 그려진 승화루의 본래 모습(왼쪽)

도204-1 승화루(위층)와 의신각(아래층)의 현재 모습(오른쪽)

'소주합루'가 '승화루'로 개칭된 시점은 헌종 재위 기간인 1840년대 초다. 본래 '승화'承華는 태양을 계승하는 인물, 즉 왕세자를 일컬으며 넓게는 왕세가가 거처하는 동궁東宮을 포괄한 말이다. 본래 이곳이 헌종의 부친 효명세자가 거처한 곳이었다는 점에서 의미심장한 명칭이다. 〈동궐도〉에 그려진 승화루와 지금의 실물을 비교하면 앞마당의 기단이 허물어지고 아래층이 철거되는 등 그간의 변화를 짐작할 수 있다.

251

도205 **바위에 글씨 쓰는 미불** 서울
대학교 규장각.

북송 대의 학자이자 서화가였던
미불이 동자를 거느리고 암벽에
글씨는 쓰는 모습을 그린 그림으
로, '서원아집도'의 한 장면을 차
용한 것이다. 서원아집도는 부마
도위 왕선王詵(1036~1089)이 자
신의 별장인 서원에서 소식, 미불,
이공린李公麟을 비롯한 유명 시
인, 묵객 16명이 모여 시를 짓고
글씨를 쓰며 담론한 고사를 형상
화한 그림이다. 헌종 또는 화원이
그린 것으로 추정되는 이 그림은
전문적인 기량보다는 소박한 필치
로 대상의 특징을 간략하게 묘사
한 것으로, 담담한 문인화풍을 즐
긴 헌종의 취향이 느껴지는 작품
이다.

광해군 대부터 헌종 대까지 약 270여 년간 창덕궁을 중심으로
건립되었던 장서처와 서화수장처는 1868년 경복궁이 중건되어 법
궁으로 쓰이면서 다시 이곳에 증설되기 시작하였다. 고종은 부국강
병책을 꾀하기 위해 신문물을 수용하는 데 적극적이었다. 그는 후
원에 건청궁乾淸宮과 집옥재集玉齋를 건립하여 외국 서적을 수집하
였는데, 이 중에는 지리·수학·화학·천문에 관한 서양의 과학서들
이 다수 포함되었다. 고종은 또한 건청궁에 부속된 곤령합坤寧閤에
조선 임금들의 어필과 중국 서예가들의 글씨를 수장하였다.

도206 **경복궁 집경당의 수리 전 모**
습 1890년경 건립(옆면 위).

집경당은 함화당과 일곽을 이룬
전각이며 고종이 신료들과 더불어
강학講學을 하던 공간이자 도서관
으로 이용된 곳이다. 같은 시기 중
국과 일본에서 수입한 서화작품과
과학기술서, 서양서 등을 보관하
였으며 1892년 집옥재가 건립되자
소장품을 대부분 이관하였다.

경복궁 집경당

고종 연간의 대표적인 서화수장처는 경복궁 향원정 앞에 있는 집경
당緝敬堂이다.^{도206} 집경당은 고종의 침전인 흥복전興福殿에 부속된
건물이며 그 옆으로 함화당咸和堂이 통로로 연결되어 있다. 경복궁
의 다른 건물들이 최근 보수과정에서 단청을 새로 칠해 생경한 느

낌이 드는 데 반해 집경당은 단청이 벗겨진 채 옛 모습 그대로 있어 오랜 세월을 말없이 전해 준다. 이러한 집경당에 소장되었던 작품은 『집경당포쇄서목』緝敬堂曝曬書目과 『집경당포쇄서목잉흠총록』緝敬堂曝曬書目剩欠總錄이라는 두 건의 서목을 통해 좀더 구체적으로 확인할 수 있다.[44] 두 목록을 비교하면 19세기 말 집경당에는 총 2,500여 점이 넘는 전적이 구비되어 있었고, 이 중 서화 작품은 총 1,073점으로 서책수장에 집중된 같은 시기 다른 전각의 서화작품 수와 비교하면 절대적인 우위를 차지하는 양이다. 집경당 소장 서화 작품은 창덕궁 승화루 및 기타 전각에서 옮겨온 것이었지만 청 대淸代 서예가들의 글씨와 서양지도, 일본의 최신 화보 등 조선왕실이 새롭게 구입한 동시대 작품들도 많았다. 또한 서화를 서적의 범주가 아닌 '서화부'書畵部라고 하는 별도 항목으로 분류한 것도 '자부'子部의 하위항목에 기재했던 기존의 방식과 구별되는 새로운 현상이

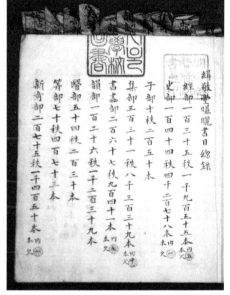

다. 이는 곧 고종황실의 서화수장에 대한 인식과 비중이 그만큼 고양되었던 현실을 반영한 것으로 생각된다.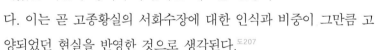

도207 『집경당포쇄서목』의 「서화부」 부분 서울대학교 규장각(아래). 경복궁 집경당에 보관되었던 자료를 기록한 목록이다. 목차 중 「서화부」書畵部에 따르면, 집경당에는 총 267건 941점에 이르는 방대한 서화작품이 소장되었던 사실을 확인할 수 있다. 윗부분에 간지가 삽입된 것을 볼 수 있는데, 19세기 말 서목에 나타나는 특징이다.

경복궁 집옥재와 후원 영역

고종 대 경복궁 후원 영역에 서화가 보관되었던 곳으로 선왕의 어진을 봉안한 보현당寶賢堂을 비롯하여 건청궁 소속 전각들인 장안당長安堂, 곤령합坤寧閤, 신무문神武門 근처의 춘안당春安堂 등이 있었으나, 고종 재위 후반기를 지나 대한제국기까지 궁중의 대표적인 궁중 도서관이자 서화수장처 역할을 한 대표적인 전각은 집옥재集玉齋이다.[45] 도208 이러한 집옥재의 서화 컬렉션이 형성되는 데 토대를

도208 측면에서 바라본 집옥재

미불의 글씨를 집자集字하여 현관
을 걸고 중국풍의 벽돌집으로 지
어 장중한 기풍을 보여준다. 규장
각이 조선 문화의 르네상스를 이
룩하고자 했던 정조의 염원이 담
긴 곳이라면, 이 집옥재는 고종이
동양 삼국의 최신 문적文籍을 간
직하여 대한제국의 기틀을 다지고
문화부흥을 이루고자 한 꿈이 담
긴 곳이다.

이룬 것은 앞서 살펴본 집경당 수장품이었다.
1891년 7월 고종이 창덕궁에 있던 집옥재를 경
복궁으로 이건할 것을 명한 후, 집경당 수장품
중 상당수가 집옥재로 옮겨진 사실이 확인되기
때문이다. 아마도 집경당이 집옥재와 거리상 가
깝고 중국에서 건너온 최신 서적이 다량 수장되
어 있었다는 점에서 고종이 구상했던 궁중 도서
관의 성격과 부합했던 것으로 추측된다. 물론
집옥재 수장품은 창덕궁 승화루, 관물헌觀物軒,
춘방春坊 등지에서 가져온 작품들이 혼합된 것
이지만 집경당에서 옮겨온 작품이 절대적인 분
량을 차지했다.

　집옥재 수장품의 내역을 기록한 집옥재서목
集玉齋書目이 여러 건 작성되었다는 사실을 통해 국왕의 보호 아래
수장품을 늘려갔던 정황을 유추할 수 있다. 이때 작성된 서목에 따
르면, 같은 시기 중국에서 들여온 서화, 금석탁본, 화보 약 900여
점 정도가 확인되고 이밖에 〈서양구도〉西洋球圖나 〈만국여도〉萬國輿圖
같은 서양지도나 세계지도도 상당수 포함되어 있다.[46]

4 궁중에 보관했던 그림들

조선 궁중에 그림을 보관한 역사는 개국 초부터 시작되었지만 임진 왜란과 병자호란, 인조반정, 수차례의 궁궐화재로 인해 17세기까지 왕실 수장품은 거의 전해지지 못한 상태였다. 그러나 숙종이 등극 하여 진전을 포함한 천한각이나 어제각 같은 어필 봉안처의 건립을 추진하였고, 이러한 노력이 영정조 연간을 거치면서 제도적으로 정 비되었으며, 헌종~철종 연간(1834~1863)에는 방대한 서화 컬렉션 이 형성·유지될 수 있었다.[47] 궁중 서화수장 역사의 마지막 단계였 던 고종 연간 역시 조선 후기 이래 전래된 서화작품을 토대로 컬렉 션을 형성할 수 있었다. 그러나 안타깝게도 당시 궁중에 소장되었 던 회화작품에 대해서는 상당수 문헌기록으로만 확인될 뿐 현재 육 안으로 확인되는 작품은 조선 말기에 유입되었거나 제작된 장식화, 기록화, 감상화, 판화 등이 대종을 이룬다. 아래에서는 조선 궁중에 보관되었던 회화작품에 대해 살펴보도록 하겠다.

역대 화가들의 그림

『조선왕조실록』 등 문헌기록을 통해 보면, 이미 조선 초기부터 송나라와 교류가 활발 했던 고려시대에 제작된 작품들이 전승되었고 중국으로부터 많은 서화작품이 국내로 유입된 상태였음을 알 수 있다. 그림의 소재별로 보면, 각종 감계화와 고사도故事圖, 지도와 산수화山水畵, 화조화花鳥畵, 영모화翎毛畵 등이 주로 수집과 감상의 대상이 되었으며, 이 중 가장 많은 기록으로 남아 있는 것이 감계화이다. 조선 태조의 건국설화를 다룬 팔준도, 백성의 생업을 다룬 무일도나 빈풍도, 중국의 역대 명군과 악군, 후비들의 행적을 그린 고사도의 전통은 조선시대에 걸쳐 궁중에서 중요시한 화제畵題였다고 할 수 있으며, 특히 화원들에 의한 제작이 활발하였다. 조선 초기 그림 제작을 담당했던 궁중화원들은 안견, 배련裵連, 안귀생安貴生 등 도화서 소속 화원들이었고 연산군 대에는 궁중에 내화청內畵廳을 따로 두어 〈사안이 기녀를 데리고 동산에 오르는 그림〉謝安攜妓東山圖(사안휴기동산도)과 같은 중국 고사도를 그리게 하였다. 화원들이 소속된 도화서에는 모범으로 삼을 만한 선본善本 그림들이 수장되어 있었으며, 이는 서적 출판을 담당한 교서관에 명필의 필첩을 수장하고 모범으로 삼게 한 것과 같은 맥락이다.

　아울러 고려로부터 전래된 서화작품들이 궁중과 여항에 퍼지고 있었다. 양성지梁誠之가 성종에게 진언한 바에 따르면, 15세기 궁중에 각 도各道의 지형을 그린 것으로 고려시대에 제작된 지도류가 남아 있었음을 알 수 있고, 성현成俔(1439~1504)과 강석덕姜碩德(1395~1459)의 글을 통해 공민왕의 인물화와 산수화, 이제현李齊賢의 〈소상팔경도〉蕭湘八景圖가 궁중에 남아 있었음을 알 수 있다. 강석덕이 수장했던 이제현의 〈소상팔경도〉는 고려의 팔경도八景圖 전통이 조선에 전래되었을 가능성을 시사해주며, 안평대군이 송나라 영종寧宗의 팔경시八景詩를 얻고서 안견으로 하여금 그림을 그리게 한 일화는 현존하는 15~16세기의 팔경도 제작에 미친 안견파安堅派 화풍의 영향을 짐작하게 해준다.[48] 또한 고려시대 실경산수實景山水의 전통을 이어 조선 궁중에서 〈금강산도〉, 〈한강유람도〉漢江遊覽圖 등을 제작해서 중국 사신에게 준 사실로 보아 고려시대 실경산수화의 전통이 조선 초기 왕실로 계승되었음을 알 수 있다.

16세기 이후 궁중에는 김명국, 이징, 이정 등 조선 중기 화가들의 작품들이 소장되어 있었지만 궁궐의 화재와 유출로 인해 오늘날 17세기 작품으로 전해지는 것은 극히 일부에 불과하다. 특히 서화애호 취향이 농후했던 선조가 감상했던 국내외 화가들의 그림은 기록으로만 일부 알려져 있을 뿐 오늘날 확인되는 작품은 극히 일부이다. 그럼에도 당시 왕실에서 감상했던 오달제의 〈묵매도〉가 현존하고 있다. 이 〈묵매도〉는 후에 숙종이 감상하고 그림 위에 찬문讚文을 적었는데, 숙종은 이 그림 외에도 약 100여 점에 이르는 그림을 보고 감흥을 읊은 서화애호가였다. 그가 본 우리나라 화가의 작품으로는 공민왕의 〈천산대렵도〉天山大獵圖, 인조의 〈묵죽도〉墨竹圖, 이경윤李慶胤(1545~1611)의 〈인마도〉人馬圖, 이명욱의 〈수묵인물도〉水墨人物圖, 김진규金鎭圭(1658~1716)의 〈묘사수묵선인〉描寫水墨仙人, 이징(1581~?)의 〈산수도〉山水圖, 신사임당申師任堂(1504~1551)의 〈초충도병풍〉草蟲圖屛風, 이정(1554~1626)의 〈묵죽팔폭〉墨竹八幅 등이 있고, 해원군 이건과 화선군 이량(이건의 아들), 유천군 이정 등 종친들이 그린 그림들도 포함되어 있다.

18세기 영정조 연간을 거쳐 19세기 전반 궁중 서화수장은 헌종 연간에 많은 성과를 이루었다. 당시 궁중 수장과 관련하여 주목되는 장소는 헌종이 일상생활을 영위한 창덕궁 낙선재 주변이다. 헌종이 총애한 화가 허련의 『소치실록』小癡實錄에 따르면, 헌종이 평상시 거처하던 낙선재의 주변건물인 보소당과 고조당을 비롯하여 연경루硏經樓, 유재, 자이당自怡堂 등지에 많은 서화가 비장되어 있었으며 대신들을 시켜 이곳에 소장된 화갑을 꺼내오게 하였다고 한다.[49] 낙선재 수장품 외에 헌종이 수집했던 우리나라 화가들의 작품으로는 심사정沈師正(1707~1769)의 《현재묘묵》玄齋妙墨과 《영모첩》翎毛帖, 정선鄭敾(1676~1759)의 〈해산도〉海山圖와 《산수첩》山水帖·《유람첩》遊覽帖, 김홍도金弘道(1745~?)의 《단원첩》檀園帖과 《희묵》戲墨 등이 있

었다. 이밖에 강희언姜熙彦(1710~1784?)의 《담재첩》澹齋帖, 김득신金得
臣(1754~1822)의 《긍재첩》兢齋帖, 조영석趙榮祏(1686~1761)의 《관아재
첩》觀我齋帖, 이한철李漢喆(1808~?)의 《희원화첩》希園畵帖을 포함하여
작가 불명의 화첩들도 소장하고 있었다. 또한 이 시기로 오면 《동
국명회》東國名繪, 《동국명화》東國名畵, 《해동명화》海東名畵, 《해동도서》
海東圖書, 《아동선보》我東扇譜 등 우리나라의 그림 또는 인장〔圖書〕을
모은 첩도 궁중에 다수 수장되었다.[도209] 이는 18세기 이후에는 궁궐

도210 **궁중에 보관되었던 그림들**
18세기에 그려진 《진신화상첩》縉
紳畵像帖(위)은 조선 후기 관료들
의 모습을 그린 화첩으로, 규장각
에 보관되었다가 19세기 초 봉모
당으로 옮겨졌다.
〈아국여지도〉俄國輿地圖(아래)는
1884에 제작된 것으로, 고종의 명
으로 러시아 근방의 모습을 평면
도 형식으로 그린 회화식 지도이
다.

안팎에서 화가들의 활동이 활발해지면서 이들의 작품이 자연히 궁중에 유입된 결과라고 생각된다. 또한 감상용이 아닌 왕실의 정책이나 효용적인 목적을 위해 궁중화원들에 의해 관료들의 초상화나 각종 지도 등도 많이 제작되었으며 현재까지 전래된 회화작품 중에서도 큰 비중을 차지하고 있다.^{도210}

19세기 말 무렵에는 유명 화가들이 그린 감상용 그림 외에 궁궐의 내외부를 치장하고 행사용으로 사용하기 위한 다양한 장식화가 많이 그려졌다. 〈한궁도〉漢宮圖,^{도211} 〈백동자도〉, 〈십장생도〉, 〈책가도〉 등 기복화로서 성격이 강한 이러한 그림들은 주로 화원들이 그린 도해식 그림으로서, 한 전각에 일괄적으로 보관되었다기보다는 여러 곳에 분산되었거나 오봉병처럼 소용처에 그대로 남겨 두었을 것으로 생각되며 목록 작성 대상에서도 제외되는 등 일반 서화가들의 작품과는 별개로 취급된 것으로 보인다.

중국 및 일본 그림　　　　조선 궁중에는 우리나라 작가의 작품
　　　　　　　　　　　　뿐 아니라 국가 간 친교의 증표, 중국
사신이나 화가의 방문, 대외무역으로 인해 중국 작가의 많은 회화작품이 유입되었다. 이러한 현상은 조선 후기로 갈수록 더욱 활발해졌으며, 구체적인 정황은 헌종~고종 대 컬렉션의 형성 내역을 통해 파악할 수 있다.

도211 **한궁도** 국립고궁박물관. 옛 창덕궁에 소장되었던 그림이다. 태평성대를 상징하는 한 대漢代 궁궐을 그린 〈한궁도〉는 특히 시대가 어지러웠던 조선 말기에 많이 그려졌다. 짙은 색채와 유사한 도상과 구도가 반복되는 화원화畵員畵의 특징을 잘 보여준다.

헌종의 서화 컬렉션을 기록한 『승화루서목』承華樓書目에 수록된 작품의 행방과 현존 여부에 관해서는 기록이 매우 부족하지만 그 내용은 조선 후기 이래 중국에서 조선으로 유입된 구체적인 서화작품뿐만 아니라 조선왕실의 예술 취미 또는 외래에서 유입된 서화가 조선시대 서화단에 끼친 영향관계를 파악하는 데 도움을 준다. 도212 『승화루서목』에는 중국에서 전래된 각종 인보印譜와 화보畵譜, 인조대에 조선에 와서 화적을 남긴 명말 청초의 화가 맹영광孟永光의 〈신선도〉神仙圖, 조선 학자들과 교유한 청 대 화가 나빙羅聘이 남긴 〈묵죽도〉와 〈매화도〉梅花圖, 조선 후기 궁중으로 서양화가 유입되었음을 보여주는 《양화첩》洋畵帖 등이 수록되어 있어 조선시대 한중 서화교류를 이해하는 데 매우 중요한 근거를 제공해 준다.

1800년대 후반에 이르러서는 황실 재산의 증가와 함께 중국을 통해 다량의 서화작품을 궁중에 들여오게 된다. 이러한 실상을 잘 보여주는 자료로 『상해서장각종서적도첩목록』上海書莊各種書籍圖帖目錄이 있다.[50] 총 3권으로 이루어진 이 서목은 상해에 있는 서점에서 판매하는 각종 서책서화첩의 내역과 가격을 고종황실에서 기록한 것으로, 중국과 일본의 역대 서화관계 저록과 서화첩화보판화를 비롯하여 임훈任薰(1835~1893), 임웅任雄, 임이任頤(1840~1896) 등 상해 화단 해상파海上派 화가들의 작품이 다량 수록되어 있어 19세기 후반 중국 고서점에서 거래되었던 서화작품의 내역을 구체적으로 보여준다. 도213 여기서 주목할 점은 목록에 기재된 작품 상당수를 고종황실에서 구입하여 실제로 국내로 들여왔다는 것이다. 이러한 사실은 앞서 소개한 『집경당포쇄서목』에 수록된 서화작품과 화보 등이 『상해서장각종서적도첩목록』에 수록된 것과 대부분 일치한다는 점을 통해 알 수 있으며, 이는 곧 고종황실이 중국 서

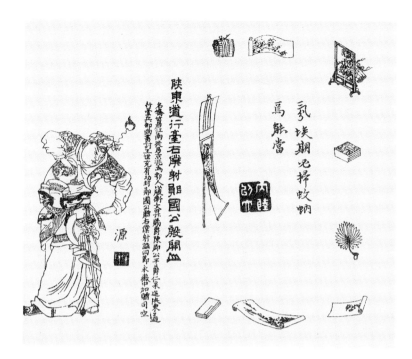

화에 관한 정보 습득 차원에서 더 나아가 황실 재정을 늘려 외국의 새로운 작품들을 적극적으로 구입했음을 의미한다. 또한 19세기 말에는 명청 대 서예가들의 글씨 모각본과 『어제경직도』御製耕織圖, 『능연각도』凌煙閣圖 도214 『무쌍보』無雙譜, 『어제원명원도시』御製圓明園圖詩, 『신강승경도』申江勝景圖, 『광릉명승도』光陵名勝圖 등 중국에서 간행된 다양한 산수인물 판화를 수용한 양상이 두드러진다. 이러한 판화들은 동판화의 치밀한 각법刻法으로 제작된 『어제원명원도시』(1745)를 제외하고 대부분 원형阮亨(1783~1859), 동방달董邦達(1699~1769), 유원劉源 등 청 대 화가들이 밑그림을 그린 것으로 당시 산수인물화의 경향이 반영된 것이다.[51]

한편, 일본 그림과 화보는 조선 초기부터 일본에서 공물로 보내온 역사가 있지만 순수 감상용 작품은 고종 연간에 가장 적극적으로 유입된 것으로 드러난다. 1876년 조일통상조약 이후 일본 그림이 조선 궁중에 본격적으로 유입되었고 무엇보다도 규슈, 오키나와, 오사카, 나고야 등을 그린 일본 지도가 상당수 유입된 사실을 통해 일본에 대한 고종황실의 정치적인 관심이 높아지던 분위기와 맞물려 작품들이 수장된 것으로 판단된다.[52] 특히 『명수화보』名數畫譜 (1810, 大原東野 編)는 1885년 상해에서 『점석재총화』點石齋叢畫가 간행되는 데 영향을 끼친 일본의 대표적인 화보로서,[53] 이 책에는 장수 長壽 또는 수복壽福과 관련된 소재가 많이 포함되어 있어 조선 말기 궁중에서 제작된 장식화 또는 민화풍의 그림과 연관이 있을 것으로 생각된다. 특히 19세기 조선왕실에서 그려진 〈한궁도〉라든지 〈십장생도〉와 동일한 소재가 『명수화보』에 수록되어 있어 조선 말기 일본 화보의 유입에 따른 조선화단의 도상 수용관계를 파악하는 데 단서를 제공해 준다.

5 일제강점기 궁중 컬렉션

조선 후기까지는 주로 화재로 인해 많은 수장품이 산실된 반면 19세기 말 고종~순종 연간에는 관제가 급격하게 개편되는 혼란기 속에서 궁중 소장 자료의 이동과 궐 밖으로의 유출이 자주 행해졌다.[54] 고종 초반기까지 남아 있었던 승화루 소장 서화는 순종 재위기간에 이미 어디론가 사라졌으며 집경당 소장품은 서책 일부가 현존하지만 서화작품은 찾아보기 힘들다. 또한 1900년, 1901년, 1904년 세 차례에 걸쳐 발생한 덕수궁 화재로 인해 중요한 서화수장처였던 관문각觀文閣과 흠문각 등이 모두 소실되면서 궁중에 비장되었던 많은 서화가 불타버린 것도 큰 원인이 되었다. 고종이 사용한 인장을 모은 『덕수궁인보』德壽宮印譜에는 「관문각서화기」觀文閣書畵記, 「흠문각서화기」欽文閣書畵記의 인영印影이 포함되어 있는데 아마도 이곳에 소장되었던 서화에 찍은 듯하다.

고종 대까지 유지되었던 서화수장처의 건립은 오래가지 못해 명맥이 거의 끊기게 되었다. 1906년경 일제 통감부가 설치되고 1910년 국권이 침탈된 후 수많은 궁실 전각들이 헐렸으며 외국 사신의 접대 장소나 치안 경찰소 등 본래의 의미에서 벗어난 용도로 변질되어 갔다. 또한 1912년 일제에 의한 이왕가박물관의 설립으로 인해 통감부는 왕실과 전혀 연고가 없는 새로 매입한 골동품으로 궁중에 전시실을 꾸며 개방함으로써 조선왕실 서화수장의 흐름을 일시에 단절시켰다. 이는 한편으로 조선에 근대식 개념의 박물관이 들어선 계기가 된 긍정적인 측면도 무시할 수 없으나, 중국의 경우 황궁이 오늘날까지 옛 모습을 유지하며 구舊 황궁 소장의 서화를 진열한 미술관으로 쓰임으로써 수장품과 전시공간이 동일한 역사성을 공유하고 있다는 사실에 비추어 보면 매우 안타까운 일이다.

일제 통감부는 1910년 국권을 침탈하기 이전부터 이미 조직적으로 조선왕실의 궁중 소장 전적을 조사하였으며 이 과정에서 귀중한 왕실 서책과 서화, 옥새玉璽 등이 이토 히로부미伊藤博文와 데라우치 마사다케寺內正毅를 비롯한 조선총독부 관리들의 수중으로 들어갔다.[55] 1911년 통감부는 조선 후기 이후 중요한 장서처였던 봉모당과 이문원을 헐어버리고 새로이 서양식 건물을 세웠으며, 1912년에는 조선 각지에서 사들인 서화작품과 금속공예, 도자기 같은 도굴품을 바탕으로 이왕가박물관을 개관하였다. 이왕가박물관의 설립은 당시까지 전래되었던 조선왕실의 예술품이 국가적 체제 안에서 보존·관리되지 못하고 흩어지게 되는 데 결정적인 영향을 주었다.

1904년 한일의정서韓日議定書 체결 후 일제의 내정간섭이 노골화되면서 고종 재위 말년부터 일본인 관료들은 궁중을 왕래하며 왕실 도서관의 서적을 조사하기 시작하였다. 당시 왕실 서적에 특별한 관심을 보인 인물 중에는 이토 히로부미도 있었다. 그는 규장각 서적에 관심이 매우 커서 1904년과 1905년 특사 자격으로 내한했을 당시 한일관계 조사 명목으로 규장각의 부속 서고였던 서고西庫의 소장본을 상당수 가져갔다.[56] 또한 1906년 통감부 초대 통감으로 정식 부임한 후에는 조선 열성의 어필과 국새를 일본으로 반출했는데, 이는 일본인 관료와 서지학자들의 도움을 받아 일제강점기 이전부터 조선 왕실자료에 대한 꾸준한 조사와 반출을 시도했기 때문에 가능할 수 있었던 것이다.[57] 이러한 일본인 관리들의 한국 문화재에 대한 침탈은 1906년 식민지 경영의 최전선을 담당했던 통감부의 활동이 개시되면서 더욱 노골화되었다. 임시 통감이었던 하세가와 요시미치長谷川好道를 비롯하여 제2대 통감 소네 아라스케曾禰荒助, 제3대 통감 데라우치 마사다케는 한국 문화재에 대한 강압적인 조사와 발굴을 주도한 인물들이었다.[58] 소네 아라스케는 한국 고서를 다량 수집하여 일본황실에 기증했는데, 그중 일부는 1965년 한일협정 결과로 반환되어 현재 국립중앙도서관에 보관되어 있다.[59]

통감부는 1908년 제실도서관帝室圖書館을 설립하면서 홍문관, 규장각, 집옥재, 시강원 등지에 흩어져 있던 전적을 수합하여 궁내부로 이전하기 위한 작업을 실시하였다. 당시에는 규장각이 궁내부 소속이었는데, 규장각에 도서과圖書課를 설치하여 전적을 관리하였다. 문제는 규장각 도서과에서 취급한 전적 중 승화루와 집경당 수장품을 찾아볼 수 없다는 점이다. 이러한 사실은 1909년 출간된 『제실도서목록』帝室圖書目錄을 통해 확인된다.[60] 여기에는 주로 서화저록 관계 목록이 수록되었고 일반 서화는 별로 없고 수량 또한 매우 적다. 또한 이 책에는 『승화루서목』이 기재되었을 뿐 정작 승화루 소장품은 단 한 건도 포함되어 있지 않다. 아마도 승화루와 집경당 소장 서화작품은 규장각 도서과에 편입되지 않고 별도로 관리되었거나 아니면 궐외로 유출되어 목록에 기재되지 않았을 확률이 높다.

6 조선 궁중회화 컬렉션의 의미를 되새기며

조선왕실에서 다양한 전적의 구비는 국가의 문화적 역량을 뒷받침하고 유교적 문치文治를 표방한 통치체제를 강화하기 위한 방편으로 매우 중요시되었다. 이러한 배경에서 이루어진 궁중 서화수장은 왕족들의 서화 애호 차원에서, 나아가 왕실의 존엄을 유지하고 권한을 표방하기 위한 고도의 문화정책이었다. 조선 궁중에 소장되었던 서화가 개인 수장가가 사적으로 수집한 작품과 비교하여 구별되는 점은 궁중 소장 서화가 국가적인 차원에서 수집된 것이기 때문에 조선 문화정책의 대표성을 표방한 것이라는 데 있다. 궁중 서화수장은 왕족의 서화 애호와 후원자로서의 역할, 당대 서화계와 문예사의 흐름을 왕실에서 수용하여 형성되기도 했지만 국가정책상 필요성이 수반되었기 때문에 지속될 수 있었다. 이러한 의미에서 궁중 서화 컬렉션은 왕실의 서화 인식과 그 효용성에 대한 일면을 보여준다.

제3부에서는 조선 궁중에서 미술관, 박물관의 기능을 했던 서화수장처와 그 안에 보관되었던 서화작품과 종류, 서화수장이 어떠한 목적에서 이루어졌는지 살펴보았다. 이를 통해 오늘날 미술관이나 박물관의 수장고에 해당하는 시설이 이미 전통시대부터 존재했으

며 때때로 작품을 열람하고 게시함으로써 왕족들의 감상을 도모한 초보적인 전시도 이루어졌음을 알 수 있었다. 수장되었던 작품 또한 개인이나 문중이 수집한 것과는 비교할 수 없는 방대한 양이었지만 대한제국기의 격동기 속에서 상당수 유실되고 말았다. 도214-1

해외로 유출된 자료 외에 여러 곳에 분산되어 있던 왕실 전적은 1908년 설립된 제실도서관에 수집된 후 왕실 자료 위주로 이왕직으로 이관되었고 해방 이후에는 몇 번의 과정을 거쳐 지금의 서울대 규장각으로 인계되었으며, 이왕직 도서과에 보관되었던 서적은 문화재관리국을 거쳐 한국학중앙연구원 장서각으로 이관되어 지금에 이르고 있다. 1900년대 초까지 궁중에 남아 있던 서화는 일부가 당시 작성된 수장목록을 통해 확인되지만 서책처럼 제실도서관에 포함되지 않아 구체적인 향후 행방에 대해서는 현재까지 모호한 상태이다.[61] 궁중 소장의 서화가 유출과 도난의 파란을 겪는 사이 통감부 관리들에 의해 조성된 이왕가박물관의 소장품과 이왕직에서 구입한 서화는 1940~60년대 덕수궁미술관을 거쳐 국립중앙박물관에 소장됨으로써 영구적인 안식처를 찾게 되는 역설적인 결과가 빚어졌다. 물론 이 중에 궁중 전래품이 포함되었을 가능성도 배제할 수 없으나, 그 실체를 파악하기 위해서는 자료 확인과 더불어 흩어진 궁중 수장품에 대한 사회적 관심도 더불어 높아져야 할 것이다.

도214-1 **주희 지락재명**朱熹 至樂齋銘 유한지, 《기원첩》綺園帖에 수록, 경남대학교박물관.
조선후기 대표적인 서예가인 유한지兪漢芝의 필첩이다. 유한지의 본관은 기계杞溪, 자는 덕휘德輝, 호는 기원綺園이다. 고식적인 서체인 전서篆書와 예서隸書를 잘 쓰기로 이름이 높았다. 이 서첩은 조선총독부 제3대 통감을 지낸 데라우치 마사타케寺內正毅가 퇴임 후 일본으로 가져간 후 야마구치 현립대학에 보관되어 오다 이 대학과 자매결연을 맺은 경남대학교로 1995년 반환된 것이다. 중요 서예작품으로 가치를 인정받아 2010년 보물 제1682호로 지정되었다.

동아시아 삼국의 근대가 전통적인 것과 외래적인 것, 동양과 서양의 충돌에서 비롯되었다는 것은 한국도 예외는 아니었다. 1876년 개항 이후 갑신정변과 동학혁명의 발발 등 일련의 내재적 모순의 표출은 조선왕조의 종말과 대한제국의 선포라는 일대 전환기적 상황으로 이어졌다. 역사적으로 대한제국에 대한 평가가 긍정적 또는 부정적으로 상반된다고 해도, 이 일련의 역사적 전개과정 속에서 이루어진 미술정책은 분명 새로운 제국의 성립을 꿈꾸었던 조선왕조의 부단한 노력의 증거들일 것이다.

제국을 꿈꾸었던
전환기의 한국화단

1 전환기의 국가와 미술

19세기 후반에 와서 서양 여러 나라 즉 영국, 프랑스, 미국, 러시아 등의 통상 요구가 빈번해졌음에도 강력한 쇄국정책을 고수하던 조선은 정작 일본에 의해 개항을 맞게 되었다. 불평등조약에 따른 대일관계는 새로운 개혁정책을 시행하고, 자주권을 획득하고자 하는 노력에도 불구하고 오히려 팽창하는 일본 제국주의의 희생양이 되어가는 형국이었다. 갑신정변과 동학혁명의 발발 등 일련의 내재적 모순의 표출은 조선왕조의 종말과 대한제국의 선포라는 일대 전환기적 상황으로 이어졌다.

　1897년에 고종은 '대한제국'을 선포하고 자주국임을 대내외적으로 선언했지만 쇠락해 가는 국가의 운명 속에서 황실의 자존을 지키기에는 너무나 힘에 겨웠다. 그러나 이러한 역사적·정치적 상황과는 달리 대한제국기(1897~1910)에는 근대미술사상 주목되는 몇 가지 성과를 이루었다. 가장 먼저 주목할 만한 점은, 국가가 주도하는 미술정책이 문명 개화정책과 함께 활발하게 시행되었다는 것이다. 이는 즉 1893년과 1900년 두 차례에 걸친 만국박람회의 참가를 통해 미술이 문명국으로의 발전에 기여할 수 있는 중요한 원동력임을 깨달은 것이 중요한 계기가 되었다. 그에 따라 공예의 진흥이 국가의 부강을 도모한다는 장지연張志淵(1864~1921)의 '공예관'이나, 문명국으로서 미술에 대해 지녀야 하는 고유한 인식이 성립되고, 만국박람회를 통한 해외 견문이 내국박람회의 개최나 박물관 제도의 유입으로 이어졌다. 오늘날까지 미술정책의 근간을 이루는 박람회, 박물관 제도의 유입과 시행이 모두 대한제국기의 10여 년 사이에 이루어졌던 것이다.

다음으로, 이 시기에는 유화를 비롯한 서양화가 본격적으로 국내에 유입되었고, 일본과의 정치적 관계에 의해 일본화日本畵도 들어와 한국화단에 영향을 미쳤다. 보통교육으로서의 도화교육도 이때부터 시행되었다는 점은 주목할 만하다. 화가들의 단체 결성과 개인교습을 통한 미술교육도 활발히 이루어졌을 뿐 아니라 대중을 상대로 한 미술전람회도 시작되었다.

동아시아 삼국의 '근대'가 전통적인 것과 외래적인 것, 동양과 서양의 충돌에서 비롯되었다는 것은 한국도 예외가 아니었다. 1876년 개항 이후부터 일제 식민지로 몰락해 가는 이 과도기적 역사를 포괄하는 용어로 '근대 전환기'를 설정하기로 한다.[1] 이 시기는 한국미술사에서 그 일부가 조선시대 말기(1850년경~1910)에 속하고, 이후 일제강점기로 이어져 근대기로 분류된다. 조선왕조에서 제국으로 변해 가고 그리고 제국에서 식민지하로 전락해 가는 이 전환기에 한국의 화가들은 국가의 공식적인 대내외 행사에 차출되어 휘호활동을 했고, 황실의 재정 후원을 받고 후학을 양성하거나 때로는 격동기의 정치적 소용돌이에 휘말려 망명객으로 생을 마감하기도 했다. 역사적으로 대한제국에 대한 평가가 긍정적 또는 부정적으로 상반된다고 해도, 이 일련의 역사적 전개과정 속에서 이루어진 미술정책은 분명 새로운 제국의 성립을 꿈꾸었던 조선왕조의 부단한 노력의 증거들일 것이다.

2 조선에서 대한제국으로

외국과 주고받은 회화　　　1876년(고종 13), 병자수호조규(일명 강화
도조약)가 체결된 직후에 조선왕실은
일본의 요청에 의해 김기수金綺秀(1832~?)를 대표로 하는 수신사修
信使 76명을 일본에 파견했다. '수신사'란 명칭은 김기수가 남긴 견
문록인 『일동기유』日東記游에 "구호舊好를 닦고 신의를 두터이 하며,
사명辭命으로써 인도하고 위의로써 이루어, 과격치도 않고 맹종치
도 않으며, 태도를 장중근신케 하며, 임금의 명령을 욕되지 않게
해야 그것이 거의 적당하게 될 것이다"라고 명시하여 병자수호조규
의 내용을 지키는 데서 비롯하였음을 알 수 있다. 수신사는 1876년
4월 29일 부산포를 출발하여 5월 7일에 도쿄에 도착했고, 동월 27
일에 도쿄를 출발해서 윤5월 7일에 부산에 도착할 때까지 39일간
의 일정을 수행했다.

　　오랫동안 조선에서 일본은 '왜구'倭寇라는 오명을 벗지 못했지만
수신사의 파견은 근대국가로 부상한 '미래의 제국'으로서 일본을
재인식하는 계기가 되었다. 다른 한편, 그때까지 중화주의적 사대
주의에 안주해 온 조선이 개항 이후 외국과의 활발한 교섭에 의해
자주적 민족의식과 '세계 속의 한국'을 인식하게 되었다는 점도 무

시할 수 없다.

　수신사가 파견되었을 때 일본과 주고받은 증답례품은 그 이전인 통신사의 전례와 비교해 보면 매우 축소되었으며, 회화작품은 더욱이 적었다. 수신사는 『제중신편』濟衆新編, 『계원필경』桂苑筆耕, 『성학십도』聖學十圖와 같은 책자, 접선摺扇 9자루, 납약臘藥 7종 등을 일본에 선물로 주었다.[2] 『제중신편』은 허준의 『동의보감』을 강명길이 수정한 의서이고, 『계원필경』은 통일신라 9세기의 학자인 최치원이 당나라에 머물 때 썼던 글을 모은 문집이다. 『성학십도』는 17세에 등극한 선조에게 이황이 1568년에 올린 상소문으로 성군이 되기 위한 군왕의 도道에 관해 쓴 것이다. 이처럼 조선을 대표하는 고서적을 준 것은 일본의 요청이었을 가능성이 크며 일본이 보낸 답례품이 주로 마키에蒔繪(일본의 전통공예기술로 옻칠한 위에 금속성 재료로 문양을 덧붙인 공예품), 도기화병陶器花甁, 사게쥬提重(에도시대에 사용되던 야외 연회용 피크닉 세트), 단선團扇, 지구의地球儀, 사진첩이었던 것과 차이가 있었음을 알 수 있다. 사진첩 속에는 원로원의 행사 장면 사진, 태정대신太政大臣의 초상사진과 근대화된 일본의 모습이 담긴 사진들이 들어 있었다.[3] 제1차 수신사 이후 파견된 제2차 수신사나 조사시찰단 때에는 공예품 외에도 에도시대 후기에 편찬된 『근세명가문집』近世名家文集이나 『오산당시화』五山堂詩話, 라이 산요山陽(1780～1832)의 문집(『山陽遺稿』)이 주어지기도 했다.[4]

　1811년에 조선의 마지막 통신사가 파견되었을 때까지만 해도 조선과 에도 바쿠후幕府 양국이 주고받은 증답례품은 서화작품들이 많았으나 이러한 문화 교류적 측면은 수신사행에 오면 점차 사라져 버린다.[5] 개화의 모델로서 일본을 시찰하는 일은 문화예술적 교류보다는 문명국으로 부상한 일본의 변화된 위상을 살피고, 그 새로운 제도와 정책을 파악하는 데 목적이 있었기 때문일 것이다.

　답례품으로 에도 바쿠후가 조선 국왕에게 금병풍金屛風을 헌상하는 관습도 수신사행 때는 사라져 버렸다. 바쿠후의 어용화사로서

이 금병풍을 제작했던 가노파狩野派가 메이지 정권의 수립과 함께 그 지지 기반을 잃은 상황에서 답례품이 공예품으로 대체되는 것은 어쩌면 당연했을 듯하다. 시서화를 주고받으며 문화교류 양상을 띠던 통신사행 때와 시대상황이 얼마나 달랐는지를 실감할 수 있다.

수신사와 관련한 증답례품 외에 일본의 메이지 정부나 관료들이 대한제국 황실에 물품을 헌상하는 경우도 많았는데, 이때는 자수병풍이 다수를 차지한다. 1910년에 일본의 메이지 천황이 은으로 만든 다기와 자수병풍을 보내왔고, 1911년에는 데라우치 마사타케寺內正毅 총독을 통해 일본 천황이 은술잔 1조와 병풍 2쌍을 바쳤다. 같은 해에 데라우치 총독이 직접 병풍 1쌍, 족자[掛軸] 2폭, 비단 5권을 고종에게 바치기도 했다. 1914년에는 농상대신 고노 히로나카河野廣中가 고종과 순종에게 자수병풍 각 1부씩을 헌상했고, 1916년에는 다이쇼大正 천황 부처가 물품을 보내오기도 했다. 드물긴 하지만, 1916년에 일본의 백작 오타니 고에이大谷光瑩가 개인적으로 금병풍을 대한제국 황실에 바쳤던 예가 있었다.

이러한 회화류 외에도 일본인들은 1911년(순종 5)에 천황의 초상 1본, 그림엽서 3매(1매는 천황의 초상, 1매는 천황의 이름, 1매는 대연습 때에 들판에 서 있는 천황의 사진이 들어 있었다고 함)를 (이왕직) 사무실에 증정했다. 1915년 6월에는 이왕직 장관 민병석이 조선총독부에서 일본 천황의 진영을 가져와 덕수궁과 창덕궁에 전했다고 한다.

기술직 전문인이 된 화가   도화서圖畵署는 1894년(고종 31) 갑오개혁 때에 폐지되고 그 일부가 궁내부 규장각의 장례원掌禮院에 소속되면서 규모가 축소되었고, 1895년에 규장각이 규장원奎章院으로 명칭이 바뀌었을 때에는 기록사記錄司란 곳에서 맡아 했다.[6] 이후 회화업무는 1896년 1월부터 1905년 3월까지 새로 조정된 장례원의 도화과圖畵課에서 담당했다가 잠시 장례원의 명칭이 예식전禮式典으로 바뀐 적이 있었지만

1906년 8월에 예식전이 폐지되고 다시 장례원이 부활하면서는 이곳이 회화업무를 담당하게 되었다.[7] 화가들은 화원畵員과 화사畵師라는 직명 외에 사자주사寫字主事, 도화주사圖畵主事,[8] 장례원주사掌禮院主事, 상당직조용相當職調用, 도화서기랑圖畵書記郎이라는 새로운 직명으로도 불렸다.[9] 또한 의궤에 참여한 화원 중에는 전무과주사電務課主事, 중추원의관中樞院議官이란 직명도 보여 그 소속이 다양해진 것을 알 수 있다. 1908년부터는 이러한 직명들은 사용되지 않고 품등으로만 표기되었는데 구품九品부터 정삼품正三品, 종이품從二品까지 있었던 것으로 확인된다.

1881년 가을에 안중식安中植(1861~1919)과 조석진趙錫晉(1853~1920)은 김윤식金允植(1835~1922)이 이끄는 영선사領選使 일행을 따라 중국 천진天津에 있는 남국화도창南局畵圖廠에 가서 1년간 기계제도법을 배웠다. 이는 전통 서화를 익힌 화가가 국가의 개화정책에 실질적인 역할을 담당하며 기술직 전문인으로 바뀌어 간 사례로, 시대변화에 부응한 것이라 생각된다. 이때 이들은 여러 창廠의 기계를 분해 결합하는 기술을 익히고 서양의 제도법도 배웠는데, 귀국 후에는 기계국機械局에 소속되어 일하게 되었다. 안중식은 이어 근대적 통신제도를 도입한 우정국郵政局에서 사사司事로 일하기도 했으며, 조석진도 탁지부度支部의 전원국기수典園局技手로 일한 적이 있었다.

안중식과 조석진이 기계제도법을 익힌 것은 20대의 젊은 나이였고 40대 이후는 오히려 서화가로서 활동했지만, 김용원金鏞元(1842~1892 또는 1896), 황철黃鐵(1864~1930), 지운영池運永(1852~1935), 김규진金圭鎭(1868~1933)은 전문화가였다가 기술직 전문인이 된 사례다. 이들은 당시로선 첨단 신기술이었던 사진술을 익혀 직접 사진관을 경영했으며, 이 과정에 대한제국 황실의 재정 및 관세 지원을 받기도 했다. 황철은 도화서를 폐지하고, 초상화를 그리는 대신 사진으로 대체하자고 주장할 만큼 새로운 기술 습득에 적극적이었던 인물이다.

1876년에 수신사의 수행화원으로 일본에 따라간 김용원은 관직이 부사과副司果(종6품)로 규장각 소장의 의궤儀軌 제작에 몇 차례 참여했던 도화서 화원이었다.[10] 이 수신사행 때만 해도 일본인들이 연도에 몰려나와 수신사 일행을 환영하고 서화를 요청하는 일이 많아서 김용원도 이에 응하여 그림을 그려주었으리라 생각되지만, 사행 기록에 그의 구체적인 행적이 언급되지는 않았다. 오히려 화원으로서보다는 기계와 총포, 아연 등을 구입했던 일종의 기술직 전문가로서 일했다고 알려져 있다.

1881년에 조사시찰단(일명 신사유람단)이 일본에 파견되었을 때에도 김용원은 육군 조련과 기선 운항의 제반사항에 관한 정보를 수집할 임무를 지시 받고, 시찰단의 일원으로 참여하게 되었다. 일본인의 서화 요청에 응하고 사행의 기록자 역할을 해왔던 역대 통신사의 화원 역할에 변화가 왔음을 보여준다. 이때 김용원은 일본에서 사진술을 익혀 후에 우리나라 최초로 사진술을 도입한 인물이 되었다.[11]

김용원은 1883년 여름 서울 저동에 한국인으로서는 처음으로 사진관인 '촬영국'을 개설하고 일본인 사진사를 고용해 운영했다고 한다.[12] 개화파와 고종의 신임을 받았던 김용원은 얼마 후 1884년 12월의 조러밀약 때 고종의 밀사로 러시아에 파견되는 등 정치적 사건에 관련되어 있었지만 이런 와중에도 사진관은 계속해서 운영하고 있었다.[13] 왕실의 도화서 화원이었다가 사진술을 익혀 '개화의 효시'라고 알려진 김용원의 이력은 변화된 시대상을 보여준다.

도화서 화원은 아니지만 김용원과 거의 비슷한 시기에 사진술을 익혀 사진관을 운영했던 황철이란 화가도 있었다.[14] 그는 1882년에 중국 상해에서 사진술을 익히고, 독일제 사진 기자재를 구입해서 1883년 서울 대안동(지금의 송현동)에 사진관을 열었다.[15] 그의 촬영소에서는 내외국 인사와 고급관료들이 사진을 찍었다고 하며, 1884년 갑신정변으로 파괴되기 이전까지는 사진관이 성황리에 운영되고 있었음을 알 수 있다. 황철은 다시 상해와 일본의 나가사키와 고베·오사카·교토 등지를 시찰하고 기자재를 구입하여 1886년에 사진관을 재개관했고, 1889년에는 유배에서 풀려난 지운영이 그의 사진관에 와서 일을 돕기도 했다고 한다. 그후 황철은 결국 사진관을 닫고 1896년에 일본으로 건너가 1906년 의친왕義親王(1877~1955)을 모시고 귀국할 때까지 서화가로 활동했다. 그렇지만 이 기간에도 의친왕에게 사진술을 가르치고, 일본에서 열리는 한국 풍물 사진전에 참가했을 정도로 사진과의 인연을 놓지 않았다. 한일합방 이후 1911년 말이 되었을 때 그는 아들에게 '국권이 회복되기 전까지는 환국하지 않겠다'라는 말을 남기고 일본으로 떠났다. 그러나 '망국의 죄인'이라며 관직까지 마다했던 황철이 일본으로 건너가 그곳에서 일본 각계의 인사들로 구성된 후원회를 결성하고 서화전을 개최하며 1930년 죽을 때까지 살았던 것은 아이러니해 보인다.

지운영도 화가이면서 기술직 전문인이 되었던 경우다. 1882년에 박영효 일행을 따라 도일하면서 일본인 사진사 헤이무라 도쿠베이 平村德兵衛(1850~?)에게서 사진술을 배웠다. 1883년에 귀국한 지운영은 1884년 2월에 서울 마동(지금의 종로3가 단성사 부근)에 촬영국을 개설해서 3월에는 고종을 직접 촬영하기도 했다.

1884년 가을 지운영은 다시 일본에 가서 사진 관련 일을 하다가 갑신정변 후 일본에 파견되었던 봉명사신 일행과 함께 이듬해 2월 귀국했다. 그는 1897년 고종대례의궤 제작에 궁내부 주사로 참여했고, 1901년에는 내장원 주사로 조석진, 채용신蔡龍臣 등과 함께 의궤에 참여했을 만큼 서예와 회화에서 알려지게 되었다. 귀국 후인 1885년 4월, 지운영이 가져온 사진기가 특별 면세 조치를 받았던 것을 보면 그가 왕실의 특별한 지원을 받고 있었음을 알 수 있다. 지운영은 더구나 특차도해포적사特差渡海捕賊使로 갑신정변의 주범인 김옥균과 박영효를 암살하기 위한 자객으로 도일했다고 알려져 있다. 1886년 3월 도쿄에 갔지만 자객 임무는 실패하고 이로 인

서화가였던 김규진이 1906년경에
촬영한 고종 황제의 초상사진이
다. 1907년에 고종이 강제 퇴위를
당했을 때, 김규진도 궁내부에서
면직되었고 그후 천연당사진관을
열었다. 이 초상사진은 김규진이
일본에서 사진술을 익히고 돌아와
사진관을 열기 전에 찍은 것인데,
이때 그는 여러 차례 고종을 촬영
했다고 한다. 김규진은 1915년경
까지 이 사진관을 경영하였고 이
시기 황현의 사진과 대한협회 기
념사진, 독립운동가 등을 직접 촬
영했으며, 이 중 1909년에 촬영한
황현의 초상사진은 채용신이 그린
황현의 초상화와 함께 국가지정
보물 제1494호로 지정되었다.

해 귀국 후 1886년 6월에 영변으로 유배를 가야
했다. 그후 2년 반이 지난 1888년 12월 25일에
석방되었는데 이때 지운영의 석방을 둘러싸고 반
대하는 상소가 있었지만 고종은 뜻을 바꾸지 않았
다고 한다. 지운영은 유배에서 풀려난 뒤에는 고
향에서 은둔하며 문인화가로서 시와 그림에 몰두
하며 여생을 보냈다. 하지만 생애 말년인 1918년
에 서화협회書畫協會가 결성될 때 정회원으로 참여
해 제1회 서화협회전(1921)에 출품했고, 그의 나이
70세에 개최된 제1회 조선미술전람회朝鮮美術展覽會
(1922)에도 출품하여 입선을 했던 것을 보면 세속
적인 인연을 끊은 것은 아니었다. 1923년에는 순
종의 탄신일을 맞아 〈노선도〉老仙圖를 헌상해 순종에게서 50원을 하
사 받기도 했는데, 이미 70이 넘은 이 노화가는 여전히 국왕에게
헌신적인 태도를 보여주었던 것이다.

영친왕의 서예 선생이라는 이력이 있는 서화가 김규진도 사진술
을 배워 사진관을 경영했다. 김용원, 황철, 지운영이 사진관을 연 1
세대 화가들이라면, 이들보다 조금 늦었지만 김규진도 1907년부터
1915년 후반까지 천연당사진관天然堂寫眞館을 경영했던 서화가였다.
사진관 개설 즈음에 고종이 강제 퇴위를 당했고, 김규진도 궁내부
에서 면직되어 고금서화관古今書畵館과 천연당사진관을 경영하게 되
었다. 사진관이 있던 곳은 덕수궁 근처의 궁집으로 영친왕의 서예
선생이었던 김규진에게 황실이 하사한 집이었다. 현재 서울 소공동
91-1번지쯤 되는 곳이다.

김규진은 사진관을 열기 전부터 이미 사진을 찍기 시작했는데
〈고종 황제 초상사진〉은 1906년경에 찍은 것이다.도215 사진관을 개
설한 후에는 자신을 '천연당 사진사 김규진'이라 했으며, 이런 명칭
이 붙어 있는 사진은 그가 직접 찍은 것으로 보고 있다.[16]

우리나라 1세대 사진가가 모두 화가였다는 사실은 흥미롭다. 이들이 사진을 배우게 된 계기가 대개 일본인의 권유 때문이었다고 알려져 있지만 이들은 모두 개화인사로 신문물을 습득하는 데 개방적이었고, 대한제국 황실과 여러모로 관련이 있었다. 이들이 습득한 사진술은 회화 창작에 활용되어 초상화나 인물화, 산수풍경화 제작에 직간접적으로 영향을 주었으리라 생각된다.

꾸며진 황궁,
그 속의 회화

조용한 아침의 나라, 조선　　외국인의 왕래가 빈번해지고 사진술이 국내에 도입되면서 '조용한 아침의 나라' 조선은 서양 여러 나라에 여행기 또는 사진을 통하여 알려지게 되었다. 미지의 나라를 탐험한 여행기는 구미에서 인기를 누렸고, 책으로도 발간되어 베스트셀러가 될 정도였다. 조선에 관련된 여행기도 여러 편 출판되었는데 퍼시벌 로웰 Percival Lowell의 『조선, 조용한 아침의 나라』*Chosun: the Land of Morning Calm, A Sketch of Korea*(1888), 그리피스W. E. Griffis의 『은자의 나라 한국』*Corea: The Hermit Nation*(1894), 아널드 헨리 새비지 랜더 Arnold Henry Savage-Landor의 『고요한 아침의 나라 조선』*Corea, or Chosen, the Land of the Morning Calm*(1895), 이사벨라 버드 비숍Isabella Bird Bishop의 『조선과 그 이웃나라들』*Korea and her Neighbours*(1898), 호러스 N. 알렌Horace N. Allen의 『조선견문기』*Things Korean*(1908) 등이 있었다. 구미인들에게 보여진 조선은 인류학적·인종학적 관심에서 저술·사진·신문 등 다양한 매체를 통해 소개되었지만, 대한제국기에는 일본과 러시아 등 제국주의적 팽창정책의 희생양으로서 '위기의 국가' 이미지로 비춰진 경우가 많았다. 1904년에 『펀치』*Punch*라는 잡지에 소개된 조선은 러시아와 일

도216 『펀치』 삽화

영국의 시사잡지인 『펀치』에 소개된 삽화로 1904년 당시 조선을 사이에 둔 러일전쟁의 상황을 보여준다. 조선은 러시아와 일본의 올가미에 묶여 허덕이는 가혹한 운명에 처한 나라로 소개되고 있다. 19세기 말에 여행했던 유럽인들이 남긴 여행기를 통해 알려지기 시작한 조선은 인류학이나 인종학적 관심이 되긴 했지만 더 나아가 일본과 러시아 등 제국주의적 팽창정책의 희생양으로 '위기의 국가' 이미지로 비춰진 경우도 많았다.

도217 **조선국왕성지도** 국립중앙도서관.

국립중앙도서관에는 일제강점기의 총독부도서관에 있었던 서적 및 문서들이 다수 소장되어 있다. 그중에 이 작품은 일본의 목판화인 니시키에로 제작된 것이다. 니시키에는 우키요에浮世繪의 마지막 기술적 완성 단계인 다채색 목판화를 말하며, 비단처럼 아름다운 그림이란 뜻이다. 3매의 독립된 그림이 각각 자체로도 완성도를 갖지만 합치면 더욱 큰 화면의 그림을 완성시킨다. 이 니시키에는 상상 속 조선의 모습을 이국적인 이미지로 그렸다. 경복궁 전경을 나타낸 것이지만 건물의 배치나 형태, 인물 등이 고증 없이 묘사되었다는 것을 쉽게 알 수 있다.

본의 올가미에 묶여 허덕이는 가혹한 운명에 처한 나라로 소개되었다. 러일전쟁의 상황을 보여주는 것이다.[도216]

일본에서는 개항 때부터 조선에 관련된 소식을 니시키에錦繪(우키요에의 마지막 단계인 다채색 목판화를 말함)로 제작하여 대중에게 알렸다. 니시키에 속 조선의 풍경은 전혀 실증자료가 참고되지 않은 채 이국적인 이미지로 그려진 예가 많았다. 일본에서 만든 〈조선국왕성지도〉朝鮮國王城之圖(1894)는 3장짜리 니시키에로 경복궁 전경을 나타낸 것이지만 건물의 배치나 형태, 인물 등이 고증 없이 묘사되었음을 쉽게 알 수 있다.[도217] 창덕궁 명정전이 1909년에 개방되고 나서, 경복궁·덕수궁도 차례로 개방되었다. 이와 함께 궁궐의 모습은 사진과 회화 속에서 제국의 위상을 담기도 하고, 쇠락한 왕조의 향수를 자아내는 공간으로, 때로는 위락의 공간으로 끊임없이 국내외에서 소개되었다.

네덜란드계 미국인 초상화가 휴버트 보스Hubert Vos(1855~1935)가 유화로 그린 〈고종 초상〉(1899)은 1900년 파리만국박람회에 전시되었던 작품이다.[도218] 보스는 1899년 6월에 와서 본래 '어진御眞

과 예진睿眞 양본을 모정摸묘하고 그 공으로 금전
金錢 1만 원을 받았다'고 한다.[17] 고종의 초상 외
에 왕세자 즉 순종의 초상화도 그렸다고 하는데,
덕수궁에 보관되어 오다가 1904년 화재로 소실
되었다. 지금 전해지는 작품은 보스가 따로 그려
가져간 것이다. 보스는 이 작품을 포함해서 세계
여러 나라에서 그린 초상화를 가지고 1900년 2
월 미국 뉴욕의 유니언리그 클럽Union League
Club에서, 6월에는 파리만국박람회에서, 같은 해
12월에는 워싱턴의 코코란 아트갤러리Corcoran
Art Gallery에서 전시회를 가졌다. 고종 초상과 함
께 현존하는 민상호閔商鎬(보스는 이 작품의 제목을
"The Prince"라고 잘못 소개했다)의 반신상은 그가 남
긴 2점의 초상화 중 한 점이며, 그외에도 서울
풍경을 그린 것이 남아 있다. 보스는 구한말 한국
을 방문한 가장 전문적인 서양화가라고 하겠다.

황궁을 장식한 회화

여기에 소개하는 몇몇 사진은 그중에서도 대한
제국기 궁궐의 내부를 보여주는데, 그 내부는 모
두 장식적인 병풍화로 꾸며져 있다.도221-1, 222-2 사
진 촬영을 위해 의도적으로 꾸며진 공간일 가능
성도 없지 않지만 지금으로선 회화가 어떻게 왕
실의 내부를 장식했는지 알 수 있게 해주는 좋은
자료가 된다. 병풍이 장식된 어좌를 보여주는 사
진도221-1은 창덕궁 인정전仁政殿 내부에 어떤 그림
이 장식되었는지를 보여준다. 어좌 뒤편에는 〈쌍
봉도〉雙鳳圖 벽화가 있고, 양옆에는 〈산수도〉 병

도218 **고종 초상** 휴버트 보스.
네덜란드계 미국인 초상화가인 휴버트 보스는 1899년에
한국에 와서 고종 황제의 초상화와 민상호의 초상화, 그리
고 서울의 풍경을 유화로 그렸다. 보스가 그려 그 유족이
소장해 온 이 고종 초상은 1981년 국립현대미술관 전시에
서 처음으로 국내에 소개되었다. 본래는 고종의 초상화를
한 점 더 그려서 대한제국 황실에 헌상했다고 하는데, 덕
수궁 화재로 소실되어 전하지 않는다.
곤룡포를 입은 고종의 전신상은 파리만국박람회에 출품하
기 위해 그린 것이다. 보스는 순종 어진도 함께 그려 당시
돈으로 1만 원이란 거금을 그 대가로 받았다. 보스는 미국
으로 돌아가서 쓴 자서전에 "제가 소장용 두 점을 가지고
떠나려니까 제가 임금의 옥체의 한 부분이라도 떼어 가는
듯이 여겼습니다"라고 회고했다.

도219 **산수도** 김은호, 국립고궁박물관(왼쪽).

1915년에 서화미술회 화과를 졸업하고, 이어서 서과에 편입해 1917년에 졸업한 김은호는 1920년대 초까지도 스승인 안중식과 조석진의 산수화풍을 짙게 드러낸 작품을 그렸다. 이 산수도 가리개는 이러한 초기 산수화 양식을 잘 보여주는 작품으로 1917년 창덕궁의 대화재 이후에 황실의 의뢰로 제작한 작품일 가능성이 있다. 김은호는 이 산수도 2폭과 비슷한 〈산수일대〉山水一對를 1920년에 그렸는데 여기에도 '근사'라는 말을 썼고, 크기도 세로 152.5cm, 가로 51.5cm로 매우 유사하다

도220 **도원도** 박승무, 국립고궁박물관(오른쪽).

박승무는 서화미술회에 입학한 1913년부터 1926년까지 '소하' 小霞라는 아호를 사용했는데 이 작품은 이 시기에 그려진 것이다. 초기작으로서는 뛰어난 역량을 보여주는 작품으로 국립고궁박물관 소장의 김은호 〈산수도〉 가리개(1918)와 비슷한 시기에 그려진 것으로 보인다. 1917년에 서화미술회를 졸업한 박승무는 안중식, 조석진 문하에서 배운 다른 작가들처럼 스승의 산수화풍을 충실히 따르고 있었음을 알 수 있다.

풍 1쌍, 〈난석도〉蘭石圖와 〈백수백복도〉百壽百福圖가 놓여 있다. 어좌의 양 측면에 세워진 산수도 병풍 1쌍은 안중식, 조석진의 전형적인 산수화풍을 보여주고 있지만 산수화 상단의 긴 제발을 확인할수 없어 현재로선 더 이상의 작가 추정이 어렵다. 다만 이와 비슷한 양식의 산수병풍인 국립고궁박물관 소장의 김은호金殷鎬와 박승무朴勝武 필筆 산수화 2점과 비교해 볼 수 있다.도219, 220 이 두 작품은작가가 늦어도 1920년대 초까지 유지하던 화풍을 보여주고 있는데, 주름지며 반복되는 산의 형태와 수없이 많은 태점苔點을 가한산수도이다. 이때 이들은 모두 젊은 신진화가로 서화미술회에서 안중식과 조석진의 가르침을 받았다. 창덕궁과 덕수궁에 소장되었던회화작품 중에는 안중식과 조석진이 서화미술회를 통해 길러낸 제자들(김은호, 박승무, 이한복, 노수현)의 작품이 소장되어 있는데, 의외로이들이 20세 전이거나 20대 초에 그린 것들이다. 김은호와 박승무의 산수화도 양식상 20대의 젊은 날에 그린 작품으로 생각된다.

사진도221-1에 보이는 창덕궁 인정전 내부에 장식된 그림 중 현존하는 작품도 있다. 사진에서 오른쪽의 병풍은 현재 국립고궁박물관에 소장되어 있는 소호 김응원小湖 金應元(1855~1921)의 〈난석도〉(10첩 병풍)임을 확인할 수 있다.도221 현존하는 묵란도의 걸작이라 할 이대작은 '김응원 근사'謹寫라 하여 국왕에게 헌상된 것이다.

석파 이하응石坡 李昰應(1820~1898)의 묵란도 양식을 이어받은 김응원은 때로는 이하응보다 더 뛰어나다는 평가를 받기도 할 만큼 묵란도로 이름이 나 있었다. 김응원은 1911년 최초의 근대적 미술교육 기관으로 개설된경성서화미술원京城書畵美術院에서 안중식·조석진과 함께 후진을 양성했으며,1918년 서화협회의 창립에도 관여했던인물이다. 서화협회의 발기인 13인 중

도221-1 창덕궁 인정전 내부
창덕궁 인정전 내부를 보여주는 사진으로 촬영한 연대는 불확실하다. 이 사진이 관심을 끄는 이유는 어좌 주변을 장식했던 병풍들 때문인데, 그중에서 오른쪽의 병풍은 현재 국립고궁박물관에 소장되어 있는 소호 김응원의 〈난석도〉(10첩 병풍)임을 확인할 수 있다.

도221 **난석도** 김응원, 국립고궁박물관.

이하응의 묵란도 전통을 이은 김응원은 때로는 이하응보다 뛰어나다는 평가를 받기도 했으며, 안중식과 조석진의 사후에는 서화계의 지도자로서 군림했다. 현존하는 묵란도의 걸작이라 할 이 대작은 '김응원 근사'라 쓰여 있어서 국왕에게 헌상된 것임을 알 수 있다. 국왕에게 헌상된 그림이 실제 궁궐을 장식했던 예를 보여주는 중요한 자료이다.

한 사람으로 안중식, 조석진 사후에 3대 회장이 되어 1921년 제1회 서화협회전을 이끌었다.

김응원은 이하응과 친분이 두터웠고, '석파란'石坡蘭의 대필자로도 이름이 났다고 하는데 국립고궁박물관 소장의 〈난석도〉는 가늘면서 여러 번 휘어지는 석파란의 날카롭고 섬세한 특징을 잘 보여준다. 그림에 "난초의 형체는 맑고 돌의 형체는 고요하니, 맑으면 오래가고 고요하면 수壽한다"(蘭之氣淸 石之體靜 淸則久 靜則壽)라고 제했다.

묵란으로 인정받은 김응원은 '소호란'小湖蘭으로도 불렸는데 예서와 행서에서도 탁월한 기량을 보여주었다. 특히 김응원은 석파에게 서화를 가르친 추사 김정희秋史 金正喜(1786~1856)의 영향도 받았으며, 김윤식은 김응원에게 "완당 그림의 묘한 경지는 세상 사람들이 본뜨기 어려운데, 한 줄기 부드러운 난이 소호小湖에 돋아났네"(阮堂墨妙世難摹 一派猗蘭落小湖, 『운양속집』권1)라고 써주며 높이 평가했다.

인정전은 창덕궁의 정전으로 조정의 공식적인 의식과 외국 사신들의 접견장소로 이용된 곳이다. 사진 속 산수화나 난석도, 백수백복도는 주제상 특별한 공통점이 있는 것은 아니며, 병풍그림 또한 주제의 상징성보다는 단순히 공간을 장식하는 효용성에 의해 배치되고 있는 듯하다.

대한제국 황실의 내부를 보여주는 또 다른 사진 속에는 당시로서는 최신의 유럽풍 의자가 중앙에 있고, 그 양쪽에 화병 1쌍이 탁자 위에 놓여 있으며 그 뒤에 병풍이 세워져 있다.^{도222-1} 1890년대부터 이미 우리의 궁궐 내부에는 유럽에서 직수입한 가구들이 장식되었고, 유럽의 그릇들이 식탁에 놓였으니 이제 서양 원수복 차림의 황제를 보는 것도 낯설지 않게 되었다. 그러나 이보다 더 눈길을 끄는 것은 뒤편에 장식된 〈부용안도〉芙蓉雁圖(6첩 1쌍) 병풍이다.^{도222} 이 병풍은 1748년에 일본에 파견된 통신사 때에 바쿠후가 조선 국왕에게 헌납한 것으로 창덕궁에 소장되어 있다가 현재는 국립고궁박물관에 이장되어 있다. 영조를 위해 당시 일본의 대표적인 어용화파인 가노파狩野派의 화가 가노 야스노부狩野宴信(?~1761 또는 1762)가 그렸는데 본래 일본에서의 제목은 '예전안추초도'苅田雁秋草圖이다. 그는 가노파의 한 계파인 오모테에시表繪師 가노파의 한 사람으로 일본의 『고화비고』古畵備考 권45에 조선 국왕에게 바칠 〈예전안추초도〉를 그렸다고 기록되어 있다. 6첩 1쌍의 제1면 오른쪽 상단에는 모두 '어제필'御製筆이 쓰여 있는데, 각각 "殿中二障子 乃自昔年來 如今展于此 豈曰偶然哉 辛未春" "此障何時得 即子受昔年

元孫殿裏展 今覽興懷先 辛未春"이라 되어 있다. 이는 영조의 어필로 1751년 봄에 원손인 의소세손懿昭世孫(사도세자와 혜빈 홍씨의 적장자이자 정조의 동복형)이 왕세손에 책봉될 때 원손전元孫殿에 있던 것을 보고 쓴 것이라고 한다.¹⁸ 사진 촬영을 위해 의도적으로 배치한 듯한 이 실내 정경은 영조의 어필이 있다고 하

도222 **부용안도** 가노 야스노부, 국립고궁박물관.

1748년 가노파의 화가인 가노 야스노부가 그린 것으로, 일본에 파견된 조선통신사를 통해 에도 바쿠후로부터 조선 국왕에게 헌납된 것이다. 당시 국왕은 영조였으며, 영조는 이 그림 위에 직접 어필을 추가했는데 1751년 봄에 원손인 의소세손 즉 사도세자와 혜경궁 홍씨의 적장자이자 정조의 동복형이 왕세손에 책봉될 때 원손전에 있던 것을 보고 쓴 것이라는 내용이다. 조선시대에 유입된 일본화는 이처럼 화려한 금병풍이 대부분이었는데, 이 병풍은 현존하는 드문 작품이다.

지만 전형적인 일본식 금병풍임에 틀림없는 그림이 배경으로 장식되어 있다. 유럽식 가구나 일본의 화병병풍이 장식된 궁궐의 내부는 당시 대한제국이 처한 시대상황을 상징적으로 보여주는 듯하다.

제국의 상징, 어진

조선은 1876년 개항 이래 1882년부터 미국, 영국, 프랑스, 독일 등과 통상조약을 맺기 시작했고 이어 이탈리아, 러시아, 프랑스, 오스트리아, 벨기에, 덴마크 등과도 통상조약을 맺었다. 이로 인해 점차 빈번해진 외교관계를 수행해 가는 과정에서 조선을 대표하는 국가 원수상이 공식적인 국가의 상징물로서 필요하게 되었다. 예를 들면, 1884년에 고종은 초대 미국 전권공사인 루시우스 H. 푸트Lucius H. Foote에게 자신의 어진과 세자의 예진睿眞을 주었다.[19] 사진술이 도입된 이후에는 김용원, 지운영, 황철이 사진술을 배워 직접 고종을 촬영했고, 이렇게 만들어진 고종의 초상사진이 외교관계에서 활용되었다. 국가를 대표하는 통치자의 이미지가 들어 있는 사진첩은 외국과의 증답례품으로 주어지는 사례가 많았던 것이다. 봉안용으로 그려져 제례용으로만 사용되던 국왕의 신비하고 숨겨진 이미지는 대한제국기에 와서 제국의 상징으로서 또는 절대군주로서의 권위를 보여주기 위한 상징물로 대내외에 드러나게 되었다.

국초부터 어진을 봉안하는 진전을 설치하여 어진 제작에 힘써왔음에도 오늘날 전해지는 예가 드문 것은 대궐의 화재와 전란 때문이다. 어진을 모시는 선원전璿源殿의 화재로 〈연잉군 초상〉(1714)은 일부가 불에 탄 상태로 보존되고 있으며(제1장 도4 참조), 역시 화재로 많은 부분을 소실한 〈철종 어진〉(1861)이 전해지는 정도로 열악한 상황이다. 고종기에는 왕실의 위업을 높이려고 경복궁을 재건하고 왕권을 강화하기 위한 개혁정치가 단행됨에 따라 어진 제작에도 심혈을 기울였다. 1872년 조중묵趙重默, 박기준朴基駿, 백은배白殷培, 유숙劉淑 등에 의해 이모된 〈태조 어진〉(전북 전주시 완산구 풍남동

경기전 소장)은 국초부터 여러 차례 그려진 태조 어진 중에서 유일하게 현존하는 예다(제1장 도2 참조).

1900년 선원전의 화재로 역대 어진들이 모두 소실되자 어진은 보다 본격적으로 제작되었다. 화가는 인물화에 뛰어난 자를 차출해서 그리도록 했다. 국립고궁박물관 소장의 〈영조 어진〉(1900)은 1744년 작을 범본으로 해 조석진, 채용신 등 당대 최고의 어진화가가 제작에 참여한 작품이다(제1장 도5 참조). 채용신은 세 차례에 걸쳐 어진도사에 주관화사로 참여했지만 화원은 아니었다. 〈영조 어진〉은 1950년 전란 중에 부산 피난처의 창고에서 일어난 화재로 거의 모든 역성조의 어진을 잃었을 때 요행히 화재를 피한 작품이다. 채용신은 1900년에 고종의 어진을 그렸는데 현재 그가 그린 여러 점의 고종 어진이 전해진다. 국립중앙박물관 소장의 동원 수집문화재 중 〈고종 어진〉과 원광대학교 소장의 〈고종 어진〉은 채용신 작으로 추정된다. 채용신은 1901년에 고종의 어진을 처음 그렸는데 현재 그의 작품으로 전하는 여러 점의 고종 어진이 남아 있다.

국립중앙박물관 소장의 〈고종 어진〉^{도223}은 정면관에 익선관과 곤룡포를 입고 의자에 앉아 있는 모습으로 채용신의 작품으로 추정되고 있다. 손에 든 호패에는 '임자생 갑자 등국'王子生甲子登國이라 쓰여 있는데 '임자년(1852)에 태어나 갑자년(1863)에 임금 자리에 올랐다'는 뜻이다. 온화하고 부드러운 인상의 고종이 매우 사실적으로 그려졌고, 특히 어용에는 극히 가는 세필을 사용해서 정교한 주름과 음영을 표현했다. 이 어진과 유사한 작품이 몇 점 더 있는데, 채용신은 어진을 그릴 당시의 초본을 가지고 여러 본의 범본을 그렸던 듯하다. 원광대학교박물관에 있는 고종 어진은 배경에 일월오악도를 배치했지만 같은 초본을 바탕으로 그린 것이라 생각된다.

이들 외에도 안중식, 김은호金殷鎬(1892~1979)가 어진도사에 참여했다. 특히 김은호는 마지막 어진화가로서 1935년까지 어진 제작에 참여했다. 그는 도화서의 직제가 사실상 없어진 1910년 이후

에 어진화가로 발탁된 경우로 초상화에 뛰어났던 재주를 인정받아 천거되었다. 김은호가 1912년 어진화가로 발탁되는 과정은 극적이라 할 수 있다. 그는 1912년 서화미술회書畵美術會에 들어간 지 얼마 되지 않아 어진화가가 되는 영광을 얻었던 것이다. 김은호가 1912년에 처음으로 〈순종 어진〉을 그리게 되던 때의 상황은 그의 회고록인 『서화백년』書畵百年에 소상하게 나와 있는데, 연대가 불명확한 부분이 있어 다시 한 번 면밀히 검토할 필요가 있다. 김은호가 순종 어진을 위해 그렸던 초본이 고려대학교박물관과 국립현대미술관에 각각 소장되어 있다(1장 도6 참조). 김은호는 이외에도 1916년, 1923년, 1928년, 1935년에 어진을 제작하여 당대 화단에서 주목을 받았다.

김은호는 전통적인 어진 제작 방식으로 제작했지만, 그가 남긴 순종 어진의 초본은 사진처럼 정밀한 사실적 표현과 섬세한 필치가 돋보이는 작품이다. 순종은 어진 제작을 위해 직접 포즈를 취해 주었지만, 김은호는 이외에 사진을 이용해서 어진을 완성하기도 했다.(1장 도7 참조) 김은호의 유지초본 속 순종은 부드러운 인상이며, 육군 복장의 모습이다. 순종은 마음속으로 깊이 생각하고 넓은 도량으로 묵묵히 움직여서 정도와 권도權道를 참작하여 변화에 대처하기를 평상시와 같이하고, 천하를 사사로이 여기지 않았다고 한다. 또한 아랫사람을 관대하게 부리되 몸가짐을 엄하게 하여 언제나 바른 몸가짐을 했다고 전해지는데, 김은호가 그린 순종 어진에는 이러한 순종의 행장이 잘 표현되어 있다. 김은호는 이후 서화미술회에서 안중식과 조석진의 가르침을 받고 근대기 최후의 어진화가가 되었으며, 일제강점기를 거쳐 가장 역량 있는 화가로 성장했다.

고종과 순종의 어진은 일본인 화가에 의해서도 제작되었다. 어진을 제작했던 일본인 화가는 후쿠에이 고비福英耕美, 안도 나가타로安藤仲太郎, 야마모토 바이가이山本梅涯, 후지타 쓰구지藤田嗣治(1886~1968), 스즈키 시미쓰로鈴木鑧三郎 등으로 모두 1910년에서 1915년

도224 **고종 어진** 국립고궁박물관.
이 어진은 작품의 크기나 사실적
묘사, 채색기법 등에서 현존하는
다른 어진들과 구분된다. 고종이
조복인 원유관에 강사포 차림으로
보색을 이루는 녹청색의 커튼을 뒤
로 하고 앉아 있는 정면상이다. 세
로 길이가 210cm나 되는 대작으로
장황이 되어 있고, 실제 화면만
160cm가 넘는다. 이 어진은 미국
인에게 팔렸던 것을 일본인 사토佐
藤라는 자가 사서 1966년 한국에
기증한 것인데 본래 1907년 고종
의 주문에 의해 제작되어 영친왕에
게 주어진 작품이라고 알려져 있
다. 이방자 여사는 이 그림이 자신
의 집에 걸려 있었다고 말한 바 있
어서 영친왕이 소유하고 있었던 것
임에는 틀림없는 듯하다. 어진의
뒷면에 '남계'嵐溪라는 기록이 있
지만 작가는 알 수 없다.

사이에 내한했다. 이 중 가장 먼저 어진을 제
작했던 화가는 후쿠에이 고비였다. 고비가 어
떤 화가였는지는 알려진 바 없지만 1910년 3
월 29일에 순종 어진을 그렸다.[20] 그는 영친왕
(실제로는 의친왕)을 모시고 어전 휘호회를 가졌
고, 서울에 머무는 동안 고종의 어진을 그렸다
고 알려져 왔기 때문에 현재 구 창덕궁이 소
장하고 있는 작가 미상의 고종 황제상(국립고궁
박물관)이 그의 작품으로 추정되기도 했다.[도224]
하지만 『순종실록』과 일본에서 발간된 미술신
문 등을 통해 더 많은 일본인 어진화가들이
어진을 그린 사실이 확인되었으므로 이 작품
에 대한 작가 추정은 좀더 재고되어야 할 것
이다.

　이 고종상은 역대 어진에 비하면 세로 길
이가 210cm나 되는 대작이다. 고종이 조복인
원유관遠遊冠에 강사포 차림을 하고, 보색을 이루는 녹청색의 커튼
을 뒤로 하고 앉아 있는 정면상이다. 축으로 장정된 황제상은 비단
에 그려진 채색화임에도 유화의 채색기법을 연상시키듯 그려졌다.
사진 조명을 받은 듯 번들거리는 천의 사실적인 느낌은 사진을 모
본으로 그린 작품이라 추정되기도 한다.

　이 작품은 일본인 사토佐藤라는 자가 미국인에게 팔렸던 것을 사
서 1966년 우리에게 기증한 것인데, 본래 1907년에 고종의 주문에
의해 제작되어 영친왕에게 주어진 작품이라고 한다.[21] 작가는 '최
모'崔某라고 하기도 했지만 1996년에 쓰인 국립고궁박물관의 소장
품 대장에는 '강계'岡溪(이는 잘못 표기된 것으로 필자가 실재 작품의 뒷면을
조사한 결과 '남계'嵐溪라고 되어 있음을 확인했다)로 되어 있어서 어느 것
도 확실한 근거가 없는 형편이다. 이방자 여사는 이 그림이 자신의

집에 걸려 있었다고 말한 바 있어 영친왕이 소유하고 있었던 것임에는 틀림없는 듯하다.

순종도 부왕인 고종에 대한 효성이 지극해서 자신이 기거하는 정당正堂에 태황제(고종)의 어진을 개인적으로 걸어놓았다고 한다. 순종은 평상시에는 어진에 두터운 휘장을 가려 공경했고 그 아래에서는 비스듬한 자세를 취하지 않는 등 부왕에 대한 각별한 존경의 예를 보여주었으며, 영친왕 또한 부왕의 어진을 늘 곁에 두고 그리워했다고 전해진다. 부왕을 존경하고 기억하는 개인적 목적에도 어진이 사용되었음을 알 수 있는 예다.

전통적인 어진은 왕실 내 봉안을 위한 것이었고, 일반 백성을 의식해서 제작한 것은 아니었다. 그러나 1910년대 전반 일본인 화가에 의해 제작된 어진은 외국과의 교섭에 필요한 대한제국의 외교적 목적도 있었지만, 다른 한편으로는 식민 지배 체제를 공고히 하려는 일본 황실의 선전물에 이용된 경우가 더 많았다. 특히 일본인 화가에 의한 어진 제작이 한일합방 직후에 집중적으로 이루어진 것을 보면 이를 알 수 있다. 일본은 어진만이 아니라 보다 대중적인 기념사진이나 엽서, 사진첩으로 대한제국에 대한 식민통치를 국내외에 적극적으로 선전하는 방식을 효과적으로 잘 사용했다.

宮中繪畫

3 영원한 제국을 꿈꾸며

어전 휘호회   1907년 헤이그 밀사사건이 빌미가 되어 고
             종의 왕위는 일제의 강요로 순종에게 강제

양위되었다. 그후 급박하게 진행되는 식민지화 과정에서 덕수궁과
창덕궁에서는 고종과 순종을 모시고 한일관료들이 참여한 가운데
어전 휘호회가 열리곤 했다. 어전 휘호는 동양미술의 오랜 전통이
지만 특별히 일본의 제국주의가 팽창하고 한반도를 식민지화 하는
과정에서 있었던 일본인 화가들의 어전 휘호는 식민지 융화정책의
일환이었던 면이 크다. 특히 1910년을 전후한 시기에 주로 열린 이
어전 휘호는 일본으로서는 반일감정을 무마시키고, 문화교류적 측
면을 부각시켜 자국의 대륙 팽창적 야욕을 포장할 수 있는 효과적
인 방법으로 이용되었다. 따라서 이러한 어전 휘호회는 일본인 관
료가 매개가 되었으며, 대한제국의 뜻과는 전혀 상관없이 이루어지
는 예가 많았던 것으로 보인다.

　1908년 7월 창덕궁 비원의 주합루宙合樓에서 일본인 화가가 참
석한 어전 휘호회가 열렸다. 『순종실록』에는 이때의 상황이 비교적
자세히 언급되어 있는데, 순종을 비롯해서 이완용李完用, 송병준宋秉
畯, 임선준任善準, 이병무李秉武, 고영희高永喜, 이재곤李載崑, 조중응

도225 **수하쌍록도** 사쿠마 데쓰엔, 국립고궁박물관.

趙重應, 민병석, 사쿠마 데쓰엔佐久間鐵園(1850~1921)이 참여했다고 한다. 이 모임은 순종의 등극 1주년을 기념하여 열렸지만 이는 곧 고종이 강제로 퇴위당한 지 1년이 되었음을 의미하기도 한다. 순종은 대표적인 친일관료들에 둘러싸여 자신의 등극 1주년을 기념하게 되었지만 앞날을 예측하기 어려운 국가의 운명을 생각하면 그다지 화기애애한 분위기는 아니었을 듯하다.

여기에 초대된 일본인 화가 사쿠마 데쓰엔은 산수와 인물을 잘 그렸을 뿐 아니라 한학에도 조예가 깊었던 인물이다.[22] 도225, 226 그가 대한제국의 황실에서 어전 휘호회를 열 수 있었던 것은 통감부의 관료였던 소네 아라스케曾彌荒助 부통감 등과 관련이 있었다.[23] 데쓰엔은 당시 신구新舊 양파로 분리되어 대립하던 일본화단에서 구파의 지도적 위치에 있었으며, 일본의 관설 전람회인 문부성미술전람회文部省美術展覽會의 심사위원을 지냈을 만큼 지명도가 있었다. 『순종실록』에는 이때의 어전 휘호회에 데쓰엔이 창덕궁 후원後苑의 전경을 그려 바쳤고, 이에 순종이 데쓰엔을 포함한 그 자리에 모인 대신들에게 칠언절구 시를 지어 1편씩 바치게 했다고 한다.[24] 두 달

뒤 9월 16일에는 덕수궁에서도 어전 휘호회가 열렸다. 이때는 안중
식, 김규진金圭鎭(1868~1933)이 사쿠마 데쓰엔과 함께 3인 합작으로
〈구여도〉九如圖 8폭을 그렸고, 고종이 그 그림을 참석한 대신과 소네
부통감에게 나눠주도록 했다고 한다.[25] 이 어전 휘호회는 순종의 등
극 1주년을 기념해서 열린 것이기도 했지만 일본인이 주관한 가장
선동적인 정치극이었다고 할 수 있다.

1910년에도 창덕궁 인정전의 동행각東行閣에서 영친왕이 참석한
휘호회가 열렸는데, 일본인 화가(후쿠에이 고비라고 알려져 있었음)가 고
종의 어진을 그렸다고 알려져 있다.[26] 그러나 당시 영친왕은 일본에
볼모로 가 있었으며, 『대한매일신보』大韓每日申報를 확인한 결과, 이
때의 어전 휘호회에 참석한 사람은 영친왕이 아니라 의친왕이었
다.[27] 더구나 화가는 '일본에서 건너온 화가'라고만 언급되어 있을
뿐이고, 이로부터 한 달 뒤 순종의 어진을 그린 화가가 '후쿠에이
고비'였다. 이 화가에 관해서는 달리 알려진 바가 없지만 두 개의
기사가 애매하게 합쳐진 채 전해져 온 것이다.

역시 무명의 화가인 후지노 세이키藤野精輝도 1910년경 인정전에
서 어전 휘호회를 열었다고 한다.[28] 1911년 11월 9일에 일본의 서
양화가 안도 나가타로安藤仲太郎(1861~1912)는 윤택영, 윤덕영, 김춘

희, 박영효, 이준용, 민병석, 이왕직 차관 고미야 사보마쓰小宮三保松 등과 함께 비원에서 열린 오찬회에 참가해서 어진 제작을 의뢰받기도 했다. 일본 측 자료에 의하면 이왕직 장관인 민병석과 이왕직 사무관 김동완金東完에게서 어진 제작을 의뢰받았다고 한다.[29]

이처럼 일본인 화가들이 고종과 순종, 한일관료들이 함께한 모임에 참석해서 어전 휘호회를 연 것은 1908~1911년에 가장 많았다. 이 시기는 대한제국이 종말을 고하고 일제의 식민지로 몰락해 가는 때로 국운은 풍전등화 같은 위기상황이었다. 예측할 수 없는 불안감과 팽팽한 긴장감이 감도는 이때에 일본인 화가를 대동한 어전 휘호회는 이러한 대립적 감정을 무마하는 데 좋은 방법이었다. 일본의 통감부나 총독부 관료들이 앞장서서 일본인 화가를 불러 어전 휘호회를 열었으며, 내한한 화가 중 일본화단에서 이름난 화가는 사쿠마 데쓰엔이나 안도 나가타로 정도였고 나머지는 무명의 화가들이었다. 진정한 문화교류적 의미보다는 정치적 야욕을 감추는 것이 보다 큰 목적이었기 때문에 화가들의 선정을 중요하게 생각하지 않았던 것은 당연했던 듯하다.

그렇지만 일제에 의한 정치적 목적으로 열린 것이 아니라 대한제국 황실 내부에서 순수한 감상과 교류를 위해 연회 형식의 휘호회가 열리기도 했다. 고종은 때때로 서화미술회의 선생과 학생들을 직접 궁궐로 모두 불러 휘호회를 열었다. 김은호는 이 어전 휘호회가 자신이 순종 어진을 완성한 데 대한 축하 자리였다고 했다. 1912년, 서화미술회에 입회한 지 얼마 되지 않아 어진을 그리는 영광을 안았던 김은호는 이때의 정경을 잘 기억하고 있었다.[30]

덕수궁 석조전石造殿 홀에서 고종이 지켜보는 가운데 열린 이 휘호회에서 고종은 어진을 그릴 때 만난 적이 있는 안중식과 조석진에게 가까이 다가가 "많이들 늙었구나"라고 하며 한참 동안 바라보았다고 한다. 그리고 고종은 뒷짐을 지고 걸어 다니면서 그림을 그리는 모습을 지켜보았고, 화가들은 황공한 마음으로 그림을 그리고 있었다. 고종은 김은호에게 "얼굴을 보니 재주가 있겠구나. 어떻게 그리 그림 솜씨가 좋단 말이냐?"라고 빙긋이 웃으며 말했고, 김은호는 이 순간의 감격을 평생 잊을 수 없었다고 말한 바 있다.[31] 한국화가들이 참여한 어전 휘호회는 일본인 화가들과 한일관료들이 동참한 어선 휘호회와는 사뭇 다른 분위기였음을 알 수 있다.

국왕에게 헌상된 회화
"공경히 그려 바칩니다"

대한제국기에는 '근사'謹寫, '경사'敬寫라고 하여 국왕에게 헌상된 그림이나, 화가의 이름 앞에 '신'臣이라고 써서 헌납하는 목적을 더 명확히 한 작품들이 많이 제작되었다. 관련된 화가로는 안중식, 조석진, 김응원, 김규진, 채용신, 양기훈楊基薰, 강진희姜璡熙, 강필주姜弼周, 김은호, 이한복李漢福, 오일영吳一英, 박승무朴勝武, 노수현盧壽鉉 등이 있었다. 이 화가들은 이왕가로부터 재정적 지원을 받았던 최초의 미술학교인 서화미술회의 교수와 졸업생들이 대부분이었다. 그리고 김규진처럼 영친왕 이은李垠의 서예 선생이라거나, 채용신처럼 어진화가로 알려져 있는 등 황실과 인연이 있었던 자들이었다. 양기훈은 확실치 않지만 전권대신 민영익閔泳翊(1860~1914)을 수행하여 미국을 다녀온 이력이 있는 화가로 알려져 있다. 일찍부터 황실과 관계가 있었던 인연으로 인해 국왕에게 회화를 헌상한 것이라 생각된다. 그림의 주제는 노안蘆雁·기명절지器皿折枝·화조가 가장 많았고, 난·죽·고사인물·산수 등도 그려졌다.

국왕에게 헌상된 회화는 지금까지 조사한 바로는 주로 1905년부터 1920년대에 그려진 작품들이 많았다. 이러한 작품들이 주로 대한제국기부터 일제강점기 초까지 집중적으로 제작된 것은 1900년, 1901년, 1904년에 있었던 경운궁(현 덕수궁)의 화재와 1917년 창덕궁의 대화재사건으로 인한 궁궐의 재건사업과 관계가 있지 않을까 추측된다. 특히 1917년 화재는 11월 10일에 있었는데, 현재 '근사'나 '경사'라고 쓰인 그림 중에 1917년 12월에 제작된 것들이 많이 있어 화재로 인한 재건사업의 일환으로 그림이 제작되었을 가능성이 크다. 그림이 세로 158.0cm, 가로 52.5cm 전후로 규격화되어 있는 동일한 크기의 비단에 그려진 것이 많아서 처음부터 같은 목적에서 주문 제작된 것임을 알 수 있다.

이외에도 궁궐을 장식하거나 의례를 위해 다수의 작품들이 제작되었다. 이 중 '근사'나 '경사', '신'자가 있는 작품들을 조사하여 국가와 국왕의 안녕을 기원하며 헌상되었거나 특정한 기념일에 헌상한 그림들로 분류하여 살펴보고자 한다.

재건된 궁궐의 **노안도** 노안도蘆雁圖의 대작인 〈군안도〉群
장식용 그림 雁圖(1905)에는 '신 양기훈 경사'臣楊基薰敬寫라
고 써 있어 양기훈이 국왕에게 헌상한 것임을 분명히 보여준다.[도227]
"글을 짓는다. 울면 서로 화답하고 날면 이어서 날아가니, 앞에서 결코 끊어내지 않으며 뒤에서 순서를 어그러뜨리지 않는다. 힘을 똑같이 하여 기필期必하지 않았어도 함께 이르고, 함께 날아서 구하지 않았어도 저절로 모인다. 하늘의 때에 따라서 움직이고 머무르며, 더위와 추위에 따라 쇠퇴하기도 융성하기도 한다. 바람처럼 광야에 함께 모여들고, 자유롭게 구름 속을 무리지어 날아간다"(허준구 역)라고 제題한 것은 유달리 의미심장하게 느껴진다. 특히 양기훈은 "신하의 도리를 다하지 못하는 양기훈이 공경히 그려 바칩니다"라고 써서 1905년 을사년에 일어난 일본과의 치욕적인 조약을 의식하여 국왕을 위해 그려 바친 것이 아닐까 한다.

이러한 노안도는 1890년대부터 1910년대까지 구한말에서 일제 강점기 초기에 이르는 시기에 가장 많이 그려진 주제의 하나였다. 노안이라는 주제는 중국의 육조시대부터 그려져 오던 것으로 북송 대에 그림의 형식이 완성되어 남송 대 이후 유행했다. 우리나라에는 고려시대 중기에 들어와 조선시대 중기와 말기에 크게 유행했는데, 특히 말기에는 노안蘆雁이 노년의 평안을 의미하는 '노안'老安과

도227 **군안도** 양기훈, 국립고궁박물관.
이 〈군안도〉는 구한말에 노안도로 이름이 잘 알려진 평양 출신의 화가 양기훈의 작품이다. 그림에
제시와 함께 "신하의 도리를 다하지 못하는 양기훈이 공경히 그려 바칩니다"라고 썼다. 을사년
(1905)에 일본과 체결한 을사늑약에 즈음하여 국왕에게 헌상한 작품으로 추정되고 있다.

도228 **어해노안도** 이한복, 국립고궁
박물관.

발음이 같아서 많이 그려졌다. 노안은 옛날 중국의 기러기들이 겨울을 나기 위하여 양자강 남쪽으로 날아왔다가 봄에 다시 날아갈 때, 살이 쪄서 높이 날지 못해 어부들의 그물에 걸러들자 기러기들이 갈대를 물고 날아 위기를 모면한 데서 나온 것이다. 노안도는 노년의 평안뿐 아니라 보신책을 강구하고 신중히 처신한다는 뜻을 지니면서 구한말의 혼란기에 크게 유행한 듯하다.

양기훈은 자타가 공인하는 노안도의 대가로서 활동했지만, 그의 노안도는 일정하게 반복되는 형식이 자주 등장하고 유형화되어 개성을 잃은 작품들이 많다. 그렇지만 이 군안도 병풍에 담은 작가의 의기는 충만한 듯하다. 양기훈은 1883년 전권대사 민영익을 수행하여 미국을 다녀온 경력이 있는데, 그가 선발된 것은 민영익과 개인적인 친분관계가 있었기 때문이라고 생각된다. 현재까지 알려진 그의 행적을 토대로 보면, 그는 서화활동에만 매진한 것이 아니라 미국과 일본을 오가며 작품 외적인 활동으로 더 분주한 삶을 살았던 듯하다.

국립고궁박물관에는 이 〈군안도〉(10첩병, 1905)를 비롯해서 양기훈의 〈노안국조도〉蘆雁菊鳥圖(가리개, 19세기 말~20세기 초), 〈매화도〉梅畵圖(자수 10첩병, 1906), 〈홍매화도〉紅梅花圖(자수 10첩병, 19세기 말~20세기 초), 〈산수일출도〉山水日出圖(가리개) 등이 있다. 이 작품들은 모두 대한제국 황실에 헌상한 그림이라 생각되는데, 작품에 양기훈이 직접 '신 양기훈'이라 쓴 자제自題가 들어 있다.

제4부　제국을 꿈꾸었던 전환기의 한국화단

1917년 창덕궁에 일어난 원인 모를 화재로 대조전을 비롯한 희정당, 경훈각, 징광루, 통명문 등 전각 열대여섯 채가 흔적도 없이 사라져버렸다. 이미 1900년, 1901년, 1904년에 경운궁 즉 덕수궁에서 일어난 화재로 황실의 중요한 서화 수장처였던 관문각觀文閣과 흠문각欽文閣 등이 소실된 뒤였으므로 더욱이 불안한 상황이었을 것이다.[32] 이러한 불미스러운 화재로 조선왕조의 영화로웠던 터전은 덧없이 사라지고 다만 제국의 무력함만이 남게 되었다. 소실된 창덕궁의 전각들을 재건하는 작업이 본격적으로 이루어졌다. 이와 함께 재건된 궁궐의 내부를 장식할 회화도 그려졌으리라 생각되는데, 1917년 12월에 그린 동일한 화폭의 2폭 가리개 수 점이 있어서 주목된다.

현재 국립고궁박물관 소장의 〈노안도〉

도229 **노안도** 강필주, 국립고궁박물관.

이한복과 강필주가 각각 그린 〈어해노안도〉(도228)와 〈노안도〉는 둘 다 거의 같은 크기의 비단에 그려진 작품으로 제작 시기도 1917년 가평절 혹은 납월 즉, 음력 12월 하순으로 같다. 이 작품들은 같은 고궁박물관 소장의 양기훈 필 〈노안국조도〉와 모두 거의 동일한 비단폭에 그려졌고 제작 시기 역시 1917년 12월로 동일한 것으로 보아 황실의 의뢰로 그려 헌납된 것이라 생각된다. 특히 국립고궁박물관에는 세로 157~158cm에 가로가 52~53cm의 비슷한 화폭에 그려진 작품들이 여러 점 있는데 모두 황실의 의뢰로 그려진 작품들일 가능성이 높다.

중에 이한복李漢福(1897~1940), 강필주姜弼周(?~1930년경)가 각각 그린 〈어해노안도〉魚蟹蘆雁圖(1917)와 〈노안도〉(1917)는 둘 다 크기가 거의 같고 제작 시기 또한 1917년 가평절嘉平節 혹은 납월臘月 즉 음력 12월 하순으로 같다.도228, 229 이한복의 〈어해노안도〉 2폭에는 오른쪽 폭에 복숭아꽃 흐르는 물에 쏘가리와 게를 그리고 왼쪽 폭에는 갈대밭에 날아드는 기러기를 그렸다. 복숭아꽃과 함께 쏘가리를 그리면서 "복숭아꽃 흐르는 물에 쏘가리가 살쪘다"라고 시제를 한 것은 당나라 시인 장지화張志和가 지은 「어부가」漁夫歌의 한 구절을 쓴 것이다. 궁궐 '궐'闕자가 쏘가리의 '궐'鱖자와 발음이 같아 과거에 급제하여 벼슬을 한다는 입신양명의 염원을 담은 그림으로 그려지지만 복숭아꽃과 함께 그려 시적詩的 정서를 드러낸다. 노안도 부분에도 "천지사방을 헤매는 나그네니, 갈대꽃만이 친구로다"라 하여 명나라 승 덕상德祥이 일안도—雁圖라는 시에 제題한 것을 인용했다.[33] 국립고궁박물관에는 이한복과 강필주가 그린 2점의 기명절지도器皿折枝圖 가리개도 있는데, 위의 〈노안도〉와 크기가 거의 같고 제작 시기 또한 1917년 12월로 동일하다. 따라서 이 노안도와 기명절지도는 처음부터 황실의 주문에 의해 제작되어 헌상된 그림이라 생각된다. 이한복이 〈어해노안도〉와 〈기명절지도〉 각 2폭씩을 그렸고, 강필주도 〈노안도〉와 〈기명절지도〉 각 2폭씩을 그린 것이다.

창덕궁에 있었던 대규모 화재로 불안해진 안팎의 인심을 노안도를 통해 평안과 보신책을 강구한 것이며 이 작품들은 재건한 궁궐의 내벽을 장식하는 데 사용되었으리라 생각된다. 그리고 기명절지가 상징하는 갖가지 진기한 물상은 재災가 되어버린 과거의 영화를 되살리고 싶은 소망과 황제를 위한 위안이 담긴 귀한 선물이 되었을 듯하다.

기명절지도

기명절지도器皿折枝圖는 길상의 의미를 지닌 기물과 야채, 과일을 소재로 한 그림을 말한다. 옛날 제기와 식기, 화기 그리고 참외, 수박, 석류, 유자 등이 자주 등장하며, 독립적인 장르로 그려지기 시작한 것은 중국의 청나라(1644~1912)부터다. 우리나라에서는 조선시대 말기에 장승업張承業(1843~1897)이 처음 그리기 시작했다고 한다.(『한국회화사용어집』〔다할미디어〕참조)

국립고궁박물관 소장의 조석진 필 〈기명절지도〉는 화면 하단에 '신 조석진 근화'臣趙錫晉謹畵라 하여 국왕에게 헌상된 그림임을 알 수 있다.[도230] 조석진은 이 2폭 가리개의 화면에 청동기 5개를 크게 배치하고, 거기에 매화, 수선화, 유자, 복숭아, 모란 등을 그렸는데 왼쪽 폭 상단에 '오안선자'五顔僊姿라 한 것은 꽃과 과일 모두를 일컫는 듯하다. 조석진은 안중식과 함께 장승업의 가르침을 받았으며 그의 기명절지도는 장승업의 영향을 받은 것이다.

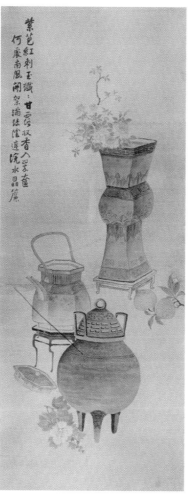

도230 **기명절지도** 조석진, 국립고궁박물관.

조석진의 〈기명절지도〉는 화면 하단에 '신 조석진 근화'라고 써 국왕에게 헌상한 그림임을 알 수 있다. 조석진은 이 2폭 가리개의 화면에 5개의 청동기를 크게 배치하고, 거기에 매화, 수선화, 유자, 복숭아, 모란 등을 그렸다. 화면의 왼쪽 폭 상단에 '오안선자'라 썼는데 이것은 꽃, 과일 등 모두를 의미하는 듯하다. 19세기 말부터 1910년대까지 기명절지라는 소재는 고사인물과 함께 많은 사랑을 받았던 화재였다.

이한복과 강필주가 그린 2점의 기명절지도 가리개는 세로 길이가 158cm 안팎으로 크기가 거의 동일하고, 제작 시기 또한 1917년 12월로 동일하다. 도231, 232 이 작품들은 같은 고궁박물관 소장의 이한복 필 〈어해노안도〉, 강필주 필 〈노안도〉, 양기훈 필 〈노안국조도〉와도 크기가 거의 동일한 비단 폭에 그려졌고 제작 시기 역시 1917년 12월로 동일한 것을 알 수 있다. 양기훈은 특히 '신'臣이라 써서 헌상의 목적을 명확히 했지만 총 10폭의 기명절지와 노안도는 처음부터 왕실의 주문에 의해 제작된 것이라 생각된다.

도231 **기명절지도** 이한복, 국립고궁박물관(왼쪽).

도232 **기명절지도** 강필주, 국립고궁박물관(오른쪽).

이한복과 강필주가 그린 2점의 기명절지도 가리개는 거의 동일한 크기로 그려졌고, 제작 시기도 1917년 12월로 동일하다. 이 작품들은 같은 고궁박물관 소장의 이한복 필 〈어해노안도〉(1917), 강필주 필 〈노안도〉(1917), 양기훈 필 〈노안국조도〉와 모두 거의 동일한 크기의 비단폭에 그려졌고 제작 시기 또한 1917년 12월로 동일하기 때문에 처음부터 황실의 주문에 의해 제작된 것이라 생각된다. 기명절지도는 19세기 말부터 20세기 초까지 크게 유행했다.

이한복의 〈기명절지도〉(1917)는, 그가 1914년 서화미술회의 제1회 졸업생이 된 이후 1920년 도쿄미술학교東京美術學校(도쿄예술대학의 전신)로 유학을 떠나기 이전인 21세 때 그린 초기 작품이다.^{도231} 서예에도 뛰어났던 이한복은 전서체로 우측 폭에 '동리가경'東籬佳景, 좌측 폭에 '옥당부귀'玉堂富貴라 썼는데, "국화의 아름다운 모습, 화추악華秋岳의 대의大意를 본받다. 옥당의 부귀, 정사년(1917) 가평월(음력 12월) 이한복"이라 썼다. 이한복의 〈어해노안도〉도 같은 정사년에 그린 작품인데, 특히 납월 '상한'上澣이라 하여 12월 초에 그렸음을 밝히고 있다. '상한'은 날짜와 함께 쓰여 '상순'上旬을 나타내지만 또 다른 의미로 "임금[上]이 빨래하다[澣]"라는 뜻이 있어서 조선시대에는 자주 쓰이지 않았던 말이다. 하지만 강필주의 〈기명절지도〉(1917)에도 '정사년 납월 상한'이라 했기 때문에, 여기서 '상한'은 상순을 뜻하는 의미로 쓰였음이 확실하다. 이 〈기명절지도〉는, 이한복이 일본 유학을 가기 이전에 이미 사생을 바탕으로 한 상당한 수준의 그림을 그렸음을 보여준다.

강필주의 〈기명절지도〉와 〈노안도〉역시 이한복처럼 동일한 크기의 비단 화폭에 2폭 가리개로 그린 것인데, 제작 시기는 정사년(1917) 납월, 또는 '납월 상한'(12월 초)이다. 그의 〈기명절지도〉^{도232}는 오른쪽 폭에 화병의 모란꽃과 괴석, 나리꽃, 쏘가리, 게, 벼루, 목련꽃, 책 등 다양한 기물을 그려 봄을 표현했으며, 왼쪽 폭에는 국화와 배추, 무, 불수감佛手柑, 옥수수 등 가을의 기물들을 그려 중양절 즉 음력 9월 9일을 나타내고 있는데, 소재가 이한복의 〈기명절지도〉와 비슷한 것이 많다. 이한복이 화려한 채색을 가미한 장식적인 화풍을 보여주는 데 비해 강필주는 수묵담채로 그려내고 있다. 모두 황실의 안녕과 번영을 기원하는 한결같은 염원이 담긴 그림들이다.

도233 **봉학도** 김창환, 국립고궁박물관.

김창환은 화조화를 주로 그린 화가로 화론에도 밝은 인물이다. 그의 대표작이 국립고궁박물관 소장의 〈화조송응도〉와 〈봉학도〉인데 모두 2폭 가리개로 제작되었다. 진채를 사용하고, 음영을 적극적으로 표현한 그의 화조화는 의욕적으로 그린 작품임에도 높은 평가를 받지는 못한다. 이 〈봉학도〉에서 봉황의 자세나 창포의 채색은 더욱이 낯설게 보이며, 바위의 명암 표현은 어색해서 전체적으로 특이한 분위기를 자아낸다.

화조화

궁궐의 장식화로는 화조화 또한 많이 그려졌는데 김창환金彰桓(1872~1937)이 그린 국립고궁박물관 소장의 〈화조송응도〉花鳥松鷹圖(연대미상, 가리개)와 〈봉학도〉鳳鶴圖 각 2폭은 특이한 화풍을 보여준다.^{도233} 드물게 채색이 짙고, 사용한 안료도 다른 작품들에서 잘 보이지 않는 색깔이어서 일본화풍의 영향을 받았다는 평가를 받고 있다. 봉황의 자세나 창포의 채색은 매우 낯설게 보이며, 바위의 채색은 명암법을 보여주지만 어색한 면이 있다.

김은호, 노수현盧壽鉉(1899~1978), 오일영吳一英(1890~1960경)이 세로 121cm, 가로 49cm의 크기가 동일한 화폭에 각각 그린 개인 소장의 〈화조도〉들은 모두 '근사' 또는 '근화'謹畵라고 쓰여 있다. 처음부터 헌상용으로 그려진 것임에 틀림없다. 김은호의 〈화조도〉는 송학과 노안을 그린 2폭 가리개로 1920년 작이며, 노수현과 오일영의 〈화조도〉는 메추라기와 까치를 각각 그린 연대 미상의 1폭짜리 그림이다. 안중식과 조석진 문하로 서화미술회를 졸업한 이들은 오일영이 제1기생(1914년 졸업)이고, 김은호가 제2기생(1915년 졸업), 노수현이 제4기생(1918년 졸업)으로 당시로서는 신진화가들이었다.

노수현은 1923년 이상범, 변관식, 이용우 등과 함께 동연사同研社를 결성하고 실재하는 생활 주변의 일상적인 정경을 그림으로써 고답적인 정형산수화의 개혁에 앞장섰던 인물이다. 노수현이 그린 〈화조〉는 까투리 2마리를 그렸는데, 이와 유사한 그림으로 김은호의 작품도 있어서 동일한 주제를 가지고 의도적으로 그렸거나 동일한 모본을 토대로 그렸을 가능성이 있다. 오일영 작 〈화조도〉는 봄날 버드나무 위에 앉은 까치를 그린 것인데 찔레꽃이 장식된 높이 121cm의 그림으로 노수현 작과 길이가 같고 폭도 거

도234 **화조도** 김은호, 국립현대미술관.

이 〈화조도〉에는 송학도에 '근사'라고 썼고, 노안도에 '근화'라고 써서 황실 헌납용으로 그린 그림이라 생각된다. 김은호의 이 작품과 같은 세로 121cm, 가로 49cm의 동일한 화폭에 노수현과 오일영이 그린 화조화가 2점 있는데 여기에도 모두 '근사'라고 쓰여 있어서 이 3점의 화조화들이 처음부터 황실의 의뢰로 제작된 것임을 알 수 있다. 노수현과 오일영이 그린 화조는 연대 미상이지만 김은호의 〈화조도〉처럼 1920년 작일 듯하다.

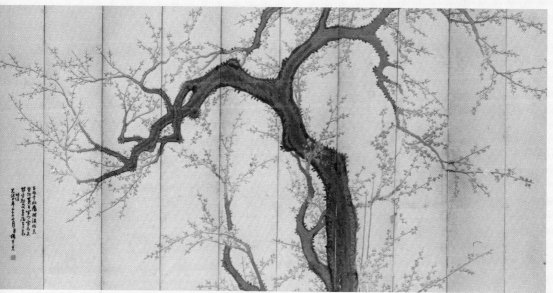

도235 **송학자수병풍** 양기훈, 국립고궁박물관(위).

도236 **매화자수병풍** 양기훈, 국립고궁박물관(아래).

'근사' '근화' 또는 '신' 자가 쓰인 그림을 많이 남긴 양기훈이 자수병풍의 밑그림을 그린 것도 주목된다. 양기훈은 평양 출신의 화가로 노안도를 잘 그렸다고 알려져 있지만 현재 전하는 작품은 노안도뿐 아니라 산수, 화조, 사군자 등 비교적 소재를 다룬 것들도 상당수 있다. 국립고궁박물관에 소장되어 있는 양기훈의 〈송학자수병풍〉과 〈매화자수병풍〉은 각각 10첩 자수병풍으로 제작되었으며 세로 길이가 2m가 훨씬 넘는 대작이다. 왕실 내의 특정한 행사에 쓰거나 공간을 장식하기 위해 제작된 듯하다. 〈매화자수병풍〉에는 병자년(1906) 겨울 10월에 '신' 양기훈이 그렸다는 기록과, 〈송학자수병풍〉에도 '신 패강노어 양기훈 공경히 그리다'라고 쓴 것으로 보아 황실에 헌납하기 위해 그린 작품임을 알 수 있다.

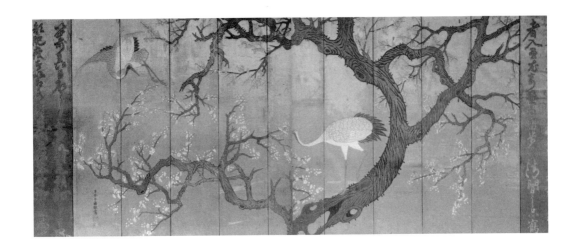

의 비슷하다. 2폭을 의식하고 그린 듯 화제가 양옆에 나란히 자리
잡고 있으며, 모두 "오일영 근사" "노수현 근사"라 쓰여 있는데 김
은호 작 〈화조도〉와 같이 1920년에 그렸을 가능성도 크다. 1920년
에 이들은 모두 순종의 의뢰로, 재건된 창덕궁 내전에 장식할 벽화
를 제작하기도 했다.

자수병풍

'근사' '근화' 또는 '신'자가 쓰인 그림 중 자수병풍도 주목된다. 이
글자가 쓰인 그림을 가장 많이 그린 양기훈의 자수병풍이 역시 대
표적이며, 김규진도 작품을 남겼다.

양기훈의 〈송학자수병풍〉과 〈매화자수병풍〉(1906)은 각각 10첩
병풍이며 모두 국립고궁박물관에 소장되어 있다. ^{도235, 236} 〈매화자수
병풍〉은 세로 길이가 2m가 훨씬 넘는 큰 병풍으로 병자년(1906) 겨
울 10월에 '신' 양기훈이 그렸다는 관기가 있고, 〈송학자수병풍〉에
도 '신 패강노어浿江老漁 양기훈 공경히 그리다'라는 제시를 곁들인
관기가 있다. 매화나무 또는 소나무를 화면 전체에 크게 배치하고,
휘어진 나뭇가지가 만드는 조형적 공간을 최대한 살린 작품들이다.
이러한 작품들이 모두 자수로 제작된 것이 흥미로운데, 황실 내의 특정한 행사에 쓰거나 특정한 장소에 두기 위한 작품인 듯하다. 김규진의 미국 시애틀미술관 소장 〈매화자수병풍〉 역시 비슷한 구도로써 양식화된 특징을 보여준다.^{도237}

김규진은 해강海岡이란 호가 가장 대표적이지만, 이외에 만이천봉주인萬二千峰主人, 동해어부東海漁夫, 지창노초至窓老樵, 지공학인至空學人, 수정도인守靜道人, 석전경수石田耕叟, 무이옹無已翁, 청허재주인淸虛齋主人, 백운거사白雲居士, 삼각산인三角山人, 취옹醉翁, 동교東橋, 포옹圃翁 등 일생 동안 많은 호를 사용했다. 그는 시종관侍從官이란 벼슬을 지냈고, 서화에 두루 능해 안중식, 조석진과 어깨를 겨루었던 인물로 조광진과 장인인 이희수李喜秀에게서 서법을 배웠다. 18세에 청으로 유학을 가 중국의 명사들과 어울리면서 고금의 서화 명적을 연구하고 10년 만에 귀국했다. 그의 명성이 고종에게 알려지면서 고종의 명으로 영친왕 이은의 서예 선생이 되었으며, 영친왕이 1907년 일본으로 간 후에는 관직을 그만두고 천연당사진관을 개설하여 운영하기도 했다.

김규진이 밑그림을 그린 미국 시애틀미술관 소장의 〈매화자수병풍〉은 만개한 매화나무 뒤로 한가롭게 노니는 학을 소재로 한 12첩 자수병풍이다. 김규진은 사군자류의 작품을 주로 그렸지만 이 〈매화자수병풍〉은 큰 매화나무를 배경으로 학을 배치한 매우 장식적인 구도를 보여준다. 특히 11번째 폭 아래에 "신 김규진 경사"臣金圭鎭敬寫라 써서 국왕에게 헌상하려고 제작한 것임을 분명히 하고 있다. 12폭 그림의 첫 폭과 마지막 폭에는 그림의 내용에 관해 김규진이 쓴 듯한 글이 자수로 마무리되어 있다.

김규진은 1896년에 궁내부의 관료가 되어 〈화

도238 **화조도** 김규진, 개인 소장. 김규진은 1886년부터 1894년까지 중국 유학을 다녀온 후 얼마 되지 않아 1896년에 궁내부 주사로 처음 관직에 등용되었다. 이 〈화조도〉 두 폭은 그가 관직을 막 시작했던 병신년 즉 1896년 7월 16일에 제작된 것으로 고종의 탄신일 7월 25일을 맞아 그려진 것으로 추정된다.

조도)를 그렸다.^{도238} 중국 유학을 다녀와 청말 화풍을 익히고 그곳의 화가들과도 교류했던 그는 1896년 7월 16일에 이 그림을 그렸는데 고종의 탄신일(7월 25일)을 맞이하여 헌상한 것으로 추정되고 있다.[34] 그는 이 즈음에 여러 점의 화조도 병풍을 그렸는데 소나무와 학, 버들과 제비, 연과 물총새, 모란과 백두조, 월계와 고양이, 녹죽과 비둘기, 파초와 참새, 갈대와 기러기, 고목과 매, 매화와 팔가조 등이 자주 등장하는 소재들이었다. 영친왕의 사부로 한문과 글씨를 가르쳤지만 1907년 고종의 강제 퇴위 때 그도 궁내부를 사직했다. 이후 묵죽으로 시름을 달래던 그가 1914년에 그린 〈난죽석도〉는 망국의 한을 담은 역작으로 고종에게 헌상된 작품이다. "열흘 동안 봄 추위로 문밖을 나가지 못했더니, 계단 앞 생죽이 사람 키만큼 자랐네. 무성한 대숲 하늘 높이 솟으면 제비 날아오다 길 헤매지 않을까"로 시작되는 제시題詩는 대나무가 상징하는 절개와 난초가 보여주는 망국의 애달픈 심정을 나타냈다.

도239 **적벽공범도** 강필주, 국립중앙박물관.

국가와 국왕의 안녕을 기원 드리며

국립중앙박물관 소장의 〈적벽공범도〉赤壁共帆圖는 화가 강필주의 역작이다. 도239

강필주는 1899년과 1900년 두 차례에 걸쳐 조석진, 채용신이 주관한 태조 어진 모사에 방외화원으로 참여한 화가였다. 이 작품으로 인해 그가 1922년 임술년까지 활발하게 활동하고 있었음을 알 수 있다.

〈적벽공범도〉는 중국의 삼국시대에 위나라 황제인 조조曹操(155~220)가 오나라 장수 주유周瑜(175~210)를 공격하기 위해 양자강 적벽에서 대치하는 유명한 적벽대전의 서막을 그린 것이다. 조조에게 승리가 돌아갈 듯했지만 지략이 뛰어난 주유는 거짓으로 항복하는 척하며 황개를 위나라에 침투시켜 공격하게 함으로써 승리를 거둔다는 내용이다. 국가의 위기를 지략으로 극복한 주유의 공적은 식민지하의 대한제국이 염원하는 영웅상을 의미하는 듯하다.

강필주 작 〈적벽공범도〉는 두루마리에 그린 것이지만 현재 유리 액자 형태로 보관되어 있다. 이 작품은 2008년 6월 11일 국립중앙박물관에서 실견하며 조사를 한 바 있는데 종이에 담채로 그렸으

강필주의 몰년은 확실치 않은데 이 작품을 통해 그가 1922년 임술년까지 활발하게 활동하고 있었음을 알 수 있다. 적벽공범은 중국의 삼국시대에 위나라 황제인 조조가 오나라 장수 주유를 공격하기 위해 양자강 적벽에서 대치하는 유명한 적벽대전의 서막을 그린 것이다. 액자 상태로 보아 건물 내부에 걸려 있었다고 생각된다.

며, 가로 길이가 132cm이다. 유리 액자 상태로 되어 있는 것으로 보아 건물 내부에 실제로 걸려 있었다고 생각된다. 제작 연도는 임술년 7월 즉 1922년이다. 적벽공범이란 제목으로 시작되는 화면 위쪽의 글에는 위사渭士 강필주를 비롯하여 김기환, 강원영, 김근용, 안병규, 이기양 등 여러 이름이 등장하지만 글은 한 사람에 의해 쓰인 듯 서체가 동일하다.

국립중앙박물관 소장의 또 다른 작품인 〈승일반송도〉昇日蟠松圖는 근대기 서화가인 강진희(1851~1919)의 작품이다.^{도240} 작가 미상의 〈식산육성도〉殖産育成圖와 함께 묶여 보관되어 있다. 〈승일반송도〉는 매우 흥미로운 작품으로 화면 상좌 부분에 "大朝鮮開國 四百九十七年 戊子七月二

十五日 卽我 聖上萬壽慶節 小臣 以駐美隨員 (중략) 臣 姜璡熙"(대조선개국 사백구십칠년 무자칠월이십오일 즉아 성상만수경절 소신 이주미수원 신 강진희)라 쓰여 있고, 인장이 3개 찍혀 있다. '조선 개국 497년'은 서기 1888년으로 7월 25일 고종의 탄신일에 즈음하여 고종에게 헌상한 작품임을 알게 해준다.

강진희는 1887년 주미공사 수행원으로 미국을 다녀온 적이 있으며, 이때 미국에서 그린 그림은 현재 간송미술관에 소장되어 있다. 미국을 다녀온 뒤에는 그 공으로 법무주사가 되었는데, 〈승일반송도〉는 이 시절에 그린 것이다. 1887년 말에 일본 요코하마를 다녀오기도 했던 그는 구한말 서화가의 다양한 행보를 보여주는 대표적인 작가다. 학부위원을 지냈으며, 안중식·조석진과 함께 서화미술회書畵美術會와 서화협회의 창립에도 참여했다.

이외에 이미 어진화가로 명성을 날렸던 김은호가 그린 국립고궁박물관 소장의 〈신선도〉(1918) 12첩 병풍, 〈고사인물도〉(1918)도 주목할 만하다. 이 작품들은 국왕의 장수와 다복을 기원한 것으로 특히 〈고사인물도〉 2폭은 앞에서 언급한 강필주, 이한복이 그린 〈노안도〉나 〈기명절지도〉와 비슷한 크기의 비단에 그린 것이어서 함께 의뢰를 받아 제작한 것이라 생각된다.도241 다만 앞의 작품들은 1917년 음력 12월에 그렸고, 김은호의 〈고사인물도〉는 그 이듬해 여름에 그린 시간 차가 있다. 19세기 말부터 많이 그려져 온 고사인물화는 국운이 쇠약해 가는 불안정한 시대상황에서 크게 유행했던 장르였다. 작가의 개성보다는 스승의 화풍이나 화보식 표현이 나타나는

정형화된 특징을 보여주는 이 작품들은 역시 김은호의 초기작으로 황실의 안녕을 기원하며 그린 것이다.

도241 **고사인물도** 김은호, 국립고궁박물관.
소나무 아래 거북이를 깔고 앉은 황안黃安과 절벽 아래 사슴을 데리고 피리를 불고 있는 신선을 그린 그림이다. 항상 주사朱砂를 복용해서 온몸이 붉었다는 황안은 "복희伏羲씨가 이 거북이를 나에게 주었는데 2천 년에 한 번 머리를 내민다. 나는 이 거북이가 머리 내민 것을 다섯 번 보았다"라고 했다고 한다. 거북이를 메고 다녔는데 세상 사람들은 황안의 나이가 1만 살이라고 하였다는 김은호의 제발이 있다.

헌납된 일본화　　　　　대한제국기에 한국화단에서 일본인 화가들의 활동은 일제의 식민지화 정책과 밀접한 관계를 가지고 전개되었다. 특히 고종과 순종을 위한 어전 휘호회를 열고, 일본화를 헌상하는 일은 한일관료가 매개가 된 정치적 행위로서 주로 1908년부터 1917년까지 이루어졌다. 이와 관련해서 사쿠마 데쓰엔佐久間鐵園은 1908년 7월에 내한하여 한국의 화가들과 함께 고종, 순종 황제 어전 휘호회를 가진 바 있었다. 그와 같은 일본인 화가들의 내한은 주로 통감부의 일본인 관료들이 매개가 되어 이루어졌다. 이들은 이때 비원의 정경과 〈구여도〉를 그렸

지만 이 작품들은 전하지 않는다.

창덕궁 소장의 일본회화 중에는 데쓰엔의 〈기금서화도〉棋琴書畵圖 병풍과 〈수하쌍록도〉樹下雙鹿圖 병풍이 있다. 〈기금서화도〉 병풍은 본래 6첩 1쌍으로 그려졌지만 현재 〈기금도〉가 묘사된 우척右隻만 이 남아 있다.도226 그림의 바탕 전체를 금니로 칠하고 그 위에 인물과 경물 등을 수묵 또는 농채로 정밀하게 묘사한 작품이다.[35] 〈수하쌍록도〉는 수묵 위주로 나무와 바위 등 경물을 그리고, 그 위에 초화로 구석구석을 장식한 6첩 병풍그림이다.도225 화면 중앙에 두 마리의 사슴은 털 한 올 한 올까지 정치하게 묘사하면서 나무와 바위를 그린 수묵의 강한 윤곽선과 대비시켰다. 데쓰엔은 1917년에도

도242 〈사계산수병풍〉 6첩 1쌍 오하시 비슈, 국립고궁박물관.

내한하여 금강산을 여행하고 금강산도를 남겼다. 〈기금도〉와 〈수하쌍록도〉가 언제, 어떻게 소장되었는지는 알 수 없으나 일본에서 제작되어 전해졌을 가능성이 높다.

국립고궁박물관의 구 창덕궁 소장품 중에 〈사계산수병풍〉과 〈송학도〉(가리개)를 남긴 '미주'美州라는 화가는 1915년 조선물산공진회朝鮮物産共進會에 참고품을 출품했던 오카야마 현 출신의 오하시 비슈大橋美州와 동일인이다.도242 그의 작품 수준은 그다지 높은 편이 아니며 일본 근대화가와 관련된 어떠한 정보에서도 이름을 확인할 수 없는 무명의 화가이다.

도쿄미술학교 교수인 후쿠이 고테이福井江亭(1865~1937)도 내한했

국립고궁박물관의 구창덕궁 소장품 중에 〈사계산수병풍〉과 〈송학도〉 2폭 가리개를 남긴 '미주' 美州라는 화가는 1915년 조선물산공진회에 참고품을 출품했던 오카야마현 출신의 오하시 비슈와 동일인이다. 그의 작품 수준은 그다지 높은 편이 아니고 어떠한 이력도 찾을 수 없는 무명화가였지만 일본인 관료가 매개가 되어 창덕궁에 그의 작품이 헌상되었던 듯하다.

다. 그는 1917년 12월에 와서 '어전에 회화와 휘호를 남겼'으며 황실에서는 그에 대한 보답으로 '은잔 3조와 돈 200원을 특별히 하사하였다'고 한다. 그가 어떻게 우리나라에 오게 되었는지는 알려져 있지 않지만 어전에 회화와 휘호를 남긴 답례를 공식적으로 받았던 중요한 예가 될 것이다.

가나이 덴로쿠金井天禄라는 일본인 화가도 대한제국 황실에 작품을 헌납했다. 창덕궁 소장 일본화 중에 '천록'天禄이란 관서가 있는 〈산수도〉를 남긴 화가다. 그는 1917년 내한하여 황실에 후지산 인형 그림을 바쳐 100원을 하사받은 일이 있었다. 그 역시 오하시 비슈 같은 작가처럼 일본화단에서 전혀 알려져 있지 않은 인물인데, 황실에 작품을 헌납할 수 있었던 것은 역시 일본인 관료가 매개되어 있었을 것이다. 특히 그의 〈산수도〉는 전체가 4폭으로 뒷면에는 노안도가 그려져 있는데 건물 내부의 장지문에 장식되도록 만든 작품이어서 실제로 그의 그림이 우리나라 궁궐에 활용되었을 가능성을 보여준다. 한국에 왔던 일본인 화가 중 이른 예에 속하는 아마쿠사 신라이天草神來(1872~1917)도 1913년에 덕수궁 덕홍전德弘殿의 조영에 관여하면서, 이 무렵 '알현의 방'에 금니극채색金泥極彩色의 〈송학도〉松鶴圖 벽화를 남겼다고 한다. 아마쿠사의 작품이 남아 있지는 않지만, 이를 통해 일본인 화가들의 작품이 궁궐의 일부에 장식되었음을 알 수 있다.

한국 주재 경시총감〔若林〕이 1909년 8월에 대한제국 황실에 헌납할 회화를 일본인 화가인 와타나베 가이고渡邊解古에게 의뢰했던 사실도 흥미롭다. 당시 일본의 신문기사에서 확인한 사실이지만 일본인 화가에 의해 그려진 일본화가 주문제작으로 헌납된 구체적인 실례의 하나이다.

현재 국립중앙박물관과 그 산하 박물관에 소장된 일본화는 한국에 왔던 일본인 화가들이 남긴 작품들도 있지만 이처럼 주문제작에 의해 일본에서 그려진 것도 있다. 이러한 작품들은 문부성미술전람

제4부 제국을 꿈꾸었던 전환기의 한국화단

회나 제국미술전람회帝國美術展覽會에 출품했던 작품이 아니라면 대개 한국화단의 작품취향을 염두에 두었거나 무명의 화가들이 그린 것이어서 당시 일본화단에서 전개되는 흐름과는 달리 매우 보수적인 비주류의 작품들이 대부분이다. 공진회에 참고품으로 출품된 일본화나, 일본인 어전 휘호작가 그리고 좀더 후에 조선미술전람회 초기의 심사위원 선정에서도 일본은 보다 순조로운 식민정책을 펼치기 위해 한국화단의 상황을 고려하여 보다 전통색이 강한 화가들이나 그런 주제를 선정하여 쉽게 한국의 수묵문화와 공유할 수 있도록 의도했다.

도243 **붕새** 안중식, 개인 소장.
고종이 당시 총리대신이었던 이완용에게 하사한 그림으로 학부대신 이재곤이 고종을 대신하여 제발을 썼다. 이 그림에는 작가 이름이 쓰여 있지 않지만 고종이 김춘희와 조민희, 박제빈에게 하사한 다른 3점의 그림에 〈붕새〉와 같은 내용의 제발이 쓰여 있고, 모두 안중식이 그려서 이 〈붕새〉도 안중식 작임을 알 수 있다. 붕새는 상상의 새로 한 번에 9만 리를 날고, 날개는 하늘을 뒤덮을 정도로 거대하며, 3천 리에 이르는 큰 바람을 일으키는 영험함을 지녔다고 열려져 있다.

국왕이 하사한 그림   국왕에게 헌상된 그림뿐 아니라 국왕이 신하에게 하사한 그림도 있었다. 안중식이 그린 〈붕새〉(1908)는 수묵의 농담 표현과 필묵의 변화가 호방한 역작이다.도243 그림의 상단에는 고종이 내각 총리대신 이완용에게 하사한다는 내용의 제발이 있으며, 글씨는 학부대신 이재곤이 칙명을 받들어 썼다는 내용이다.[36] 이완용과 이재곤은 모두 1907년 7월에 체결된 한일신협약(또는 정미7조약) 조인에 찬성한 내각 대신으로 정미7적丁未七賊에 속하는 인물들이다. 풍부한 먹의 농담 변화와 활달한 필치로 상상 속의 새인 붕새를 표현한 이 작품은 낙관이 없어서 작가를 알 수 없지만 이 그림과 비슷한 내용의 제발이 쓰인 안중식의 작품 3점이 더 있어서, 이 〈붕새〉도 안중식의 작품임을 알 수 있다. 이 작품을 그린 같은 날인 1908년 9월 16일에 안중식은 고종을 위한 어전 휘호회에 참석했는데, 김규진, 일본인 화가 사쿠마 데쓰엔, 소네 아라스케 부통감 그리고 국내의 여러 대신

도244 **노안도** 안중식, 국립중앙박물관.
고종이 당시 승령부 부총관이었던 박제빈에게 하사한 그림으로 조동희가 고종을 대신하여 글을 썼고, 안중식의 제시가 함께 곁들여져 있다. 조동희가 쓴 글 속에는 '주연'珠淵이라는 고종의 호가 보인다. 고종은 이 때 김춘희와 조민희에게 하사할 그림도 안중식에게 그리도록 했는데, 한 해 전에도 이완용에게 하사할 그림을 그에게 그리도록 했다. 국왕이 신하에게 그림을 하사한 실례를 알 수 있는 작품이다.

들이 참석했다.[37] 따라서 이 작품은 이때 안중식이 즉석에서 그려서 어전 휘호회에 참석한 이완용에게 주어진 것이 틀림없는 듯하다. 한일 화가 3인은 합작으로 〈구여도〉 8폭을 그렸으며 고종은 이것을 참석한 대신과 소네 부통감에게 나눠주도록 했다고 한다.[38] 데쓰엔은 같은 해 7월 20일에 순종을 모시고 창덕궁 비원(주합루)에서 이미 어전 휘호회를 가진 뒤였는데, 이날(7월 20일)은 순종 등극 1주년을 맞은 때였다.

고종은 이듬해에 역시 안중식의 〈춘경산수〉(1909, 견본수묵담채, 103.5×47.5cm, 개인 소장)와 〈추경산수〉(1909, 견본수묵담채, 155.0×62.5cm, 개인 소장), 〈노안도〉[도244]를 각각 승령부 시종장承寧府侍從長인 김춘희金春熙(1855~1926), 승령부 총관承寧府總管 조민희趙民熙(1859~1931), 승령부 부총관承寧府副總管 박제빈朴齊斌(1858~1921)에게 하사했다. 그림에는 조동희趙同熙가 황제의 칙명으로 대필했다는 내용과 함께 안중식이 쓴 제발이 있다.[39]

〈붕새〉를 하사받은 이완용을 비롯해서 고종에게 그림을 하사받은 인사들은 모두 국권침탈 과정의 원흉들로 지목받는 사람들이라는 점에서 흥미롭다. 김춘희는 1909년 2월에 『국조보감』國朝寶鑑의 편집관으로 규장각경인 조동희와 함께 임명되어 이해 가을에 이 일을 완성했으며 대표적인 친일파로 지목받고 있다. 이완용과 이재곤, 조민희는 모두 매국노로 지목되는 정미 7적(이완용, 이재곤) 또는 후에 경술국적庚戌國賊(이완용, 조민희) 8인에 속하는 인물들이었고, 1909년 당시에 조민희는 고종의 명으로 이토 히로부미의 장례식에 위문했던 일이 있었다. 박제빈도 고종의 명으로 이토의 장례식에 위문했던 일이 있었던 친일관료였다. 붕새는 상상의 새로 한 번에 9만 리를 날고, 날개는 하늘을 뒤덮을 정도로 거대하며, 3천 리에 이르는 큰 바람을 일으키는 영험함을 지

넜다고 알려져 있다. 특히 먹의 농담을 살린 필력을 즉흥적으로 발휘할 수 있는 소재였던 듯하다.

고종은 이 세 작품을 조동희에게 대필시켰는데, 〈붕새〉[도243]의 예를 참고한다면 어전 휘호회 같은 공식적인 행사 때 그려졌을 가능성도 있으나 〈노안도〉를 제외하면 〈춘경산수〉나 〈추경산수〉는 즉석에서 그려진 것으로 보기는 어려울 듯하다. 산수도 속의 제시에 '야인野人 집'이나 '까마귀 떼' 같은 단어가 사용되는 것이 마치 어떤 메시지를 띠고 있는 듯이 보이기도 한다.

4 대한제국의 미술정책

대한제국기에는 한국 근대미술사상 주목할 만한 미술정책들이 황실의 주도하에 시행되었다. 1893년에 시카고만국박람회에 참여한 것이 시작이었지만 대한제국 선포(1897) 3년 후인 1900년에 열린 파리만국박람회에는 독립국가로서의 위상을 세계 여러 나라에 보일 수 있도록 경제적 어려움에도 불구하고 힘써 준비를 했다.[40] 경복궁의 근정전을 축소한 독립된 한국관을 짓고 나전칠기, 도자기, 비단, 병풍, 금속공예품, 금박목조불상, 그림 등을 전시했다. 그러나 만국박람회의 참여를 통해 메이지明治(1868~1912) 신新정부를 세계에 공인받고, 공예품의 수출 등 상당한 경제적 부를 얻을 수 있었던 일본에 비해 이러한 외국 박람회에 대한 경험이 적었던 우리의 결과는 너무 달랐다. 고종이 이 만국박람회에 보였던 관심과 열정과는 무관하게도 세계의 산업문화 속에서 우리의 '초라하고' '싸구려 폐품' 같은 '처참한 모습'의 공예품 현실을 뼈아프게 인식하게 되는 계기가 되었던 것이다.[41]

따라서 적극적인 서구화정책을 시행하려던 시기에 황실은 전통미술(공예)을 개발 육성하는 정책과 박람회 제도의 도입에 눈을 돌리게 되었다.[42] 1902년에 농상공부령農商工部令으로 '임시박람회사무소 규칙'이 제정되고, "박람회 사무소 내에 진열관을 설치하고 천산天産과 인공人工의 만유물품萬有物品을 구비하여 내외국인이 관람할 수 있도록 할 것"을 규정했다.[43] 1907년에는 경성박람회京城博覽會가 열려 각 지역의 특산품과 금은세공품, 새로 발견된 역사유물까지 출품되었는데, '미술의 교묘함을 고무'하여 '상공업을 장려'하는 데 목적을 두고 있었다. 미술을 통한 부국富國으로의 의지가 뚜렷이 나타나고 있던 것이다.

1907년에는 관립공업전습소官立工業傳習所가 설립되었고, 이듬해에는 '전통공예의 진작'을 위한 한성미술품제작소漢城美術品製作所(1911~1922년에는 이왕직미술품제작소[李王職美術品製作所]로 개칭, 다시 1922~1937년경 폐쇄될 때까지 주식회사 조선미술품제작소[朝鮮美術品製作所]로 개칭)와 최초의 박물관인 이왕가박물관李王家博物館이 설립되었다.[44] 전습소가 공예인의 양성에 중점을 둔 기관이라면, 미술품제작소는 전통공예의 개발과 생산에 중점을 둔 것이다. 이러한 근대적 기관이 설립될 수 있었던 데는 당시 통감이었던 이토 히로부미의 역할도 중요했다. 그는 일본에서도 일본 최초의 관설 미술학교였던 공부미술학교工部美術學校(1876~1883)와 오늘날 도쿄예대東京藝大의 전신인 도쿄미술학교의 설립 그리고 최초의 관설미술전람회였던 문부성미술전람회의 개설에 실질적인 조력자였던 인물이다. 구미제국을 시찰하며 일본 서구화정책의 기틀을 마련했던 이토는 한국의 식민지화 과정에도 강압적인 무단통치보다는 가시적인 문화예술정책을 통해 융화시키려는 계획을 갖고 이를 활용하고자 했다.[45] 뜻하는 바는 서로 달랐지만 대한제국 황실의 미술정책에 그가 적극적으로 동조했던 것은 그런 이유였을 것이다. 아무튼 실질적인 운영에는 일본인들이 깊이 관여했지만, 이러한 일련의 새로운 제도의 도입에 대한제국 황실의 주체적인 서구화정책이 도화선이 되었던 것을 간과해서는 안 될 것이다.

그 첫 결실로 우리나라 박물관의 효시라고 할 이왕가박물관은

1908년에 창덕궁의 명정전을 본관으로 고려자기, 삼국시대 이래의 불교 공예품, 조선왕조 시대의 회화, 역사풍속도, 도자기 등을 수집 전시하여 1909년 동물원식물원과 함께 일반에 공개되기 시작했다. 이왕가박물관의 설립 동기는 1907년에 고종의 강제양위로 등극한 순종이 덕수궁에서 창덕궁으로 이어함에 따라 황제를 맞이하는 "수선공사 과정에서 매우 즉흥적으로 발의"되었다고 알려져 있다.[46]

그러나 이 박물관 제도에 관해 이미 수신사 김기수가 일본에 파견되던 때부터 그 기능과 의미를 알기 시작했으며, 1881년 박정양 朴定陽의 일본 조사시찰 보고서에는 '박물국'博物局에 관한 기능과 업무가 개괄되어 소개되어 있다.[47] 박물관이란 용어는 일본어로서 '박물'博物이라는 고전적 의미와 19세기 서양에서 유래한 박물학의 발달과 관계하여 '백물'百物이나 명기보물, 고물, 물산, 진물 등의 광범위한 물산을 진열하고 관람하게 하는 의미로 사용되기 시작했다. 이 시기에 일본도 농상무성을 신설하여 박물관에 관한 사무를 처리하게 함으로써 식산흥업殖産興業을 위한 박물관의 사무를 본격적으로 실행하고 있었다. 박정양은 이어 1888년 주미전권공사직을 수행하면서 미국의 박물관 제도에 관한 식견을 넓혔으며, 유길준兪吉濬(1856~1914)이나 박영효朴泳孝(1861~1939)도 일본과 구미 여러 나라를 주유하면서 박물관 제도에 대한 견문을 쌓을 기회를 가졌다. 유길준은 이러한 경험을 토대로 쓴 『서유견문』西遊見聞(1895)에서 박물관을 "천하각국天下各國의 고금물산古今物産을 대소와 귀천을 무론하고 일제수취一齊收聚하여 사람들에게 견문과 지식을 광박廣博케 하기 위하여 시설한 것'으로 규정하고, '인습을 교도'하고 '심신을 건강'하게 하기 위해 박물관을 개설할 것을 주장했다.

1911년에 박물관의 본관을 새로 지었지만 황실의 본격적인 문화재 수집으로 인해 곧 방대한 양의 소장품을 갖게 되어 1937년에는 덕수궁 신관으로 박물관이 이전되었다.[도245] 이때 덕수궁 석조전에는 1933년부터 일본의 메이지시대에서 당대에 걸친 미술작품을

전시하는 상설 전람회가 열리고 있었는데, 결국 이전된 이왕가박물
관과 통합하여 이왕가미술관으로 명칭이 바뀐 것이다. 이왕가박물
관의 운영에는 일본인 시모쿄오리 야마下群山와 스에마쓰 구마히코
末松熊彦 등 조선총독부 관리들이 관여했으며, 황실의 적극적인 미술
품 구매가 한편으로 한국에 체류하고 있던 일본인들의 무분별한 도
굴을 부채질하기도 했다.

  또 하나의 박물관인 조선총독부박물관朝鮮總督府博物館은 1915년
조선물산공진회朝鮮物産共進會를 위해 조선총독부가 경복궁 내에 새
로 지은 건물에 마련되었다. 공진회 때 만들어진 미술관이 박물관
으로 사용된 데에는 일본 근대미술의 지도자이자 사상가라 평가받
는 오카쿠라 덴신岡倉天心(1863~1913)의 조언이 결정적으로 작용했
다. 덴신은 조선총독부의 초대 총독이었던 데라우치 마사타케寺內正
毅(1852~1919)를 만나 미술상의 내선관계內鮮關係를 위해 박람회의
개최를 권유했고, 이때 일본의 내국권업박람회內國勸業博覽會 경우처
럼 미술관을 영구 건물로 지어 후에 박물관으로 사용할 것을 제안
했던 것이다.[48] 여기에는 일제에 의한 고적조사의 결과물들이 진열
되었고 그 결과물들이 조선총독부박물관 발행의 박물관진열품도감
博物館陳列品圖鑒 제1집(1918)~제16집(1941)에 실려 있다. 박물관의

준비작업부터 고적조사 업무에는 세키노 다다시關野貞, 이마니시 류水西龍 등 여러 일본인 관학자들이 관여했다.

박물관이라는 서구의 제도가 갖는 특징은 우선 대중의 관람을 전제로 했다는 점이다. 이는 특히 회화의 경우가 두드러지지만 동양의 오랜 기간 지속되어 온 서화전통의 창작과 감상에 큰 변화를 가져오게 했다. 즉 서화골동을 수장하고 감식하며 품평하는 취미가 개인 또는 그룹 간에 사적私的이고 소극적인 방식으로 이루어져 왔으나 서구 또는 서구의 영향을 받은 일본의 새로운 제도가 유입됨으로써 작품의 감상이 다수의 대중으로 확산된 것이다. 또한 박물관은 고기물古器物이나 당대의 진기물珍器物을 수집하고 연구하는 기능을 갖춤으로써, 국가가 주체가 되어 전통미술에 대한 연구와 보존을 시행하도록 했다는 점에서 의의가 있다.

이와 같은 공적 제도와 달리 대한제국 황실은 윤영기尹永基(1833~?)가 1911년에 설립한 경성서화미술원京城書畵美術院을 재정적으로 지원하기도 했다. 경성서화미술원은 이왕가에서 기본금으로 지원한 100여 원과 데라우치 마사타케의 후원금으로 설립되었고, 이왕가의 재산이었던 옛 이지용李址鎔의 사저를 빌려 운영되었다. 윤영기는 처음에 통감 이토 히로부미에게 도움을 청해 지원을 약속받았으나 이토의 죽음으로 실현되지 못하다가 이완용의 재정 지원 약속과 조중응·조민희의 후원을 받아 경성서화미술원을 설립했다고 한다. 1912년에 이완용이 실질적인 운영체로 서화미술회를 발족시킨 후에는 이왕직으로부터 운영비를 지원받을 수 있도록 했으나 실제로는 창덕궁에서 매월 300원씩을 지원했다.[49] 교수들이었던 안중식, 조석진, 정대유丁大有, 강진희, 김응원, 강필주에게는 창덕궁에서 매월 100원씩의 월급이 지급되었다고 하는데 창덕궁 내의 구체적인 출처를 확인한 것은 아니다. 이 서화미술회는 미술교육적 측면에서 황실이 후원한 미술정책의 중요한 실례의 하나이다.

서화미술회는 서과書科와 화과畵科로 구분되어 각 과정은 3년간으로 수료 후에는 졸업장이 수여되는 근대적 미술학교였고, 일종의 왕립미술학교였다고 할 수 있다. 이곳을 통해 이용우李用雨, 오일영吳一英, 김은호, 박승무, 최우석崔禹錫, 노수현, 이상범李象範, 이한복 등 1920년대 이후 한국화단을 이끄는 신진화가들이 대거 배출되었다. 조교급으로 있었던 이도영李道榮은 스승 안중식과 조석진의 사후에 한국화단의 지도적인 위치에 있었던 인물이었다. 서화미술회는 안중식과 조석진의 잇따른 타계로 결국 1920년에 공식적으로 문을 닫게 되었지만 미술교육적 기능과 함께 서화 애호인사와 유명 서화가들을 연결하는 가교 역할을 했던 점에서 큰 의의를 지닌다.

일제강점기에 대한제국 황실은 어전 휘호회를 열어 서화미술회의 교수와 신진화가들과 교유했으며, 그들이 그린 그림에 대해 과분한 윤필료를 지불하여 후원했다. 1916년 창덕궁에서 열린 서화미술회 교수와 학생들, 현채玄采, 김규진이 참여한 어전 휘호회는 고종이 참여한 가운데 정감 넘치고 화기애애한 분위기에서 열렸으며 황실이 작품을 구입하기도 했다.

1915년에 영친왕의 서예 선생이었던 김규진이 서화연구회를 개설했을 때에 그 장소는 영친왕의 교육을 위해 그에게 하사된 궁집을 사용했다. 이미 천연당사진관으로 사용되던 곳이었다. 후에는 수송동으로 교사를 옮겼지만, 고종과 엄비嚴妃(1854~1911) 그리고 영친왕과의 각별한 인연은 이어졌다. 순종도 1917년에 불탄 창덕궁을 재건하는 사업에서 김규진에게 특별히 중요한 일을 맡겼다. 바로, 1920년에 있었던 창덕궁의 벽화제작 사업이었다. 화재 후 재건된 창덕궁의 대조전大造殿과 희정당熙政堂, 경훈각景薰閣을 장식할 벽화 제작은 본래 일본인 화가들에게 맡겨질 뻔했지만 순종의 반대로 한국화가들에게 맡겨지게 되었다. 희정당 벽화는 모두 김규진이 맡아〈금강산〉〈총석정〉을 그렸고, 대조전 서쪽 벽에는 김은호가〈백학도〉白鶴圖를, 동쪽 벽에는 오일영과 이용우가〈봉황도〉를 그리고 경훈각에는 동쪽 벽에 노수현이〈조일선관도〉朝日仙觀圖를, 서쪽

벽에는 이상범이 〈삼선관파도〉三仙觀波圖를 그렸다. 황실로부터 화가들에게 이러한 대규모 사업이 주어진 것은 처음 있는 일로서 윤필료를 분배하는 데 문제가 일어나 불미스러운 소문들이 떠돈 적도 있었다.[50]

그러나 무엇보다 한국화가들이 궁궐의 내부를 장식한 사실은 1912, 1913년 무렵에 일본인 화가 아마쿠사 신라이天草神來(1872~1917)가 덕수궁 내의 벽화를 그렸던 것과 비교해 볼 때 순종의 뜻깊은 의도를 가늠케 하는 일이다.

대한제국 황실의 미술정책은 국가의 근대화를 위한 사업으로 박람회의 시행, 박물관 개설, 그리고 공예미술 진흥책으로서 공업전습소와 한성미술품제작소 등을 설립하는 등 큰 규모의 사업을 실행시켰다. 또한 일제강점기에는 미술 후원책으로 서화미술회나 서화연구회를 재정 지원하는 것을 비롯하여 어려운 시대상황 속에서도 문화예술의 근간을 이루는 정책을 시행하여 여러 가지로 긍정적인 결과를 낳았다고 할 수 있다.

부록 _

제1부_

1_ 조선시대 궁중회화의 개념, 개략적인 성격과 특징에 대해서는 다음의 논저가 참조된다. 문화공보부 문화재관리국 편,『宮中遺物圖錄』(문화공보부 문화재관리국, 1986); 김홍남,「18세기의 궁중회화: 유교 국가의 실현을 향하여」,『18世紀의 韓國美術: 自我發見과 獨創性』(국립중앙박물관, 1993); Kim Hongnam, "Exploring Eighteenth Century court Art", *Splendor & Simplicity: Korean Arts of the Eighteenth Century*(New York: The Asian Society Gallery, 1993); 이명희,「궁중유물(하나)」(대원사, 1995); 이수미,「궁중장식화의 개념과 성격」,『태평성대를 꿈꾸며』(국립춘천박물관, 2004), pp. 82~89; 김홍남,「궁화: 궁궐속의 "민화(民畵)"」,『민화와 장식병풍』(국립민속박물관, 2006), pp. 334~347; 박은순,「명분인가 실제인가: 조선 초기 궁중회화의 양상과 기능(1)」,『항산 안휘준 교수 정년퇴임 기념 논문집: 미술사의 정립과 확산』1권(사회평론, 2006), pp. 132~158; 홍선표,「치창과 액막이 그림: 조선민화의 새로운 이해」,『항산 안휘준 교수 정년퇴임 기념 논문집: 미술사의 정립과 확산』1권(사회평론, 2006), pp. 488~499.

2_ 박정혜,「대한제국기 화원(畵院)제도의 변모와 화원(畵員)의 운용」,『근대미술연구』창간호(국립현대미술관, 2004), pp. 88~116;『六典條例』卷之六「禮典」圖畵署 참조.

3_ 安輝濬 編著,『朝鮮王朝實錄의 書畵史料』(韓國精神文化研究院, 1983); 秦弘燮 編著,『韓國美術史資料集成』2, 4, 6(一志社, 1991, 1996, 1998); 李成美 外 編著,『朝鮮王朝實錄美術記事資料集 Ⅰ, Ⅱ, Ⅲ』書畵篇 (1), (2), (3)(韓國精神文化研究院, 2001, 2002) 참조.

4_ 우리나라 왕의 영정 제작 및 진전 제도에 대한 전체적인 흐름과 특징은 조선미,『韓國肖像畵研究』(悅話堂, 1983);『왕의 초상: 慶基殿과 太祖 李成桂』(국립전주박물관, 2005);『홍선대원군과 운현궁 사람들』(서울역사박물관, 2007); 조선미,『초상화 연구: 초상화와 초상화론』(문예출판사, 2007) 참조.

5_ 『세종실록』권32 8년(1426) 5월 19일(임자); 권36 9년(1427) 8월 10일(을축); 권41 10년(1428) 8월 1일(경진); 권60 15년(1433) 6월 15일(병신); 권78 19년(1437) 7월 17일(을사). 그러나 중종, 연산군 대까지도 공민왕 및 노국대장공주의 영정이 도화서 등에 남아 있었다.

6_ 『숙종실록』권29 21년(1695) 7월 27일(정해).

7_ 조선시대 도감의 어진 제작에 대해서는 李成美·劉頌玉·姜信沆 共著,『朝鮮時代御眞關係都監儀軌研究』(韓國精神文化研究院, 1997) 참조.

8_ 조선시대 진전에 대한 좀더 자세한 내용은 조인수,「조선초기 태조어진의 제작과 태조진전의 운영: 태조, 태종대를 중심으로」,『미술사와 시각문화』제3호(미술사와 시각문화학회, 2004), pp. 116~153; 이수미,「태조어진의 제작과 봉안」,『왕의 초상: 慶基殿과 太祖 李成桂』(국립전주박물관, 2005), pp. 228~241; 조인수,「세종대의 어진과 진전」,『항산 안휘준 교수 정년퇴임 기념 논문집: 미술사의 정립과 확산』1권(사회평론, 2006); 조인수,「전통과 권위의 표상: 高宗代의 太祖御眞과 眞殿」,『미술사연구』제20호(미술사연구회, 2006. 12), pp. 29~56 참조.

9_ 진준현,「英祖, 正祖代 御眞圖寫와 畵家들」,『서울대학교박물관연보』6(서울대학교박물관, 1994), pp. 19~72; 진준현,「肅宗代의 御眞圖寫와 畵家들」,『고문화』제46집(한국대학박물관협회, 1995. 6), pp. 89~119 참조.

10_ 사진과 어진의 관계, 고종의 초상사진에 대해서는 박청아,「韓國 近代 肖像畵 硏究: 肖像寫眞과의 關係를 중심으로」,『미술사연구』제17호(미술사연구회, 2003. 12), pp. 201~231; 최인진,「고종·고종황제의 어사진」,『근대미술연구 2004』(국립현대미술관, 2004), pp. 44~73; 권행가,「高宗 皇帝의 肖像: 近代 시각매체의 流入과 御

眞의 변용과정」(홍익대학교대학원 박사학위논문, 2005. 12); 권행가, 「사진 속에 재현된 대한제국 황제의 표상: 고종의 초상사진을 중심으로」, 『한국근대미술사학』 제16집(한국근대미술사학회, 2006. 8), pp. 7~41 참조.

11_ 박정혜, 「藏書閣 소장 일제강점기 儀軌의 미술사적 연구」, 『美術史學硏究』 제259호(한국미술사학회, 2008. 9), pp. 117~150 참조.

12_ 『중종실록』 권16 7년(1512) 7월 30일(신축); 『영조실록』 권98 37년(1761) 8월 4일(경오); 권28 28년(1752) 11월 10일(정묘).

13_ 『영조실록』 권102 39년(1763) 8월 25일(기유).

14_ 산릉도에 대해서는 이예성, 「조선후기의 왕릉도」, 『조선왕실의 미술문화』(대원사, 2005), pp. 205~234.

15_ 『六典條例』 卷之六 「禮典」 圖畵署 참조.

16_ 『태조실록』 권2 1년(1392) 10월 28일(병자).

17_ 이예성, 「19세기 특정한 지역을 그린 고지도와 회화」, 박정혜·이예성·양보경 공저, 『조선왕실의 행사그림과 옛지도』(민속원, 2005), pp. 53~68; 이예성, 위의 논문 참조.

18_ 박정혜, 「광무 연간 국조 묘역의 확립과 회화식 지도의 제작」, 『항산 안휘준 교수 정년퇴임 기념 논문집: 미술사의 정립과 확산』 1권(사회평론, 2006), pp. 550~573.

19_ 태봉도에 대해서는 윤진영, 「조선후기의 왕실 태봉도」, 『조선왕실의 미술문화』(대원사, 2005), pp. 325~364 참조.

20_ 근대도면에 대해서는 李康根, 「藏書閣 所藏 近代 建築圖面에 대하여」, 『近代建築圖面集: 해설편』(한국학중앙연구원 장서각, 2009), pp. 7~22 참조.

21_ 《월중도》에 대해서는 이예성, 「17. 월중도」, 박정혜·이예성·양보경 공저, 『조선왕실의 행사그림과 옛지도』(민속원, 2005), pp. 196~210; 윤진영, 「단종의 애사(哀史)와 충절의 표상: 《월중도》」, 『越中圖』(한국학중앙연구원 장서각, 2006), pp. 22~30; 유재빈, 「추모의 정치성과 재현: 정조의 단종 사적 정비와 《월중도》」, 『미술사와 시각문화』 제7호(미술사와 시각문화학회, 2008), pp. 258~291 참조. 《월중도》의 궁중 수장에 대해서는

22_ 황정연, 「高宗 年間(1863~1907) 宮中 書畵收藏의 전개와 변모 양상」, 『美術史學硏究』 제259호(한국미술사학회, 2008. 6), p. 90.

23_ 『세종실록』 권35 9년(1427) 2월 21일(기묘); 권45 11년(1429) 7월 23일(정묘).

24_ 『세종실록』 권13 3년(1421) 10월 5일(갑오).

25_ 『세종실록』 권84 21년(1439) 2월 2일(신해) 및 10월 17일(임진); 권93 23년(1441) 6월 27일(임진).

26_ 명나라와 청나라에 대한 외교 관련 회화에 대한 종합적인 연구는 鄭恩主, 「朝鮮時代 明淸使行 關聯 繪畫 研究」(한국학중앙연구원 한국학대학원 박사학위논문, 2008. 2) 참조.

27_ 중국 황제 그림의 궁중 수장과 관련된 내용은 黃晶淵, 「19세기 宮中 書畵收藏의 형성과 전개」, 『美術資料』 제70·71호(국립중앙박물관, 2004), pp. 131~145; 黃晶淵, 위의 논문(2007) 참조.

28_ 鄭恩主, 「燕行 및 勅使迎接에서 畵員의 역할」, 『明淸史研究』 제29권(明淸史學會, 2008. 4), pp. 2~36 참조.

29_ 정은주, 박사학위논문, pp. 48~49 참조.

30_ 조선시대 의궤 전반에 대해서는 김문식·신병주 공저, 『조선왕실 기록문화의 꽃, 의궤』(돌베개, 2005) 참조.

31_ 『일성록』 정조 21년(1797) 3월 17일; 김지영, 「18세기 후반 國家典禮의 정비와 《春官通考》」, 『韓國學報』 114(一志社, 2004. 봄), pp. 123~125 참조.

32_ 조선시대 교명의 제작과 현황에 대해서는 김경미, 「국립고궁박물관 소장 조선 왕실의 교명 장황」, 『고궁문화』 제2호(국립고궁박물관, 2008), pp. 61~83 참조.

33_ '문반차도'라는 용어는 1908년 『端宗定順王后復位祔廟都監儀軌』 「時日」; 1909년 『國朝寶鑑監印廳儀軌』 「時日」에서도 사용되었음을 확인할 수 있다.

34_ 『정조실록』 권5 2년(1778) 4월 7일(병신); 『승정원일기』 제1418책 정조 2년(1778) 4월 17일(정미) 및 4월 20일(경술).

35_ 『승정원일기』 제1417책 정조 2년(1778) 4월 15일(을사).

36_ 가례도감의궤와 반차도에 대한 종합적 연구는 이성미, 『왕실 혼례의 기록: 가례도감의궤와 미술사』(소와당, 2008) 참조. 책례도감의궤의 반차도에 대해서는 朴銀順, 「朝鮮時代 王世子册禮儀軌 班次圖 研究」, 『韓國文化』 제14호(서울大學校 韓國文化研究所, 1993. 12), pp. 552~612; 朴廷惠, 「朝鮮時代 册禮都監儀軌의 繪畵史的 研究」, 『韓國文化』 제14호(서울大學校 韓國文化研究所, 1993. 12), pp. 521~551 참조. 존호의식과 관련된 도감의궤의 다양한 명칭에 대해서는 김지영, 「조선시대 尊崇儀式의 의미와 『上號都監儀軌』」, 『英祖四尊號都監儀軌』(서울대학교 규장각, 2002), pp. 1~20 참조.

37_ 『승정원일기』 제1078책 영조 28년(1752) 1월 12일(갑술); 『英祖貞純后嘉禮都監儀軌』 卷1 「啓辭」 己卯(1759) 6月 7日.

38_ 『己巳進表裏進饌儀軌』 「傳教」 己巳二月二十八日條 참조.

39_ 『대사례의궤』에 대해서는 姜信燁, 「朝鮮時代 大射禮의 施行과 그 運營: 『大射禮儀軌』를 중심으로」, 『朝鮮時代史學報』 16(朝鮮時代史學會, 2001. 3), pp. 15~45; 申炳周, 「英祖代 大射禮의 실시와 『大射禮儀軌』」, 『韓國學報』 제28권 제1호 통권 제106호(일지사, 2002. 봄), pp. 61~90 참조.

40_ 『화성성역의궤』의 그림에 대해서는 박정혜, 「『華城城役儀軌』의 회화사적 고찰」, 『震檀學報』 제93호(진단학회, 2002. 6), pp. 413~472 참조.

41_ 19세기 궁중연향 관련의궤의 도설에 대해서는 朴銀順, 「朝鮮 後期 進饌儀軌와 進饌儀軌圖: 己丑年『進饌儀軌』를 중심으로」, 『民族音樂學』 제17집(서울대학교 부설 동양음악연구소, 1995), pp. 175~198; 이성미, 「조선 인조-영조년간의 궁중연향과 미술」, 한국정신문화연구원 편저, 『조선후기 궁중연향문화』 권1(민속원, 2003), pp. 65~138; 이성미, 「조선후기 進爵·進饌儀軌를 통해 본 宮中의 美術文化」, 한국정신문화연구원 편저, 『조선후기 궁중연향문화』 권2(민속원, 2005), pp. 116~197; 박정혜, 「대한제국기 진찬·진연의궤와 궁중연향계병」, 한국정신문화연구원 편저, 『조선후기 궁중연향문화』 권3(민속원, 2005), pp. 162~233 참조.

42_ 박정혜, 앞의 논문(2008) 참조.

43_ 조선시대 궁중행사도의 전개에 대해서는 박정혜, 『조선시대 궁중기록화 연구』(일지사, 2000) 참조.

44_ 영조 대 친경례에 대해서는 金芝英, 「英祖代 親耕儀式의 거행과 『親耕儀軌』」, 『韓國學報』 제28권 제2호 통권 제107호(一志社, 2002. 여름), pp. 55~86 참조.

45_ 『승정원일기』 제1226책 40년(1764) 1월 8일(경신); 『영조실록』 권95 36년(1760) 1월 20일(병인); 『영조실록』 권122 50년(1774) 1월 28일(임오).

46_ 李美也, 「《御前濬川題名帖》에 대하여」, 『年報』 제5집(부산직할시립박물관, 1982), pp. 73~77; 박정혜, 「英祖年間의 宮中記錄畵 제작과 濬川契帖」, 『도시역사문화』 제2호(서울역사박물관, 2004. 2), pp. 77~102 참조.

47_ 《심양관도첩》에 대해서는 朴銀順, 「朝鮮後期 『瀋陽館圖』 畵帖과 西洋畵法」, 『美術資料』 58(국립중앙박물관, 1997. 6), pp. 25~55; 鄭恩主, 「1760年 庚辰冬至燕行과 『瀋陽館圖帖』」, 『明淸史研究』 제25집(明淸史學會, 2006. 4), pp. 97~138 참조.

48_ 숙종과 경종 대인 1706년과 1710년의 『進宴儀軌』, 1724년의 『端懿王后進宴儀軌』가 있었으며 영조 연간인 1769년, 1773년, 1775년에도 『진연의궤』가 만들어졌음을 1856~1857년 간의 강화부 외규장각 소장의 서책 형지안을 통해 알 수 있다. 다만 『병신진연의궤』(1776)는 1775년 12월의 진연을 기록한 의궤로 생각된다.

49_ 영조 대의 궁중예연은 총 10회에 달한다. 그러나 영조에게 진연하기에 앞서 대왕대비에게도 진연했고 중궁전에 대해서도 진연했으므로 실제 거행된 연향의 횟수는 10회를 훨씬 웃돈다.

50_ 숙종의 즉위 30주년은 1705년으로서 이해 봄에 신하들은 중종과 선조 대의 고례(古例)를 근거로 진연의 허락을 청하여 4월로 택일까지 이루어졌다. 그러나 음력 3월에 눈이 오는 재이가 있자 진연은 가을로 연기되었는데 정작 가을이 되자 다시 풍재(風災)가 심하여 진연을 멈추라는 상소가 잇따랐다. 이에 숙종은 진연을 이듬해 가을로 물러서 치르라는 명령을 내렸다. 『숙종실록』 권42 31년(1705) 2월 21일(을유); 2월 27일(신묘); 7월 8일(기사); 8월 3일(갑오) 참조.

51_ 《문효세자책례계병》에 대한 자세한 내용은 박정혜, 앞의 책(2000), pp. 447~452; 박정혜, 「조선시대 왕세자와 궁중기록화」, 박정혜·이예성·양보경 공저, 『조선왕실의 행사그림과 옛지도』(민속원, 2005), pp. 16~19 참조.

52_ 왕세자가 탄생해 즉위하기 전까지 새로운 지위나 신분을 통과하며 거쳐야 되는 통과의례와 교육에 대해서는 김문식·김정호, 『조선의 왕세자교육』(김영사, 2003) 참조. 조선시대 동궁의례와 관련한 궁중기록화에 대한 종합적인 고찰은 박정혜, 「조선시대 왕세자와 궁중기록화」, 박정혜·이예성·양보경 공저, 『조선왕실의 행사 그림과 옛지도』(민속원, 2005), pp. 10~52 참조. 다섯 건의 《왕세자입학도첩》의 회화적 비교는 박정혜, 「조선시대 왕세자 교육과 《왕세자입학도첩》」, 『왕세자입학도 해설』(문화재청, 2005), pp. 59~64 참조.

53_ 박본수, 「오리건대학교박물관 소장 십장생병풍(十長生屛風) 연구: 왕세자두후평복진하계병(王世子痘候平復陳賀禊屛)의 일례」, 『고궁문화』 제2호(국립고궁박물관, 2008), pp. 11~38 참조.

54_ 봉사도에 대한 자세한 내용은 鄭恩主, 「阿克敦《奉使圖》硏究」, 『美術史學硏究』 제246·247 합집(한국미술사학회, 2005. 9), pp. 201~245 참조.

55_ 金芝英, 「朝鮮後期 國王 行次에 대한 연구」(서울대학교 대학원 국사학과 박사학위논문, 2005. 8), pp. 38~58 참조.

56_ 『舊唐書』 卷197 「南蠻傳」; 강관식, 『조선후기 궁중화원 연구(상)』(돌베개, 2001), pp. 156~157 참조.

57_ 黃愼, 『秋浦集』 卷2 「科製四六 附唐顔師古進王會圖」; 趙持謙, 『迂齋集』 卷5 頌 「王會圖頌幷序」; 『弘齋全書』 卷51 策問 4.

58_ 李裕元, 『嘉梧藳略』 冊1 樂府 「異域竹枝詞」 三十首.

59_ 鄭恩主, 앞의 논문(2008a), p. 259.

60_ 『고종실록』 권36 34년(1897) 10월 13일(양력).

61_ 安輝濬, 「16世紀 朝鮮王朝의 繪畵와 短線點皴」, 『震檀學報』 제46·47 합집(진단학회, 1979); 朴廷蕙, 「朝鮮時代 宜寧南氏 家傳畵帖」, 『미술사연구』 제2호(1988), pp. 23~49 참조.

62_ 대구서씨 가전화첩에 대해서는 박정혜, 「『이경석사궤장도첩』의 회화사적 의의」, 『全州李氏(白軒相公派) 寄贈古文書』(경기도박물관, 2003), pp. 340~345 참조.

63_ 조선 초기 궁중회화에서 감계화의 양상과 종류에 대해서는 박은순, 앞의 논문(2006), pp. 132~158 참조.

64_ 『정종실록』 권1 1년(1399) 1월 1일(임신).

65_ 『조선왕조실록』의 미술 기사는 안휘준 편저, 앞의 책(1983); 李成美 主編, 앞의 책(2001, 2002) 참조.

66_ 『영조실록』 권80 29년(1753) 7월 19일(임신) 및 권101 39년(1763) 4월 16일(계묘).

67_ 陳準鉉, 「肅宗의 書畵趣味」, 『서울大學校博物館 年報』 7(서울대학교박물관, 1995), pp. 3~37 참조.

68_ 『세종실록』 권59 15년 3월 25일(무인). 효자도에 대해서는 이수경, 「유교이념의 생활 속 실천: 조선시대 효자도 병풍」, 『항산 안휘준 교수 정년퇴임 기념 논문집: 미술사의 정립과 확산』 1권(사회평론, 2006), pp. 376~399 참조.

69_ 『세조실록』 권3 2년(1456) 1월 2일(임신).

70_ 성적도에 대해서는 趙善美, 「孔子聖蹟圖考」, 『美術資料』 60(국립중앙박물관, 1998. 11), pp. 1~43; 趙善美, 「공자성적도(孔子聖蹟圖)에 대하여」, 『孔子聖蹟圖』(성균관대학교 박물관, 2009), pp. 146~182 참조.

71_ 『태종실록』 권26 13년(1413) 12월 30일(을해).

72_ 『승정원일기』 제938책 영조 17년(1741) 11월 30일(신묘).

73_ 『승정원일기』 제362책 숙종 20년(1694) 12월 25일(무오).

74_ 『영조실록』 권11 3년(1727) 4월 12일(무술); 『영조실록』 권111 44년(1768) 12월 17일(신미).

75_ 『親耕儀軌』 「傳敎」 己未 二月 初二日; 『승정원일기』 제1226책 영조 40년(1764) 1월 8일(경신).

76_ 성종의 서화취미에 대해서는 이선옥, 「成宗의 書畵愛好」, 『조선왕실의 미술문화』(대원사, 2005), pp. 113~151 참조.

77_ 오세창 편저, 동양고전학회 역, 『국역 근역서화징』 상(시공사, 1998), pp. 522~525 참조.

78_ 『봉모당봉안어서총목』(奉謨堂奉安御書總目).

79_ 정조의 회화에 대해서는 김정숙, 「정조(正祖)의 회화관

(繪畫觀)」, 『조선왕실의 미술문화』(대원사, 2005), pp. 291~321 참조.

80_ 오세창 편저, 위의 책(1998), pp. 232~233.

81_ Kumja Paik-Kim, "Decorative Painting of Korea", *Hopes and Aspiration: Decorative Painting of Korea*(Asian Art Museum of San Francisco, 1998) 참조.

82_ 오봉병의 명칭, 도상의 연원, 형식 분류 등 좀더 자세한 내용에 대해서는 李成美, 「朝鮮王朝 御眞關係 都監儀軌」, 李成美·劉頌玉·姜信沆 共著, 『朝鮮時代御眞關係都監儀軌研究』(韓國精神文化研究院, 1997), pp. 95~118; Yi Song-mi, "The Screen of the Five Peaks of the Choson Dynasty" *Oriental Art*, vol. XLⅡ, no. 4(1996/97), pp. 13~24; Yi Song-mi, 「The Screen of the Five Peaks of the Choson Dynasty」, 『조선왕실의 미술문화』(대원사, 2005), pp. 467~519; 명세나, 「조선시대 五峯屛 연구: 凶禮都監儀軌 기록을 중심으로」(이화여자대학교대학원 석사학위논문, 2007. 7); 김홍남, 「조선시대 '일월오봉병'에 대한 도상해석학적 연구」, 『중국한국미술사』(학고재, 2009), pp. 440~457; 김홍남, 「'일월오봉병'과 정도전」, 『중국 한국미술사』(학고재, 2009), pp. 458~467 참조.

83_ 조선시대 의례용 모란병의 성격, 상징, 기능 등에 대한 자세한 내용은 金紅男, 「朝鮮時代 '宮牧丹屛' 研究」, 『美術史論壇』 제9호(韓國美術研究所, 1999 하반기), pp. 63~107; 이종숙, 「조선후기 국장용(國葬用) 모란병[牡丹屛]의 사용과 그 의미」, 『고궁문화』 창간호(국립고궁박물관, 2007), pp. 61~91 참조.

84_ 朴本洙, 「國立中央博物館 소장 〈십장생도〉」, 『美術史論壇』 제15호(韓國美術研究所, 2002 상반기); 朴本洙, 「조선후기 십장생도 연구」, 『십장생』(궁중유물전시관, 2004); 朴本洙, 앞의 논문, pp. 8~38 참조.

85_ 요지연도에 대해서는 우현수, 「조선후기 瑤池宴圖에 대한 연구」(이화여자대학교대학원 석사학위논문, 1995. 11) 참조.

86_ 정영미, 「朝鮮後期 郭汾陽行樂圖 研究」(한국정신문화연구원 한국학대학원 석사학위논문, 1998) 참조.

87_ 조선시대 백동자도에 대해서는 김선정, 「조선후기 百子圖 연구」, 『美術史學』 제18호(한국미술사교육학회, 2004); 김선정, 「개인소장 〈百子圖〉 10폭 병풍: 새로운 장면이 추가된 예」, 『美術史論壇』 제22호(한국미술연구소, 2006 상반기) 참조.

88_ 김선정, 「朝鮮後期 百子圖 研究」(이화여자대학교대학원 석사학위논문, 2004); 김선정, 앞의 논문(2004a); 김선정, 위의 논문(2006) 참조.

89_ 이원복, 「책거리 小考」, 『근대한국미술논총(청구 이구열선생 회갑기념문집)』(학고재, 1992), pp. 103~126; 姜寬植, 「조선후기 '민화' 개념의 새로운 이해를 위한 小考: 朝鮮後期 宮中 册架圖」, 『美術資料』 제66호(국립중앙박물관, 2001. 8), pp. 79~95; Kay E. Black with Edward W. Wagner, "Ch'aekkŏri Painting: A Korean jigsaw Puzzle", *Archives of Asian Art*, vol. XLⅥ (1993); Kay E. Black with Edward W. Wagner, "Court Style Ch'aekkŏri", *Hopes and Aspiration: Decorative Painting of Korea*(Asian Art Museum of San Francisco, 1998), pp. 21~30 참조.

90_ 강관식, 앞의 책(2001), pp. 119~133 참조.

91_ 궁중회화의 상고성에 대해서는 김홍남, 「18세기의 궁중회화: 유교 국가의 실현을 향하여」, 『18世紀의 韓國美術: 自我發見과 獨創性』(국립중앙박물관, 1993) 참조.

92_ 조선시대 도화서 제도와 화원의 역할에 대해서는 안휘준, 「조선왕조시대의 화원」, 『韓國文化』 제9호(서울大學校 韓國文化研究所, 1988), pp. 147~178; 강관식, 앞의 책(2001), pp. 511~525 참조.

93_ 『六典條例』 卷之六 『禮典』 圖畵署 分差 참조.

94_ 安輝濬, 「韓國民畵散考」, 『民畵傑作展』(호암미술관, 1983), pp. 101~105; 안휘준, 「우리 민화의 이해」, 『꿈과 사랑: 매혹의 우리민화』(호암미술관, 1998), pp. 150~155; 강관식, 앞의 책(2001), pp. 588~603; 홍선표, 앞의 논문; 김홍남, 「궁화: 궁궐속의 "민화(民畵)"」, 『민화와 장식병풍』(국립민속박물관, 2006) 참조.

1_ 여기에 대한 대표적인 연구성과를 정리하면 다음과 같다. 궁중기록화 분야 연구는 박정혜, 『조선시대 궁중기록화 연구』(일지사, 2000); 박정혜, 「조선시대 왕세자와 궁중기록화」, 박정혜·이예성·양보경 공저, 『조선왕실의 행사그림과 옛지도』(민속원, 2005), pp. 10~52; 박정혜, 「藏書閣 소장 일제강점기 儀軌의 미술사적 연구」, 『美術史學研究』 제259호(한국미술사학회, 2008. 9), pp. 117~150; 이성미, 「조선 인조-영조년간의 궁중연향과 미술」, 한국정신문화연구원 편저, 『조선후기 궁중연향문화』 권1(민속원, 2003), pp. 65~138; 이성미, 「조선후기 進爵·進饌儀軌를 통해 본 宮中의 美術文化」, 한국정신문화연구원 편저, 『조선후기 궁중연향문화』 권2(민속원, 2005), pp. 116~197 참조.

어진에 대한 연구는 李成美, 「朝鮮王朝 御眞關係 都監儀軌」, 李成美·劉頌玉·姜信沆 共著, 『朝鮮時代御眞關係都監儀軌研究』(韓國精神文化研究院, 1997), pp. 1~136; 이수미, 「태조어진의 제작과 봉안」, 국립전주박물관 편, 『왕의 초상: 慶基殿과 太祖 李成桂』(국립전주박물관, 2005), pp. 228~241; 조인수, 「조선초기 태조어진의 제작과 태조진전의 운영: 태조, 태종대를 중심으로」, 『미술사와 시각문화』 제3호(미술사와 시각문화학회, 2004), pp. 116~153; 陳準鉉, 「英祖, 正祖代 御眞圖寫와 畵家들」, 『서울대학교박물관연보』 6(서울대학교박물관, 1994. 12), pp. 19~72; 陳準鉉, 「肅宗代 御眞圖寫와 畵家들」, 『고문화』 제46집(한국대학박물관협회, 1995. 6), pp. 89~119 참조.

의궤에 대한 연구는 박정혜, 「朝鮮時代 册禮都監儀軌의 繪畫史的 硏究」, 『韓國文化』 제14호(서울大學校 韓國文化硏究所, 1993. 12), pp. 521~551; 朴銀順, 「朝鮮時代 王世子册禮儀軌 班次圖 硏究」, 『韓國文化』 제14호(서울大學校 韓國文化硏究所, 1993. 12), 朴銀順, 「朝鮮 後期 進饌儀軌와 進饌儀軌圖: 己丑年『進饌儀軌』를 중심으로」, 『民族音樂學』 제17집(서울대학교 부설 동양음악연구소, 1995), pp. 175~198 참조.

왕실 화원에 대한 연구는 강관식, 『조선후기 궁중화원

연구(상·하)』(돌베개, 2001) 참조.

왕실 장식화에 대한 연구는 姜寬植, 「조선후기 '민화' 개념의 새로운 이해를 위한 小考: 朝鮮後期 宮中 册架圖」, 『美術資料』 제66호(국립중앙박물관, 2001. 8), pp. 79~95; 김선정, 「조선후기 百子圖 연구」, 『美術史學』 제18호(한국미술사교육학회, 2004), pp. 7~40; 金紅南, 「18세기의 궁중회화: 유교 국가의 실현을 향하여」, 『18世紀의 韓國美術: 自我發見과 獨創性(국립중앙박물관, 1993); 이수미, 「궁중장식화의 개념과 성격」, 『태평성대를 꿈꾸며』(국립춘천박물관, 2004), pp. 82~89; 이종숙, 「조선후기 국장용(國葬用) 모란병(牧丹屛)의 사용과 그 의미」, 『고궁문화』창간호(국립고궁박물관, 2007), pp. 61~91 참조.

왕실 수장사에 대한 연구는 黃晶淵, 「朝鮮時代 書畵收藏 硏究」(한국학중앙연구원 한국학대학원 박사학위논문, 2007. 2) 참조.

2_ 왕의 회화취미를 다룬 선행 연구는 다음과 같다. 李源福, 「朝鮮時代 御畵 小考」, 『朝鮮朝 宮中生活硏究』(문화재관리국, 1992. 12), pp. 433~462; 陳準鉉, 「肅宗의 書畵趣味」, 『서울大學校博物館 年報』 7(서울대학교박물관, 1995), pp. 3~37; 이선옥, 「成宗의 書畵愛好」, 『조선왕실의 미술문화』(대원사, 2005), pp. 113~151; 김정숙, 「正祖의 繪畫觀」, 『조선왕실의 미술문화』(대원사, 2005), pp. 291~321; 박은순, 「명분인가 실제인가: 조선초기 궁중회화의 양상과 기능」, 『항산 안휘준 교수 정년퇴임 기념 논문집: 미술사의 정립과 확산』 1권 (사회평론, 2006). 박은순 교수는 조선 초기 궁중회화의 양상과 기능을 『조선왕조실록』을 중심으로 정리하면서 기사의 빈도를 기준으로 영정, 도화서 및 화원, 감계화, 외국과의 교류, 기타(불교회화, 감상회화)순으로 항목을 구분했다. 이 가운데 영정과 감계화를 궁중회화의 특색을 대변하는 범주로 보았다. 또한 조선 초기의 궁중회화는 국가와 왕실이 정립되는 과정에서 회화의 공적인 기능과 상징성을 강조하는 경향을 드러낸 것으로 보았다.

3_ 安輝濬 편저, 「朝鮮王朝實錄所載 繪畫關係記錄의 性格」, 『朝鮮王朝實錄의 書畫史料』(韓國精神文化研究院, 1983), pp. 6~12 참조.

4_ 여기에 대해서는 黃晶淵, 앞의 논문 참조.

5_ 성종의 서화취미에 대한 자세한 연구로는 이선옥, 앞의 논문, pp. 113~151 참조.

6_ 『연산군일기』 권43 8년(1502) 3월 25일(정유).

7_ 『인조실록』 권37 16년(1638) 12월 25일(계축).

8_ 『중종실록』 권29 12년(1517) 12년 8월 5일(무신).

9_ 『중종실록』 권13권 6년(1511) 5월 25일(갑술).

10_ 『고종실록』 권3 3년(1866) 4월 4일(임진).

11_ 『중종실록』 권17 7년(1512) 11월 16일(병술).

12_ 『인조실록』 권32 14년(1636) 2월 3일(무인).

13_ 『숙종실록』 권23 17년(1691) 11월 12일(임술).

14_ 『태종실록』 권21 11년(1411) 5월 16일(병자).

15_ 『세조실록』 권17 5년(1459) 8월 2일(신해).

16_ 『연산군일기』 권46 8년(1502) 10월 28일(정묘).

17_ 『숙종실록』 권12 7년(1681) 10월 21일(경자).

18_ 『영조실록』 권9 2년(1726) 2월 7일(경오).

19_ 『영조실록』 권11 3년(1727) 4월 12일(무술).

20_ 『영조실록』 권43 13년(1737) 3월 6일(갑오).

21_ 전형필, 「畵帖『善可法』」, 『考古美術』 제1권 제4호(한국미술사학회, 1960. 11), pp. 36~38; 黃晶淵, 앞의 논문, p. 242 참조.

22_ 『중종실록』 권16 7년(1512) 9월 20일(신묘); 『중종실록』 권17 7년(1512) 10월 30일(경오).

23_ 『세종실록』 권28 7년(1425) 5월 3일(임신).

24_ 『세종실록』 권85 21년(1439) 6월 19일(을미).

25_ 『문종실록』 권4 즉위년(1450) 10월 9일(기묘).

26_ 『세종실록』 권119 30년(1448) 3월 5일(경인).

27_ 『중종실록』 권88 33년(1538) 10월 5일(을사).

28_ 『세종실록』 권46 11년(1429) 11월 23일(을축).

29_ 오세창 편저, 동양고전학회 역, 『국역 근역서화징』 상(시공사, 1988), pp. 191~192.

30_ 『문종실록』 권8 1년(1451) 6월 1일(무진).

31_ 이선옥, 앞의 논문, pp. 113~145 참조.

32_ 이선옥, 앞의 논문, p. 120.

33_ 『성종실록』 권95 9년(1478) 8월 4일(계사).

34_ 서울대학교 규장각 편, 『列聖御製』 권1(서울대학교 규장각, 2002), pp. 644~645, 659~664.

35_ 『성종실록』 권95 9년(1478) 8월 4일(계사).

36_ 『성종실록』 권95 9년(1478) 8월 10일(기해).

37_ 『연산군일기』 권51 9년(1503) 12월 17일(경술).

38_ 『연산군일기』 권35 5년(1499) 12월 25일(기유).

39_ 『연산군일기』 권57 11년(1505) 1월 2일(무자).

40_ 『연산군일기』 권48 9년(1503) 2월 7일(갑진).

41_ 『중종실록』 권55 20년(1525) 8월 27일(갑인).

42_ 『중종실록』 권56 20년(1525) 윤12월 27일(신사).

43_ 이 화첩에는 중국 군신과 명현 220명이 수록되어 있고, 신라의 최치원, 고려의 안향, 정몽주, 김시습 등이 실려 있다. 이 첩에 대해서는 조인수, 「조선후기 『歷代圖像』」, 『그림으로 읽는 역사인물사전』(아주문물학회, 2003), pp. 90~94 참조.

44_ 安輝濬·邊英燮 編著, 『藏書閣所藏繪畵資料』(韓國精神文化研究院, 1991), pp. 16~27 참조.

45_ 《역대군신도상첩》(歷代君臣圖像帖)에 대해서는 『한국의 초상화: 역사 속의 인물과 조우하다』(문화재청, 2007), pp. 488~501 참조.

46_ 『중종실록』 권84 32년(1537) 4월 13일(신유).

47_ 『중종실록』 권84 32년(1537) 4월 25일(계유).

48_ 『중종실록』 권92 35년(1540) 2월 24일(정해).

49_ 『중종실록』 권84 32년(1537) 3월 17일(병신).

50_ 『중종실록』 권90 34년(1539) 4월 7일(갑진).

51_ 1599년 3월에는 명나라 사신 황응양(黃應陽)이 그림을 잘 그린다는 말을 듣고, 역관을 통해 매화·대나무·난초 등 각 10여 폭을 그려 줄 것을 부탁한 바 있다(『선조실록』 권110 32년(1599) 3월 27일[병오]).

52_ 朴瀰, 『汾西集』 권11, 「丙子亂後集舊藏屛障記」. "宣廟中年 喜寫蘭實有肖生之妙 而晩年始喜寫竹 蓋皆從燕中善價購得蘭竹譜善本 尋常模瞽."

53_ 朴瀰, 앞의 문집 권11, 「丙子亂後集舊藏屛障記」.

54_ 『영조실록』 권72 26년(1750) 11월 23일(임술).

55_ 「월창야화」는 낭선군(朗善君) 이우(李俁)가 부친인 인흥군 이영의 행장과 글을 모아 편찬한 책이다.

56_ 오세창 편저, 앞의 책, p. 523.

57_ 『인조실록』 권17 5년(1627) 11월 23일(병술).

58_ 『인조실록』 권37 16년(1638) 12월 25일(계축).

59_ 『인조실록』 권49 26년(1648) 7월 14일(정축). 맹영광에 대해서는 안휘준, 「내조(來朝) 중국인 화가 맹영광」, 『한국 회화사 연구』(시공사, 2001), pp. 620~640 참조.

60_ 김익희가 이조판서에 오른 것은 1656년인데(『효종실록』 권16 16년[1656] 5월 25일[갑진]) 인조가 이 그림을 감상한 것은 1636년이다. 따라서 그림이 완성된 지 20년에 뒤에 김익희가 어제를 쓴 것이다.

61_ 숙종 대 어진도사에 대한 연구로는 陳準鉉, 「肅宗代 御眞圖寫와 畵家들」, 『古文化』 제46집(한국대학박물관협회, 1995. 6), pp. 89~119 참조.

62_ 奎章閣 편, 『列聖御製』 권10, 「次趙子昂人馬圖韻二首」.

63_ 陳準鉉, 앞의 논문, p. 20 참조.

64_ 조선회화에 대한 것이 47편, 중국회화 관련 28편, 국적을 알 수 없는 것이 63편 등이다. 陳準鉉, 앞의 논문, p. 4~11 참조.

65_ 陳準鉉, 앞의 논문, p. 4~11 참조.

66_ 국립중앙박물관에서 2008년 8월 26일부터 12월 14일까지 개최한 테마전 〈왕의 글이 있는 그림〉에서 어제가 여러 점 있는 그림들이 공개된 바 있다. 전시된 그림들은 전시도록인 『왕의 글이 있는 그림』에 수록되었다.

67_ 최석정(崔錫鼎, 1646~1715)이 1697년 연경에 가서 구해와 진상한 〈패문재경직도〉(佩文齋耕織圖)를 모태로 한 그림이다.

68_ 『열성어제』 숙종 편에는 〈제갈무후도〉 이외에 악비(岳飛, 1103~1141)와 송말의 충신 문천상(文天祥, 1236~1282)의 초상을 보고 지은 숙종의 찬문이 실려 있다.

69_ 『숙종실록』 권23 17년(1691) 11월 12일(임술).

70_ 이건은 자가 자강(子强), 호는 규창(葵窓)이며, 인성군(仁城君) 공(珙)의 아들이다. 시·서·화에 뛰어나 3절이라 일컬었고, 저서로 『규창집』(葵窓集)이 있다.

71_ 『영조실록』, 「영조대왕행장」(英祖大王行狀). "凡書畵之屬, 皆不學而能, 每遊翰墨, 神彩動人目, 肅宗嘉其天成, 爲詩以寵之."

72_ 이때 그린 것을 사옹원의 주부(主簿)로 있던 김시민(金時敏, 1681~1747)이 소유했다. 작은 유지(油紙)에 그린 산수·화초·국화 등의 밑그림 5점이었다. 이 그림을 두고, 숙종은 타고난 재능을 본뜨지 않아도 저절로 옛 법도에 이르렀다고 평가하였다(金時敏, 『東圃集』 卷7, 「謹題御畵帖子後」).

73_ 『숙종실록』 권53 39년(1713) 4월 13일(경신).

74_ 서울대학교 규장각 편, 『列聖御製』 권11 숙종대왕편, 「題延礽君自畵仙人圖」, 卷12 「題延礽君圖寫人物山水」.

75_ 『영조실록』 권12 3년(1727) 7월 18일(임신). 지평(持平) 조현명(趙顯命)이 만언소를 올리며, 그림은 지기(志氣)를 잃게 한다는 내용이 기록되어 있다. 이외에는 영조가 그림을 그렸다는 기사가 확인되지 않는다.

76_ 『영조실록』 권9 2년(1726) 2월 7일(경오).

77_ 영조는 『성학집요』(聖學輯要)를 강(講)하다가 감상(感想)이 일어나 신하를 보내어 도산서원과 예안(禮安)의 고택(故宅)에 치제하게 하고 본도(本道)로 하여금 그림으로 그려 올리게 했다. 『영조실록』 권36 9년(1733) 11월 19일(병신).

78_ 『영조실록』 권98 37년(1761) 10월 24일(기축).

79_ 『영조실록』 권102 39년(1763) 8월 25일(기유).

80_ 『영조실록』에는 〈장주묘암도〉에 대하여 "화본(畵本)을 3층으로 정하여, 어제(御製)는 상층에 쓰고, 어류(語類)의 본문은 중층에 쓰며, 묘암도는 하층에 그리도록 하라" 하였다(『영조실록』 권64 22년[1746] 9월 2일[을미]).

81_ 이 그림의 화가는 정선(鄭敾, 1676~1759)으로 전칭되고 있으나 정선 특유의 필치는 뚜렷하지 않다. 李泰浩, 「英祖의 요청으로 그린 〈漳州茆菴圖〉에 대한 考察」, 李泰浩·兪弘濬 編, 『조선후기 그림과 글씨: 仁祖부터 英祖年間의 書畵』(學古齋, 1992), pp. 109~122 참조.

82_ 〈소령원도〉와 〈소령원산도〉에 대해서는 윤진영, 「私親을 위한 英祖의 追崇 기록」, 『淑嬪崔氏資料集 4』(韓國學中央研究院 藏書閣, 2009), pp. 83~86 참조.

83_ 『영조실록』 권90 33년(1757) 11월 11일(기해).

84_ 여기에 대해서는 姜寬植, 「청해이씨(青海李氏) 문중의 영정(影幀)」, 『青海李氏 寄贈古文書』(경기도박물관, 2002), pp. 333~336 참조.

85_ 영조가 총애했던 영빈이씨와 화평옹주를 만나기 위해 연경당에 들렀다는 『한중록』(閑中錄)의 기록에 따르면, 영조가 이곳에서 그림을 감상하고 그림 앞부분의 글씨

를 썼을 가능성이 크다. 黃晶淵, 앞의 논문, pp. 243~244 참조.

86_ 여기에 대해서는 黃晶淵, 앞의 논문, pp. 243~244 참조.

87_ ① 御畫竹欄(2丈), ② 朴東普道高龍虎畫(1丈, 내입), ③ 絹質淇州二翁水墨山水圖(내입), ④ 絹質眞彩人物圖簇子(1丈自草), ⑤ 白鷹圖(簇子), ⑥ 御畫己亥菊秋水墨梅花彩女圖, ⑦ 尹斗緖水墨人物圖(中簇次 2丈), ⑧ 黑繪老人翫月圖(중족자 2장), ⑨ 眞彩人物圖(2丈, 내입), ⑩ 絹質淡彩卞亮鷹圖(1丈), ⑪ 李明郁九里山十面埋伏圖(1丈).

88_ 『정조실록』 부록2, 「惠慶宮書下行錄」.

89_ 『홍재전서』 권163, 「일득록」3, 문학3.

90_ 『봉모당봉장서목』에 기록된 내용은 다음과 같다. (二欌 第二層) ① 莊祖睿畫 1첩, 鳩, 賜千受康, (閣內), ② 莊祖睿畫 2폭, 山水, 梅竹, ③ 莊祖睿畫 1폭, 山水, ④ 莊祖御畫簇子, 虎, 賜崔源, ⑤ 莊祖御畫簇子, 竹, ⑥ 莊祖睿畫龍簇子(獻敬皇后諺書一幅 付于櫃中), ⑦ 莊祖御畫紙本, 一幅, 山水. 서목에는 장조의 그림이 "장조예화" 혹은 "장조어화"로 표기되었다.

91_ 강관식, 『조선후기 궁중화원 연구(상)』(돌베개, 2001), pp. 27~40 참조.

92_ 정조는 중국 위진남북조시대의 고개지(顧愷之)가 배해(裵諧)라는 인물의 초상화를 그릴 때 이목구비가 닮지 않은 바가 없었지만, 털 세 가닥을 추가하여 그린 것이 그 사람의 정수를 느끼게 했다는 고사를 인용하여 신운을 강조하였다. 강관식, 위의 책, p. 534.

93_ 『弘齋全書』 권175, 「일득록」15, 훈어2.

94_ 《만고기관첩》에 대해서는 유미나, 「18세기 전반의 詩文故事 書畫帖 考察:《萬古奇觀》帖을 중심으로」, 『講座 美術史』 제24호(韓國佛敎美術史學會, 2005. 6), p. 125.

95_ 유미나, 위의 논문, p. 140.

96_ 吳柱錫, 「金弘道의 〈朱夫子詩意圖〉: 御覽用 繪畫의 性理學的 性格과 관련하여」, 『美術資料』 제56호(國立中央博物館, 1995. 12), p. 75.

97_ 강관식, 앞의 책, pp. 533~534.

98_ 『헌종실록』 권16, 부록, 「憲宗大王墓誌文」.

99_ 헌종의 서화와 문예 취미에 대해서는 유홍준, 「헌종의

문예 취미와 서화 컬렉션」, 『조선왕실의 인장』(국립고궁박물관, 2006), pp. 202~219 참조.

100_ 『승화루서목』의 현황과 성격 및 회화사적 의의에 대해서는 黃晶淵, 앞의 논문, pp. 353~399 참조.

101_ 黃晶淵, 앞의 논문, pp. 391~393.

102_ 黃晶淵, 앞의 논문, p. 397.

103_ 黃晶淵, 앞의 논문, p. 395.

104_ 이 그림은 1568년에 목판에 새겼고, 신흠(申欽)은 명군(明君)과 양신(良臣)의 관계를 보여주는 묵죽도라 하며 감회를 쓴 바 있다.

105_ 金麟厚, 『河西集』 附錄 卷3, 「年譜」.

106_ 『弘齋全書』 권21, 「祭文」3, 「先正臣文靖公金麟厚致祭文」.

107_ 金麟厚, 『河西集』 附錄 卷3, 「年譜」; 金壽恒, 『文谷集』 卷20, 「河西金先生墓表」; 朴世采, 『南溪續集』 卷1, 「謹次金河西詠仁宗大王墨竹韻」; 申欽, 『象村集』 卷36, 「仁宗大王墨竹跋」.

108_ 申欽, 『象村集』 권37, 「仁宗大王墨竹跋」.

109_ 朴瀰, 『汾西集』 권11, 「丙子亂後集舊藏屛障記」.

110_ 《열성어필》은 조선조의 선조를 비롯한 인조·효종·현종·숙종 등의 글씨를 모아서 목판본으로 간행한 책이다. 〈묵죽도〉와 〈묵란도〉는 선조어필 부분의 마지막에 들어 있다. 장서각, 동아대학교박물관, 서울역사박물관 등에 소장되어 있다.

111_ 白仁山, 「朝鮮時代 墨竹畫 硏究」(東國大學校大學院 博士學位論文, 2004. 6), pp. 100~101 참조.

112_ 낭선군 이우가 부친인 인흥군 이영(1604~1651)의 행장과 글을 모아 편찬한 『정효공가승』(靖孝公家乘)의 「월창야화」에는 선조 이후 중국 및 조선의 서화에 대한 기록과 선조부터 현종 때까지의 군왕들이 감상한 작품들이 기록되어 있다.

113_ 『근대를 향한 꿈』(경기도박물관, 1998), p. 28, 圖 27.

114_ 발문 마지막의 '丁酉仲秋'(정유중추)는 정조 26세인 1777년(정조 1)이다.

115_ 李仙玉, 『朝鮮時代 梅花圖 硏究』(韓國精神文化硏究院 韓國學大學院 博士學位論文, 2004. 8), p. 121.

116_ 이원복, 「정조의 그림 세계: 전래작을 중심으로 본 화

경(畫境),『정조, 예술을 펼치다』(수원화성박물관,
2010), pp. 136~141 참조.

117_ 《군자화목도병풍》(君子花木圖屛風)은 일본의 야마토
분카칸(大和文華館)에 소장되어 있고,『李朝의 屛風』
(1987) 圖18에 수록되어 있다. 우측 매화에는 주문장방
인(朱文長方印)인 "萬川明月主人翁"(만천명월주인옹),
좌단의 죽도에는 백문인(白文印) "弘齋"(홍제)와 주문인
(朱文印) "萬機"(만기)가 찍혀 있다.

118_『弘齋全書』권175,「일득록」15, 훈어2.

119_ 이 그림은 金泳鎬 編譯,『小癡實錄』(瑞文堂, 1992),
25쪽에 "憲宗이 그린 산수화"로 실려 있다. 화제(畫題)
에 "癸卯春寫于三秀堂"(계묘춘사우삼수당)이라 적혀 있
어 1843년(헌종 9) 작이 되며, '원헌'(元軒)이라는 인장
이 찍혀 있다.

120_ 배관기는 "元軒憲廟御號也 此雖小片畫 認自宮中流出
豈非尤可寶者歟"라고 썼다. 鄭丙朝는 일제강점기에 조선
총독부 중추원 참의를 지낸 인물로 호는 규원(葵園)이다.

121_ 황정연,「조선시대 궁중 서화수장(書畫收藏)과 미술
후원」,『조선왕실의 미술문화』(대원사, 2005), p. 74.

122_ 許鍊 저, 金泳鎬 편역,『小癡實錄』, pp. 15~34 참조.

123_ 이 화첩은 1958년 구선원전(舊璿源殿) 연와(煉瓦) 창
고 정리 중에 순종의 비전문서(秘傳文書) 중에서 발견되
었다고 화첩 앞에 기록했다. "戊戌十二月 舊璿源殿煉瓦
倉庫整理中 純宗秘傳文書中에서 發見"이라 적혀 있다.
『조선왕실의 책』(한국학중앙연구원 장서각, 2002), pp.
123~125.

제3부_

1_ 朱景玄,『唐朝名畫錄』「周昉」(楊家駱 編,『藝術叢編』2集
第6輯, 臺北: 中華書局, 1976, p. 19.) "貞元末, 新羅國
有人於江淮, 以善價收市數十卷, 持往彼國, 畫佛像眞仙人
物士女, 皆神品也."

2_ 근래 미술사학계에서는 조선시대 왕실문화에 대한 심도
깊은 접근이 이루어지고 있으며, 참고할 수 있는 자료를
소개하면 다음과 같다. 李成美·姜信項·劉頌玉 共著,『藏

書閣所藏嘉禮都監儀軌』(韓國精神文化研究院, 1994); 李
成美·劉頌玉·姜信項 共著,『朝鮮時代御眞關係都監儀軌
研究』(韓國精神文化研究院, 1997); 박정혜,『조선시대
궁중기록화 연구』(일지사, 2000); 강관식,『조선후기 궁
중화원 연구(상·하)』(돌베개, 2001); 이성미 외,『조선
왕실의 미술문화』(대원사, 2005); 박정혜·이예성·양보
경 공저,『조선왕실의 행사그림과 옛지도』(민속원,
2005) 등. 이밖에 개별 관련 논문들은 이후 주석에서 밝
히도록 하겠다.

3_ 이러한 내용은 조선 초기 양성지(梁誠之)가 1463년 세
조에게 올린 상소를 통해 알 수 있다. 중국에서 황실 수
장품에 수장인을 찍은 풍조는 남조(南朝) 송무제(宋武
帝, 420~422 재위)의 황실로부터 시작되었다. 당시에
는 작품이 황실의 비장품(秘藏品)이자 감정(鑑定)을 했
다는 사실을 나타내기 위해 감정한 사람의 서압(署押,
사인)을 표기하기도 하였다. 劉濤,「東晉南北朝法書名迹
的收藏與整理」,『故宮博物院院刊』4期(臺北: 國立故宮博
物院, 2002), pp. 14~15 참조.

4_ "長和殿在會慶之後, 直北一崗, 地勢高峻, 形制益隘, 不建
乾德, 兩廡皆帑藏, 其東貯聖朝所賜內府之珍, 其西, 以貯
其國金帛之類." 徐兢,『宣和奉使高麗圖經』卷5「長和殿」
(민족문화추진회 영인본, 1978), p. 17.

5_ "臨川閣在會慶殿 … 其中藏書數萬卷而已." 徐兢,『宣和
奉使高麗圖經』卷6「臨川閣」(민족문화추진회 영인본,
1978), p. 21. 고려왕실에는『선화봉사고려도경』宣和奉
使高麗圖經에 설명된 것보다 훨씬 더 많은 전각이 있었
으며, 그 기능도 수장품의 종류에 따라 다양하였다.『증
보문헌비고』(增補文獻備考)의「고려궁실」(高麗宮室) 조
(條)에 기록된 전각은 정자와 누각을 포함하여 약 112
채에 이르며, 이 중 중광전(重光殿)과 비서성(秘書省)에
는 많은 전적(典籍)과 그 판본이 보관되어 있어 왕이 수
시로 열람하였다고 한다. 또 1045년(정종 11)에 비서성
에서 새로 간행한『예기정의』(禮記正義) 70본과『모시정
의』(毛詩正義) 40본 각 한 본씩을 어서각(御書閣)에 보
관하였다는 기록이나, 1096년(숙종 1) 왕이 문덕전(文德
殿)에 와서 역대로 비장(秘藏)된 문서를 열람하고 부질
(部秩)이 완전한 본을 골라 문덕전, 장령전(長齡殿), 어

서방(御書房), 비서각(秘書閣)에 분장(分藏)하게 하였다는 기록은 고려왕실에서 전적을 여러 곳에 보관한 전통이 있었음을 말해 준다.

6_ 고려시대 '삼각'은 당 순화(淳化) 연간(990~994)에 삼각으로 알려진 천장각, 보문각, 용도각(龍圖閣)과 직제와 명칭이 유사한 것으로 보아, 이 제도에서 차용된 것으로 추정된다. 순화 연간의 삼각에 대해서는 姜一涵, 「元內府之書畵收藏」, 『故宮季刊』第14卷 第2期(臺北: 國立故宮博物院, 1979), p. 27 참조. 문관 김연(金緣)의 「청연각기」(清讌閣記)에 따르면 예종은 보문각에 송(宋) 황제의 조칙과 글씨·그림을 보관하여 걸어놓고 교훈으로 삼았으며, 청연각에는 고금의 서적을 모아놓고 매일 학자들과 토론했다고 한다. 金緣, 『東文選』「清讌閣記」(민족문화추진회 영인본, 1982), pp. 564~565.

7_ 徐兢, 『宣和奉使高麗圖經』卷6「延英殿閣」(민족문화추진회 영인본, 1978), p. 19.

8_ 安輝濬, 「高麗 및 朝鮮王朝初期의 對中繪畵交涉」, 『亞細亞學報』13(亞細亞學術研究會, 1979. 11), pp. 141~170; 홍선표, 「고려시대 일반회화의 발전」, 『朝鮮時代繪畵史論』(문예출판사, 1999), pp. 126~159 참조.

9_ 熙寧甲寅歲, 遣使金良鑑入貢, 訪求中國圖書, 銳意購求, 稍精者十無一二, 然猶費三百餘緡, 丙辰冬復遣使崔思訓入貢, 因將帶畵工數人奏請模相國寺壁畵歸國." 郭若虛, 『圖畵見聞誌』卷6「高麗國」, (于安瀾 編, 『畵史叢書(一)』), p. 93.

10_ "…又作方丈圍屛, 又作御座屛二, 又作秋景烟嵐二, 賜高麗." 郭熙, 「林泉高致」「畵記」. 신숙주(申叔舟)의 「화기」(畵記)에는 곽희의 〈추경연람도〉가 포함되지 않은 것으로 보아 그 이전에 왕실에서 사가(私家)로 유출되었거나 소실된 것으로 추정된다.

11_ 蘇軾, 『東坡書跋』卷4「書唐氏六家書後」.

12_ 金緣, 『東文選』「清讌閣記」(민족문화추진회 영인본, 1982), p. 565.

13_ "景靈殿皇太祖皇考之別廟, 孝思觀太祖眞之所在." 『高麗史』「列傳」尹紹宗列傳.

14_ 고려시대 진전에 대해서는 고유섭, 「高麗의 畵跡에 대하여」, 『韓國美術及文化論叢』(통문관, 1993), pp. 269~

292 참조.

15_ 『高麗史』卷18「世家」19 19年 夏4月 甲申條. 그리고 김안로(金安老)의 「龍泉淡寂記」에 적힌 기록 참조. "魯國大長公主之來, 凡什物器用簡册書畵等物, 舡載浮海, 今時所傳妙繪寶軸, 多其時出來云."(秦弘燮 編, 『韓國美術史資料集成(2)』, 일지사, 1991, p. 467 참조).

16_ 조선시대 어진도사에 관해서는 李成美·柳頌玉·姜信杭 共著, 앞의 책 참조.

17_ 조선시대 어필에 대해서는 다음의 논고가 참조가 된다. 李完雨, 「朝鮮王朝의 列聖御筆 刊行」, 『文化財』제243호(文化財管理局, 1996), pp. 147~168; 李完雨, 「英祖의 御筆」, 『영조대왕 글·글씨: 어필 204점에 대한 도판과 해석』(궁중유물전시관, 2002), pp. 197~214; 이민식, 「정조(正祖)의 서예관(書藝觀)과 서체반정(書體反正)」, 한신대박물관 편저, 『正祖時代의 名筆』(신구문화사, 2002), pp. 102~113.

18_ 이러한 면을 보여주는 사례로는 『중종실록』 권23 10년(1515) 11월 4일(병무) 참조.

19_ 나라 간에 화친의 의미를 담아 그림을 선물한 전통은 우리나라뿐 아니라 중국에서도 존재하였다. 남송의 양왕휴(楊王休, 1135~1200)가 쓴 「송중흥관각저장서화기」(宋中興館閣儲藏書畵記, 1199)에 따르면, 남송 황실에서 화친을 위해 다른 나라로부터 계속 그림을 받아들이는 정책을 썼다고 한다. 楊王休, 『宋中興館閣儲藏書畵記』(楊家駱 編, 『美術叢編』4輯, 臺北: 世界書局, 1976), p. 203 참조.

20_ 『선조실록』 권202 39년(1606) 8월 6일(임인) 참조.

21_ 『列聖御製』 7(서울대 규장각 영인본, 2002). 『열성어제』에 기록된 숙종의 서화 관련 글에 대해서는 陳準鉉, 「肅宗의 書畵趣味」, 『서울大學校 博物館年譜』7(서울대학교박물관, 1995), pp. 3~37이 자세하다.

22_ 숙종 대 어진도사에 대해서는 陳準鉉, 「肅宗代 御眞圖寫와 畵家들」, 『古文化』제46집(1995. 6), pp. 89~119 참조.

23_ 진재해가 그린 〈잠직도〉에 대해서는 정병모, 「조선시대 후반기 耕作圖」, 『美術史學研究』제192호(한국미술사학회, 1991), pp. 27~63 참조. 윤두서의 〈진단타려도〉에

대한 설명은 이내옥, 『공재 윤두서』(시공사, 2003), pp. 260~263 참조.

24_ 낭선군의 생애와 서화수장에 대해서는 황정연, 「朗善君 李俁의 書畵 收藏과 編纂」, 『藏書閣』 제9집(한국정신문화연구원, 2003. 9), pp. 5~44 참조.

25_ 숙종이 어람한 작품과 치부책에 수록된 작품 중 일치하는 사례로 〈백응도족자〉(白鷹圖簇子), 〈정명공주필적〉(貞明公主筆蹟), 〈인목왕후어필초질족자〉(仁穆王后御筆綃質簇子), 이명욱의 〈구리산십면매복도〉(九里山十面埋伏圖) 등이 있다. 각 작품명에 쓰인 숙종의 어제는 『列聖御製』7(서울대학교 규장각 영인본, 2002) 참조. 일한재는 영조가 등극하기 전 머물렀던 잠저(潛邸)로, 영조는 노년에도 이곳을 애용하였다. 동쪽으로는 경복궁이, 서쪽으로는 인경궁이 있었던 중간 지점에 위치해 있었다. 이곳의 소장물품을 기록한 『일한재소재책치부』는 1726년에 작성된 것이며, 마지막 장에 장남인 효장세자(孝章世子)에게 수장품을 물려준다는 장서기(藏書記)가 있다. 현존하는 왕실 서화관련 서목(書目) 중 연대가 가장 오래된 것이다.

26_ 『영조실록』 권120 49년(1763) 1월 22일(임자) 등 참조. 영조가 숙종을 이어 재차 감상한 작품들은 선조의 〈난죽병〉(蘭竹屛), 김창집(金昌集)의 화상(畵像), 작자미상의 〈주운절함도〉(朱雲折檻圖), 김진규(金鎭圭)가 그린 〈성공도〉(聖功圖), 김유(金堉)의 화상, 오달제의 〈묵매장자〉(墨梅障子) 등이 있다. 이 중 오달제의 〈묵매장자〉는 18세기 초 후손에게 잠시 돌려주었다가 추후 궁중에 다시 들여와 보관된 작품으로, 현재 국립중앙박물관에 소장되어 있다. 또 정조가 물려받은 작품으로는 〈농작도병〉(農作圖屛)과 〈성학십도병〉(聖學十圖屛), 〈천하지도족자〉(天下地圖簇子), 숙종의 어제 현판 등이 있었다.

27_ 한국학중앙연구원 장서각 소장본(K2~4917).

28_ 실록에 의하면 『영모록』(永慕錄)을 등사(謄寫)하여 영세토록 전한다고 했으나 전승 여부는 명확하지 않다. 『성종실록』 권8 3년(1472) 9월 4일(정유).

29_ 『광해군일기』 권28 2년(1610) 4월 28일(계묘).

30_ 『인조실록』 권26 10년(1632) 3월 9일(병오).

31_ 중건 경위에 대해서는 『南別殿重建廳儀軌』(규장각 소장본, 奎14353) 참조.

32_ 당시에는 국왕의 글씨는 어필(御筆), 그림은 어화(御畵)로 구분하였으나, 여러 기록에는 이 두 용어가 어필로 통합하여 쓰인 예가 많으므로 이 글에서도 어필이라는 용어를 쓰고자 한다.

33_ 이러한 면은 숙종이 1694년에 쓴 「창덕궁지」(昌德宮志)의 천한각기(天翰閣記)를 통해 엿볼 수 있다.
"우리 文宗大王·成宗大王·宣祖大王·元宗大王·仁祖大王·孝宗大王·顯宗大王 일곱 임금의 御筆과 刻板이 大內에 있으나, 뒤섞이고 흩어져 있어 매우 敬謹이 결여되었으므로 나는 이를 걱정하였다. 특별히 大造殿의 西翼室을 택하여 옛것을 그대로 수리하고 각판 중에서도 손상된 것은 宗臣에게 나누어 주어 손질하여 열 벌을 소중히 보관하여 永世토록 전하게 하고 새로 天翰閣이라 이름하였으니, 古制를 모방하여 欽慕하고자 하는 뜻이다"(『宮闕志』「昌德宮志」天翰閣記). 이 말은 어필 보존을 위해 전각을 설치한 의도가 열성에 대한 숭모정신의 표방에 있었다는 사실을 잘 드러내 준다. 천한각에 보관되던 어필은 순조 연간(1800~1834)에 동익실(東翼室)로 이봉되었다.

34_ 본문에 열거한 전각들은 모두 창덕궁의 부속 건물이다. 각 전각의 위치와 연혁에 대해서는 『宮闕志』「昌德宮志」(서울학연구소 영인본, 1994) 참조.

35_ 조선 궁궐의 정궁(법궁[法宮]), 이궁 체제에 대해서는 洪順敏, 「朝鮮王朝 宮闕 經營과 "兩闕體制"의 변천」(서울대학교대학원 박사학위 논문, 1995) 참조.

36_ 『宮闕志』「昌德宮志」養志堂과 敬奉閣 참조.

37_ 봉모당은 1910년대 초 일제 통감부에 의해 훼철된 후 서양식 건물로 재건되었고 지금은 철거된 상태다. 봉모당의 역사와 수장품에 대해서는 李哲源, 『王宮史』(東國文化社, 1954), p. 58; 千惠鳳, 「奉謨堂考」, 『國會圖書館報』 제10권 2호(국회도서관, 1973. 3), pp. 5~21 참조.

38_ 봉심하는 절차는 『정조실록』 권12 5년(1781) 9월 19일(무오)에 명시되어 있다.

39_ 『정조실록』 9년(1785) 10월 19일(을미).

40_ 정조대 봉모당(奉謨堂)에 봉안한 자료는 서울대학교

규장각 소장의 『奉謨堂奉安御書總目』第1~3卷에 의해 알 수 있다. 그 내용은 선원보략(璿源譜略), 열성지장(列聖誌狀), 양릉지(兩陵誌), 보감(寶鑑), 유교(遺教), 대보(大寶), 열성어제(列聖御製)에 이어 주로 영조의 어제(御製) 간본(刊本)과 사본(寫本), 갱진(賡進), 어필(御筆), 어화(御畵), 어압(御押)을 첨부하였다. 이렇듯 정조 대의 봉안자료는 대부분이 영조의 어제류(御製類)가 차지한 것이 특징이라고 하겠다.

41_ 『순조실록』권17 14년(1814) 4월 23일(갑신).

42_ 『헌종실록』권3 2년(1836) 11월 14일(계사); 『철종실록』권8 7년(1856) 12월 25일(무신).

43_ 許鍊, 『小癡實錄』, p. 26.

44_ 두 서목은 1890년 집경당이 건립되고 수장품이 1891년 집옥재로 옮겨지기 전인 1890~1891년에 작성된 것으로 추정된다. 전자는 집경당 수장품을 점검하고 포쇄할 때 작성된 원 목록이고, 후자는 포쇄서목에서 누락된 자료를 별도로 정리한 것이다.

45_ 집옥재의 연혁과 역사적 의의에 대해서는 『集玉齋: 修理調査報告書』(문화재청, 2005) 참조.

46_ 현재 규장각에 소장된 『集玉齋書籍目錄』, 『集玉齋書籍調査記』, 『集玉齋目錄外書冊』 등을 통해 확인된다. 고종은 덕수궁에도 어진을 봉안하였고 귀중 서책과 서화작품을 수장하였다. 그러나 1900년, 1901년, 1904년 세 번에 걸쳐 발생한 덕수궁 화재로 인해 중요한 서화를 보관했던 관문각, 흠문각 등이 모두 소실됨에 따라 궁중에 비장(秘藏)되었던 많은 서화가 불타버리고 말았다. 고종 어인(御印)의 인영(印影)을 모은 『德壽宮印存』(장서각 소장본, K3-558)에는 관문각과 흠문각에 소장된 서화에 찍었을 것으로 추정되는 '관문각서화기'(觀文閣書畵記), '흠문각서화기'(欽文閣書畵記) 등 수장인(收藏印)이 다수 수록되어 있다.

47_ 조선시대 궁중 서화수장의 전반적인 흐름에 관해서는 황정연, 「조선시대 궁중 서화수장과 미술후원」, 『조선왕실의 미술문화』(대원사, 2005), pp. 55~110; 황정연, 「朝鮮時代 書畵收藏 硏究」(한국학중앙연구원 한국학대학원 박사학위논문, 2007) 참조.

48_ 조선시대 소상팔경도에 대해서는 安輝濬, 「韓國의 瀟湘八景圖」, 『韓國繪畵의 傳統』(문예출판사, 1988), pp. 162~249 참조.

49_ 許鍊, 『小癡實錄』(金泳鎬 譯, 『民族繪畵의 發掘—小癡實錄』, 서문당, 1992), p. 26. 전각들의 현판은 대부분 김정희(金正喜) 글씨였다고 한다. 고조당에 대해서는 헌종 대 편찬된 『궁궐지』(宮闕志)에서는 확인되지 않고 허련의 문집을 통해 알 수 있다. 허련의 『소치실록』에 따르면, 고조당은 낙선재의 앞과 좌우 3면을 두른 건물로 서화를 많이 보관하였다고 한다(許鍊, 『小癡實錄』, p. 169). 따라서 고조당은 낙선재의 부속건물이었음을 알 수 있는데, 헌종과의 연관성을 증명하듯 『보소당인존』(寶蘇堂印存)에 「고조당인」(古藻堂印)이라고 된 인영이 수록되어 있다.

50_ 『상해서장각종서적도첩목록』의 내용 중 "光緒戊子(1888)望 三益齋主人"이라는 문구에 의거하여 이 목록서가 최소 1888년경에는 작성된 것으로 추정된다. 삼익재는 상해 서점명(書店名)이다. 이 목록서는 이태진, 「奎章閣 中國本圖書와 集玉齋圖書」, 『민족문화논총』 16집(영남대 민족문화연구소, 1996)에 처음 소개되었다. 고종의 도서관이었던 집옥재에 소장되었던 구장본(舊藏本)이다.

51_ 두 판화에 대한 설명은 고바야시 히로미쓰, 김명선 옮김, 『중국의 전통판화』(시공사, 2002) 참조.

52_ 19세기에 작성된 『승화루서목』, 『내자책자목록』(內下冊子目錄), 『내하고목록』(內下庫目錄) 등에는 '일본인화'(日本人畵), '일본국인물화일축'(日本國人物畵一軸)이라는 제목의 일본화를 비롯하여 나가사키, 고베, 요코하마, 오사카 등 일본 지형을 그림 지도가 수록되어 있다.

53_ 자세한 내용은 賴毓芝, 「1870年代上海的日本網絡與任伯年作品中的日本養分」, 『美術史硏究集刊』第14期(國立臺灣大學, 2003), pp. 159~242 참조.

54_ 고종 연간 관제의 개편과 도서정리에 대해서는 이태진, 『奎章閣小史』(서울대학교도서관, 1990) 참조.

55_ 이토 히로부미는 규장각 소장 한국 귀중본 고서를, 데라우치는 조선의 어필과 명인필첩을 많이 가지고 있었다. 사후 이토의 수집품은 일본 궁내성에 보관되었고, 데라우치의 수집품은 후손들에 의해 야마구치여자대학

도서관에 기증되어 데라우치문고(寺內文庫)로 명명되었다. 이후 여러 경로를 거친 교섭 끝에 경남대학교에 데라우치문고의 일부가 기증되었다(金鳳烈, 「寺內文庫 韓國關係 文獻의 考察」, 『史學硏究』 제57호, 한국사학회, 1999. 5, pp. 177~215 참조).

56_ 白麟, 「伊藤博文이 貸出한 奎章閣 圖書에 對하여」, 『書誌學』 창간호(한국서지학회, 1968. 9); 이상찬, 「伊藤博文이 약탈해 간 고도서 조사」, 『韓國史論』48(서울대학교 국사학과, 2002. 12), pp. 229~282. 이토는 대출이라는 미명으로 가져갔지만 반납한 도서는 거의 없다. 장서각 소장 『서고장서록』(西庫藏書錄)은 그가 대출하기 전 서고에 소장되었던 전적의 내역을 보여주는 기록이다.

57_ 이토는 1906년과 1908년 규장각과 집옥재의 서적을 포쇄(曝曬)한다는 광고를 신문지상에 냈다(정규홍, 『우리 문화재 수난사』, 학연문화사, 2006, pp. 508~509). 이러한 방법을 통해 이토는 조선 궁중에 남아 있던 왕실 자료의 대체적인 윤곽을 파악했을 것으로 생각된다.

58_ 통감부의 설립과정과 통감부 관리들의 왕실자료 유출에 대해서는 강창석, 『조선통감부연구Ⅱ』(국학자료원, 2004); 이구열, 『한국문화재수난사』(돌베개, 1996), pp. 153~166; 박택륜·박선애, 「통감부의 한국 문화재 침탈에 대한 연구」, 『東明文集』 제23권(東明大學, 2001), pp. 33~48 참조.

59_ 이때 반환된 전적 중에는 세조의 명으로 편찬된 『역학계몽요해』(易學啓蒙要解), 정조의 명으로 편찬된 『시전정문』(詩傳正文), 『선원계보기략』(璿源系譜紀略) 등 왕실서책과 이광사(李匡師)의 『서결』(書訣), 김정희의 서간첩 『등초잔묵』(謄草殘墨) 등이 포함되었다. 내역은 『65 韓·日협정에 의한 反還文化財展示目錄』(국립중앙도서관, 1990) 참조.

60_ 국사편찬위원회 소장본(no. 99209). 궁내부 규장각 도서과(圖書科)에서 발행한 『제실도서목록』(帝室圖書目錄)의 「예술류」(藝術類)에 기재된 서화는 단 50점뿐이며 대부분 화보(畫譜)와 서화관계 저록류가 많은 수를 차지하고 있다. 중앙도서관 반환문화재 목록에는 구(舊) 제실도서관 소장본이 상당수 포함되어 있다. 이러한 결과는 곧 제실도서관 소장본 역시 일본으로 지속적으로 유출되었고, 1909년 이전의 유출본은 『제실도서목록』 작성 시 제외되었을 가능성이 크다는 사실을 의미한다.

61_ 현재 규장각과 장서각에 소장된 의궤도, 지도, 탁본류를 제외한 기타 서화작품은 그 입수경로가 명쾌하게 밝혀지지 않은 상태다. 이에 관해서는 후속 연구가 뒷받침되어야 한다고 본다. 규장각과 장서각 소장의 서화작품에 대해서는 安輝濬, 「奎章閣所藏 繪畵의 內容과 性格」, 『韓國文化』 제10호(서울大學校 韓國文化硏究所, 1989. 12), pp. 310~355; 安輝濬·邊英燮 編著, 『藏書閣所藏繪畵資料』(韓國精神文化硏究院, 1991); 한국정신문화연구원 장서각 편, 『조선왕실의 책』(경인문화사, 2002) 참조.

제4부_

1_ 역사·문학 관련 논저들에서 19세기 말부터 1920년대까지를 '근대 전환기'로 규정하고 있으며, 학자에 따라서는 1876년 강화도조약 또는 1860년대까지 거슬러 올라가는 시기를 근대 전환기로 규정하는 경우도 있다. 최근에는 미술사학계에도 이 시기를 근대 전환기로 규정하는 논문들이 나오고 있다.

2_ 강민기, 「近代 轉換期 韓國畵壇의 日本畵 유입과 수용: 1870년대에서 1920년대까지」(홍익대학교대학원 박사학위논문, 2004), p. 37.

3_ 李恩周, 「개화기 사진술의 도입과 그 영향: 金鏞元의 활동을 중심으로」, 『震檀學報』 제93호(진단학회, 2002. 6), pp. 145~170 참조.

4_ 강민기, 「개항기 사절단의 일본회화 인식」, 『근대미술연구 2005』(국립현대미술관 덕수궁미술관, 2005. 12), pp. 9~30 참조.

5_ 강민기, 앞의 논문. 그리고 이 시기에 한일 간의 회화교류에 관한 선행연구로는 홍선표, 「조선후기 韓·日間 畵蹟의 교류」, 『미술사연구』 제11호(미술사연구회, 1997. 12), pp. 3~22 참조.

6_ 박정혜, 「대한제국기 화원(畫院) 제도의 변모와 화원(畫員)의 운용」, 『근대미술 연구 2004』(국립현대미술관 덕수궁미술관, 2004. 8), pp. 88~116 참조.

7_ 박정혜, 앞의 논문 참조.

8_ 규장각이 규장원으로 명칭이 바뀌었을 때 회화업무를 보던 사지주사와 도화주사는 모두 기록사주사(記錄司主事)로 서임되었다. 박정혜, 앞의 논문 참조.

9_ 박정혜, 「儀軌를 통해서 본 朝鮮時代의 畵員」, 『미술사연구』 제9호(미술사연구회, 1995. 12), pp. 203~290 참조.

10_ 김용원의 사망연도는, 이윤성의 증언과 청풍김씨 족보에는 '1896년 5월 24일'로, 김규식이 쓴 이력서에는 '1892년'으로 되어 있다.

11_ 李恩周, 앞의 논문 참조.

12_ 윤범모, 「한국의 사진 도입기와 선구자 황철」, 『한국근대미술: 시대정신과 정체성의 탐구』(한길아트, 2000), pp. 75~102 참조.

13_ 李恩周, 앞의 논문, pp. 164~165 참조.

14_ 황철에 관한 연구는 윤범모, 앞의 논문 참조.

15_ 윤범모, 앞의 논문 참조.

16_ 박종기, 「황실서화사진가 해강 김규진의 천연당사진관」, 『우리 사진의 역사를 열다』(한미사진미술관 확장개관기념전, 2006. 9. 23~12. 22), pp. 69~86 참조.

17_ 『황성신문』 1899년 7월 12일.

18_ 문화재관리국 편, 『日本繪畵調査報告書(昌德宮所藏)』(文化財管理局, 1987), pp. 58~59.

19_ 권행가, 「高宗 皇帝의 肖像: 近代 시각매체의 流入과 御眞의 변용 과정」(홍익대학교대학원 박사학위논문, 2005), p. 30.

20_ 『대한매일신보』 1910년 3월 29일(2면). 이보다 1개월여 전인 2월 16일 자(2면) 신문기사에는 창덕궁 인정전에서 '일본에서 건너온 화가'가 의친왕을 위한 어전 휘호회를 가졌다고 한다. 이 일본인 화가가 고비일 가능성이 있다. 옛 신문의 판독상 어려움으로 '大皇帝'(대황제, 순종)가 아닌 '太皇帝'(태황제, 고종)일 가능성도 있다.

21_ 『조선일보』 1966년 12월 29일; 『한국일보』 1966연 12월 17일; 권행가, 앞의 논문, pp. 117~119.

22_ 사쿠마 데쓰엔(佐久間鐵園)은 일본미술협회(日本美術協會)에서 활동했으며 게죠 게이코쿠(下條桂谷) 문하의 사천왕 중의 한 사람이다. 정파동지회(正派同志會) 간사를 지냈으며 1910년부터 1913년까지 문전(文展)의 심사

위원을 역임했다. 『近代日本美術事典』(東京: 講談社, 1989), p. 169 佐久間鐵園 항목 참조; 李龜烈, 「1910년 前後期에 來韓했던 日本人 畵家들」, 『近代 韓國美術史의 研究』(미진사, 1992), pp. 169~183 참조.

23_ 히요시 마모루(日吉守), 이중희 역, 「조선미술계의 회고」, 『한국근대미술사학』(한국근대미술사학회, 1996. 2), p. 183 재인용; 『순종실록』 제2권, 융희 2년 7월 20일.

24_ 『순종실록』 제2권, 융희 2년 7월 20일.

25_ 『대한매일신보』 1908년 9월 22일; 이구열, 『近代韓國美術史의 研究』(미진사, 1992), p. 172.

26_ 이구열, 위의 책, pp. 170~176 참조.

27_ 『대한매일신보』 1910년 2월 16일(2면); 강민기, 「근대전환기 한국화단에의 日本畵 유입과 한국화가들의 일본 체험: 1890년대부터 1910년대까지」, 『美術史學研究』 제253호(한국미술사학회, 2007. 3), pp. 215~247 참조.

28_ 이구열, 앞의 책, pp. 170~176 참조.

29_ 『미술신보』(제10권 제12호, 1911. 10), p. 32.

30_ 김은호, 『남기고 싶은 이야기들 4: 書畵百年』(中央日報·東洋放送, 1977), pp. 66~68.

31_ 김은호, 위의 책, pp. 66~68.

32_ 황정연, 「조선시대 궁중 서화수장과 미술 후원」, 『조선왕실의 미술문화』(대원사, 2005), pp. 55~110 참조.

33_ 『조선시대 궁중장식화 특별전: 태평성대를 꿈꾸며』(국립춘천박물관, 2004), p. 24.

34_ 서재원, 「海岡 金圭鎭(1868~1933)의 繪畵研究」(고려대학교대학원 문화재협동과정 미술사학전공 석사논문), 2008, p.10.

35_ 문화재관리국 편(안휘준 외), 『日本繪畵調査報告書(昌德宮所藏)』(文化財管理局, 1987) 참조.

36_ 박동수, 「왕실을 위해 그린 안중식(安中植)의 그림들」, 『조선왕실의 미술문화』(대원사, 2005), pp. 367~394 참조.

37_ 『대한매일신보』 1908년 9월 22일.

38_ 『순종실록』 제2권, 융희 2년 7월 20일.

39_ 〈춘경산수〉에 안중식이 쓴 제시는 "청산 몇 리에 봄 안개가 자욱한데, 짚신에 지팡이 짚고 봄 구경에 취해 깰 줄 모르네. 작은 다리 아래 물 흐르고 시골길에서 저녁

을 맞으니, 수풀 너머에 틀림없이 야인의 집 있으리라"
라는 내용이고, 〈추경산수〉에는 "가을이 다하여 소슬한
한 굽이 물가에, 늦바람은 몇 번이나 석양을 비껴가고
성긴 숲 빼어난 죽림 묘정 밖에, 날 저물자 대오 지어
날아드는 까마귀 떼"라고 쓰여 있다. 박동수, 앞의 논문
에서 재인용.

40_ 시카고만국박람회에 관해서는 김영나,「'박람회'라는
전시공간: 1893년 시카고만국박람회와 조선관 전시」,
『서양미술사학회논문집』제13집(서양미술사학회, 2000
년 상반기), pp. 75~104 참조.

41_ 이구열,「韓佛 美術交流의 역사적 관계」,『近代韓國美
術史의 研究』(미진사, 1992), pp. 140~152; 同著,
「1900년 파리 萬博의 韓國館」, 위의 책, pp. 153~161
참조.

42_ 박람회 정책에 관해서는 최공호,「日帝時期의 博覽會 政
策과 近代工藝」, 한국미술연구소 편,『美術史論壇』제11
호(성강문화재단, 2000년 하반기), pp. 117~137 참조.

43_ 최공호, 앞의 논문 참조.

44_ 최공호,「官立工業傳習所와 李王職美術品製作所」,『한
국미술 100년』(한길사, 2006), pp. 84~89; 이인범,「韓
國 博物館制度의 起源과 性格: 국민국가주의에서 그 너
머에로」, 한국미술연구소 편,『美術史論壇』제14호(성강
문화재단, 2002년 상반기), pp. 35~63 참조.

45_ 강민기,「근대 화단 형성기 雲養 金允植과 伊藤博文의
역할」,『시각문화의 전통과 해석: 靜齋 金理那 教授 정년
퇴임 기념 미술사논문집)』(예경, 2007), pp. 537~559
참조.

46_ 목수현,「일제하 이왕가박물관(李王家博物館)의 식민
지적 성격」,『美術史學研究』제227호(한국미술사학회,
2000. 9), pp. 81~102 참조.

47_ 강민기,「'博物館'이란 용어의 성립과정과 제도의 한국
도입」,『美術史學報』제17집(미술사학연구회, 2002년
봄), pp. 33~56 참조.

48_ 이러한 사실은 淺川伯教의 증언에 의해 밝혀진 것이다.
강민기,「조선물산공진회와 일본화의 공적(公的) 전시」,
『한국근대미술사학』제16집(한국근대미술사학회, 2006
년 상반기), pp. 45~76 참조.

49_ 이구열,「近代 韓國美術과 昌德宮 李王家」,『近代韓國美
術史의 研究』(미진사, 1992), pp. 364~376 참조.

50_ 『조선일보』1920년 6월 25일; 최열,『한국근대미술의
역사: 韓國美術史事典 1800~1945』(열화당, 1998), pp.
132~133 재참조.

참고문헌_

사료 · 문집류_

『高麗史』

『宮闕志』

『德壽宮印存』

『奉謨堂奉藏書目』

『承政院日記』

『練藜室記述』

『列聖御製』1~11, 서울대학교 규장각 영인본, 2002~2003.

「月窓夜話」

『朝鮮王朝實錄』

『增補文獻備考』

『集玉齋目錄外書冊』

『集玉齋書籍目錄』

『集玉齋書籍調查記』

『弘齋全書』

奎章閣 編, 『列聖御製』

金壽恒, 『文谷集』

金安老, 『龍泉淡寂記』

金緣, 『東文選』, 「清讌閣記」

金麟厚, 『河西集』

朴瀰, 『汾西集』

朴世采, 『南溪續集』

徐兢, 『宣和奉使高麗圖經』

蘇軾, 『東坡書跋』

申欽, 『象村集』

楊王休, 『宋中興館閣儲藏書畫記』

于安瀾 編, 『畫史叢書(一)』

사전류_

『近代日本美術事典』, 東京: 講談社, 1989.

최열, 『한국근대미술의 역사: 韓國美術史事典 1800~
1945』, 열화당, 1998.

도록_

『국립고궁박물관 개관도록』, 국립고궁박물관, 2005.

『궁중유물도록』, 문화공보부 문화재관리국, 1986.

『근대를 향한 꿈』, 경기도박물관, 1998.

『민화와 장식병풍』, 국립민속박물관, 2006.

『병풍에 그린 송학이 날아올 때까지: 十長生』, 궁중유물전
시관, 2004

『왕의초상: 慶基殿과 太祖 李成桂』, 국립전주박물관, 2005.

『조선시대 궁중장식화 특별전: 태평성대를 꿈꾸며』, 국립춘
천박물관, 2004.

『조선시대 기록화의 세계』, 고려대학교박물관, 2001.

『조선왕실의 책』, 한국정신문화연구원 장서각, 2002.

『흥선대원군과 운현궁 사람들』, 서울역사박물관, 2007.

단행본_

姜寬植, 『조선후기 궁중화원 연구』 상·하, 돌베개, 2001.

강창석, 『조선통감부연구 Ⅱ』, 국학자료원, 2004.

고바야시 히로미쓰, 김명선 옮김, 『중국의 전통판화』, 시공
사, 2002.

국립중앙도서관, 『65 韓·日협정에 의한 反還文化財展示目
錄』, 국립중앙도서관, 1990.

국립중앙박물관, 『왕의 글이 있는 그림』, 2008.

김문식·김정호, 『조선의 왕세자교육』, 김영사, 2003.

김문식·신병주 공저, 『조선왕실 기록문화의 꽃, 의궤』, 돌베
개, 2005.

김영운 외, 『조선시대 궁중연향문화 3』, 민속원, 2007

金泳鎬 編譯, 『小癡實錄』, 瑞文堂, 1992.

김은호, 『남기고 싶은 이야기들 4: 書畫百年』, 中央日報·東
洋放送, 1977.

김홍남, 『중국 한국미술사』, 학고재, 2009.

문화재관리국 編, 『宮中遺物圖錄』, 문화공보부 문화재관리국, 1986.

＿＿＿＿＿＿＿, 『日本繪畫調査報告書(昌德宮所藏)』, 1987.

＿＿＿＿＿＿＿, 『東闕圖』, 1991.

문화재청, 『集玉齋: 修理調査報告書』, 2005.

＿＿＿＿, 『한국의 초상화-역사 속의 인물과 조우하다』, 2007.

박정혜, 『조선시대 궁중기록화 연구』, 일지사, 2000.

박정혜·이예성·양보경 공저, 『조선왕실의 행사그림과 옛지도』, 민속원, 2005.

안휘준, 『옛 궁궐 그림』, 대원사, 1997.

안휘준 外, 『항산 안휘준 교수 정년퇴임 기념 논문집: 미술사의 정립과 확산』 제1·2권, 사회평론, 2006.

安輝濬 編著, 『朝鮮王朝實錄의 書畫史料』, 韓國精神文化研究院, 1983.

安輝濬·邊英燮 編著, 『藏書閣所藏繪畫資料』, 韓國精神文化研究院, 1990.

오세창 편, 동양고전학회 국역, 『국역 근역서화징』 상·하, 시공사, 1998.

이구열, 『近代韓國美術史의 研究』, 미진사, 1992.

＿＿＿, 『한국문화재수난사』, 돌베개, 1996.

이내옥, 『공재 윤두서』, 시공사, 2003.

이명희, 『궁중유물(하나)』, 대원사, 1995.

李成美·姜信沆·劉頌玉 共著, 『藏書閣所藏嘉禮都監儀軌研究』, 韓國精神文化研究院, 1994.

李成美·劉頌玉·姜信沆 共著, 『朝鮮時代御眞關係都監儀軌研究』, 韓國精神文化研究院, 1997.

李成美 主編, 『朝鮮王朝實錄美術記事資料集』 Ⅰ·Ⅱ·Ⅲ, 韓國精神文化研究院, 2001·2002.

李成美, 『왕실 혼례의 기록: 가례도감의궤와 미술사』, 소와당, 2008.

이성미 外, 『조선시대 궁중연향문화 1』, 민속원, 2003

이성미 外, 『조선시대 궁중연향문화 2』, 민속원, 2005

이성미 外, 『조선왕실의 미술문화』, 대원사, 2005.

李哲源, 『王宮史』, 東國文化社, 1954.

이태진, 『奎章閣小史』, 서울대학교도서관, 1990.

정규홍, 『우리 문화재 수난사』, 학연문화사, 2006.

조선미, 『韓國肖像畫研究』, 悅話堂, 1983.

＿＿＿, 『초상화 연구: 초상화와 초상화론』, 문예출판사, 2007.

秦弘燮 編著, 『韓國美術史資料集成』 2·4·6권, 一志社, 1991·1996·1998.

한영우, 『조선왕조 의궤』, 일지사, 2005.

한영우·박정혜·이정섭, 『王世子入學圖』, 안그라픽스, 2005

許鍊 저, 金泳鎬 편역, 『小癡實錄』, 瑞文堂, 1992.

논저류_

姜寬植, 「조선후기 '민화' 개념의 새로운 이해를 위한 小考: 朝鮮後期 宮中 冊架圖」, 『美術資料』 제66호, 2001. 8, pp. 79~95.

＿＿＿, 「청해이씨(青海李氏) 문중의 영정(影幀)」, 『青海李氏 寄贈古文書』, 경기도박물관, 2002.

강민기, 「'博物館'이란 용어의 성립과정과 제도의 한국 도입」, 『美術史學報』 제17집, 미술사학연구회, 2002년 봄, pp. 33~56.

＿＿＿, 「近代 轉換期 韓國畫壇의 日本畫 유입과 수용: 1870년대에서 1920년대까지』, 홍익대학교대학원 박사학위논문, 2004.

＿＿＿, 「개항기 사절단의 일본회화 인식」, 『근대미술 연구 2005』, 국립현대미술관 덕수궁미술관, 2005. 12.

＿＿＿, 「조선물산공진회와 일본화의 공적(公的) 전시」, 『한국근대미술사학』 제16집, 한국근대미술사학회, 2006년 상반기, pp. 45~76.

＿＿＿, 「근대전환기 한국화단에의 日本畫 유입과 한국화가들의 일본체험: 1890년대부터 1910년대까지」, 『美術史學研究』 제253호, 한국미술사학회, 2007. 3, pp. 215~247.

＿＿＿, 「근대 화단 형성기 雲養 金允植과 伊藤博文의 역할」, 『시각문화의 전통과 해석: 靜齋 金理那 敎授 정년퇴임 기념 미술사논문집』, 예경, 2007, pp. 537~559.

姜信燁, 「朝鮮時代 大射禮의 施行과 그 運營: 『大射禮儀軌』를 중심으로」, 『朝鮮時代史學報』 16, 朝鮮時代史學會, 2001. 3, pp. 15~45.

고유섭, 「高麗의 畫跡에 대하여」, 『韓國美術及文化論叢』, 통문관, 1993, pp. 269~292.

권행가, 「高宗 皇帝의 肖像: 近代 시각매체의 流入과 御眞의 변용과정」, 홍익대학교대학원 박사학위논문, 2005. 12.

_____, 「사진 속에 재현된 대한제국 황제의 표상: 고종의 초상사진을 중심으로」, 『한국근대미술사학』 제16집, 한국근대미술사학회, 2006, pp. 7~41.

김경미, 「국립고궁박물관 소장 조선 왕실의 교명 징황」, 『고궁문화』 제2호, 국립고궁박물관, 2008, pp. 61~83.

金鳳烈, 「寺內文庫 韓國關係 文獻의 考察」, 『史學研究』 제57호, 한국사학회, 1999. 5, pp. 177~215.

김선정, 「조선후기 百子圖 연구」, 『美術史學』 제18호, 한국미술사교육학회, 2004, pp. 7~40.

_____, 「朝鮮後期 百子圖 研究」, 이화여자대학교대학원 미술사학과 석사학위논문, 2004.

_____, 「개인소장 〈百子圖〉 10폭 병풍: 새로운 장면이 추가된 예」, 『美術史論壇』 22, 한국미술연구소, 2006, pp. 191~220.

김영나, 「'박람회'라는 전시공간: 1893년 시카고만국박람회와 조선관 전시」, 『서양미술사학회논문집』 제13집, 서양미술사학회, 2000년 상반기, pp. 75~104.

김정숙, 「정조(正祖)의 회화관(繪畵觀)」, 『조선왕실의 미술문화』, 대원사, 2005, pp. 291~321.

金芝英, 「英祖代 親耕儀式의 거행과 『親耕儀軌』」, 『韓國學報』 제28권 제2호 통권 제107호, 一志社, 2002. 여름, pp. 55~86.

_____, 「18세기 후반 國家典禮의 정비와 《春官通考》」, 『韓國學報』 114, 一志社, 2004. 봄, pp. 95~131.

_____, 「조선시대 尊崇儀式의 의미와 『上號都監儀軌』」, 『英祖四尊號都監儀軌』, 서울대학교 규장각, 2002, pp. 1~20.

_____, 「朝鮮後期 국왕 行次에 대한 연구」, 서울대학교대학원 국사학과 박사학위논문, 2005. 8.

金紅南, 「18세기의 궁중회화: 유교 국가의 실현을 향하여」, 『18世紀의 韓國美術: 自我發見과 獨創性』, 국립중앙박물관, 1993.

_____, 「朝鮮時代 '宮牧丹屛' 研究」, 『美術史論壇』 제9호, 韓國美術研究所, 1999 하반기, pp. 63~107.

_____, 「궁화: 궁궐속의 "민화(民畵)"」, 『민화와 장식병풍』, 국립민속박물관, 2006, pp. 334~347.

_____, 「조선시대 '일월오봉병'에 대한 도상해석학적 연구」, 『중국 한국미술사』, 학고재, 2009, pp. 440~457.

_____, 「'일월오봉병'과 정도전」, 『중국 한국미술사』, 학고재, 2009, pp. 458~467.

명세나, 「조선시대 五峯屛 연구: 凶禮都監儀軌 기록을 중심으로」, 이화여자대학교대학원 석사학위논문, 2007. 7.

목수현, 「일제하 이왕가박물관(李王家博物館)의 식민지적 성격」, 『美術史學研究』 제227호, 한국미술사학회, 2000. 9, pp. 81~102.

박동수, 「왕실을 위해 그린 안중식(安中植)의 그림들」, 『조선왕실의 미술문화』, 대원사, 2005, pp. 367~396.

朴本洙, 「國立中央博物館 소장 〈십장생도〉」, 『美術史論壇』 제15호, 2002 상반기, pp. 385~400.

_____, 「조선후기 십장생도 연구」, 『십장생』, 궁중유물전시관, 2004.

_____, 「오리건대학교박물관 소장 십장생병풍(十長生屛風) 연구: 왕세자두후평복진하계병(王世子痘候平復陳賀禊屛)의 일례」, 『고궁문화』 제2호, 국립고궁박물관, 2008, pp. 8~38.

朴銀順, 「朝鮮時代 王世子册禮都監儀軌 班次圖 研究」, 『韓國文化』 14, 서울大學校 韓國文化研究所, 1993, pp. 552~612.

_____, 「朝鮮 後期 進饌儀軌와 進饌儀軌圖-己丑年 『進饌儀軌』를 중심으로」, 『民族音樂學』 제17집, 서울대학교 동양음악연구소, 1995, pp. 175~198.

_____, 「朝鮮後期 『瀋陽館圖』 畵帖과 西洋畵法」, 『美術資料』 58, 국립중앙박물관, 1997. 6, pp. 25~55.

_____, 「명분인가 실제인가-조선초기 궁중회화의 양상과 기능(1)」, 『항산 안휘준 교수 정년퇴임 기념 논문집: 미술사의 정립과 확산』 1권, 사회평론, 2006.

_____, 「畵員과 宮中繪畵-조선 초기 궁중회화의 양상과 기능(2)」, 『講座 美術史』 26-II (慧史 文明大 教授 停年退任 記念 論文集), 한국불교미술사학회, 2006. 6, pp. 1015~1044.

박청아, 「韓國 近代 肖像畵 研究: 肖像寫眞과의 關係를 중심으로」, 『미술사연구』 제17호, 미술사연구회, 2003. 12, pp. 201~231.

朴廷蕙,「朝鮮時代 宜寧南氏 家傳畵帖」,『미술사연구』제2호, 1988, pp. 23~49.

_____,「朝鮮時代 册禮都監儀軌의 繪畵史的 硏究」,『韓國文化』제14호, 서울大學校 韓國文化硏究所, 1993, pp. 521~551.

_____,「儀軌를 통해서 본 朝鮮時代의 畵員」,『미술사연구』제9호, 미술사연구회, 1995. 12, pp. 203~290.

_____,「『華城城役儀軌』의 회화사적 고찰」,『震檀學報』제93호, 진단학회, 2002. 6, pp. 413~472.

_____,「『이경석사궤장도첩』의 회화사적 의의」,『全州李氏(白軒相公派) 寄贈古文書』, 경기도박물관, 2003, pp. 340~345.

_____,「英祖年間의 宮中記錄畵 제작과 潦川契帖」,『도시역사문화』제2호, 서울역사박물관, 2004, pp. 77~102.

_____,「대한제국기 화원(畵院) 제도의 변모와 화원(畵員)의 운용」,『근대미술연구 2004』, 국립현대미술관 덕수궁미술관, 2004. 8.

_____,「대한제국기 진찬·진연의궤와 궁중연향계병」,『조선후기 궁중연향문화』, 권3, 민속원, 2005, pp. 162~233.

_____,「조선시대 왕세자 교육과 ≪왕세자입학도첩≫」,『왕세자입학도 해설』, 문화재청, 2005, pp. 59~64.

_____,「조선시대 왕세자와 궁중기록화」,『조선왕실의 행사 그림과 옛 지도』, 민속원, 2005, pp. 10~52.

_____,「광무 연간 국조 묘역의 확립과 회화식 지도의 제작」,『항산 안휘준 교수 정년퇴임 기념 논문집: 미술사의 정립과 확산』1권, 사회평론, 2006, pp. 550~573.

_____,「藏書閣 소장 일제강점기 儀軌의 미술사적 연구」,『美術史學硏究』제259호, 한국미술사학회, 2008. 9, pp. 117~150.

박종기,「황실서화사진가 해강 김규진의 천연당사진관」,『우리 사진의 역사를 열다: 확장 개관 기념전』, 한미사진미술관, 2006, pp. 69~86.

박택륜·박선애,「통감부의 한국 문화재 침탈에 대한 연구」,『東明文集』제23권, 東明大學, 2001, pp. 33~48.

白麟,「伊藤博文이 貸出한 奎章閣 圖書에 對하여」,『書誌學』창간호, 한국서지학회, 1968. 9.

白仁山,『朝鮮時代 墨竹畵 硏究』, 東國大學校大學院 美術史學科 博士學位論文, 2004.

申炳周,「英祖代 大射禮의 실시와『大射禮儀軌』」,『韓國學報』제28권 제1호 통권 제106호, 일지사, 2002. 봄, pp. 61~90.

安輝濬,「16世紀 朝鮮王朝의 繪畵와 短線點」,『震檀學報』제46·47 합집, 1979, pp. 217~239.

_____,「高麗 및 朝鮮王朝初期의 對中繪畵交涉」,『亞細亞學報』제13호, 亞細亞學術硏究會, 1979. 11, pp. 141~170.

_____,「朝鮮王朝實錄所載 繪畵關係記錄의 性格」,『朝鮮王朝實錄의 書畵史料』, 韓國精神文化硏究院, 1983, pp. 6~12.

_____,「조선왕조시대의 화원」,『韓國文化』9, 서울대학교 한국문화연구소, 1988, pp. 147~178.

_____,「韓國의 瀟湘八景圖」,『韓國繪畵의 傳統』, 문예출판사, 1988, pp. 162~249.

_____,「奎章閣所藏 繪畵의 內容과 性格」,『韓國文化』제10호, 서울대학교 한국문화연구소, 1989. 12, pp. 310~355.

_____,「우리 민화의 이해」,『꿈과 사랑; 매혹의 우리민화』, 호암미술관, 1998, pp. 150~155.

吳柱錫,「金弘道의〈朱夫子詩意圖〉; 御覽用 繪畵의 性理學的 性格과 관련하여」,『美術資料』56호, 國立中央博物館, 1995.

_____,「성조 연간의 회화-화성과 관련하여-」,『근대를 향한 꿈』, 경기도박물관, 1998.

우현수,「조선후기 瑤池宴圖에 대한 연구」, 이화여자대학교 대학원 미술사학과 석사학위논문, 1995. 11.

유미나,「18세기 전반의 詩文 故事 書畵帖 考察-《萬古奇觀》帖을 중심으로」,『講座美術史』24, 韓國佛敎美術史學會, 2005, pp. 123~155.

유재빈,「추모의 정치성과 재현: 정조의 단종 사적 정비와 《월중도》」,『미술사와 시각문화』제7호, 미술사와 시각문화학회, 2008, pp. 258~291.

유홍준,「헌종의 문예 취미와 서화 컬렉션」,『조선왕실의 인장』, 국립고궁박물관, 2006.

윤범모,「한국의 사진 도입기와 선구자 황철」,『한국근대미술: 시대정신과 정체성의 탐구』, 한길아트, 2000.

윤진영,「조선후기의 왕실 태봉도」,『조선왕실의 미술문화』, 대원사, 2005, pp. 325~364.

_____,「단종의 애사(哀史)와 충절의 표상:《월중도》」,『越

中圖」, 한국학중앙연구원 장서각, 2006, pp. 22~30.

_____, 「私親을 위한 英祖의 追崇 기록」, 『淑嬪崔氏資料集 4』, 韓國學中央研究院 藏書閣, 2009.

李美也, 「「御前溟川題名帖」에 대하여」, 『年報』 제5집, 부산 직할시립박물관, 1982, pp. 73~77.

이민식, 「정조(正祖)의 서예관(書藝觀)과 서체반정(書體反正)」, 『正祖時代의 名筆』, 신구문화사, 2002, pp. 102~113.

이상찬, 「伊藤博文이 약탈해 간 고도서 조사」, 『韓國史論』 48, 서울대학교 국사학과, 2002. 12, pp. 229~282.

李仙玉, 『朝鮮時代 梅花圖 硏究』, 韓國學大學院 博士學位論文, 2004. 8.

_____, 「成宗의 書畫愛好」, 『조선왕실의 미술문화』, 대원사, 2005, pp. 113~151.

李成美, 「朝鮮王朝 御眞關係 都監儀軌」, 『朝鮮時代御眞關係都監儀軌硏究』, 韓國精神文化硏究院, 1997, pp. 95~118.

_____, 「조선 인조-영조년간의 궁중연향과 미술」, 『조선후기 궁중연향문화』 권1, 민속원, 2003, pp. 65~138.

_____, 「조선후기 進爵·進饌儀軌를 통해 본 宮中의 美術文化」, 『조선후기 궁중연향문화』 권2, 민속원, 2005, pp. 116~197.

이수경, 「유교이념의 생활 속 실천: 조선시대 효자도 병풍」, 『항산 안휘준 교수 정년퇴임 기념 논문집: 미술사의 정립과 확산』 1권, 사회평론, 2006, pp. 376~399.

이수미, 「궁중장식화의 개념과 성격」, 『태평성대를 꿈꾸며』, 국립춘천박물관, 2004, pp. 82~89.

_____, 「태조어진의 제작과 봉안」, 『왕의 초상: 慶基殿과 太祖 李成桂』, 국립전주박물관, 2005, pp. 228~241.

이예성, 「19세기 특정한 지역을 그린 고지도와 회화」, 『조선왕실의 행사그림과 옛 지도』, 민속원, 2005, pp. 53~68.

_____, 「17. 월중도」, 『조선왕실의 행사그림과 옛지도』, 민속원, 2005, pp. 196~210.

_____, 「조선후기의 왕릉도(王陵圖)」, 『조선왕실의 미술문화』, 대원사, 2005, pp. 205~234.

李完雨, 「朝鮮王朝의 列聖御筆 刊行」, 『文化財』 제243호, 文化財管理局, 1996, pp. 147~168.

_____, 「英祖의 御筆」, 『영조대왕 글·글씨: 어필 204점에 대한 도관과 해석』, 궁중유물전시관, 2002, pp. 197~214.

이원복, 「책거리 小考」, 『근대한국미술논총(청구 이구열선생 회갑기념문집)』, 학고재, 1992, pp. 103~126.

_____, 「정조의 그림 세계-전래작을 중심으로 본 화경(畫境)」, 『정조, 예술을 펼치다』, 수원화성박물관, 2010.

李恩周, 「개화기 사진술의 도입과 그 영향: 金鏞元의 활동을 중심으로」, 『震檀學報』 제93호, 진단학회, 2002. 6.

이인범, 「韓國 博物館制度의 起源과 性格: 국민국가주의에서 그 너머에로」, 『美術史論壇』 제14호, 성강문화재단, 2002년 상반기, pp. 35~63.

이종숙, 「조선후기 국장용(國葬用) 모란병(牡丹屛)의 사용과 그 의미」, 『고궁문화』창간호, 국립고궁박물관, 2007, pp. 61~91.

이태진, 「奎章閣 中國本圖書와 集玉齋圖書」, 『민족문화논총』 16집, 영남대 민족문화연구소, 1996.

李泰浩, 「英祖의 요청으로 그린 〈漳州笋蕈圖〉에 대한 考察」, 『조선후기 그림과 글씨』, 學古齋, 1992, pp. 109~122.

정병모, 「조선시대 후반기 耕作圖」, 『美術史學硏究』 제192호, 한국미술사학회, 1991, pp. 27~63.

정영미, 「朝鮮後期 郭汾陽行樂圖 硏究」, 한국정신문화연구원 한국학대학원 석사학위논문, 1998.

鄭恩主, 「阿克敦 《奉使圖》 硏究」, 『美術史學硏究』 제246·247 합집, 한국미술사학회, 2005. 9, pp. 201~245.

_____, 「1760年 庚辰冬至燕行과 《瀋陽館圖帖》」, 『明淸史硏究』 제25집, 明淸史學會, 2006. 4, pp. 97~138.

_____, 「朝鮮時代 明淸使行 關聯 繪畫 硏究」, 한국학중앙연구원 한국학대학원 미술사학전공 박사학위논문, 2008. 2.

_____, 「燕行 및 勅使迎接에서 畵員의 역할」, 『明淸史硏究』, 明淸史學會, 2008. 4, pp. 2~36.

趙善美, 「孔子聖蹟圖考」, 『美術資料』 60, 1998, pp. 1~44.

_____, 「공자성적도(孔子聖蹟圖)에 대하여」, 『孔子聖蹟圖』, 성균관대학교 박물관, 2009, pp. 146~182.

조인수, 「조선후기 『歷代圖像』 화첩의 성격과 역사적 의의」, 『그림으로 읽는 역사인물사전』, 아주문물학회, 2003.

_____, 「조선초기 태조어진의 제작과 태조진전의 운영: 태조, 태종대를 중심으로」, 『미술사와 시각문화』 제3호, 미술사와 시각문화학회, 2004, pp. 116~153.

_____, 「세종대의 어진과 진전」, 『항산 안휘준 교수 정년퇴임

기념 논문집: 미술사의 정립과 확산』 1권, 사회평론, 2006.

_____, 「전통과 권위의 표상: 高宗代의 太祖御眞과 眞殿」, 『미술사연구』 제20호, 미술사연구회, 2006. 12, pp. 29~56.

陳準鉉, 「英祖, 正祖代 御眞圖寫와 畵家들」, 『서울대학교박물관연보』 6, 서울대학교박물관, 1994, pp. 19~72.

_____, 「肅宗代의 御眞圖寫와 畵家들」, 『고문화』 제46집, 1995. 6, pp. 89~119.

_____, 「肅宗의 書畵趣味」, 『서울大學校博物館 年報』 7, 1995, pp. 3~37.

千惠鳳, 「奉謨堂考」, 『國會圖書館報』 제10권 2호, 국회도서관, 1973. 3, pp. 5~21.

최공호, 「日帝時期의 博覽會 政策과 近代工藝」, 『美術史論壇』 제11호, 성강문화재단, 2000년 하반기, pp. 117~137.

_____, 「官立工業傳習所와 李王職美術品製作所」, 『한국미술 100년』, 한길사, 2006, pp. 84~89.

최인진, 「고종황제의 어사진」, 『근대미술연구 2004』, 국립현대미술관, 2004, pp. 44~73.

홍선표, 「조선후기 韓·日間 畵蹟의 교류」, 『미술사연구』 제11호, 미술사연구회, 1997. 12.

_____, 「고려시대 일반회화의 발전」, 『朝鮮時代繪畵史論』, 문예출판사, 1999, pp. 126~159.

_____, 「조선후기 기복호사 풍조의 만연과 민화의 범람」, 『반갑다, 우리민화』, 서울역사박물관, 2005, pp. 224~229.

_____, 「치창과 액막이 그림: 조선민화의 새로운 이해」, 『항산 안휘준 교수 정년퇴임 기념 논문집-미술사의 정립과 확산』 1권, 사회평론, 2006, pp. 488~499.

洪順敏, 「朝鮮王朝 宮闕 經營과 "兩闕體制"의 변천」, 서울대학교대학원 박사학위 논문, 1995.

황정연, 「朗善君 李俁의 書畵 收藏과 編纂」, 『藏書閣』 제9집, 한국정신문화연구원, 2003. 9, pp. 5~44.

_____, 「19세기 宮中 書畵收藏의 형성과 전개」, 『美術資料』 제70·71호, 국립중앙박물관, 2004, pp. 131~145.

_____, 「조선시대 궁중 서화수장(書畵收藏)과 미술후원」, 『조선왕실의 미술문화』, 대원사, 2005, pp. 55~112.

_____, 「朝鮮時代 書畵收藏 硏究」, 한국학중앙연구원 박사학위논문, 2007. 2.

_____, 「高宗 年間(1863~1907) 宮中 書畵收藏의 전개와 변모 양상」, 『美術史學硏究』 제259호, 한국미술사학회, 2008. 6, pp. 79~116.

히요시 마모루(日吉守)(이중희 역), 「특집 박수근 예술의 재조명: 조선미술계의 회고」, 『한국근대미술사학』, 한국근대미술사학회, 1996. 2, pp. 182~189.

Kim Hongnam, "Exploring Eighteenth Century court Art", *Splendor & Simplicity: Korean Arts of the Eighteenth Century*, New York: The Asian Society Gallery, 1993.

Black. Kay E. with Edward W. Wagner, "Ch'aekkŏri Painting: A Korean jigsaw Puzzle", *Archives of Asian Art*, vol. XLⅦ, 1993

Black. Kay E. with Edward W. Wagner, "Court Style Ch'aekkŏri," *Hopes and Aspiration; Decorative Painting of Korea*, Asian Art Museum of San Francisco, 1998, pp. 21~30)

Kim. Kumja Paik., "Decorative Painting of Korea", *Hopes and Aspiration; Decorative Painting of Korea*, Asian Art Museum of San Francisco, 1998

Yi Song-mi, "The Screen of the Five Peaks of the Choson Dynasty" *Oriental Art*, vol. ⅩLⅡ, no. 4, 1996/97, pp. 13~24.

Yi Song-mi, 「The Screen of the Five Peaks of the Choson Dynasty」, 『조선왕실의 미술문화』, 대원사, 2005, pp. 467~519.

중문논저류

姜一涵, 「元內府之書畵收藏」, 『故宮季刊』 第14卷 第2期, 臺北: 國立故宮博物院, 1979, pp. 25~56.

賴毓芝, 「1870年代上海의 日本網絡與任伯年作品中的日本養分」, 『美術史研究集刊』 第14期, 國立臺灣大學, 2003, pp. 159~242.

劉濤, 「東晋南北朝法書名迹的收藏與整理」, 『故宮博物院院刊』 4期, 臺北: 國立故宮博物院, 2002.

도판목록_

제1부_

도1_ 〈공민왕과 노국대장공주상〉, 지본채색, 73.8×56.4cm, 경기
도박물관.

도2_ 이한철, 조중묵, 박기준, 백은배 등, 〈태조 어진〉, 1872, 견본
채색, 220.0×151.0cm, 전주 경기전.

도3_ 태조의 진전: 《북도각릉전도형》〈준원전〉 세부, 〈집경전구기
도〉 세부, 〈조경묘경기전도형〉 세부, 목청전 사진, 『평양지』
〈평양관부도〉 세부.

도4_ 진재해, 박동보 등, 〈연잉군 초상〉, 1714, 견본채색, 183.0×
87.0cm, 국립고궁박물관.

도5_ 조석진, 채용신 등, 〈영조 어진〉, 1900, 견본채색, 110.5×
61.0cm, 국립고궁박물관.

도6_ 김은호, 〈순종 어진〉, 1923, 유지초본, 국립현대미술관.

도7_ 〈순종 사진〉, 1909, 이와타사진관 촬영, 서울역사박물관.

도8_ 김은호, 〈순종 어진〉, 1928, 사진.

도9_ 〈유순정 초상〉, 18세기, 견본채색, 172.0×110.0cm, 서울역
사박물관.

도10_ 〈이성윤 초상〉 1613년경, 견본채색, 178.4×106.4cm, 이
성구(국립고궁박물관 보관).

도11_ 〈남구만 초상〉, 18세기 초, 견본채색, 163.4×88.5cm, 보
물 제1484호, 국립중앙박물관.

도12_ 〈입암산성도〉, 지본담채, 58.2×78.8cm, 한국학중앙연구원
장서각.

도13_ 〈진헌마정색도〉, 《목장지도》, 1678, 지본담채, 44.8×
60.3cm, 보물 제1595호, 국립중앙도서관.

도14_ 〈［숙빈최씨］묘소도형여산론〉, 1718, 지본수묵, 80.0×
59.4cm, 한국학중앙연구원 장서각.

도15_ 〈소령원도 〉, 1753, 지본담채, 115.7×87.5cm, 보물 제
1535호, 한국학중앙연구원 장서각.

도16_ 〈함흥본궁〉, 《북도각릉전도형》, 19세기 초, 지본채색, 51.3
×59.0cm, 국립문화재연구소.

도17_ 〈조경단비각재실도형〉, 1900년경, 지본채색, 63.2×
49.7cm, 한국학중앙연구원 장서각.

도18_ 〈순조태봉도〉, 1806, 지본담채, 78.5×62.1cm, 한국학중앙
연구원 장서각.

도19_ 〈대조전정원평면도〉, 양지, 73.2×89.6cm, 한국학중앙연구
원 장서각.

도20_ 〈동궐도〉, 대조전 및 집상전 뒤편 부분, 1828년경, 고려대
학교박물관.

도21_ 〈공릉도면〉, 1910년경, 지본담채, 51.3×38.4cm, 한국학중
앙연구원 장서각.

도22_ 〈청령포〉, 《월중도》, 19세기 전반, 지본채색, 55.7×
46.0cm, 한국학중앙연구원 장서각.

도23_ 〈행궁도〉, 《강화부궁전도》, 1884년 이전, 지본채색, 국립중
앙도서관.

도24_ 작가 미상, 〈응도〉, 지본수묵담채, 164.5×151.0cm, 충재
박물관.

도25_ 전傳 이암, 〈가응도〉, 견본채색, 98.5×54.2cm, 미국 보스
턴미술관.

도26_ 전傳 정홍래, 〈욱일취도〉, 견본채색, 120.0×63.0cm, 국립
중앙박물관.

도27_ 작가 미상, 〈운룡도〉, 지본채색, 196.0×157.0cm, 충재박
물관.

도28_ 전傳 석경, 〈운룡도〉, 지본담채, 24.9×19.7cm, 국립중앙박
물관.

도29_ 〈관경대도〉『친경의궤』, 1739, 필사, 서울대학교 규장각.

도30_ 전傳 건륭제, 〈백응도〉, 청, 견본채색, 119.6×48.5cm, 동
아대학교박물관.

도31_ 〈의순관영조도〉, 1572, 견본담채, 각 46.5×38.5cm, 서울
대학교 규장각.

도32_ 〈행행도병〉, 16세기, 4첩 병풍, 견본담채, 각 85.0×
54.3cm, 국립중앙박물관.

도32-1_ 제3첩의 선유 부분.

도33_ 〈송조천객귀국시장도〉, 1392~1409, 견본채색, 103.6×
163.0cm, 국립중앙박물관.

도34_ 〈노부도설〉, 『국조오례의서례』 卷之二 가례, 서울대학교 규

도99-1_ 〈입학도〉.

도99-2_ 〈수하도〉.

도100_ 〈익종관례진하계병〉 부분, 1819, 8첩 병풍, 지본채색, 각 127.0×35.5cm.

도101_ 〈임헌명빈찬의도〉, 《수교도첩》, 1819, 지본채색, 42.3× 57.7cm, 국립문화재연구소. 출처: 박정혜 外, 『조선왕실의 행사그림과 옛지도』, 민속원, 2005, 도 8-1, p. 146.

도101-1_ 〈삼가도〉. 출처: 박정혜 外, 『조선왕실의 행사그림과 옛지도』, 민속원, 2005, 도 8-9, p. 154.

도101-2_ 〈조알의도〉. 출처: 박정혜 外, 『조선왕실의 행사그림과 옛지도』, 민속원, 2005, 도 8-12, p. 157.

도102_ 〈왕세자탄강진하계병〉, 1874, 10첩 병풍, 견본채색, 각 101.2×41.5cm, 국립중앙박물관. 출처: 『조선시대 향연과 의례』, 국립중앙박물관, 2009, 도 2, pp. 12~13.

도103_ 〈궁정조하도〉, 4폭만 유존, 견본채색, 각 152.6×53.4cm, 일본 公益財團法人 永靑文庫.

도103-1_ 백관 조하 장면.

도104_ 정여, 《봉사도》 제14폭 모화관 영칙서의, 화첩, 청 1725년 이후, 견본채색, 40.0×51.0cm, 중국민족도서관. 출처: 阿克敦, 『中韓文化交流史料叢書-奉使圖』, 遼寧民族出版社, 1999, 제14폭, pp. 50~51.

도104-1_ 제15폭 인정전의 선칙서의 세부. 출처: 阿克敦, 『中韓文化交流史料叢書-奉使圖』, 遼寧民族出版社, 1999, 제15폭, pp. 52~53.

도104-2_ 제16폭 희정당 다례 세부. 출처: 阿克敦, 『中韓文化交流史料叢書-奉使圖』, 遼寧民族出版社, 1999, 제16폭, pp. 54~55.

도104-3_ 제18폭 연청의 전연 세부.

도105_ 전傳 채용신, 〈대한제국동가도〉, 연 부분, 19세기 말, 지본채색, 19.6×1743.0cm, 이화여자대학교박물관.

도105-1_ 가교 부분.

도105-2_ 옥교 부분.

도105-3_ 노부의장 부분(용대기 등).

도105-4_ 도로 수치 부분.

도105-5_ 취고수 부분.

도105-6_ 남령위와 동령위 부분.

도106_ 〈명당왕회도〉, 8첩 병풍, 견본채색, 129.5×429.8cm, 이화여자대학교박물관.

도107_ 〈명당왕회도〉, 8첩 병풍, 견본채색, 각 138.0×46.2cm, 국립중앙박물관.

도107-1_ 어전 부분.

도108_ 〈합벽연주〉, 청, 18세기 후반, 견본채색, 97.5×161.2cm, 북경 고궁박물원.

도108-1_ 〈만국내조〉, 청, 18세기 후반, 견본채색, 97.5× 161.2cm, 북경 고궁박물원.

도109_ 〈서총대친림사연도〉, 1564, 화축, 견본채색, 124.0× 124.8cm, 국립중앙박물관. 출처: 박정혜, 『조선시대 궁중기록화 연구』, 일지사, 2000, 도 16, p. 129.

도110_ 〈서총대친림사연도〉, 화첩, 지본채색, 31.0×47.0cm, 고려대학교박물관.

도111_ 〈서총대친림사연도〉, 화축, 지본채색, 149.0×138.0cm, 경상북도 풍기 소수서원. 출처: 박정혜, 『조선시대 궁중기록화 연구』, 일지사, 2000, 도 17, p. 130.

도112_ 〈서총대친림사연도〉, 화첩, 18세기 후반 개모, 지본채색, 45.0×58.0cm, 연세대학교도서관.

도113_ 윤두서, 〈서총대친림사연도〉, 화첩, 18세기, 견본채색, 26.2×28.5cm, 해남윤씨 종손가.

도114_ 〈태조망우령가행도〉, 19세기, 지본채색, 33.3×48.2cm, 국립문화재연구소.

도115_ 〈태조망우령가행도〉, 18세기 말, 지본채색, 46.5× 33.0cm, 홍익대학교박물관.

도116_ 〈중묘조서연관사연도〉, 《남씨전가경완》 부분, 19세기, 횡권, 지본채색, 44.0×61.0cm, 고려대학교박물관.

도116-1_ 《남씨전가경완》 제자題字.

도117_ 〈중묘조서연관사연도〉, 《경람도》, 1935년 11월 인쇄, 1936년 1월 발행, 종이에 석판인쇄, 국립중앙도서관.

도117-1_ 〈남지기로회도〉.

도118_ 권근, 〈무일도〉, 『입학도설』, 1425, 1책 목판본, 34.1× 22.7cm, 한국학중앙연구원 장서각.

도119_ 〈빈공칠월 풍화지도〉, 『시경전설휘찬』.

도120_ 〈한화제황후등씨〉, 《현후실적도》, 견본채색, 28.2× 42.7cm, 국립중앙박물관.

도121_ 〈형제우애〉, 《도해역대군감》, 19세기 추정, 지본채색, 32.8×35.8cm, 한국학중앙연구원 장서각.

도121-1_ 〈택급고골〉.

도122_ 김진여, 〈자로문진〉,《성적도첩》, 1700, 견본채색, 32.0×
57.0cm, 국립전주박물관.

도123_ 명 초횡 편, 〈진대빈민〉, 『양정도해』, 청 1895(광서 21), 무
영전간본.

도124_ 냉매, 〈진대빈민〉, 『양정도책, 청, 견본채색, 32.2×
42.3cm, 북경 고궁박물원.

도125_ 『양정도해』, 2권 2책, 1749년 발문, 33.5×21.7cm, 서울
대학교 규장각.

도126_ 영친왕, 〈유년시서화첩〉, 종이에 유탄과 먹, 19.4×
29.3cm, 한국학중앙연구원 장서각.

도127_ 이요, 〈일편어주도〉, 견본담채, 15.6×28.8cm, 서울대학
교박물관.

도128_ 이건, 〈설월조몽〉, 견본수묵, 29.4×22.6cm, 간송미술관.

도129_ 궁중용 침장, 214.0×145.0cm, 한국자수박물관.

도130_ 傳傳 정명공주, 〈신선도〉, 비단에 자수와 채색, 139.4×
42.3cm, 국립중앙박물관.

도131_ 창덕궁 인정전 어좌 사진.

도132_ 당가, 『창덕궁인정전중수도감의궤』 도설, 1857, 서울대학
교 규장각.

도133_ 〈일월오봉병〉, 19세기 말, 8첩 병풍, 지본채색, 162.6×
337.3cm, 삼성미술관 Leeum.

도134_ 창덕궁 신선원전 각 실 북벽의 모란병.

도135_ 《종묘친제규제도설병풍》, 모란병 부분, 8첩 병풍, 견본채
색, 각 141.5×53.0cm, 국립고궁박물관.

도136_ 〈모란병풍〉, 10첩 병풍, 견본채색, 각 145.0×58.0cm, 국
립중앙박물관.

도137_ 〈십장생도병〉, 8첩 병풍, 견본채색, 각 133.3×53.0cm, 국
립중앙박물관.

도138_ 〈십장생도병〉, 1880년 완성, 견본채색, 각 폭 201.9×
52.1cm, 미국 오리건대학교박물관.

도139_ 〈십장생군록도벽장문〉 부분, 19세기 후반, 견본채색,
112.0×57.3cm, 국립고궁박물관.

도140_ 〈요지연도〉, 8첩 병풍, 견본채색, 각 134.2×47.2cm, 경기
도박물관.

도141_ 〈요지연도〉, 첩 병풍, 견본채색, 164.0×440.0cm, 홍콩 크
리스티.

도142_ 〈곽분양행락도〉, 견본채색, 143.9×123.6, 국립중앙박물관.

도143_ 〈곽분양행락도〉, 견본채색, 144.5×49.9cm(제1·8첩)/
53.0cm(제2~7첩), 국립중앙박물관.

도144_ 〈백자도〉, 6첩 병풍, 견본채색, 각 72.8×40.6cm, 서울역
사박물관.

도145_ 〈백자도〉, 6첩 병풍, 견본채색, 각 74.8×46.3cm, 국립고
궁박물관.

도146_ 傳傳 낭세녕, 〈다보격경노〉, 지본채색, 123.4×237.6cm,
미국 플로리다 제임스 모리세이James Morrisay 소장.

도147_ 중국 북경 자금성 종수궁 채화.

도148_ 중국 심양 고궁 문진각 채화.

도149_ 중국 승덕 피서산장 문소각 채화.

도150_ 이응록, 〈책가도〉, 19세기, 8첩 병풍, 지본채색, 163.0×
276.0cm, Asian Art Museum of San Francisco.

도151_ 〈책가도〉, 8첩 병풍, 견본채색, 195.0×361.0cm, 경기도
박물관.

제2부_

도152_ 〈태극도〉,《성학십도》, 조선 후기, 목판본, 66.5×36.0cm,
개인 소장.

도153_ 〈공자관기기도〉, 15세기, 견본채색, 99.5×59.0cm, 중국
곡부 공자묘.

도154_ 〈제갈무후상〉,《역대도상》, 19세기, 지본채색, 29.7×
19.5cm, 개인 소장.

도155_ 〈제갈무후상〉,《만고제회도상》, 1854, 지본판화, 38.4×
29.3cm, 한국학중앙연구원 장서각.

도156_ 〈제갈무후상〉,《역대군신도상첩》, 조선 후기, 지본수묵,
33.0×22.0cm, 개인 소장.

도157_ 傳傳 조속, 〈금궤도〉, 17세기, 견본채색, 105.5×56.0cm,
국립중앙박물관. 출처: 『왕의 글이 있는 그림-御製』, 국립중앙
박물관, 2008, 도 5, p. 11.

도158_ 진재해, 〈잠직도〉, 1697, 견본채색, 132.4×48.8cm, 국립
중앙박물관. 출처: 『왕의 글이 있는 그림-御製』, 국립중앙박물
관, 2008, 도 6, p. 13.

도159_ 傳傳 윤두서, 〈진단타려도〉, 1715, 견본채색, 110.9×
69.1cm, 국립중앙박물관. 출처: 『왕의 글이 있는 그림-御製』,

국립중앙박물관, 2008, 도9, p. 16.

도160_ 〈제갈무후도〉, 1695, 견본채색, 164.2×99.4cm, 국립중앙박물관. 출처: 『왕의 글이 있는 그림-御製』, 국립중앙박물관, 2008, 도 14, p. 25.

도161_ 〈사현파진백만대병도〉 부분, 1715, 견본채색, 170.0×418.6cm, 국립중앙박물관. 출처: 『왕의 글이 있는 그림-御製』, 국립중앙박물관, 2008, 도 18, p. 29.

도162_ 〈어초문답도〉, 1715, 견본채색, 58.7×43.0cm, 국립중앙박물관. 출처: 『왕의 글이 있는 그림-御製』, 국립중앙박물관, 2008, 도 8, p. 15.

도163_ 〈연화백로도〉, 1711, 지본수묵, 55.1×20.6cm, 국립중앙박물관. 출처: 『왕의 글이 있는 그림-御製』, 국립중앙박물관, 2008, 도 10, p. 19.

도164_ 오달제, 〈묵매도〉, 17세기, 지본수묵, 108.8×52.9cm, 국립중앙박물관. 출처: 『왕의 글이 있는 그림-御製』, 국립중앙박물관, 2008, 도 11, p. 21.

도165_ 전傳 정선, 〈장주묘암도〉, 조선 후기, 지본채색, 112.0×63.0cm, 개인 소장.

도166_ 〈소령원화소정계도〉, 1753년경, 지본수묵담채, 89.8×74.3cm, 한국학중앙연구원 장서각.

도167_ 〈이산두 영정〉, 1769, 견본채색, 51.0×35.0cm, 개인 소장.

도168_ 김두량·김덕량, 〈사계산수도〉 부분, 1744, 견본담채, 8.4×184.0cm, 국립중앙박물관. 출처: 『조선시대 풍속화』, 국립중앙박물관, 2002, 도 20, pp. 82~83.

도169_ 〈송시열 초상화〉, 17세기, 견본채색, 89.7×67.6cm, 국립중앙박물관. 출처: 『왕의 글이 있는 그림-御製』, 국립중앙박물관, 2008, 도 2, p. 7.

도170_ 〈송하문동자〉, 《만고기관첩》, 1720년대, 지본설채, 38.0×30.0cm, 삼성미술관 Leeum.

도171_ 김홍도, 〈주부자시의도〉, 1800, 견본수묵담채, 각 125.0×40.5cm, 삼성미술관 Leeum.

도172_ 인종, 〈묵죽도〉, 15세기, 목판본, 110.5×62.5cm, 국립광주박물관.

도173_ 선조, 〈난죽도〉, 《열성어필》, 16세기, 목판본, 각 49.0×34.7cm, 한국학중앙연구원 장서각.

도174_ 선조, 〈묵죽도〉, 《회원별집》, 16세기, 지본수묵, 31.0×19.3cm, 국립중앙박물관. 출처: 『國立中央博物館 韓國書畵遺

物圖錄』第6輯, 국립중앙박물관, 도 5.

도175_ 전傳 장조, 〈견도〉, 18세기, 지본수묵, 52.0×86.5cm, 개인 소장.

도176_ 정조, 〈묵매도〉, 1777, 지본수묵, 123.5×62.5cm, 서울대학교박물관.

도177_ 정조, 〈파초도〉, 18세기, 지본수묵, 보물 제743호, 84.2×51.3cm, 동국대학교박물관.

도178_ 정조, 〈국화도〉, 18세기, 지본수묵, 보물 제744호, 86.5×51.3cm, 동국대학교박물관.

도179_ 정조, 〈추풍명안도〉, 18세기, 지본수묵, 53.0×30.0cm, 국립중앙박물관.

도180_ 정조, 《사군자팔폭병》, 18세기, 비단에 금니, 75.5×25.1cm, 국립중앙박물관.

도181_ 정조, 《군자화목도병풍》, 18세기, 지본수묵, 77.9×45.1cm, 야마토분카칸大和文華館.

도182_ 헌종, 〈산수도〉, 19세기 전반, 지본수묵, 22.0×31.0cm, 『소치실록』.

도183_ 《영친왕유년시화첩》, 1907~1910, 필사, 각 19.4×23.0cm, 한국학중앙연구원 장서각.

제3부_

도184_ 개성 만월대에 세워진 고려 경령전 건물터.

도185_ 작가 미상, 〈유린청〉, 《팔준도》, 18세기, 견본담채, 42.0×35.0cm, 국립중앙박물관.

도186_ 『일한재소재책치부』 부분, 필사본, 1726, 26.9×18.2cm, 한국학중앙연구원 장서각.

도187~187-1_ 김두량·김덕하 합작, 〈사계산수도〉 인수引首 부분, 1744, 견본담채, 8.4×184.0cm, 국립중앙박물관. 출처: 『조선시대 풍속화』, 국립중앙박물관, 2002, 도 20, pp. 82~83.

도188_ 조맹부, 〈송설도인초서〉와 숙종의 제題, 56.7×144.5cm, 17세기, 목판본, 강릉시립박물관.

도189_ 정면에서 바라본 경기전, 전주.

도190_ 채용신, 〈고종 어진〉, 대한제국기, 견본 채색, 180.0×104.0cm, 원광대학교박물관.

도191_ 조중묵, 〈함흥본궁도〉, 19세기, 견본채색, 131.5×

71.5cm, 국립중앙박물관.

도192_ 신선원전 내부 어좌와 주변에 놓인 오봉병.

도193_ 멀리서 바라본 창덕궁 규장각.

도194_ 규장각 주변에 있던 궁중 도서관. 열고관과 개유와.

도195_ 〈동궐도〉에 그려진 봉모당, 19세기 초, 고려대학교박물관.

도196_ 『봉모당봉안어서총목』에 기록된 영조 어화, 18세기 후반,
서울대학교 규장각.

도197_ 1910년 경 봉모당에 소장되었던 역대 임금들의 글씨와
그림(『봉모당봉장서목』).

도198_ 《열성어필》, 첩, 석인본, 1723년 간행, 41.9×29.2cm, 한
국학중앙연구원.

도199_ 《영조어필》, 첩, 육필본, 1749년, 국립중앙도서관.

도200_ 18~19세기 서화를 보관했던 창덕궁의 전각들.

도201_ 창덕궁 연경당의 정면(1828년 건립)

도202, 203_ 연경당 대청에 걸린 주련(모각본). 왼쪽: 미불 글씨,
오른쪽: 동기창의 글씨.

도204_ 〈동궐도〉에 그려진 승화루의 본래 모습(〈소주합루〉).

도204-1_ 승화루(위층)과 의신각(아래층)의 현재 모습.

도205_ 작가 미상, 〈바위에 글씨 쓰는 미불〉, 《장보첩》, 19세기,
지본수묵, 29.0×17.0cm, 서울대학교 규장각.

도206_ 경복궁 집경당의 수리 전 모습, 1890년경 건립.

도207_ 『경당포쇄서목』의 「서화부」 부분, 1890~1891년경 작성,
22.9×21.1cm, 서울대학교 규장각.

도208_ 정면에서 바라본 경복궁 집옥재.

도209_ 『승화루서목』의 「화첩」 부분, 한국학중앙연구원 장서각.

도210_ 궁중에 보관되었던 그림들, 《진신화상첩》과 《아국여지도》

도211_ 작가 미상, 〈한궁도〉, 19세기 말, 94.0×210.0cm, 지본채
색, 국립고궁박물관.

도212_ 『승화루서목』의 「화족」 부분, 한국학중앙연구원 장서각.

도213_ 『상해서장각종서적도첩목록』에 수록된 해상파 화가들의
작품목록, 1880년대 작성, 한국학중앙연구원 장서각.

도214_ 유원 밑그림, 〈육동도상〉, 『능연각도』, 청, 1884년 간본刊
本, 목판본, 16.4×12.0cm, 서울대학교 규장각.

도214-1_ 주희 지락재명朱熹 至樂齋銘, 유한지俞漢芝, 《기원첩》綺
園帖에 수록, 종이에 먹, 22.6×32.9cm, 경남대학교박물관.

제4부_

도215_ 김규진 촬영, 〈고종 황제 초상사진〉, 1906년경, 성균관대
학교박물관.

도216_ 『펀치』 삽화, 1904. 2. 3.

도217_ 〈조선국왕성지도〉 3매, 1894, 니시키에, 3매짜리 니시키
에, 34.8×71.3cm, 국립중앙도서관.

도218_ 휴버트 보스Hubert Vos, 〈고종 초상〉, 1899, 유화, 199.0
×92.0cm.

도219_ 김은호, 〈산수도〉, 가리개, 1918, 견본채색, 각 152.0×
52.5cm, 국립고궁박물관. 출처: 『태평성대를 꿈꾸며』, 국립춘
천박물관, 2004, 도 39, p. 71.

도220_ 박승무, 〈도원도〉, 가리개, 견본채색, 각 157.0×52.0cm,
국립고궁박물관.

도221_ 김응원, 〈난석도〉, 10첩 병풍, 견본수묵, 각 272.5×
42.5cm, 국립고궁박물관. 출처: 『궁중유물도록』, 한국문화재
보호협회, 1986, 도 224, p. 184.

도221-1_ 창덕궁 인정전 내부.

도222_ 가노 야스노부, 〈부용안도〉, 6첩 1쌍, 1748, 지본금지채
색, 각 6첩 130.0×345.6cm, 국립고궁박물관. 출처: 『日本繪
畵調査報告書(昌德宮所藏)』, 文化財管理局, 1987, 도 3, 4, pp.
28~31.

도222-1_ 〈부용안도〉가 장식된 궁궐 내부.

도223_ 전傳 채용신, 〈고종 어진〉, 견본채색, 118.0×68.2cm, 국
립중앙박물관(동원 이홍근 기증). 출처: 『조선시대 향연과 의
례』, 국립중앙박물관, 2009, 도 27, p. 55.

도224_ 작가 미상, 〈고종 어진〉, 견본채색, 162.5×100.0cm, 국립고
궁박물관.

도225_ 사쿠마 데쓰엔, 〈수하쌍록도〉 병풍, 6첩, 196.5×
378.0cm, 국립고궁박물관.

도226_ 사쿠마 데쓰엔, 〈기금서화도〉 병풍, 6첩 1쌍 중 우척, 견본
수묵채색, 173.0×373.2cm, 국립고궁박물관.

도227_ 양기훈, 〈군안도〉, 10첩, 1905, 견본담채, 160.0×
39.1cm, 국립고궁박물관. 출처: 『국립고궁박물관 전시안내도
록』, 국립고궁박물관, 2007, 도 168, pp. 242~ 243.

도228_ 이한복, 〈어해노안도〉, 가리개, 1917, 견본채색, 각 157.7
×52.5cm, 국립고궁박물관. 출처: 『태평성대를 꿈꾸며』, 국립

춘천박물관, 2004, 도 7, p. 24.

도229_ 강필주, 〈노안도〉, 가리개, 1917, 견본담채, 각 158.3×
51.4cm, 국립고궁박물관.

도230_ 조석진, 〈기명절지도〉, 가리개, 견본채색, 각 153.7×
61.6cm, 국립고궁박물관. 출처: 『조선왕실그림(朝鮮宮中繪
畵)』, 궁중유물전시관, 1996, 도 13, p. 11.

도231_ 이한복, 〈기명절지도〉, 가리개, 1917, 견본채색, 각158.5
×52.4cm, 국립고궁박물관.

도232_ 강필주, 〈기명절지도〉, 가리개, 1917, 견본채색, 각158.0
×52.2cm, 국립고궁박물관. 출처: 『태평성대를 꿈꾸며』, 국립
춘천박물관, 2004, 도 19, p. 37.

도233_ 김창환, 〈봉학도〉, 가리개, 1917, 견본채색, 각 212.2×
60.2cm, 국립고궁박물관.

도234_ 김은호, 〈화조도〉, 1920, 견본채색, 각 121.0×49.0cm,
국립현대미술관.

도235_ 양기훈, 〈송학자수병풍〉, 10첩, 221.0×353.0cm, 국립고
궁박물관. 출처: 『태평성대를 꿈꾸며』, 국립춘천박물관, 2004,
도 24, p. 47.

도236_ 양기훈, 〈매화자수병풍〉, 10첩, 1906, 247.0×400.0㎝,
국립고궁박물관. 출처: 『조선왕실그림(朝鮮宮中繪畵)』, 궁중유
물전시관, 1996, 도 45, p. 22.

도237_ 김규진, 〈매화자수병풍〉, 12첩, 147.2×380.6cm, 미국 시
애틀미술관. 출처: 『(해외소장5)한국문화재-미국소장2』, 한국국
제교류재단, 1996, 도 22, p. 312.

도238_ 김규진, 〈화조도〉, 1896, 견본채색, 각 140.5×37.0㎝, 개
인소장

도239_ 강필주, 〈적벽공범도〉, 지본수묵담채, 1922, 32.0×
132.0cm, 국립중앙박물관.

도240_ 강진희, 〈승일반송도〉, 1888, 지본수묵담채, 91.0×
61.5cm, 국립중앙박물관.

도241_ 김은호, 〈고사인물도〉, 가리개, 1918, 견본채색, 각 159.5
×52.0cm, 국립고궁박물관.

도242_ 오하시 비슈, 〈사계산수병풍〉, 6곡 1쌍, 지본채색, 각
144.0×28.0cm, 국립고궁박물관.

도243_ 안중식, 〈붕새〉, 1908, 지본수묵담채, 140.0×86.0cm, 개
인소장.

도244_ 안중식, 〈노안도〉, 1909, 견본수묵채색, 157.0×67.2cm,

국립중앙박물관.

도245_ 덕수궁미술관 전경.

• 이 책에 사용된 국립중앙박물관 소장 유물의 이미지에 대한 게재 허가
번호는 중박 201101-53입니다.
• 도판을 제공해 주신 분들과 게재를 허락해 주신 분들께 감사드립니다.
• 이 책의 저자와 도서출판 돌베개는 모든 도판의 출처 및 저작권을 찾고
정상적인 절차를 밟아 사용하기 위해 최선을 다했습니다. 일부 빠진 것
이 있거나 착오가 있다면 정식으로 게재 허가를 받고 다음 쇄를 찍을 때
수정하도록 하겠습니다.